간디와 맞선 사람들

간디와 맞선 사람들

발행일 초판1쇄 2015년 4월 25일 • **지은이** 박금표
펴낸이 임성안 • **펴낸곳** (주)그린비출판사 • **주소** 서울 마포구 동교로17길 7, 4층(서교동, 은혜빌딩)
전화 02-702-2717 • **이메일** editor@greenbee.co.kr • **등록번호** 제313-1990-32호

ISBN 978-89-7682-538-4 03910
이 도서의 국립중앙도서관 출판예정도서목록(CIP)은 서지정보유통지원시스템 홈페이지(http://seoji.nl.go.kr)와
국가자료공동목록시스템(http://www.nl.go.kr/kolisnet)에서 이용하실 수 있습니다.(CIP제어번호:
CIP2015011378)

나를 바꾸는 책, 세상을 바꾸는 책 www.greenbee.co.kr

이 저서는 2010년 정부(교육부)의 재원으로 한국연구재단의 지원을 받아 수행된 연구임(NRF-2010-
812-A00026).
This work was supported by the National Research Foundation of Korea Grant funded by the Korean
Government(NRF-2010-812-A00026).

간디와 맞선 사람들

박금표 지음

그린비 인물시리즈 he-story 07

ㅇB
그린비

차례

1 이 책에 쓰인 인도의 인명과 지명은 인도 현지발음에 가깝게 표기했으며, 그밖의 인명과 지명은 2002년 〈국립국어원〉에서 펴낸 '외래어 표기법'을 따라 표기했다. 또한 현재의 지명과 이 책이 다루고 있는 시대의 지명이 다른 경우 당시의 지명으로 표기하고 필요한 경우 현재의 지명을 병기했다. (ex. 봄베이(뭄바이))

2 본문에 인용된 문헌의 경우, 국역본이 있는 경우에는 가급적 국역본의 번역을 인용했으나, 경우에 따라 원본에서 직접 번역하여 인용한 경우도 있다. 국역본의 번역을 인용한 경우에는 국역본의 페이지를 명기하였으며, 원서에서 직접 번역하여 인용한 경우에는 원서의 페이지를 명기하였다. 또한 오래되어 출판본을 구하지 못한 경우에는 PDF 파일을 활용하여 인용한 경우도 있으며, 이 경우에는 PDF본의 페이지 번호를 명기했다.

3 이 책의 주석은 크게 인용주와 내용주로 구분되어 있다. 인용문의 출처를 밝혀 놓은 인용주는 일련번호(1, 2, 3 ……)로 표시되며, 후주로 처리되어 있다. 본문의 내용을 보충하는 내용주는 각주로 처리하였으며, 별표(*)로 표시되어 있다.

4 각주와 후주에 있는 인용출처 표기는 '저자명(역자명), 출간년도, 서명, 인용쪽수' 순으로 정리했으며, 구체적인 서지사항은 이 책 뒤에 붙인 '참고문헌'에 정리되어 있다.

5 이 책에서 다음의 문헌들이 인용될 경우, 각주와 후주의 인용출처 표기에 해당 문헌의 약어를 사용하였으며, 각 문헌의 자세한 서지정보는 '참고문헌'에 정리해두었다.
· 『간디 전집』 *CWMG*
· 『보세 선집』 *NCW*
· 『암베드까르 선집』 *BAWS*

6 단행본, 전집 등에는 겹낫표(『 』)를, 단편, 논문, 정기간행물, 보고서 등에는 낫표(「 」)를 사용했다.

맞선 사람들의 이야기를 시작하며

간디와 맞선 사람들을 집필하기로 마음먹었을 때, 나는 간디에게 조금 화가 나 있는 상태였다. 내가 간디에 대해 "왜?"라는 의문을 품게 된 것은 2006년에 「암베드까르와 독립운동」이라는 논문을 쓰면서부터였다. 간디는 불가촉천민을 '신의 자식(하리잔)'이라고 부르며 불가촉천민 문제를 개선하기 위해 노력한 인물이다. 그럼에도 불구하고 왜 불가촉천민 출신인 암베드까르의 투쟁에 힘을 실어주거나 함께 투쟁하지 않은 것일까. 그런 의구심이 들면서 간디에게 조금은 언짢은 마음을 가진 상태로 이 책을 쓰기 시작했다.

이 책을 쓰는 5년에 가까운 시간 동안 간디와 맞선 사람들을 쓰기 위해 내가 택한 방식은 몇 개월씩 간디와 맞선 네 명의 인물이 되어 살아가는 것이었다. 즉 처음 몇 개월은 암베드까르가 되어 간디와 맞서며 살았고, 그다음 몇 개월은 보세가 되어 간디와 맞서며 살았던 셈이다. 그렇게 네 명의 인물이 되어 살면서 나는 '간디는 왜 암베드까르에게 불가촉천민 운동을 맡겨두지 않았을까? 보세에게는 왜 그렇게 냉혹했을까? 진나에게는 왜 또 그리 박절했을까? 왜 사바르까르를 그렇게 몰아세웠을까?'라는 생각을 하면서 가슴이 답답했다. 그런 마음으로 간디와 맞선 네 명의 기초자료 정리를 마치고 나서야 내가 잊은 것이 있다는 생각이 들었다. 네 명의 인물이 되어 살아보았듯이 간디가 되어 사는 시간도 가져야 한다는 것을 잊어버리고 있었던 것이다. 그런 생각이 들면서 한편으로는 내가 간디의 그늘에서 혹은 간디의 라이벌로 악역을 맡았던 그들에게 지나친 동정표를 보내고 있지는 않은지, 간디가 자신과 맞선 사람들에게 냉혹했듯이 나 역시 간디에게 너무 냉혹한 시선을 보내고 있지는 않은지 돌아보지 않을 수 없었다. 그래서 자료를 다시 검토하기로 했다. 그리 길지 않은 시간이었지만 간디의 입장에서 그와 맞선 사람들의 자료를 재검토하기 위해 네 명의 인물 사이에서 간디가 되어보는 시간을 가졌다. 보세에게 깊은 애정이 느껴지는 대목에서 내가 간디가 되어 보세의 이야기를 들어주는 입장이 되어보기도 하고, 다시 보세가 되어 자신의 주장을 펴보기도 하니 처음에 정리했던 자료와는 다른 시각이 생겼다. 그렇게 주고받기 식의 대화를 해보고 나자, 간디와 맞선 그들이 동시대에 있었기에 그리고 그들이 대립했기에 간디의 비폭력이 더욱 빛을 발할 수 있었다는 생각도 하게 되었다. 군대를 이끌고 임팔을 건너 인도로 진격하려 한 보세가 없었다면, 간디의 정신을 받아들여 모두 비폭력에만 매진했다면 간디는 그저 간디로 남았을 뿐 우리에게 그토록 간절한 마음으로 진리를 전하려 애썼던 마하트마로 다가오지 않았을지도 모른다.

이 글을 읽는 독자들도 그러한 경험이 있었으리라 생각한다. 고난이 없다면 진리로 나아갈 수 없다는 경험 말이다. 영국의 식민지배라는 악재가 인도의 많은 애국자를 낳았듯이, 그와 대립한 사람들을 통해 간디는 끝없이 더욱 깊이 진리를 확신할 수 있었는지도 모른다.

그렇다면 맞선 사람들에게 간디는 어떤 존재였을까. 억압받는 불가촉천민의 아버지로, 군대를 이끌고 인도로 진격한 혁명투사로, 두 개의 나라로 나뉜 파키스탄의 아버지로, 힌두국가를 세워야 한다고 주장하며 힌두민족주의자로 살아간 그들도 간디가 있었기에 자신들의 신념을 주장하는 한편으로 자신들의 주장을 되돌아보는 기회를 가질 수 있지 않았을까.

이 책은 간디는 물론 그와 맞선 사람들을 심판대에 올려놓고 심판하려는 책이 아니다. 간디의 명성에 흠을 낼 부정적인 측면을 들춰내자는 것도 아니다. 그리고 맞선 사람들의 부정적 측면을 부각시키려는 것도 아니다. 이러한 대립관계가 존재하는 세계가 바로 현실이고, 그렇게 대립하는 존재들이 있음으로써 우리는 진리의 세계에 한 발 더 가까이 다가갈 수 있는 것이 아닐까.

누구나 알고 있듯이 진리의 세계는 현실과 유리된 곳에 있는 것이 아니다. 대립과 갈등이 존재하는 그곳에 진리가 있다. 폭력이 없는 곳에 비폭력의 구호가 등장할 수 없으며, 갈등이 없는 곳에 타협이라는 말은 가치가 없는 것이다.

우리는 성인이라는 이름이 붙은 인물들의 내면은 긍정적으로 바라보려 하지만, 정치가의 내면은 부정적 시각으로 보려 하는 경향이 있다. 즉 성인의 행위에서는 그 안에 있는 심오하고 위대한 정신을 읽어내려는 경향이 있지만 정치인들의 행위 뒤에는 뭔가 음모나 꿍꿍이가 있을 것 같은 시각으로 내면을 읽으려 한다는 것이다. 인도 대중에게 간디는 마하트마였고 성인이었다. 그래서 그의 일거수일투족에서, 어쩌면 그의 존재 자체에서 성스러움을 느끼려는 경향이 있다. 그러나 간디를 정치인으로 인식해야 했던 인도의 또 다른 정치인들은 간디의 행위 뒤에 있는 음모를 읽으려 하거나 자기 멋대로 만든 음모를 사실로 인식하려는 경향도 있다. 그렇기 때문에 암베드까르에게는 카스트 옹호자로만 보였고, 보세에게는 시대를 읽지 못하는 지도력 상실자였으며, 진나에게는 힌두만을 위한 나라를 만드는 중심인물로 인식되었고, 사바르까르에게는 무슬림에게 끌려 다니는 것으로 보였을 것이다.

간디는 마하트마이니 그가 한 행위는 모두 진리에 입각한 것이라고 생각하거나, 간디가 옳은 만큼 그와 맞섰던 사람들에게는 뭔가 심각한 오류가 있을 것이라는 선입견을 접어두고 이제 그들이 대립할 수밖에 없었던 요인들은 무엇이었으며, 그들이 대립할 수밖에 없었던 시대적 한계는 또 무엇이었는지 때로는 간디가 되어, 때로는 맞섰던 인물들이 되어 그들의 삶 속으로 들어가 보자.

등장인물 소개

간디(Mohandas Karamchand Gandhi)

 간디는 1869년 인도 중서부 구자라뜨 주에 있는 작은 도시 뽀르반다르(Porbandar)에서 태어났다. 바이샤에 속하는 바니아(bania) 카스트 출신이며, 간디의 할아버지 오따 간디(Ota Gandhi)와 아버지 까람찬드 간디(Karamchand Gandhi)가 번왕국의 수상을 지낸 부유한 상류층에 속한다. 1888년 영국으로 건너가 법학원(Inner Temple)에서 3년을 수학한 후, 1891년 6월 10일 변호사 자격증을 취득하여 귀국했다.

1893년 간디는 남아프리카의 소송사건을 의뢰받아 1년 계약으로 더반(Durban)으로 향했다. 이때 남아프리카로의 여행은 간디의 인생에 큰 전환기가 되었다. 더반에서 프레토리아(Pretoria)로 가는 기차에서 유색인종 차별을 받은 간디는 남아프리카의 인도인 차별 철폐를 위해 이후 22년 동안 활동했다. 이 22년 동안의 활동에서 간디는 자신의 사상과 정치 활동의 근간이 되는 사뜨야그라하(Satyagraha)에 자신감을 갖게 되었다.

인도에 돌아온 간디는 로울라트 법안(Rowlatt Act) 반대 투쟁으로 비폭력 시민운동을 시작했다. 로울라트 법안이 발효되는 1919년 4월 6일을 금식 기도의 날로 정하여 전 인도인이 일을 하지 않고 금식 기도를 함으로써 인도의 모든 행정이 마비되기에 이르렀다. 세계 역사에 유례가 없는 평화적이고 비폭력적인 인도인들의 투쟁에 대하여 세계의 이목이 집중되었다. 이후 인도국민회의(India National Congress)는 간디의 비폭력 시민 불복종운동을 당의 강령으로 채택했고, 간디가 일선에서 국민회의를 지휘할 때는 물론 표면상 정치 일선에서 물러나 있을 때에도 그의 지도노선이 국민회의의 중심 강령으로 자리 잡고 있었다.

간디의 비폭력 투쟁의 최고봉은 1930년 3월 12일부터 4월 5일까지 진행된 소금행진이었다. 국민회의는 1929년 말 완전 독립을 선언했고, 이 선언을 구체화하기 위해 간디는 소금행진을 추진했다. 이 소금행진을 통해 간디의 비폭력 투쟁 정신과 인도의 에너지가 전 세계에 알려지는 한편 영국의 비도덕성과 잔혹성이 드러났다. 그러나 그 후 간디는 비협조운동을 중단시키고 독립보다는 사회 문제로 시선을 돌렸다. 간디가 다시 독립 문제를 전면에 내세운 것은 1942년 인도철퇴선언(Quit India Resolution)을 통해서였다. 영국에게 인도에서 완전히 물러나라고 요구한 인도철퇴선언으로 독립 문제가 다시 전면에 등장하기는 했지만, 간디와 국민회의 지도부가 모두 구속됨으로써 국민회의 세력이 약화되는 결과를 낳았다.

간디의 비폭력 투쟁의 핵심에는 단식과 감옥 가기가 있었다. 간디는 자기 참회와 정화를 위해, 상대방의 내면에 있는 사랑이나 평화 정신을 환기시키기 위해 단식을 했다. 또한 상대가 폭력이나 압력을 가하더라도 물리적으로 저항하지 않고 기꺼이 감옥에 가는 고통을 감내하는 영혼의 힘을 발휘했는데, 이것이 바로 간디의 가장 큰 무기였다. 독립 후 힌두와 무슬림의 상호 학살이 만연한 가운데, 비극을 막기 위해 간디는 여러 차례 단식을 감행했다. 마지막 단식은 1948년 1월 13일부터 5일간이었다. 델리에서 행한 마지막 단식 후 간디가 친무슬림 행동을 일삼는다고 비판하던 극우파 힌두인 고드세(Nathuram Godse)가 쏜 총에 맞아 1948년 1월 30일 숨을 거두었다.

암베드까르(Bhimrao Ramji Ambedkar)

암베드까르는 1891년 4월 14일 마드야쁘라데시(Madhya Pradesh) 주 모우(Mhow)에서 출생했다. 불가촉천민으로서는 최초로 미국과 영국에 유학하여 박사학위를 받은 인물이다. 간디가 해외에서 인종차별을 겪으며 그 차별을 철폐하기 위해 일생을 바쳤던 것과는 대조적으로, 암베드까르는 인도 내에서 불가촉천민으로 차별을 받으며 살았기 때문에 미국 유학생활에서 평등과 자유를 누린 후 그 자유를 인도의 불가촉천민에게도 누리게 하겠다는 결심으로 일생을 불가촉천민 해방운동에 바쳤다.

박사학위를 받고 인도에 돌아와 바로다(Baroda) 왕국의 군사담당 비서관이 되었을 때나 시든햄 대학(Sydenham College)의 교수로 임용되었을 때에도 불가촉천민인 암베드까르에게 가해진 차별은 달라지지 않았다. 이렇게 어린 시절부터 받아온 카스트 차별을 철폐하기 위해 불가촉천민 해방운동을 시작한 것은 1927년이었다. 이것은 일명 '마하드(Mahad) 투쟁'이라 불리는 것으로, 차우다르(Chaudar) 저수지 사용권 획득을 위한 투쟁이었다. 그리고 1930년 3월에는 불가촉천민도 힌두와 동등하게 힌두 사원에 자유롭게 출입할 수 있는 권리를 요구하기 위한 나시끄(Nasik) 투쟁을 시작했다. 이러한 투쟁과정에서 불가촉천민의 지위 향상을 위해서는 정치적 권리를 획득할 필요가 있다는 것을 절감한 그는 불가촉천민의 분리선거권 획득을 위해 노력했다. 암베드까르는 불가촉천민 대표로 지명되어 런던에서 개최된 3차에 걸친 원탁회의에 참석하였으며, 1차와 2차 원탁회의에서 불가촉천민의 분리선거권을 강력하게 주장했다. 그러나 간디가 죽음을 불사하겠다는 단식을 하며 반대함으로써 분리선거권을 포기하고 보류의석제를 받아들이기로 합의하여 1932년 9월 24일 뿌나 협정(Poona Pact)이 체결되었다.

암베드까르는 불가촉천민 차별 철폐 방식에 대한 견해로 간디와 맞서면서 힌두의 장벽이 너무 높다는 것을 절감했다. 그래서 1935년 10월 13일 나시끄에서 "힌두로 태어났으나, 힌두로 죽지 않겠다"는 선언을 했다. 그 이후 1945년까지 불가촉천민 문제, 연방제 문제, 파키스탄 문제, 종파주의 문제 등에 관한 내용을 담은 책을 발표했다. 그런 한편으로 암베드까르는 1936년 '독립노동당'을 창당했고 1942년에는 '인도지정카스트연맹'을 창설했으며 1945년 7월에는 봄베이(뭄바이)에 '민중교육협회'를 설립하기도 하는 등 불가촉천민과 하층민들의 교육과 정치적 권리 증진을 위해 노력했다.

1947년 인도와 파키스탄의 분리 독립이 결정되었을 때, 암베드까르는 헌법기초위원회 위원장을 맡아 인도 헌법의 기초를 마련했으며, 네루내각에서 초대 법무부 장관을 맡았다. 그러나 1951년 2월에 제출한 힌두법전 개정안이 부결되자 내각에 사표를 내고 물러났다. 이후 힌두교에 대한 희망을 버리고 불교를 탐구하여 1955년 5월 인도불교도협회(Bhartiya Bauddha Mahasabha)를 설립하고 1956년 10월 14일 나그뿌르(Nagpur)에서 50만 불가촉천민과 함께 불교로 개종했다. 이 해 12월 6일, 델리에 있는 자신의 집에서 사망했다.

보세(Subhas Chandra Bose)

보세는 1897년 1월 23일 오릿사(Orissa)의 쿠타끄(Cuttack)에서 태어났다. 오릿사 출신의 검사이자 민족주의자였던 자나끼나스 보세(Janakinath Bose)의 아들로 태어난 찬드라 보세는 케임브리지에서 공부하고 돌아와 1920년 공무원시험에 합격했지만, 1921년에 사직했다. 그 후 정치활동을 시작한 보세는 1921년 웨일스 왕자(Prince of Wales) 환영 보이콧운동을 시작으로 투쟁과 구속이 반복되는 삶을 살았다. 보세는 국민회의에 가입했지만 간디의 비폭력운동에 공감하지 못했고, 1922년 간디가 비협조운동을 중지시킨 데 불만을 품고 캘커타(꼴까따)에서 스와라지당을 창설한 다스(C. R.

Das)와 함께 활동했다.

소금행진 이후 간디-어윈 협정(Gandhi Irwin Pact)이 체결된 다음부터 보세는 간디의 활동과 지도력에 대해 공개적으로 비판하기 시작했다. 1932년 1월 5일, 구속된 후 건강이 악화되자 영국정부는 치료를 위해 유럽으로 가는 조건하에 1933년 2월 22일 보세를 석방했다. 이후 5년간 입국이 허용되지 않아 유럽에 체류하는 동안 간디가 비협조 투쟁을 중지했다는 소식을 접한 보세는 간디의 행보를 비판하는 보세-빠뗄 선언(Bose-Patel Manifesto)을 했다. 그리고 유럽의 여러 정치가들과 혁명가들을 만났다. 1938년 1월, 해외 체류 중에 자신이 국민회의의 의장으로 선출되었다는 소식을 듣고 귀국하여 1년 동안 국민회의를 이끌었다. 그러나 1939년 국민회의 의장 재선 문제로 간디와의 대립이 극대화되자 국민회의 의장직을 사임하고 '전진블록'을 결성했다. 제2차 세계대전이 발발하자 다시 반영 투쟁을 시작한 보세는 1940년 7월 3일 홀웰 기념비(Holwell Monument) 철거운동으로 또다시 구속되었다. 구속 중 단식으로 건강이 위태로운 상태에 이르자 1940년 12월 5일 가택연금 형태로 석방되었다. 1941년 1월 16일 대탈출을 감행한 보세는 4월 독일에 도착했다. 독일에서도 인도자유센터, 방송국, 인도군단 등을 설립하여 영국을 붕괴시키기 위한 활동을 활발히 전개했다. 그러나 독일이 소련을 침공함으로써 기회를 잃게 되자 다시 일본을 거쳐 싱가포르로 갔다. 싱가포르에서 독립인도 임시정부를 수립하고 인도국민군(INA)을 이끌며, 인도로 진격할 준비를 했다. 1944년 일본군과 함께 임팔(Impal) 작전을 개시하여 인도 땅에 임시정부의 깃발을 꽂았으나, 더 이상 진격할 수 없었다. 1945년 8월 15일 일본의 항복으로 제2차 세계대전이 막을 내림으로써 보세의 희망도 사라졌다. 그리고 일본이 항복한 3일 후인 1945년 8월 18일 보세가 비행기 추락 사고로 사망했다는 소식이 전해졌다. 그러나 보세의 추종자들과 여러 민족주의 혁명가들 중에는 이 사고사를 거짓이라고 믿는 사람들이 많다. 1980년대까지 보세가 살아 있었다는 증거를 모아 웹사이트를 운영하고 있는 사람들도 있다.

진나(Muhammad Ali Jinnah)

진나는 1876년 12월 25일 까라치(Karachi)에서 출생했다. 1892년 11월 유럽으로 떠난 진나는 1896년 5월 변호사 자격증을 취득하여 인도로 돌아왔다. 그해부터 봄베이에서 변호사로 활동한 진나는 변호사로 명성을 날리게 되었다. 진나가 본격적으로 정치활동을 시작한 것은 1906년 국민회의의 의장이 된 나오로지(Dadabhai Naoroji)의 개인비서로 활동하면서부터이다. 이후 제국입법참사회와 총독참사위원회 위원으로 활동했다.

진나는 종교와 정치가 연계되는 것을 부정적으로 생각했기 때문에 자신이 무슬림이면서도 무슬림들에게 주어진 분리선거권이 지방의 시와 구까지 확대되는 것을 반대하는 제안을 하기도 했다. 진나는 정치 스승이자 멘토인 고칼레(Gopal Krishna Gokhale)와 함께 활동하면서 급진파보다는 온건파에 속하는 활동을 전개했으며, 특히 힌두와 무슬림의 단합을 위한 활동을 전개했던 인물이다. 1906년에 전인도무슬림연맹(All India Muslim League: 무슬림연맹으로 약칭함)이 창설되었지만, 진나는 여기에 가입하지 않고 국민회의에서 활동했으며, 1913년에야 무슬림연맹에 가입했다. 무슬림연맹에 가입한 이후에도 진나는 주로 국민회의와 무슬림연맹의 공조를 위한 사절 역할을 담당했다. 1915년에는 다른 장소에서 같은 시기에 개최되던 무슬림연맹과 국민회의의 연차대회를 같은 장소에서 같은 시기에 개최되도록 노력한 인물도 진나였으며, 1916년에는 합동 회의를 개최하도록 노력하기도 했다.

진나는 1916년 무슬림연맹의 의장이 되었고, 힌두와 무슬림 단합의 상징으로 불리는 러크나우 협정을 이끌어내기도 했다. 또한 1916년 베전트(Annie Besant)가 창립한 인도자치연맹에서 활동했으며, 무슬림연맹 의장이 된 후에도 전인도국민회의 위원회(AICC)의 위원으로 활동했다.

힌두-무슬림 단합의 상징적 인물이었던 진나의 정치 활동이 달라지기 시작한 것은 1919~1920년 무렵부터이다. 이때가 바로 간디가 인도 정치계의 전면에 나서기 시작한 해이고, 간디의 비협조운동이 국민회의 강령으로 채택된 시기이다. 간디의 정책을 국민회의 강령으로 채택한 1920년 진나는 국민회의를 탈퇴했고, 자치연맹에서도 탈퇴했다. 계기는 간디와의 견해 차이였다.

이후 일시적으로 정계를 떠나 영국에 있던 진나가 인도에 돌아온 것은 1934년이었고, 다시 국민회의와 충돌하여 무슬림주의자들의 대표로 탈바꿈하기 시작한 것은 1937년이다. 1937년 지방의회 총선과 지방정부 내각 구성에서 국민회의로부터 배신을 당했다고 생각한 진나는 이후 파키스탄의 분리를 향한 행보를 시작한다. 1940년 파키스탄선언을 한 진나는 1944년 간디-진나 대화에서도 분리를 향한 목표에서 벗어나지 않았다. 독립이 구체적으로 논의되던 1945~1946년 사이에 무슬림연맹은 "무슬림연맹을 인도의 무슬림을 대표하는 유일한 집단으로 인정하라"고 요구했으나, 간디와 국민회의가 이를 인정하지 않음으로써 타협의 길을 찾지 못했다. 결국 1947년 6월 3일 인도와 파키스탄은 분리된 정부를 수립한다는 결정이 공포되었고, 8월 11일 파키스탄 제헌의회에서는 진나를 초대 대통령으로 선출했다.

이로써 힌두-무슬림 단합의 상징 인물이었던 진나는 파키스탄의 아버지가 되었다. 그러나 진나는 독립된 파키스탄에서 1년 남짓밖에 살지 못하고, 1948년 9월 11일 사망했다.

사바르까르(Vinayak Damodar Savarkar)

사바르까르는 1883년 5월 28일 마하라슈뜨라(Maharashtra) 주의 나시끄에 있는 작은 마을 바구르(Bhagur)에서 출생했다. 16세가 되던 1898년 영국의 지배에 대항하여 무장투쟁을 하겠다고 맹세한 이후 일생 동안 무력 투쟁을 주장하며 살았다. 1900년에는 혁명단체인 미뜨라 멜라(Mitra Mela)를 설립했고, 1904에는 혁명조직인 아비나브 바라뜨(Abhinav Bharat)를 창립했을 뿐만 아니라, 벵골 분할로 종파갈등이 심화된 시기인 1905년에는 급진파

인 고칼레와 함께 뿌나에서 외국 직물 소각 대중운동을 전개하기도 했다. 이렇게 국내에서 투쟁하던 사바르까르는 1906년 영국으로 유학을 떠났으며, 런던에서도 그의 혁명 활동은 계속되었다. 영국에서 혁명의 본거지였던 인디아 하우스(India House)에 머물면서 러시아 혁명가들로부터 폭탄 제조법을 배워 폭탄을 제조하는 한편 폭탄 제조방법을 설명한 책자를 만들어 유포하기도 했으며, 폭탄을 제조하여 인도 국내로 보내기도 했다.

1907년에는 이탈리아의 혁명가였던 마치니의 이야기를 담은 책 『주세페 마치니』(*Joseph Mazzini*)를 저술했고, 1908년에는 '세포이 반란'이라고 불리던 1857년 대영 투쟁을 재조명한 『1857년 인도 독립전쟁』(*Indian War of Independence 1857*)을 저술하여 혁명의식을 고취시키고 독립투쟁에는 무력이 동반될 수밖에 없음을 강조했다.

혁명의식을 고취시키던 사바르까르는 1909년 7월 1일 딩그라(Madan Lal Dhingra)가 커즌 윌리(Cuzon Wyllie)를 암살한 사건과 12월 21일 나시끄에서 치안판사였던 잭슨(Jackson)이 암살된 사건에 연루되었다는 혐의로 1910년 3월 13일 체포되었고, 종신 유배형을 선고받았다. 안다만섬에 유배된 사바르까르는 1921년 본국으로 이송되어 알리뽀레(Alipore)와 라뜨나기리(Ratnagiri)의 교도소에 수감되었다가 1924년 정치적 활동을 하지 않는 조건으로 석방되었고 1937년에 완전히 석방되었다.

1937년부터 1943년까지 힌두마하사바(Hindu Mahasabha) 의장을 맡았던 사바르까르는 힌두국가를 목표로 하면서 국민회의와 대립하고 무슬림연맹과도 대립했다. 또한 진나가 파키스탄 분리를 선언했을 때 이를 맹렬히 비판하였고, 간디가 힌두-무슬림 단합을 강조하는 것은 곧 파키스탄을 위한 일이 된다고 경고했다.

사바르까르는 힌두를 '인도를 모국으로, 종교적 성지로 여기는 사람'이라고 규정하고, 인도는 이들이 중심에 있는 국가가 되어야 한다고 역설했다. 또한 종교와 국가가 연계되는 것을 당연하다고 믿었기에 팔레스타인에 유대교 국가가 건설되는 것과 네팔에 힌두왕국이 건설되는 것을 지지하기도 했다.

1942년에 크립스 사절단이 인도에 와서 "인도는 역사적으로 단일국가가 아니었다"고 발언하자 사바르까르는 "인도는 문화적 단일국가였다"고 반론을 제기하기도 했다. 사바르까르는 독립 이후 1948년 1월 30일 발생한 간디 암살사건을 배후에서 조종한 것으로 지목되어 체포되었다. 무혐의로 석방되기는 했지만 이후 네루정부에서도 요주의 인물로 인식되었다. 그 여파로 인도와 파키스탄의 소수종파 보호를 위한 네루-리아꽛 협정(Nehru-Liaqat Ali Pact) 조인을 위한 회담이 개최되기 전인 1950년 4월 4일 예방구류법에 의해 구속되었다. 7월 13일 정부는 일체의 정치적 활동을 하지 않고 봄베이에 있는 그의 집에 머문다는 조건으로 석방했고, 이후 사바르까르는 정치 활동보다는 불가촉천민 해방운동을 비롯한 사회 활동을 주로 했다. 한편으로는 혁명가들을 추모하는 기념관 건립과 인도의 영광스런 역사에 대한 강연에 몰두하기도 했다. 1960년대에 접어들면서부터 건강이 악화된 사바르까르는 1966년 2월 1일 금식을 선언했다. 치료를 받지 않는 것은 물론 물과 음식도 먹지 않음으로써 죽음에 이르는 길을 선택한 것이다. 그리하여 1966년 2월 26일 삶을 마감했고, 2월 27일 화장되었다.

1부

간디 vs. 암베드까르:

하리잔과 달리뜨

1장_ 도띠와 넥타이

간디와 암베드까르의 세상을 향한 투쟁은 인간에 대한 차별을 철폐하려는 의식에서 시작된다. 간디는 부유한 카스트 힌두로 태어나 인도에서의 성장 과정과 영국 유학 그리고 변호사 자격증을 획득하는 시기까지 차별을 체험하지 않았다. 그러나 간디는 아프리카에 도착하자마자 차별을 체험하게 된다.

간디는 다다 압둘라(Dada Abdulla) 회사로부터 남아프리카의 소송 사건을 의뢰받아 남아프리카공화국의 더반으로 향했다. 이 여행이 간디의 인생에서 전환점이 되리라고 예측한 사람은 아무도 없었을 것이다. 당시로서는 영국에 유학하여 변호사 자격증을 취득하는 것이 '평범한' 엘리트 코스였고, 간디 역시 이렇게 평범한 엘리트의 삶을 살았을 수도 있었지만, 아프리카 여행은 그가 마하트마(Mahatma)로 재탄생하는 계기가 되었다.

간디의 인생 역정을 바꾼 사건은 더반에서 프레토리아로 가는 기차에서 벌어졌다. 1등 칸의 차표를 가지고 있었으나 유색 인종, 인도인이라는 이유만으로 열차에서 쫓겨난 것이다. 아프리카에서는 흔히 벌어지는 인종차별이었지만, 간디는 그러한 인종차별을 경험한 후 인종차별은 개인의 문제가 아니라 인류가 해결해야 할 과제이며 일종의 질환이라고 규정했다. 간디는 1년 계약으로 남아프리카를 방문할 예정이었지만 자그마치 22년이라는 긴 세월 동안 자신의 젊은 시절을 송두리째 아프리카에서 보내며 인류의 질병인 인종차별에 맞섰다. 1894년 인도인 참정권 박탈 법안 제정 반대 투쟁, 1895년 인도인 인두세 반대 투쟁, 1906년 아시아인 등록법 제정 반대 투쟁을 전개했다. 아시아인 등록법 반대 투쟁은 그가 주도한 최초의 사뜨야그라하이다. 사뜨야그라하의 핵심인 그의 비협조 투쟁 정신은 1906년 9월 11일 요하네스버그(Johannesburg)의 한 극장에서 했던 연설에 응축되어 있다.

> 우리는 감옥에 갈 수도 있고, 채찍질을 당할 수도 있으며, 재산이 압류당할 수도 있고, 고통으로 죽을 수도 있습니다. 모든 사람이 꽁무니를 빼고 나 혼자 어려움에 맞서야 한다 해도 나는 절대로 서약을 깨뜨리지 않을 것입니다.[1]

인종차별이라는 질병을 앓고 있는 서구 제국주의자들을 향해 폭력을 동원한 투쟁을 전개하는 것이 아니라, 차별로 고통 받고 있는 자신들이 기꺼이 고통을 감내하면서 절대로 그들의 부당한 요구에는 굴복하지 않는 투쟁. 이것이 간디가 아프리카에서 체험으로 얻은 투쟁방식이다.

간디가 비폭력 투쟁방식인 사뜨야그라하에 대한 자신감을 안고 인도로 돌아온 것은 1915년이었다. 간디는 영국 유학시절과 남아프리카에서 변호사로 활동하던 시기에는 양복을 입고 있었다. 그러나 인도에 돌아오자마자 양복을 벗어버리고 인도의 전통 의상인 도띠(dhoti: 힌두 남성들이 입는 긴 허리 감개 옷)를 입기 시작했다. 간디가 양복을 벗고 도띠를 입은 것은 영국 지배를 벗어버리고 인도를 되찾겠다는 열망의 한 표현이었을 것이다. 그래서 인도로 돌아온 후 간디는 총독 관저에서 협상을 벌일 때나 런던을 방문할 때도 도띠만 입었다. 그렇게 반쯤 벗은 모습으로 대영제국에 항거하는 간디에게 '반나체의 작은 거인'이라는 별명이 붙기도 했다.

간디가 영국에서 변호사 자격증을 취득한 것은 1891년이다. 바로 그해에 암베드까르가 태어났다. 간디가 인도와 영국에서 아무런 차별 없이 젊은 시절을 보냈던 것과는 달리, 암베드까르는 태어나면서부터 온몸으로 차별과 억압을 체험했다. 그는 불가촉천민*으로 태어났기 때문에 학교에 다니는 것도 쉽지 않았다. 영국 식민지정부의 교육 정책으로 불가촉천민의 입학이 허용되기는 했으나 원칙일 뿐 불가촉천민들의 입학은 쉽게 이루어지지 않았다. 그뿐만 아니라 학교에 입학해서도 구석진 자리에 따로 마련된 자리를 배정받았고, 그와 접촉하면 부정(不淨)해진다는 의식 때문에 친구를 사귈 수도 없었으며, 우물과 화장실도 사용할 수 없

---

* 불가촉천민은 untouchable 혹은 outcaste의 번역어이다. 전통적으로 이들은 '아추뜨'(achut: 접촉해서는 안 되는 자)로 불렸다. 간디는 이들을 '하리잔'(Harijan: 신의 자식)이라고 불렀으나 암베드까르는 그러한 명칭을 사용하는 것에 반대하여 주로 '달리뜨'(Dalit: 억압받는 자)라는 명칭을 사용했다. 독립 후에는 헌법에 보호가 지정된 카스트라는 의미로 '지정카스트'(Scheduled Caste: SC)라는 명칭이 공식적으로 사용되고 있다. 불가촉천민은 전통적으로 동물의 시체나 가죽을 다루는 일, 오물과 쓰레기를 치우는 일, 남의 옷을 세탁하는 일 등을 맡아왔기 때문에 항상 오염된 상태에 있는 사람들로 취급되었다. 그래서 신체적으로나 사회적으로 접촉을 꺼리는 존재들이라는 의미로 '불가촉천민'이라 불린다.

었다. 또한 불가촉천민이라는 이유로 산스끄리뜨어 과목은 선택할 수도 없었다.

암베드까르는 이러한 차별 속에서 고등학교를 마치고 1909년 대학 입학시험에 합격했다. 그의 합격을 축하하는 자리에 참석했던 껠루스까르(Keluskar)는 암베드까르에게 장학금을 주선해주었다. 껠루스까르의 주선으로 바로다 왕(Maharaja of Baroda)인 사야지 라오(Sayaji Rao)의 장학금을 받은 암베드까르는 미국의 컬럼비아 대학으로 유학을 갈 수 있게 되었다.

간디가 남아프리카에 도착하자마자 차별을 받고, 그 차별이 인류의 질병이라고 인식했던 것과는 달리 암베드까르는 미국에 도착한 순간 인도에서 겪던 차별에서 벗어났다. 어디서나 자유롭게 물을 마실 수 있었고, 학교에서 다양한 친구를 사귈 수도 있었다. 미국 유학시절 암베드까르가 경험한 것은 보통 사람들에게는 평범한 일상생활일 뿐이지만 불가촉천민으로 차별받고 살아온 암베드까르에게는 경이로운 신세계나 다름없는 것이었다.

어린 시절 수업시간에 문제를 풀기 위해 암베드까르가 칠판으로 나가야 했을 때 칠판 뒤에 카스트 힌두 아이들의 도시락이 있기 때문에 접근하면 안 된다는 소동이 벌어졌고, 그 때문에 아이들의 도시락을 모두 치우고 나서야 칠판에 다가갈 수 있었던 경험[2]을 떠올리면, 친구들과 자유롭게 어울리고 함께 식사도 할 수 있는 유학생활은 천국의 자유를 누리는 것 같았을 것이다. 암베드까르는 이렇게 자유를 만끽하며 컬럼비아 대학에서 석사와 박사과정을 마치고 1917년 인도로 돌아왔다. 인도에 도착한 그는 양복을 입고 넥타이를 맨 당시 서구 엘리트의 모습이었다.

도띠차림의 간디(1946년)와 넥타이를 맨 양복 차림의 암베드까르(1912년)

아프리카에서 양복을 입고 변호사로 활동한 간디가 인도에 돌아오면서 양복 대신 도띠를 입은 것은 그의 생각, 즉 인도를 바라보는 시각의 변화를 뜻하는 것이기도 하다. 인도에서 일어난 많은 개혁운동은 서구의 영향을 받았다. 이러한 개혁의 물결에 대해 재고하고, 단호히 인도 본래의 모습을 되찾을 것을 선언하는 것이 간디가 입은 도띠의 상징성일 것이다.

그런데 인도의 불가촉천민들은 거의 반나체 상태로 살고 있다. 그들은 인도의 전통 의상을 입어야 한다는 의지를 갖고 있거나 영국이 가져다준 유럽식 의상에 대한 거부감을 갖고 있어서 반나체로 살아가는 것이 아니다. 그들에게는 신발과 장신구가 허용되지 않았고, 옷도 하체를 겨우 가릴 정도만 허용되었기 때문에 반나체의 모습으로 살고 있는 것이다.

불가촉천민인 암베드까르의 양복과 넥타이에는 이러한 불가촉천민을 차별하는 데 대한 저항의식이 들어 있다. 간디의 도띠가 서구의 굴레와 압제에서 벗어날 인도 민족주의를 상징하듯이 암베드까르의 넥타이는 카스트 차별의 굴레를 벗기는 평등성을 상징하는 것이며, 불가촉천민도 카스트 힌두와 마찬가지로 존엄성을 가진 인간임을 선언하려는 열망이 담긴 것이다. 도띠에 담긴 간디의 열망이나 넥타이에 담긴 암베드까르의 열망은 모두 '차별과 억압'에서 벗어나고자 하는 것이었다. 그러나 그들이 경험한 차별과 억압이 달랐기에 도띠와 넥타이라는 각기 다른 모습으로 열망을 표출할 수밖에 없었을 것이다.

간디는 1869년 10월 2일에 태어나 1948년 1월 30일 암살될 때까지 80년을 살았다. 암베드까르는 1891년에 태어나 1956년 자신의 집에서 숨을 거둘 때까지 66년을 살았다. 도띠와 넥타이로 상징되는 그들의 열망은 그들이 남긴 글과 연설문을 통해 비교해볼 수 있을 것이다. 간디의 경우 그가 저술한 책과 연설문을 담은 『간디 전집』(*The Collected Works of Mahatma Gandhi*) 90권이 1958년부터 1995년까지 인도정부에 의해 출간되었다. 이 전집에는 간디가 저술한 500여 권의 책과 팸플릿이 포함되어 있으며, 이후 추가되어 현재 98권의 전집이 CD로 출간되었다. 암베드까르의 경우는 마하라슈뜨라 정부 교육부(The Education Department Government Maharashtra)에서 출간한 『암베드까르 선집』(*Dr. Babasaheb Ambedkar, writings and speeches*) 17권이 있다.

오늘날 간디와 암베드까르를 연구하는 사람들이나 그들을 필요로 하는 사람들은 『간디 전집』과 『암베드까르 선집』이라는 거대한 보물섬에서 자신들에게 필요한 것들을 가져온다. 그런데 간디의 전집에 빠져들면 간디의 이상에 동조하게 되고, 암베드까르의 선집에 빠지면 암베드까르의 투쟁 정신에 동조하게 된다. 간디의 전집을 읽고 있으면 아름답고 평화로우며 누구나 행복을 꿈꿀 수 있을 것 같은 촌락이 눈앞에 펼쳐진다. 그러나 암베드까르의 선집을 읽고 있으면, 촌락에서 카스트 차별로 고통받는 인간의 모습이 눈앞에 전개되고, 그들이 받은 인간 이하의 취급에 진저리를 치게 된다. 간디의 영적 세계를 바탕으로 한 정치·경제적 사상은 미래 지향적이며, 우주적 보편 질서 속에서 추구할 수 있는 바람직한 인간론일 수 있다. 반면에 암베드까르의 투쟁 정신은 불가촉천민의 권리라는 작은 범주에서의 인간적 권리 선언이라 할 수 있을 것이다. 거시적으로 간디 같은 인간론을 지향하는 것이 당연하다 하겠지만, 미시적으로 고통 받는 소수집단의 권리 추구 역시 도외시할 수 없다. 그렇기 때문에 어느 한 인물에게 방점을 둔다면 동시대를 살면서 도띠 혹은 넥타이로 표출한 그들의 열망을 제대로 비교하기 어려울 것이다.

한 사람은 양복을 차려입고, 한 사람은 반나체의 모습으로 인도를 바라보고 있다. 이제 도띠와 넥타이가 상징하는 그들의 삶과 서로 맞설 수밖에 없었던 그들의 열망을 비교해보자.

2장 _ 시궁창과 스와라지

간디에게는 촌락이야말로 인도를 구하고 세계를 구할 터전으로 보였으나, 암베드까르에게는 카스트 차별의 온상이며 불가촉천민을 인간 이하로 취급하는 시궁창이나 다름없는 것이 바로 촌락이었다. 간디가 제시한 촌락 자치(village swaraj)의 이상적인 모습은 1942년 7월 26일 「하리잔」에 기고한 글에 잘 나타나 있다. 촌락 자치에 대한 견해를 묻는 질문에 답을 하는 형식으로 기고된 글에서 간디는 다음과 같은 견해를 표명했다. 그의 견해를 요약하면 다음과 같다.

내가 생각하는 촌락 자치라는 것은 중요한 것들은 주변에 의지하지 않고 불가피한 것들만 상호 교류하는 독립적인 공화국이다. 이러한 촌락에서 가장 중요한 것은 식량과 면화를 직접 생산하는 것이다. 촌락은 가축을 보유하고, 어른과 아이들을 위한 놀이터를 만든다. 이렇게 하고도 남는 땅이 있으면 환금작물을 심을 수 있으나 마약류, 아편, 담배 등은 금한다. 각 촌락은 극장, 학교, 공회당을 갖출 것이고, 깨끗한 물을 공급할 수도를 갖출 것이다. 교육은 기초 과정을 마칠 때까지 의무로 한다. 가능한 한 모든 작업은 공동으로 협력하며, 불가촉천민을 계층화하는 카스트 구분은 없을 것이다. 사뜨야그라하를 수반하는 비폭력과 비협조운동이 촌락 공동체를 유지할 것이다. 촌민들이 돌아가면서 마을을 지키는 임무를 맡을 것이고, 촌락의 통치는 빤차야뜨(Panchayat)가 맡을 것이며, 최소한의 자격을 갖춘 성인 남녀 가운데 다섯 명을 매년 선출하여 빤차야뜨를 구성한다.

촌락들은 필요한 모든 권한과 사법권을 가질 것이다. 일반적인 의미의 처벌권은 갖지 않을 것이지만, 빤차야뜨는 임기 동안 입법, 사법, 행정 업무를 수행할 것이다. 정부는 촌락의 세금을 강제 징수하는 것만으로 촌락과 연결되어 있다. 그러한 정부의 간섭 없이 어떤 촌락이라도 하나의 공화국이 될 수 있다. 촌락에서는 개인의 자유에 기초한 완전한 민주주의가 실현된다. 개인은 자신만의 정부를 세우는 자이다. 비폭력이라는 법이 그와 그의 정부를 다스린다. 개인과 촌락은 세상의 권력을 거부할 수 있다. 자신과 마을의 명예를 지키기 위해 기꺼이 죽겠다는 것, 그것이야말로 모든 촌민을 지배하는 법이기 때문이다.[3]

간디는 1909년 발표한 『힌두 스와라지』에서도 촌락의 중요성을 강조했다. 이러한 그의 생각은 독립 시기까지 변함없이 유지되었는데, 농촌의 붕괴가 인도의 붕괴를 가져왔기 때문에 촌락을 재건하여 촌락의 자치를 달성하는 것이 인도의 자치를 달성하는 바탕이라고 보았던 것이다. 간디가 말하는 자치, 즉 스와라지는 외부 권력의 지배를 받지 않고 스스로 자신을 다스리는 것(self-rule)을 의미하며, 외부의 통제에 의한 타율적 자제가 아닌 스스로 행하는 자기 절제(self-restraint)를 의미한다.[4] 그러므로 농촌은 외부세력에 의존하거나 지배를 받지 않으며, 촌락의 개개인은 자기 절제로 타인과의 관계를 형성하여 완전히 평등하고 공평한 촌락을 이룩한다는 것이 간디의 촌락 자치의 개념이다. 이와 같이 간디가 이상형으로 제시한 촌락의 모습은 메트칼프(Charles Metcalfe)가 묘사한 작은 공화국(little republic) 같은 것이다. 인도에서 오랜 기간 관리를 지냈고, 임시 총독으로 부임하기도 했던 메트칼프는 19세기의 인도 촌락은 마치 작은 공화국처럼 그들에게 필요한 모든 것을 갖추고 있었고 외부와는 독립적 관계를 형성하고 있었다고 기술한 바 있다.[5] 독립성과 자치를 갖춘 촌락이 간디가 추구한 촌락 자치의 원형이며, 촌락 자치를 바탕으로 인도의 자치가 달성되어야 한다는 것이 간디의 비전이었다. 그러나 암베드까르에 따르면 전통적인 인도의 촌락은 간디가 그리는 이상적인 모습이 아니었다. 암베드까르는 그의 저서 『불가촉천민, 인도 빈민가의 아이들』(*Untouchables or The Children of India's Ghetto*)에서 인도 촌락의 모습을 다음과 같이 설명했다.

> 촌민은 두 개의 부분, 즉 가촉민(touchables)인 카스트 힌두와 불가촉천민(untouchables)으로 구성되어 있으며, 카스트 힌두가 공동체의 다수를 차지하고 있고 불가촉천민은 소수집단이며, 카스트 힌두는 촌락 안에 살고 불가촉천민은 촌락 바깥에 살고 있다. 경제적으로는 카스트 힌두가 강력한 영향력을 형성하고 있는 반면에 불가촉천민은 가난하여 카스트 힌두에게 의존할 수밖에 없는 상태이고, 사회적으로는 카스트 힌두가 지배적 위치를 차지하고 있는 반면에 불가촉천민은 세습적으로

종속적 위치에 놓여 있다.[6]

　간디 역시 인도 촌락에 많은 문제가 있다는 것을 인식하고 있었다. 그러나 간디는 인도의 촌락이 붕괴되고 고통이 생겨난 것은 영국의 지배, 무한 경쟁과 산업화 그리고 전쟁 때문이라고 분석하였다. 간디는 특히 산업화의 문제점, 즉 인도가 무비판적으로 서구를 따라하는 것에 대한 문제점을 지적하고 "가난한 촌락 사람들은 외국 정부에게 착취당하고 또한 같은 나라 사람들, 즉 도시 거주자들에 의해 착취당한다. 그들은 식량을 생산하면서도 굶주리고, 우유를 생산하지만 그들의 아이들은 우유 없이 지내야 한다. 이것은 수치스러운 일이다. 누구나 균형 잡힌 식사, 거주할 품위 있는 집, 아이들의 교육을 위한 설비 그리고 적절한 의료 혜택을 누려야 한다"[7]고 주장했다. 이처럼 간디는 영국과 도시라는 촌락 외부에서의 착취가 촌락 붕괴와 고통의 원인이라고 보았지만, 암베드까르는 고대부터 촌락 내부에 압제와 불평등이 존재했고, 그것이 촌락에서 발생하는 고통의 근본적 원인이라고 주장했다. 암베드까르는 전통적인 촌락에서 발생하는 불가촉천민들에 대한 차별 양상에 대하여 다음과 같이 설명했다.

　불가촉천민은 힌두가 살고 있는 곳에서 멀리 떨어진 분리된 구역에서만 살아야 하며, 그 지역은 가장 불길한 방향으로 인식되는 남쪽이어야 한다. 불가촉천민은 그 자신은 물론 그림자도 힌두를 오염시키지 않도록 일정한 거리를 유지해야 한다.
　불가촉천민은 땅과 가축 등의 재산을 소유할 수 없으며, 기와지붕이 있는 집에 거주해서는 안 되며, 깨끗한 옷을 입거나 신발을 신으면 안 되고, 금으로 된 장신구를 해서도 안 된다.

불가촉천민은 고귀한 의미를 가진 이름을 지어서는 안 되며, 천박함을 뜻하는 이름을 지어야 한다. 힌두가 보는 앞에서 의자에 앉아서도 안 되며, 말이나 가마를 타고 마을을 지나가서도 안 되며, 무리 지어 행진해서는 안 된다. 힌두에게 반드시 경의를 표해야 하며, 고급 언어를 구사해서는 안 되며, 힌두와 같은 겉옷을 입어서는 안 되며, 반드시 불가촉천민임을 알 수 있게 하는 표시를 내야 한다. 또한 그들의 숨이 힌두의 음식과 공기를 오염시킬 수 있기 때문에 신성한 장소와 신성한 날에 힌두에게 말을 걸면 안 된다.[8]

불가촉천민들은 위와 같은 규정들로 차별과 착취를 받으며 살아왔기에 그들이 살아온 촌락은 차별의 온상이었으며 말 그대로 시궁창이나 다름없었다는 것이 암베드까르의 주장이다. 그러나 간디는 착취와 의존성을 논하면서 촌락과 외부와의 관계를 문제 삼았을 뿐 촌락 내부의 문제는 크게 고려하지 않았다. 그래서 영국 지배와 도시라는 외부의 지배와 착취가 사라진다면 촌락 자치가 가능해지고 그러한 촌락에서는 각 개인 모두가 평등해질 것이라고 믿었다. 1948년 1월 18일 「하리잔 반두」(Harijan Bandhu)에 기고한 글을 보면 이러한 간디의 생각이 잘 드러나 있다.

빤차야뜨 라즈(Panchayat Raj), 즉 촌락 자치 체제를 수립하려면 가장 비천한 사람과 인도의 지배자는 동등하게 보아야 하며, 이렇게 하기 위해서는 모든 인도인은 순수해져야 한다. 만약 순수하지 못하면 그러한 민주주의를 달성할 수 없다. 순수한 사람은 현명해질 것이며, 카스트에 따른 차별을 하지 않을 것이며, 가촉과 불가촉을 차별하지 않을 것이며, 모든 사람을 자신과 똑같이 평등한 사람으로 보게 될 것이다. 현명한 사람에게는 누구도 불가촉일 수 없으며, 노동자를 자본가와 같이 취급하게 될 것이며, 하찮은 일을 하는 사람과 지적인 일을 하는 사람 사이에 구분도 없을 것이다. 이러한 것을 달성하면 스스로 청소부를 자처하게 될 것이다.[9]

간디에게 있어서 인간은 영적이며 도덕적인 존재이다. 삶의 고난 속에서 때로 이러한 고결함이 왜곡되기도 하지만, 기본적으로 인간이란 타인에게 선의를 가진 존재이기에 선량한 인간들이 만들어가는 자치 촌락에서는 완전한 민주주의가 이루어질 수 있다고 본 것이다. 그러나 촌락의 현실은 간디의 비전과는 너무도 거리가 멀었다. 특히 불가촉천민에게 간디의 비전은 이 세상에서 꿈꿀 수 없는 천국 같은 것일 뿐이었다. 촌락 생활에서 불가촉천민이 카스트 힌두에게 의존적인 삶을 살고 있는 것에 대해 암베드까르는 다음과 같이 설명했다.

인도에서 상업은 카스트 힌두가 장악하고 있을 뿐만 아니라 촌락 내의 모든 상점 주인은 카스트 힌두이다. 불가촉천민은 돈을 갖고 있더라도 카스트 힌두인 상점 주인이 자비심으로 불가촉천민에게 물건을 파는 경우에 한해서 필요한 물건을 구입할 수 있다. 불가촉천민이 생필품을 구입하려 할 때 상점 주인이 거부하면 불가촉천민은 물건을 살 수 없다.[10]

이처럼 불가촉천민에게 의존성과 착취의 문제는 촌락과 촌락, 국가와 촌락, 외국 지배자와 인도인 사이에서 발생하는 것이 아니라 같은 촌락 안에 살고 있는 카스트 힌두와 불가촉천민 사이에서 발생하는 것이다. 암베드까르는 "불가촉천민은 생계를 유지하기 위해 카스트 힌두에게 의존하고 있을 뿐만 아니라 권리를 위한 투쟁조차 전개할 수 없다"고 주장했다. 즉, 불가촉천민이 권리를 주장하는 투쟁을 전개한다면 카스트 힌두는 그러한 불가촉천민들에게 일거리를 주지 않을 뿐만 아니라 물건을 팔지도 않기 때문에 자신의 권리조차 주장할 수 없다는 것이다. 또한 간디의 비협조운동과 그 일환이었던 보이콧은 독립투쟁에서 막강한 위력을 발휘했을 뿐만 아니라 촌락에서 카스트 힌두가 불가촉천민을 억압하는 데도 막강한 위력을 발휘했다. 그래서 암베드까르는 봄베이 정부의 보고서를 인용하여 보이콧이 불가촉천민의 권리 투쟁에 미친 부정적 영향에 대하여 강도 높은 비판을 했다. 1928년 봄베이 주정부는 후진계급의 실태를 조사하기 위한 위원회를 구성했는데,[*] 이 위원회에서 사회적 보이콧 문제를 언급하면서 다음과 같이 보고한 바 있다.

위원회에서는 불가촉천민의 권리를 보호하기 위해 여러 치유법을 강구하고 있지만, 우리가 겪는 가장 큰 어려움은 힌두의 공개적인 대응이다. 각 촌락에서 불가촉천민은 소수이고, 자신들의 이익과 존엄성을 보호하려는 힌두는 다수이기 때문에 경찰이 힌두를 제지하는 데는 한계가

---

[*] 인도 통치법 개정을 위한 사이먼위원회가 봄베이에 도착하여 자료조사위원회를 구성한 것 가운데 하나가 불가촉천민의 실태를 조사하는 위원회였다. 자세한 내용은 다음 장인 '3장 _ 불가촉의 족쇄 풀기' 참조.

있다. 또한 불가촉천민은 경제적으로 독립성을 갖지 못하고 힌두에게 경작지를 빌려서 농사를 짓거나, 힌두의 농장에 노동자로 고용되어 있거나, 촌락의 하인으로 힌두에게 봉사하는 대가로 먹을 것을 구하는 입장에 있다. 그런데 정통 힌두는 자신들의 경제력을 이용하여 촌락의 후진계급들을 통제하며, 후진 카스트가 자신의 권리를 주장하는 경우 토지 임대를 중지시키거나 촌락 하인 일을 그만두게 한 수많은 예가 존재한다. 불가촉천민이 도로를 사용하는 것을 금하고 마을 상인들이 불가촉천민의 생필품 구입을 금지하는 광범위한 규모의 보이콧이 계획되고 있다. 증거에 따르면 사소한 일로도 불가촉천민에 대한 사회적 보이콧이 선언되고 있다. 불가촉천민이 공공 우물을 사용하는 권리를 행사할 때 그러한 보이콧이 자주 발생하지만, 불가촉천민이 신성한 실을 걸쳤다거나 땅을 조금 구입했다거나 좋은 옷을 입거나 장신구를 했다거나 불가촉천민 신랑이 결혼식 때 말을 타고 마을 공용도로를 지나갔다거나 하는 사소한 일에도 그러한 보이콧이 형성된다.

불가촉천민 억압에 사용되는 방법 가운데 이러한 사회적 보이콧보다 더 효과적인 무기를 본 적이 없다. 공공연한 폭력은 이러한 보이콧 앞에서 무색해진다. 보이콧은 가장 광범위하고 무시무시한 효과를 낳기 때문이다. 보이콧은 자유계약 이론과 마찬가지로 합법적인 방법이기 때문에 훨씬 위험하다. 우리가 불가촉천민에게 언론의 자유와 그들의 생활 향상을 위해 필요한 행위를 보장해주고자 한다면 강력히 대처하여 이러한 다수의 학정을 약화시켜야 한다고 믿는다.[11]

이처럼 촌락에서는 간디가 말하는 외부의 문제가 아니라 촌락 내부에 거주하는 힌두에 의한 불가촉천민의 차별과 억압이 훨씬 더 심각하게 벌어지고 있었다. 암베드까르는 「불가촉천민의 반란에 대한 힌두의 반응」(Hindu Reaction to the Revolt of the Untouchables)이라는 글에서 힌두와 불가촉천민의 관계에 대해 다음과 같이 설명하며 촌락의 자치가 아니라 개개인의 자치가 중요하다고 역설했다.

가촉민인가 불가촉천민인가의 문제는 개인적인 문제가 아니라 그들이 태어나면서 속하게 된 그룹과 관련되어 있으며, 이러한 그룹의 형태는 고정불변의 것이다. 각 개인의 직업, 거주, 숭배할 신, 소속될 정당은 개인이 선택할 수 없고 개인이 속한 그룹의 결정에 따를 수밖에 없다. 카스트 힌두와 불가촉천민이 교류할 때에도 개인과 개인의 교류가 아니라 마치 다른 나라에 속한 국민처럼 소속된 그룹의 멤버로서 마주하게 된다. 이것은 촌락에서 카스트 힌두와 불가촉천민 상호관계에 중요한 영향을 미친다. 이들의 관계는 원시사회의 서로 다른 종족관계와 유사하다. 원시사회에서는 종족에 속하는 사람은 발언권이 있지만 이방인인 타 종족에게는 발언권이 없다. 이방인은 친절한 대접을 받을 수도 있지만 손님으로서일 뿐이다. 그는 결코 자신이 속한 종족 밖에서는 공정함을 요구할 수 없다. 종족 간의 문제는 법으로 다스려지는 것이 아니라 전쟁을 치르거나 타협을 하는 것이다. 종족에 속하지 못한 사람은 법률적 보호를 박탈당한 사람이며 이방인을 무자격자로 취급하는 것이 법이다. 불가촉천민은 카스트 힌두의 일원이 될 수 없으며 이방인일 뿐이다. 그들은 같은 혈족이 아니며 무적자이다. 불가촉천민은 카스트 힌두가 누리는 어떠한 권리를 요구할 수도 없고 공정함을

요구할 수도 없다.[12]

요컨대 불가촉천민은 촌락의 구성원이면서 이방인이기 때문에 촌락 단위의 자치라는 구조 속에서 불가촉천민은 영원한 이방인일 수밖에 없다는 것이다. 그러므로 불가촉천민의 입장에서는 촌락 단위의 자치가 중요한 것이 아니라 그 안에 존재하는 개개인의 자치, 개인의 스와라지가 중요한 것이며, 촌락보다는 개인의 스와라지가 우선될 때 평등하고 공정한 사회를 이룩할 수 있다는 것이 암베드까르의 주장이다.

인도의 법전류에 근거하면 암베드까르 같은 우려를 하지 않을 수 없다. 『마누 법전』(기원전 2세기)을 비롯한 많은 법전에서는 카스트 구분을 엄격히 유지할 것을 강조하고 있고, 포스트 굽타시대에 편찬된 것으로 알려진 『수끄라니띠』(Sukraniti, 900~1,200 A.D.)에는 촌락의 장으로 브라만을 임명해야 한다고 되어 있다.* 이러한 것을 바탕으로 추정하면 대부분의 인도 촌락의 촌장은 브라만이었을 가능성이 높고, 마을을 지배하는 빤차야뜨 역시 이들을 중심으로 구성되었을 것이므로 마을 밖에 거주하도록 규정된 불가촉천민의 권리가 힌두 촌락에서 보장되었을 가능성이 없는 것이다. 그렇기 때문에 암베드까르는 간디식 스와라지는 결국 힌두 촌락을 만드는 것이고, 그에 근거한 힌두국가의 독립일 뿐이라고

---

* Manabendu Banerjee ed.(2007), *Sukracarya's Sukraniti-Sara*, p.198. 물론 이 규정은 굽타시대에 많은 토지가 브라만에게 기증되었고 굽타시대 이후 봉건제가 확대되면서 브라만 지주가 증가한 것을 반영한 것이지만, 이후 라지푸트시대와 무갈 제국시대를 거치는 동안에도 대부분의 촌락은 브라만에 의해 운영되었기 때문에 영국 지배시기 이전 혹은 이후의 인도 농촌에서 브라만의 영향력은 막강했다고 평가할 수 있을 것이다.

생각했다. 그러나 간디는 힌두 스와라지가 결코 종파적인 의미에서의 힌두교도에 의한 지배가 아니라고 강조하는 한편 도덕성을 바탕으로 한 모든 사람의 지배이며 정의의 지배라고 강조했다.

만일 스와라지가 우리를 교화하고 우리 문명을 정화하고 안정시킬 것이 아니라면 그것은 아무런 가치가 없을 것이다. 우리 문명의 요체는 공적이거나 사적인 모든 일에서 도덕성을 최고의 자리에 두는 것이다.[13]
인도의 스와라지는 다수 공동체, 즉 힌두의 지배가 될 것이라는 말이 있으나 그보다 큰 오해는 없을 것이다. 그것이 사실이라면 나 자신부터 그것을 스와라지라고 부르기를 거부할 것이며 있는 힘을 다해 그것에 맞서 싸울 것이다. 나에게 힌두 스와라지는 모든 사람의 지배, 정의의 지배이기 때문이다.[14]

간디가 여기서 힌두의 지배 운운한 것은 촌락 내의 힌두와 불가촉천민을 염두에 두고 한 말이 아니라 힌두와 무슬림 등의 종파적 문제를 염두에 둔 것이다. 간디가 말하는 스와라지가 도덕적이고 정의로운 지배를 요체로 한 것이라면 촌락에서의 힌두와 불가촉천민의 관계 역시 이를 바탕으로 재고되어야 하는 것이다. 종파 간, 국가 간에 다수가 소수를 지배하고 억압하는 것이 정의로운 지배에 위배되는 것이라면 촌락 내에서 힌두가 불가촉천민을 지배하고 억압하는 것 역시 정의로운 지배에 위배되는 것이기 때문이다. 또한 간디가 말하는 '모든 사람의 지배'라는 측면에서 보았을 때에도 촌락 내에서는 그 '모든 사람'에 불가촉천민이 포함되지 못하고 있기 때문에 암베드까르는 간디가 말하는 힌두 스와라지 혹은 촌락 스와라지를 비판할 수밖에 없었던 것이다.

한편으로 촌락 자치보다 개인 자치의 중요성을 강조하는 암베드까르는 중앙 정부의 역할을 강조한 데 비해 간디는 중앙집권 국가의 부정적 측면을 강조했다.

추구해야 할 목표는 인간의 행복이며, 이것은 완전히 정신적·도덕적 성장과 결합되어야 한다. 내가 사용하는 도덕적이란 말은 영적이란 말과 동의어이다. 이 목표는 지방분권화(decentralization)를 통해 달성할 수 있을 것이다. 중앙집권화(centralization) 제도는 비폭력적 사회구조와 상반되는 것이다.[15)]

중앙 정부와 촌락의 관계는 평등이 아닌 지배와 착취의 관계라는 것이 간디의 생각이었다. 그렇기 때문에 중앙집권제 하에서는 비폭력·평등·자립이 구현될 수 없다고 보고, 작은 촌락이 하나의 공동체를 구성하고, 그 공동체가 포도송이처럼 연결된 형태가 바람직한 국가의 형태라고 보았다.

그러나 암베드까르는 민주주의가 실현되기 위해서는 중앙 정부의 역할이 중요하다고 보았다. 국가를 구성하는 주요 단위는 촌락이 아니라 개인이어야 하며, 개인의 독립성은 국가에 의해 보장되어야 한다는 것이다. 그래서 독립 후 제헌의회에서 간디의 촌락 빤차야뜨가 거론되었을 때, 암베드까르는 이에 대한 반대의 견해를 표명했다. 제헌의회의 일부 의원들이 촌락 빤차야뜨를 지방자치 단위로 삼고자 한다는 견해를 제출하자, 암베드까르는 압제의 근원인 촌락 자치를 거론하는 것은 시대에 역행하는 것이라고 비판했다. 또한 국가의 형태는 반드시 그러한 사회적 압제를 제거할 수 있는 것이어야 하며, 압제를 제압하는 유일한 길은 중앙집권적 의회민주주의 체제를 구축하는 것이라고 주장했다.[16] 또한 암베드까르는 헌법기초위원회에서 작성한 헌법 초안을 설명하는 자리에서도 "메트칼프가 기술한 바와 같은 촌락 공화국들(village republics)은 인도의 파멸이었다.* 그런데 지역주의와 공동체주의를 비난하는 사람들이 촌락을 옹호하는 방향으로 나아가는 것에 놀라움을 금치 못한다. 촌락이라는 것은 지역주의의 소굴이며, 무지와 편협한 마음 그리고 공동체주의의 소굴이다. 헌법 초안에서 촌락을 버리고 개인을 그 단위로 채택한 것을 기쁘게 생각한다"[17]고 발언했다. 이처럼 촌락이 아니라 개인이 국가의 기초 단위여야 한다는 암베드까르의 생각은 그가 제시한 민주주의 달성을 위한 네 가지 전제조건에서도 드러난다.

① 개인은 온전히 개인 그 자체여야 한다.
② 개인은 불가침의 기본권을 가져야 하고, 헌법은 그것을 반드시 보증해야 한다.
③ 개인은 자신의 헌법적 권리를 어떠한 상황에서도 포기하도록 요구받을 수 없다.

---

* 메트칼프는 촌락을 '작은 공화국'이라고 기술하면서 왕조가 바뀌고 시대가 바뀌어도 이들은 아무런 영향을 받지 않고 그 독립성을 유지했다고 기술했다. 암베드까르는 외부의 변화에 적응하려 하지도 않고 변화하는 세계에 어떤 도움도 주지 않고 자신들의 세계만 유지해온 것이 그 작은 공화국이었다면 그것들은 인도를 정체시키고 파멸시킨 것이지 결코 이상적인 세계를 유지해온 것이 아니라고 주장했다.

④ 국가는 개인에게 다른 사람을 지배하도록 권력을 위임해서는 안 된다.[18]

지금까지 간디의 촌락 자치에 대한 이상과 암베드까르가 바라본 인도 촌락의 현실을 비교해보았다. 촌락 문제에 대한 간디와 암베드까르의 견해 차이는 인도의 사회 문제에 대한 시각 그리고 중앙 정부의 역할에 대한 시각의 차이에서 비롯되었다고 할 수 있다. 암베드까르는 촌락의 자치를 허용한다면 그만큼 촌락은 전통성을 유지하게 될 것이며, 그러한 상황 하에서는 불가촉천민에 대한 빤차야뜨와 카스트 힌두의 차별과 억압이 강화될 것이라고 보았다. 그렇기 때문에 강력한 중앙 정부 하에서 법률이 모든 사람에게 평등하게 적용될 때, 불가촉천민에 대한 차별도 약화될 것이라는 것이 암베드까르의 생각이었다.

그러나 간디는 완전한 촌락 자치 속에서 불가촉성을 폐지해야 한다고 보았다. 간디가 말한 대로 이상적인 촌락 자치가 이루어질 수 있다면 신분이 높은 사람과 낮은 사람의 구별이 없을 것이므로 그러한 촌락에서는 암베드까르가 우려하는 불가촉천민에 대한 차별도 존재할 수 없을 것이다. 그러나 현실적으로 이러한 완전 자치의 촌락, 절대적 평등을 구현할 수 있는 촌락이 형성되고 유지될 가능성은 희박하다. 사회주의의 선구자이며 페이비언 사회주의의 실천자인 오웬(Robert Owen, 1771~1858)은 1824년 미국의 인디애나 주에 뉴하모니(New Harmony)라는 협동 마을을 건설했다. 오웬은 새로운 도덕세계(new moral world)를 바탕으로 하여 조화와 협동으로 유지되는 이상적인 마을을 꿈꾸며 뉴하모니를 만들었다. 그러나 뉴하모니 공동체의 구성원들도 다른 이익집단들과 마찬가지로 분열함으로써 오웬의 뉴하모니는 성공하지 못했다. 간디가 톨스토이 농장이나 아슈람들을 건설한 것* 역시 오웬처럼 자신의 이상을 실험하기 위한 것이었다. 그러나 이상적인 마을을 건설한다는 것은 결코 쉬운 일이 아니었다.

독자들은 나에게 물을 것이다. 나 역시 이 글을 쓰면서 나에게 물어본다. 왜 세바그람(Sevagram)**을 모델로 삼지 않는가. 내 대답은 이렇다. 나는 시도할 것이다. 나는 희미하게나마 성공을 예측할 수 있으나 보여줄 수 있는 것이 없다. 그러나 본래 불가능한 것이란 없다. 모델이 될 마을을 만드는 것은 평생의 일이 될 수도 있다. 진정한 민주주의와 촌락의 삶을 사랑하는 사람이라면, 하나의 마을을 선택하여 자신의 세계로 만드는 일에 매진한다면 좋은 결과를 얻을 수 있을 것이다. 그는 촌락 청소부, 실 잣는 사람, 마을을 지키는 사람, 의사, 교사 등의 역할을 동시에 하는 것으로 시작한다. 만약 아무도 그의 곁에 찾아오지 않는다면 그는 청소와 실 잣는 일에 만족하게 될 것이다.[19]

결국 간디가 말하는 이상적인 촌락은 현재까지도 우리가 꿈꾸어야 할 이상향이며 만들어야 할 유토피아이지만, 현실에서 실현하기란 쉽

---

* 간디는 1910년 아프리카에서 모델 촌락인 톨스토이 농장을 건립했다. 그리고 인도로 돌아와서 1929년에 사바르마띠(Sabarmati)와 와르다(Wardha)에서 촌락 향상 프로그램을 시작했으며 그것을 다른 지역으로 확산시켰다. 간디의 이러한 운동을 '사르보다야 운동'(Sarvodaya Movement)이라 부른다. Venkatesan, V.(2002), *Institutionalising Panchayat Raj in India*, p.39 참조.
** 세바그람은 간디의 아슈람이 있는 곳이다. 1935년에는 세바그람에 모델 촌락을 만들었다. 세바그람에는 간디의 아슈람과 간디를 따르는 사람들이 거주하는 작은 집들이 있다. 이곳에서는 카스트 장벽을 무너뜨리기 위해 불가촉천민도 함께 거주했다.

지 않다. 간디는 1932년부터 불가촉천민의 불가촉성을 폐지하기 위한 운동에 매진했다. 그러나 1936년 11월 4일 「봄베이 사마차르」(*Bombay Samachar*)에는 다음과 같은 기사가 실렸다.

시바라만(Sivaraman)이라는 17세 소년이 카스트 힌두의 가게에 소금을 사러 가서 '우뿌'(uppu: 말라얄람어로 '소금'을 뜻함)를 달라고 했다. 우뿌는 전통적으로 소금을 언급할 때 카스트 힌두만 사용하는 단어이고, 불가촉천민은 '뿔리차딴'(pulichatan)이라고 해야 함에도 불구하고 이 소년이 '우뿌'를 달라고 했기 때문에 이 소년을 심하게 구타하여 죽게 만들었다.[20]

간디는 이상적인 마을과 아슈람을 건설하고 촌락에서의 완전한 평등과 불가촉성 폐지를 부르짖고 있었지만, 위와 같은 사건이 벌어지고 있는 것이 인도 촌락의 현실이었다. 힌두가 사용하는 단어를 불가촉천민이 사용했다고 해서 구타하여 죽게 만드는 곳이 인도의 촌락이었던 것이다. 간디에게는 촌락이라는 곳이 완전한 평등과 협동이 이루어질 수 있는 이상향으로 여겨졌을 것이지만, 현실에 발을 딛고 살아가는 불가촉천민과 그들을 이끄는 지도자 암베드까르에게는 벗어나야 할 시궁창 같은 곳일 뿐이었다.

꾸마르(Kumar)[21]에 의하면 인도에는 빤차야뜨 라즈라는 풀뿌리 민주주의 전통이 있었기 때문에 간디는 최상의 도덕적 가치를 지니며 아무런 차별이 없는 평등한 사회, 진정한 민주주의 사회를 만들려는 자신의 꿈이 실현될 수 있을 것이라는 확신을 갖고 있었다고 한다. 그러나 매튜(George Mathew)[22]가 지적했듯이 메트칼프가 보았던 작은 공화국은 하나의 독립된 공화국의 형태를 띠고 있을 뿐 평등과 민주주의 체제를 갖추고 있었던 것은 아니다. 그러나 인간 내면세계의 순수성과 도덕성을 믿는 간디는 전통적인 촌락의 외형적 독립성이 민주주의와 평등성을 동반한 것으로 여겨졌으며, 고대의 빤차야뜨와 촌락 자치의 부활이 곧 민주주의를 실현할 수 있는 기반이 될 것이라고 믿었던 것 같다. 그래서 암베드까르는 간디의 시대가 인도의 암흑기이고 고대로 회귀하는 것이라고 혹평을 했던 것이다.[23]

그러나 한편으로 촌락 자치를 주장한 간디의 사상은 포스트모던 사상이라고 평가되기도 한다. 루돌프(Rudolph)[24]에 의하면 『힌두 스와라지』에서 간디가 주장한 것들, 즉 탈산업화와 탈물질주의 그리고 중앙집권을 부정한 지방분권화 등은 서구의 근대적 사상을 넘어선 것으로서 포스트모던으로 분류될 수 있다는 것이다. 또 한편으로 전 세계적으로 중앙집권체제가 붕괴되고 지방자치제가 도입되면서 간디의 촌락 자치 이론이 주목을 받고 있다. 인도는 1992년 4월 24일 헌법을 개정하면서 3단계로 된 지방자치제, 즉 빤차야뜨 라즈 체제(Panchayat Raj Institutions: PRIs)를 도입했다. 우리나라 역시 지방자치제가 도입되면서 촌락에 대한 관심이 증대되었고, 이를 반영이라도 하듯이 간디의 『촌락 자치』(Village Swaraj)*라는 책이 『마을이 세계를 구한다』라는 제목으로 번역 출판되기도 했다. 이처럼 간디의 촌락 자치 이념은 포스트모던으로 규정되기도

---

* Gandhi, M. K., Vyas, H. M. ed(1962), *Village Swaraj*. 이 책은 간디의 촌락 자치에 관한 글을 모은 것으로 1962년에 출판된 것인데, 우리나라에서는 2006년에 『마을이 세계를 구한다』라는 제목으로 번역본이 출간되었다.

하고 현대에 새롭게 주목을 받고 있는 것도 사실이다. 그러나 이것은 후대의 평가일 뿐 간디와 당대에 살았던 불가촉천민과 암베드까르에게는 촌락의 현실을 외면한 이상주의자의 궤변일 뿐이었을 것이다.

양복을 입고 바라본 인도 촌락의 현실, 도띠를 입고 바라본 인도 촌락의 미래. 암베드까르와 간디는 그렇게 서로 다른 시각으로 현실과 미래를 보았기에 대립할 수밖에 없었을 것이다. 이들의 대립된 견해는 누릴 것을 가진 자의 자비와 아무것도 갖지 못한 자의 생존을 위한 투쟁으로 비교할 수도 있을 것이다. 서구 물질주의가 갖는 탐욕을 넘어서는 인간 중심의 세계를 농촌에서 구현하려 한 인물이 간디였다면, 인간 이하의 취급을 받고 살아온 불가촉천민이 인간다운 삶을 살기 위해서는 농촌이 아닌 도시, 촌락 자치가 아닌 개인의 자치가 중요하다고 주장할 수밖에 없었던 것이 암베드까르의 입장이었을 것이다.

3장_불가촉의 족쇄 풀기: 쟁취와 자비

간디와 암베드까르는 모두 불가촉천민의 권리와 생활 개선을 위해 노력한 인물이다. 그러나 불가촉천민 문제의 해결방식에 대해서는 극단적으로 대립한 인물들이기도 하다. 불가촉천민에 대한 차별은 카스트 힌두에 의해 발생한 것이므로 차별을 해결하는 것 역시 카스트 힌두 스스로가 담당해야 할 과제라고 본 것이 간디의 입장이었다. 그러나 암베드까르는 힌두의 자비심에 의존해서는 불가촉천민 문제를 해결할 수 없다고 보았다. 즉, 불가촉천민의 차별 철폐는 불가촉천민을 교육시키고 조직화하여 투쟁함으로써 불가촉천민 스스로 쟁취해야 한다는 것이다. 이러한 불가촉천민 문제에 대한 해결방식의 차이로 간디와 암베드까르가 극단적으로 대립하고 충돌한 것은 1931년부터이며, 그 직접적 요인은 불가촉천민의 분리선거권 문제의 대두였다. 우선 불가촉천민의 분리선거권 문제가 대두된 배경을 간단히 살펴보자.

20세기에 접어들어 인도의 자치 요구가 거세지자 영국정부는 1909년과 1919년 통치법 개정에 이를 부분적으로 반영했다. 2회에 걸친 통치법 개정에서 종파 갈등에 가장 큰 영향을 미친 것은 분리선거제의 도입이었다. 분리선서제란 특정 집단을 분리하여 선거권과 피선거권을 부여하는 것이다. '1909년 인도 통치법'(Government of India Act of 1909)에 처음으로 분리선거제가 도입되어 지주, 상공인, 무슬림에게 각각 분리선거권이 부여되었다. 무슬림이 민토(Minto) 총독에게 소수집단(minority)인 무슬림의 정치적 권리를 보장할 분리선거제가 필요하다고 요구함으로써 종교적 소수집단이라는 명목으로 무슬림에게 분리선거권이 부여된 것이다. 이에 시크교도 역시 자신들도 종교적 소수집단임을 내세워 분리선거권을 요구하게 되었고, 1919년 통치법 개정에서 시크교도에게도 분리선거권이 부여되었다. 1919년에 이어 1929년에 통치법이 개정될 예정이었으나, 다양한 종파 갈등이 부각됨으로써 통치법 개정은 1935년에야 완료되었다. 이 과정에서 소수집단의 분리선거권 확대가 쟁점으로 부각되었으며, 계급적 소수집단으로 불가촉천민에 대한 분리선거권 문제가 등장하게 된다.

영국정부는 통치법 개정을 위해 1927년 11월 26일, 사이먼(John Simon)을 위원장으로 하는 사이먼위원회(Simon Commission)를 구성했다고 발표했다. 그러나 이 위원회에 인도인이 한 명도 포함되지 않았다는 이유로 대대적인 보이콧이 일어났다. 또한 소수집단의 권리와 분리선거권 문제로 국민회의와 무슬림연맹이 대립하여 타협안을 도출하지 못하고 있었다. 이에 어윈(Edward Wood Irwin) 총독은 인도의 정치 개혁 방안을 협의하기 위하여 런던에서 원탁회의(Round Table Conference)를 개최한다고 발표했다. 이로써 런던에서 3차에 걸친 원탁회의가 열리게 된다.[*] 첫 원탁회의는 1930년 11월 12일에 개최되어 이듬해 1월까지 진행되었다. 암베드까르는 불가촉천민 대표로 1차 원탁회의에 참석했다. 영국정부가 불가촉천민을 계급적 소수집단으로 보아 그 대표로 암베드까르와 스리니바산(Dewan Bahadur R. Srinivasan)을 지명했기 때문이다. 불가촉천민 대표가 따로 지명되어 인도의 장래를 논의하는 회의에 참석한 것은 역사상 처음 있는 일이었기 때문에 암베드까르는 이 원탁회의를 "불가촉천민 역사의 획기적 사건"[25]이라고 표현했다.

1차 원탁회의는 9개의 위원회로 구성되었으며, 그 가운데 소수집단 위원회(Minorities Committee)는 수상인 맥도널드(Ramsay MacDonald)가 직접 의장을 맡을 만큼 가장 큰 난제를 다루는 위원회였다. 종교적으로는 무슬림과 시크, 계급적으로는 불가촉천민을 포함한 피억압계급, 인종적으로는 인도 거주 유럽인과 영인 혼혈이 소수집단에 속한다. 이 위원회에서는 종파, 계급, 인종적 소수집단의 정치적 권리 보장 문제를 다루었기 때문에 소수집단들이 각기 자기 주장을 내세워 열기가 뜨겁지 않을 수 없었다. 암베드까르에게도 이 위원회에서 처리할 문제가 가장 중요한 문제였다. 암베드까르는 "이 위원회에서 처리할 일이 불가촉천민에게는 가장 중요했다. 국민회의와 불가촉천민 사이에 많은 갈등이 빚어질 것이 뻔했기 때문이다. 불가촉천민 문제를 제외한 각 소수집단의 요구는 이미 알려진 내용들이었다. '1919년 인도 통치법'에서 이미 그들에 대한 보호 조항들이 입안되어 있었기 때문에 그들에게는 이미 존재하는 조항들을 확대하고 그들의 영역을 넓히는 것이 목적이었다. 그러나 후진 카스

---

* 1차 원탁회의(First Round Table Conference: 1930년 11월 12일~1931년 1월), 2차 원탁회의(Second Round Table Conference: 1931년 9월 7일~12월), 3차 원탁회의(Third Round Table Conference: 1932년 11월 17일~12월)가 런던에서 개최되었다. 간디가 참석한 2차 원탁회의를 제외하고 1차와 3차 원탁회의에 국민회의는 불참했다.

트의 경우는 다른 것이었다"[26]고 말했다. 암베드까르가 이렇게 말한 것은 무슬림과 시크에게는 이미 분리선거권이 주어졌기 때문에 이들의 주관심사는 자신들에게 주어진 비율을 얼마나 더 확대시키는가에 있었지만, 불가촉천민을 비롯한 후진 카스트에게는 분리선거권 자체를 획득할 수 있는가 아닌가가 달려 있는 문제였기 때문이다.

1927년부터 통치법 개정을 위한 논의가 진행되었고, 국민회의는 1928년에 발표한 일명 「네루 보고서」(Nehru Report: Report of the Committee appointed by All Parties Conference 1928)를 통해 "종교집단뿐 아니라 어떠한 소수집단의 분리선거권도 인정하지 않으며, 분리선거는 민족의 발전에 악영향을 끼칠 뿐 아니라 소수집단 자신들에게도 해악이 된다"[27]는 입장을 표명하고, "불가촉천민을 포함한 모든 후진 카스트의 경우 보통선거제도를 도입하여 모든 사람에게 선거권을 주면 그들의 정치적 권한이 증가하게 될 것"[28]이라는 의견을 제시한 바 있다. 한편, 무슬림연맹에서는 「진나 14개조」(Fourteen Points of Jinnah)를 통해 "중앙 입법부에 무슬림 대표가 1/3 미만이어서는 안 되며 소수 종파의 분리선거권은 보장되어야 한다"[29]고 주장한 바 있다.

이러한 상황에서 불가촉천민 대표로 1차 원탁회의에 참석한 암베드까르는 "피억압 카스트에게는 행정부와 입법부에 영향력을 행사할 수 있는 정치 권리를 보장해주어야 한다. 즉 피억압 카스트는 지방과 중앙 입법부에 적정한 대표권을 갖도록 해야 하며, 그들의 대표를 스스로 선택할 권리를 보장해야 하고, 선거권은 성인 모두에게 부여하는 보통선거여야 하며, 향후 10년간 분리선거권을 부여한 후에는 합동선거구제(joint electorates)의 보류의석(reserved seats)을 보장해주어야 한다"[30]는 견해를 제시했다.

1차 원탁회의 소수집단 소위원회에서는 소수집단에게 의석을 보장해 주는 방법으로 지명, 합동선거구, 분리선거구 등을 논의했다. 그러나 '지명'에 대해서는 참석자 전원이 반대했으며, '합동선거구'에 대해서는 소수집단의 순수한 대표가 선출될 가능성에 대한 의문이 제기되었다. 또한 소수집단의 요구를 모두 수용할 경우 80~90%가 분리선거 의석이 되는 지역이 있을 경우 그것을 어떻게 처리할 것인지도 난제로 등장했다. 그러나 대부분 분리선거구 쪽으로 기울었기 때문에 최종 결론이 내려진 것은 아니었다 하더라도 암베드까르에게는 매우 희망적이고 의미 있는 원탁회의였다. 이미 언급했듯이 불가촉천민으로서는 처음으로 대표가 선정되어 그들의 문제를 논의하는 회의에 참석하게 된 역사적으로 유례가 없는 회의였으며,* 1차 원탁회의가 끝나면서 채택된 보고서에는 '불가촉천민에게 분리선거권을 부여한다[31]'는 것이 포함되어 있었기 때문이다.

그러나 1차 원탁회의에서는 최종 결론을 도출할 수 없었다. 그 주요 요인으로 국민회의의 불참을 들 수 있었다. 국민회의와 간디는 원탁회의에 참석하지 못했다. 1930년 3월 12일부터 4월 5일까지 소금행진(Salt Satyagraha)을 감행함으로써 간디와 국민회의 지도부가 모두 구속된 상

---

* 바로다 왕국의 마하라자인 게끄와르(Gaekwar)가 원탁회의 기간에 런던에서 만찬을 열었다. 이 자리에는 영국 왕자와 백작을 비롯한 많은 저명인사들이 참석했는데, 암베드까르도 초대되었다. 인도 신문에는 게끄와르와 브라만 힌두인 아네뿌(Annepu), 불가촉천민 암베드까르가 나란히 앉아서 식사를 하는 장면이 보도되었다. 이 장면은 서구 기자들의 관심은 끌지 못했다. 그러나 이 장면은 수천 년 된 카스트 체제를 뒤흔들고도 남을 정도여서 인도의 신문들이 대서특필했다는 기사가 「뉴욕타임스」에 실릴 정도였다. "Prince And Outcast at Dinner in London and Age-Old Barrier", *New York Times*(1930/11/30) 참조.

1931년 9월 2차 원탁회의에 참석한 간디(오른쪽 테이블 중앙)와 암베드까르(앞줄 왼쪽에서 네 번째)

태었기 때문이다. 국민회의를 참석시키지 않고 최종 결과를 도출하는 것에 문제가 있다고 생각한 영국정부는 1931년 1월 26일 간디를 석방하여 협상을 시작했다. 어윈 총독과 간디의 협상으로 3월 5일 간디-어윈 협정(Gandhi Irwin Pact)이 체결되었으며, 간디가 국민회의 대표로 2차 원탁회의에 참석하게 되었다. 간디가 1931년 9월 7일 개최된 2차 원탁회의에 참석하자, 일부에서는 원만한 타협안이 나올 것이라고 기대하기도 했다. 그러나 2차 원탁회의는 간디와 암베드까르의 공방전이었다고 해도 과언이 아닐 정도로 분리선거, 불가촉천민의 대표성 문제 등으로 간디와 암베드까르가 정면 충돌했다. 1931년 11월 13일, 간디는 소수집단위원회에서 자신의 입장을 밝히는 연설을 했다. 이 연설[32]을 통해 간디는 첫째, 원탁회의의 성격에 대해 회의적인 입장임을 밝혔다.

6천 마일이나 멀리 떨어진 런던에 모여서 우리가 인도의 헌법 개정을 위해 무엇을 할 수 있는가? 여기서 어떤 논의가 이루어지든 우리에게는 그 논의에 참여했다는 책임만 있을 뿐 결국 영국정부는 자신들의 의도대로 법을 개정할 것이다. 또한 소수집단은 각기 자신들의 요구를 내세우고 있지만, 여기서 우리 모두가 동의할 수 있는 커뮤널 재정(Communal Award)을 만들 수는 없다. 나는 영국정부와 소수집단 대표로 참석한 사람들 그리고 전 세계의 사람들에게 '이 회의는 자치정부를 건설하기 위한 것이 아니라 권력을 나눠 갖기 위한 계획일 뿐'이라고 조금의 망설임도 없이 말할 수 있다.

원탁회의가 개최된 이유는 인도의 독립 혹은 자치정부의 수립을 위한 것이었지만, 실제로 원탁회의는 그러한 역할을 하지 못할 것이라는 것이 간디의 생각이었다. 간디가 지적한 것처럼 원탁회의를 통해 각 종파와 소수집단의 목소리를 하나로 모아 어떠한 결론을 도출할 가능성은 처음부터 희박했다고 볼 수 있다. 2차 원탁회의에는 인도를 대표하는 87명과 영국정부 측에서 20명이 참석했다. 87명 가운데 23명이 번왕국 대표였고 나머지 64명은 힌두교, 이슬람교, 시크교, 기독교, 조로아스터교, 인도 주재 영국인, 앵글로 인디언, 지주, 노동자, 불가촉천민, 여성 등 인도에서 이해관계를 달리하는 모든 집단의 대표가 포함되어 있었기 때문이다. 물론 원탁회의의 목적이 이들 각기 다른 집단의 이해관계를 조정하여 통치법 개정을 확정하는 것이었기 때문에 모든 단체의 대표들이 참석하는 것은 당연한 일이었을 것이다. 또한 모든 단체 대표들을 모아 회의를 개최하는 것이 '민주적'인 모습을 갖추는 것도 사실이다. 그러나 참석자 가운데 이익 충돌이나 견해 차이를 조절하고 타협할 인물이 없었을 뿐만 아니라 다양한 집단의 요구 자체가 타협 불가능한 사안들로 가득 차 있었기 때문에 모두가 만족할 수 있는 결론에 도달한다는 것은 거의 불가능한 상태였다. 그렇기 때문에 원탁회의 자체의 성격에 대해 회의적이었던 간디의 입장은 충분히 이해될 만한 것이었다.

둘째로는 참여자의 대표성 문제를 거론했다. 다양한 소수집단의 대표들이 다양한 견해를 표출하고 있었는데, 간디는 이 대표성의 문제를 거론한 것이다.

여기 참석한 사람들이 인도의 소수집단인 46%를 대표한다고 하지만, 국민회의는 85%를 대표하고 있다. 국민회의에는 무슬림, 시크, 불가촉천민, 유럽인 등이 포함되어 있기 때문에 국민회의가 대표성을 갖고 있다. 또한 소수집단 대표들이 내놓은 제안들은 국민회의가 내놓은 제안서(「네루 보고서」)에 모두 포용되어 있는 것이다. 부족한 것이 있다면 의견을 모아 수정하면 된다. 각기 자신들의 이익을 앞세워 분쟁할 이유가 없다. 특히 불가촉천민의 경우 어떠한 특별 조치를 따로 마련할 필요가 없다. 보통선거를 실시하는 한 분리선거구와 합동선거구 제도는 필요치 않다. 여기 참석한 사람들이 불가촉천민의 대표라고 주장하고 있지만 국민회의가 불가촉천민의 대표이고, 내가 바로 불가촉천민의 대표이다. 불가촉천민의 대표를 투표로 뽑는다면 내가 가장 많은 표를 받을 것이다.

요컨대 아무리 국민회의 안에 무슬림과 시크가 있다고 하더라도 간디가 무슬림의 대표라거나 시크의 대표라고 말할 수는 없지만, 불가촉천민의 경우는 다르다는 것이다. 간디와 국민회의가 불가촉천민 문제 개선을 위해 노력해왔기 때문에 영국정부가 암베드까르를 불가촉천민 대표로 지명하지 않고, 불가촉천민에게 그들의 대표를 뽑으라고 했다면 간디 자신이 뽑혔을 것이라고 확신하고 있었던 것이다. 간디는 1922년 2월 바르돌리(Bardoli)에서 개최된 운영위원회에서 건설적인 사회 개량 프로그램을 제시했고 이것이 국민회의 운영위원회 결의안으로 채택되었는데, 이 결의안에 "피억압 카스트의 생활 향상을 위해 자식들을 민족학교에 보내도록 권유하는 한편, 피억압 카스트에게 일반시민과 마찬가지로 공공시설을 이용할 수 있게 한다"[33]는 내용이 포함되어 있었으며, 간디 자신이 불가촉천민을 위한 다양한 활동을 했기 때문이다. 그렇기 때문에 지명이 아닌 선출방식이었다면 불가촉천민의 대표로 자신이 선출되었을 것이라는 간디의 주장이 전혀 근거 없는 것이라고 할 수 없을 것이다.

셋째로는 불가촉천민을 힌두로부터 분리시키는 것에 반대한다는 견해를 표명했다.

나는 불가촉천민을 인구조사에서 분리하여 기록하기를 원하지 않는다. 시크, 무슬림, 유럽인처럼 불가촉천민을 영원히 분리시킬 것인가? 암베드까르의 결정은 잘못된 것이며, 자신의 경험에 근거하여 그가 잘못 판단한 것이라고 생각한다. 나는 불가촉천민의 권리를 어떠한 왕국과도 바꾸지 않을 것이다. 암베드까르의 견해는 잘못된 것이며, 그것은 힌두교의 분열을 가져올 것이다. 불가촉천민이 이슬람이나 기독교로 개종하는 것은 참을 수 있지만 촌락을 두 개로 구분한다는 것은 용납할 수 없다. 불가촉천민의 정치적 권리에 대해 이야기하는 사람들은 인도가 어떻게 건설되었는지를 모르는 사람들이다. 다시 말하지만, 나는 나 혼자라도 이것을 목숨을 걸고 막을 것이다.

간디는 불가촉천민을 힌두와 구분하여 기록하고 그에 따른 분리 선거권을 부여하는 것은 불가촉천민을 힌두로부터 분리시키는 것이라고 생각했고, 이러한 행위를 결코 받아들일 수 없다는 견해를 분명히 밝힌 것이다. 그러나 간디의 이러한 생각에는 상당한 오류가 내포되어 있다. 인구조사에서 불가촉천민을 힌두와 분리하여 기록한 것은 불가촉천민이 분리선거권을 요구하면서 발생한 것이 아니기 때문이다. 오히려 분리선거제도가 등장하면서부터 인구조사에서 불가촉천민이 힌두와 함께 기록되기 시작했다고 보는 것이 타당할 것이다. 영국정부는 1871년부터 10년 주기로 인구조사를 실시했는데, 1901년의 4차 인구조사까지는 불가촉천민이 힌두로 기록되지 않았다. 인구조사에서 불가촉천민 문제를 연구한 사람들에 의하면 인구조사 자료 수집이나 감독 업무에 고용된 인도인 중 특히 편협한 시각을 가진 대다수 상층 카스트 힌두가 낮은 신분의 사람들을 힌두교도로 기록하는 것에 반대하여 종교를 기록하는 난에 단순히 이들의 카스트 명칭을 그대로 써넣었다. 이로 인해 불가촉천민이 데르(Dher)교도, 망(Mang)교도, 찬달(Chandal)교도 등으로 기록된 사례들이 수없이 발견되었다는 것이다.[34] 그런데 1911년 인구조사에서부터 불가촉천민은 그들의 카스트 명칭이 아닌 힌두교도로 기록되기 시작했다. 오염 운운하며 불가촉천민을 힌두로 기록하는 것에 반대하던 상층 힌두 지도자들이 이때부터 불가촉천민은 오염과 상관없이 힌두로 기록되어야 한다고 목소리를 높이기 시작했는데, 그들이 이러한 주장을 하게 된 것은 바로 분리선거 때문이었다. 1909년에 무슬림에게 인구비례에 따른 분리선거권이 부여되었기 때문에 힌두의 인구비례를 높이기 위해 전 인구의 1/8 정도를 차지하고 있던 불가촉천민도 종교적으로는 힌두라고 주장한 것이다.

애당초 인구조사에서 불가촉천민을 힌두로부터 분리시키기를 원한 것은 상층 힌두였다. 그러나 분리선거라는 정치적 문제가 발생하자, 자신들의 이익을 위해 국민회의를 비롯한 힌두 지도자들이 그야말로 어쩔 수 없이 불가촉천민을 힌두에 끼워 넣으려고 한 것뿐이었다고 보는 것이 타당할 것이다. 간디는 그럼에도 불구하고 불가촉천민이 계급적인 이유로 분리선거권을 요구한다면, 인구조사에서 불가촉천민을 분리하여 통계를 내게 될 것이고, 이것이 불가촉천민을 힌두로부터 영구히 분리시키는 결과를 낳을 것이라고 강변한 것이다. 따라서 이러한 간디의 주장은 인구조사의 역사적 과정을 몰랐거나 외면한 것이라고 평가될 수밖에 없다.

또한 앞 장에서도 언급했듯이 촌락에는 이미 오래전부터 가촉민과 불가촉민이 거주 지역을 달리하고 있었으며, 이렇게 촌락에 두 개의 구분을 만들어놓은 것은 카스트 힌두였기 때문에 불가촉천민의 분리선거권 주장으로 인해 촌락에 두 개의 구분이 생기게 되는 것이 아님을 상기할 필요가 있다. 그럼에도 간디는 암베드까르보다는 자신이 불가촉천민을 대표할 수 있는 대표성을 갖는다고 주장함과 아울러 불가촉천민의 분리선거권을 주장하는 것은 불가촉천민을 힌두로부터 영구히 분리시키려는 것이라고 주장한 것이니 간디의 이러한 주장이 합리적인 것이라고 보기는 어렵다.

위와 같이 간디가 원탁회의 목적, 대표성, 불가촉천민의 분리 등에 대한 문제를 지적했지만 2차 원탁회의에서 간디의 주장에 귀를 기울인 소수집단은 없었다. 2차 원탁회의가 끝난 후 그 결과물로 영국정부는 소수집단 문제를 다루는 '커뮤널 재정'(Communal Award)을 1932년 8월 17일에 발표했다. '커뮤널 재정'에서는 분리선거권을 확대하여 무슬림, 시크, 영인 혼혈, 인도 기독교인, 유럽인, 불가촉천민에게도 부여했다. 이로써 영국정부는 다양한 집단의 목소리를 수용하여 분리선거권을 확대하고, 더불어 억압받는 하층계급에게도 분리선거권을 부여하여 정치적 발언권을 확보해준다는 명분 좋은 '커뮤널 재정'을 공포한 셈이다. 또한 간디-어윈 협정으로 간디를 2차 원탁회의에 참석시킨 영국은 국민회의가 폐지하려 했던 분리선거권을 오히려 더 확대시켰고, 소수집단과 국민회의 사이에 가장 큰 쟁점이 되었던 분리선거 문제에서 소수집단의 손을 들어준 것이다. 뿐만 아니라 이 '커뮤널 재정'이 공포됨으로써 불가촉천민을 비롯한 하층 카스트들은 역사상 처음으로 독자적으로 정치적 권리를 표명할 대표 선출권을 쟁취하게 되었으며, 간디와 암베드까르의 공방전에서 암베드까르의 승리가 확인된 것이기도 하다. 그렇기 때문에 암베드까르를 비롯한 소수집단 대표들은 대부분 '커뮤널 재정'을 받아들였다. 그러나 국민회의는 반대했고, 간디는 결사반대함으로써 2차 원탁회의에서 시작된 간디와 암베드까르의 공방전의 연장전이 시작되었다.

간디는 2차 원탁회의를 마치고 귀국한 후 바로 구속되었기 때문에 '커뮤널 재정'이 공포될 때 예라와다(Yeravada) 감옥에 있었다.[*] 감옥에

---

[*] 이때 간디가 구속된 것에 대해서는 II부 '2장_한 줌의 소금이 만들어낸 열기와 갈등' 참조.

서 '커뮤널 재정'을 접한 간디는 8월 18일에 다음과 같은 내용의 편지를 맥도널드 위원장에게 보냈다.

> 나는 목숨을 걸고 당신들의 결정에 저항해야만 합니다. 내가 할 수 있는 유일한 길은 어떠한 식사도 하지 않으며 소금과 소다가 들어 있지 않은 물만 마시며 죽음에 이를 때까지 단식(fast unto death)하는 것입니다. 영국정부가 피억압계급에 부여한 분리선거 계획을 철회하거나 개정한다면 단식을 중단할 것입니다. 피억압계급의 대표는 보통선거제 하에서 일반선거로 선출되어야 합니다. 내가 제시한 개정이 이루어지지 않는다면 단식은 9월 20일 정오에 시작될 것입니다.[35]

예정된 9월 20일 간디의 단식이 시작되었고, 맥도널드 위원장은 "인도인들의 합의가 있다면 변경 가능하다"는 입장을 표명했다. 결국 합의의 열쇠는 암베드까르에게 넘겨졌다. 암베드까르는 간디가 보류의석에 동의한다는 의사를 표명하자, 분리선거제를 포기하고 보류의석을 갖는 합동선거구제에 동의했다. 불가촉천민의 대표 암베드까르와 국민회의 의장 말라비야(Madan Mohan Malaviya)가 1932년 9월 24일 결의안에 합의하는 서명을 함으로써 간디는 단식을 끝냈다. 이 합의안이 뿌나 협정(Poona Pact)이다. 당시 암베드까르는 간디의 단식에 항복하는 길 외에 다른 방법이 없었을 것이다. 만약 암베드까르가 합의에 동의하지 않음으로써 간디가 단식으로 죽는다면 그 결과는 자명하다. 결코 불가촉천민의 미래에 도움이 되지 않을 것이며, 간디의 죽음으로 각 촌락에서 불가촉천민이 당할 테러는 상상을 불허할 것이기에 암베드까르는 항복할 수

뿌나 협정문

밖에 없었다.

요컨대 2차 원탁회의장에서 전개된 간디와 암베드까르의 공방전은 '커뮤널 재정' 공포로 암베드까르가 승리한 듯 보였으나 간디의 죽음에 이르는 단식으로 전세가 역전되었고, 뿌나 협정이 체결됨으로써 결국 불가촉천민은 분리선거권을 얻지 못한 것이다. 이로써 정치적 권리를 쟁취하여 불가촉천민 문제를 개선하려 했던 암베드까르의 노력은 무산되고 말았다.

그렇다면 목숨을 걸고 불가촉천민의 분리선거권을 저지한 간디는 어떤 방식으로 불가촉성을 제거하려 했을까. 간디의 비협조운동이 국민회의 강령으로 채택된 것이 1920년이었는데, 이 무렵 간디는 불가촉천민 문제에 대한 자신의 견해를 밝힌 글들을 발표했다. 불가촉천민 문제에 대한 간디의 생각이 잘 드러나 있는 글들을 우선 살펴보자.

먼저 살펴볼 것은 1920년 10월 27일 「영 인디아」에 기고한 '피억압계급'(Depressed Classes)이라는 제목의 글이다. 이 글에서 간디는 "우리는 현재 노예상태이기 때문에 옳다고 생각하는 것을 자유롭게 말할 수도 없다. 그러나 진정한 우리나라의 법이 있다면 피억압계급이 사용할 더 좋은 우물을 만들고 피억압계급 아이들이 다닐 더 좋은 학교를 많이 만들어서 학교에 가지 못하는 피억압계급의 아이가 하나도 없게 하는 법을 만들고 싶다"고 전제하면서 피억압계급의 현 상태 개선을 위해 불가촉천민이 할 수 있는 세 가지 방법을 나열했다.

첫째는 영국 식민지 정부의 도움을 구해 권리를 획득하는 것이고, 둘째
는 힌두교를 통째로 거부하고 이슬람교나 기독교로 개종하는 방법이
다. 첫 번째 방법은 프라이팬에서 뛰어내려 불구덩이로 들어가는 것과
같다. 둘째로 종교를 바꾸어 무언가 바뀔 수 있는 것이 있다면 주저 없
이 개종을 권하겠지만 종교는 마음의 문제이고 물질적인 문제가 아니
다. 나는 불가촉성이 힌두교의 본질이 아니라고 믿기 때문에 잘못된 것
을 바로잡는 모든 노력을 기울여야 하며, 힌두교의 오점을 제거할 마음
을 가진 힌두 개혁자들이 있으므로 개종은 해결책이 아니라고 생각한
다. 아울러 마지막으로 세 번째 방법은 피억압계급을 돕는다는 생각이
아닌 그것을 의무로 생각하는 힌두의 도움을 받아 자조(self-help), 자립
(self-dependence)하는 방법이다. 잘 훈련된 비협조 불복종운동을 통
해 평화적으로 이러한 것을 추진해야 하며 이를 위해서는 조직된 지적
노력이 필요한데, 내가 보기에 피억압계급에는 비협조를 통해 그들을
이끌 지도자가 없다. 그러므로 피억압계급이 현 정부의 노예상태를 제
거하는 민족주의 운동에 합류하는 것이 가장 좋은 방법이다.[36]

간디는 또한 1920년 11월 24일에 '더 큰 어려움'(More Difficulties)이
라는 제목의 글에서 다음과 같이 말했다.

비협조운동은 자기 정화의 과정이다. 우리는 타락된 관습에 집착하지
말고 스와라지의 순수함을 따라야 한다. 불가촉성은 관습일 뿐 힌두교

의 필수요소가 아니라고 생각한다. 사상은 발전하고 있지만 행위는 야만적인 상태로 있다. 종교는 진리에 기초하는 것이다. 잘못된 것을 추앙하는 것은 종교를 파괴하는 것이다. 마치 질병을 등한시하면 몸이 망가지는 것처럼. (중략) 스와라지를 따르는 사람들은 피억압계급의 운명을 개선하는 일을 해야 하며, 우리는 불가촉천민을 형제로 생각하고 우리가 우리에게 주장하는 것과 똑같은 권리를 그들에게 주어야 한다.[37)]

위 두 개의 간디의 글에 따르면, 불가촉천민이 자신들의 상태를 개선하기 위해 영국정부의 협조를 구하는 것은 바람직하지 않으며, 종교는 정신적인 것이기 때문에 불가촉천민의 차별이나 물질적 궁핍의 문제를 해결하는 열쇠가 아니므로 개종 역시 바람직한 해결책이 아니라는 것이다. 따라서 민족주의 운동가들과 더불어 민족주의 운동을 함께하면서 진심으로 불가촉천민 문제를 개선하고자 하는 힌두의 도움을 받아 자립으로 나아가야 하며, 힌두와 민족주의 운동가들은 야만적인 관습을 타파하는 데 모든 노력을 기울여서 힌두가 영국을 향해 권리를 주장하는 것처럼 불가촉천민에게도 힌두와 똑같은 권리를 주어야 한다는 것이다. 간디가 당시 불가촉천민을 이끌 지도자가 불가촉천민 가운데 없기 때문에 힌두의 도움을 받아야 한다고 생각한 것은 타당한 것으로 볼 수 있다. 1920년은 암베드까르라는 인물이 인도 정치계에 본격적으로 등장하지 않은 시기이기 때문이다. 그러나 '상층 힌두에 의한 불가촉천민 문제 해결'이라는 간디의 사고방식은 암베드까르가 등장한 이후에도 변하지 않았다. 즉 두 번째 글에서 볼 수 있는 바와 같이 불가촉천민의 문제는 그들 스스로 무엇을 쟁취하여 해결하기보다는 상층 힌두가 누리는 권한을

'불가촉천민에게 주는 방식'으로 해결하려 했던 것이며, 이러한 그의 생각과 행동은 그 이후에도 계속되었다. 그렇기 때문에 불가촉천민이 분리선거권을 갖고 정치적으로 자신들의 권리를 '쟁취'하는 방식이 아니라 상층 힌두가 불가촉천민에 대한 자비심을 갖고 그들의 문제를 해결해주어야 한다는 생각이 1930년대에도 이어진 것이다.

그러면 국민회의는 불가촉천민 문제에 대해 어떠한 견해를 보였는가를 살펴보자. 국민회의는 1917년 캘커타 연차대회에서 갑자기 불가촉천민 문제를 언급하기 시작했다. 안니 베전트(Annie Besant)가 국민회의 의장을 맡고 있던 1917년 11월 2회에 걸쳐 발표된 결의안 내용을 요약해 보면 다음과 같다.

첫째, 불가촉천민 상당수가 제대로 된 교육을 받지 못하여 공정한 자기 발전의 기회를 갖지 못하는 것을 개선하기 위해 이들에게 교육받을 기회를 제공해야 한다. 둘째, 영국정부는 불가촉천민 수에 비례하여 입법 참사회에 불가촉천민 대표를 선출할 권리를 부여하기를 청원하며, 가급적 빠른 시일 내에 불가촉천민이 문맹과 무지로 인하여 자기 발전에 장애를 받지 않도록 필요한 교육을 받을 수 있는 법안을 제정하기를 청원한다. 또한 피억압계급의 상황을 감안하여 초등교육의 무료화와 의무화를 추진할 것을 청원하며, 후진계급의 학생이 대학에 진학하여 학위를 받을 수 있는 편의도 제공할 것을 간청한다. 셋째, 종교적·관습적으로 피억압계급에게 부여된 무능력성을 제거할 필요성을 역설하는 결의안을 국민회의의 다음 회기에서 채택할 것을 촉구한다. 넷째, 불가촉천민과 피억압계급 이외의 힌두에게 후진계급 차별이라는 오점을 제거할 것

을 목표로 삼도록 권유한다.[38]

이 결의안을 순수하게 바라보면, 20세기 초부터 부각된 불가촉천민 문제를 인식한 국민회의가 불가촉천민 문제 개선을 위해 영국정부에 청원함은 물론, 카스트 힌두에게도 불가촉천민 차별 개선을 위해 노력할 것을 권유하는 것으로, 2차 원탁회의에서 "국민회의가 불가촉천민을 위해 매진했기 때문에 국민회의가 불가촉천민을 대표한다"고 주장한 간디의 연설이 타당성을 갖는 것으로 볼 수 있다.

그러나 한편으로 국민회의가 갑자기 불가촉천민 문제에 관심을 표명한 시점을 재고할 필요가 있다. 1917년은 제1차 세계대전이 막바지로 접어들던 때였고, 인도 담당 장관인 몬터규(Edwin Samuel Montagu)가 점진적으로 인도의 자치를 확대할 것이라는 발표를 하고 인도를 방문했던 때이다. 몬터규는 인도에 6개월간 머물면서 인도의 정치인들과 접촉하고 총독인 첼름스포드(Frederic T. Chelmsford)와 협력하여 '1919년 인도 통치법'을 개정했다. 따라서 1917년은 '1919년 인도 통치법'을 개정할 자료 조사 기간이었던 셈이다. 왜 국민회의는 이 시점에서 불가촉천민에 관한 견해를 2회에 걸쳐 천명했을까. 나아가 불가촉천민의 교육 문제는 물론 입법참사회의 불가촉천민 대표 선출권까지 언급하는 획기적인 선언을 한 이유는 무엇일까.

이미 언급했다시피 1909년에 인구비례에 따른 무슬림 분리선거제가 도입되었다. 1917년에 몬터규가 자치제를 확대한다고 발표하자, 시크교도인 부삔더 싱(Bhupinder Singh)이 몬터규를 방문했으며, 1917년 11월 22일에는 시크 대표단이 첼름스포드 총독을 방문했다. 시크교도가 몬터규와 첼름스포드 총독을 번갈아가며 방문한 이유는 개정될 통치법에 무슬림과 마찬가지로 시크에게도 분리선거권을 부여해달라는 청원을 하기 위해서였다. 결국 이러한 청원이 반영되어 '1919년 인도 통치법'에 시크교도의 분리선거제가 도입되었다.

이처럼 분리선거권 확대를 앞두고 시크교도가 열심히 총독과 인도 담당 장관을 방문하던 바로 그 시기에 국민회의는 연속하여 불가촉천민 문제에 관한 결의안을 채택한 것이다. 그러므로 분리선거권이 확대되는 상황에서 불가촉천민은 힌두라는 것과 불가촉천민에 대한 개선책을 국민회의가 추진한다는 것을 천명하고자 결의안을 채택한 것이라고 해석할 수 있다. 암베드까르는 자신의 책에서 '이상한 사건'(A Strange Event)이라는 소제목을 붙여 순수하지 못한 국민회의의 결의안에 대해 다음과 같이 비판했다.

> 통과된 결의안은 마음이 담기지 않은 것이었다. 이는 피억압계급의 지지를 이끌어내기 위한 상황을 만든 것뿐이다. 국민회의는 (불가촉성에 대한) 불편한 심리를 표현하거나 인간이 인간에게 할 수 없는 부당함에 대한 분개를 표현하지도 않았다. 국민회의는 결의안이 통과된 날부터 결의안을 발표했다는 사실조차 잊어버렸고, 결의안은 죽은 문서가 되었으며, 가시화된 것은 아무것도 없었다.[39]

말 그대로 국민회의가 불가촉천민 문제를 언급한 결의는 '딱' 결의안에 그쳤다는 것이 암베드까르의 생각이었다. 그야말로 형식적인 결의안 발표에 그쳐버린 국민회의의 불가촉천민에 대한 관심이 간디의 등장과 함께 조금 달라진 모습을 보인 것은 사실이다. 앞에서도 언급했다시피 1922년 '바르돌리 결의안'을 채택하면서 불가촉천민이 상층 힌두와 마찬가지로 공공시설을 이용할 수 있게 한다는 내용을 포함시켰고, 그와 더불어 부가적으로 "불가촉천민에 대한 편견이 너무 심한 곳에서는 국민회의 기금으로 분리 학교, 분리 우물을 만들어 운영하며, 불가촉천민 아이들이 민족학교에 입학하여 공부하고, 공공 우물을 사용할 수 있도록 사람들을 계몽하는 일에 모든 노력을 기울인다"[40]는 조항도 포함되어 있었다. 바르돌리 계획안이 수립되면서 불가촉천민에 대한 국민회의의 관심이 일견 증가하는 듯했다. 또한 1923년 5월 국민회의에서는 "힌두사회의 죄악인 불가촉천민에 대한 차별을 해결하기 위해 불가촉천민의 문제를 힌두마하사바(Hindu Mahasabha)에 맡겨 힌두사회의 악습을 제거할 모든 노력을 기울이게 한다"고 발표하기도 했다.

이처럼 간디와 국민회의는 여러 결의안을 발표하며 불가촉천민의 문제에 관심을 표명했다. 암베드까르가 말하듯이 국민회의 결의안들은 '결의안을 발표'하는 데 의의를 둔 것으로 보이지만, 간디의 경우는 좀 달랐던 것이 사실이다. 간디는 실제로 자신이 만든 아슈람에서 불가촉천민과 더불어 생활하고, 불가촉천민을 의식적으로 접촉했으며, 불가촉천민을 양녀로 삼기도 했기 때문이다. 그러나 암베드까르는 국민회의의 결의안은 물론 간디의 불가촉천민에 대한 생활 개선 노력 역시 실효를 거둘 수 있는 것이 아니었다고 평가했다. 간디가 바르돌리 결의안에서 많은 것을 하겠다고 발표는 했지만 실천에 옮겨진 것이 거의 없었으며, 불가촉천민의 생활 향상을 위해 500루피가 송금된 것이 전부였다는 것이다. 또한 불가촉천민 문제를 힌두마하사바에 맡기겠다는 결의를 하기에 이르자,

암베드까르는 통탄을 금치 못한다면서 "불가촉천민 문제를 해결하겠다고 요란하게 시작했으나, 수치스럽게 마무리하며 손을 뗀 것"이며, "힌두마하사바는 가장 투쟁적인 힌두 단체로, 불가촉천민에게 부적절한 언행을 한 단체이므로 불가촉천민 문제 해결을 맡는 데 힌두마하사바보다 더 부적절한 단체는 없을 것"[41]이라고 강도 높은 비판을 했다.

불가촉천민을 위한 간디와 국민회의의 운동 혹은 결의가 실효성이 없거나 마음이 담기지 않은 것이었다면, 암베드까르가 행한 불가촉천민을 위한 투쟁은 어떠했을까. 암베드까르는 1917년 인도 바로다 왕국에서 군사담당 비서관이 되었으나, 불가촉천민이라는 이유로 숙소를 구할 수도 없는 어려움을 겪었고, 1918년 시든햄 대학 교수가 되었으나 역시 불가촉천민이라는 이유로 동료 교수들로부터 심한 차별을 받아야 했다. 1920년 다시 영국으로 가서 3년 동안 공부를 하고 인도에 돌아온 것이 1923년 4월이었고, 암베드까르가 세간의 이목을 집중시킬 불가촉천민 투쟁을 시작한 것은 1927년이다. 1923년 봄베이 입법의회에서 불가촉천민에게 급수시설, 우물, 학교, 병원 등 공공시설 이용을 허락하는 법안을 통과시켰고, 이에 따라 마하드 시 당국은 1924년에 불가촉천민이 차우다르 저수지(Chaudar tank)의 식수를 사용할 수 있도록 허용했다. 이 시기는 기존의 우물을 불가촉천민이 자유롭게 사용하게 하거나 그렇지 못할 경우 그들을 위한 우물을 만들겠다는 '바르돌리 결의안'이 발표된 후였다. 그런데 시 당국이 불가촉천민에게 차우다르 저수지 사용을 허용한다고 결정했음에도 불구하고 카스트 힌두는 불가촉천민이 저수지를 사용하지 못하도록 했다.

이에 암베드까르는 1927년 3월 19일 불가촉천민 1만여 명을 이끌

마하드 시 차우다르 저수지 근처에 세워진
암베드까르 동상

고 저수지 사용권을 쟁취하기 위한 투쟁을 시작했다. 암베드까르와 불가촉천민이 행한 투쟁은 단지 단체로 저수지로 행진해서 물을 마시는 것이었다. 이 소식을 접한 카스트 힌두는 불가촉천민이 물을 마심으로써 오염된 저수지를 정화하기 위해 소똥과 우유, 치즈를 담은 108개의 항아리를 연못에 담그고, 브라만이 만뜨라를 읊는 정화의례를 행했다. 물을 마시는 불가촉천민과 소똥 항아리를 담그며 정화의례를 하는 카스트 힌두 사이에 충돌이 발생하자 마하드 시 당국은 1927년 8월 4일, 차우다르 저수지의 개방을 철회했다. 이에 분개한 불가촉천민은 1927년 12월 25일 차우다르 저수지 건너편의 무슬림의 땅에 모여 『마누 법전』* 화형식을 거행했다.

간디와 국민회의가 다양한 결의안을 발표하며 불가촉천민의 생활을 개선하겠다고 선언했지만 현실은 이러한 양상이었다. 시 당국의 허용, 카스트 힌두의 저지, 불가촉천민의 행진, 충돌을 막기 위한 시 당국의 개방 결정 철회 그리고 10년 동안의 법정 투쟁이 불가촉천민이 물 마실 권리를 쟁취한 투쟁의 역정이었다. 마하드 투쟁은 불가촉천민이 인도 역사상

---

* 『마누 법전』은 힌두교의 법전류 가운데 대표적인 것으로, 카스트 차별이 명시되어 있다.

최초로 자신들의 권리를 주장하며 벌인 강력한 투쟁으로 기록되었다.

간디가 불가촉천민 문제를 해결하겠다는 결의안을 채택하고 불가촉 문제는 힌두의 변화로 해결될 것이라고 주장했지만, 실제로는 불가촉천민이 그들 자신의 권리 쟁취를 위한 투쟁을 전개하고서야 겨우 물 마실 권리를 얻게 되었다. 그러므로 암베드까르는 결코 간디와 같은 방식으로는 불가촉천민의 문제가 해결될 수 없다고 주장한 것이다. 그럼에도 불구하고 카스트 힌두가 중심이 되어 불가촉천민 문제를 해결해야 한다는 간디의 생각은 1930년대까지 계속되었고, 불가촉천민 문제는 독립을 하고 나면 쉽게 해결될 것이라고 믿었던 것 같다.

1930년, 소금행진으로 뜨거운 독립 열기를 뿜어내고 있을 때, 소금행진에 참여한 한 불가촉천민이 "독립보다 불가촉성 제거가 선행되어야 한다고 했던 간디의 선언은 어떻게 된 것인가?"라고 의문을 제기하자, 간디는 "불가촉천민은 전체의 일부이고, 나는 전체를 위해 일하고 있기 때문에 전체의 일부인 불가촉천민을 위한 일이기도 하다고 확신한다"[42]고 답변했다. 또 간디-어윈 협정을 체결한 직후인 1931년 3월 23일 「시카고 트리뷴」(Chicago Tribune) 기자가 델리에서 간디와 인터뷰를 하면서 "자본가와 노동자, 지주와 소작인, 하층 카스트를 비롯한 종파 문제 등이 자치만 달성되면 쉽게 해결될 수 있는가?"라는 질문을 했다. 이에 간디는 "모든 문제는 우리가 우리나라의 주인이 된다면 아주 쉽게 해결될 것이다. 물론 어려움이 있다는 것을 알지만 우리는 그 문제들을 확실히 해결할 수 있다고 믿는다. 서구적 방식으로가 아니라 비폭력과 진리라는 방식으로 해결할 것이며, 그것이 우리가 현재 추구하는 운동의 기초이고 나아가 우리 헌법의 초석이 될 것이다"[43]라고 답변했다. 이러한 간디의 답변을 통해 이 시기까지 간디는 선(先)독립, 후(後)사회문제 해결이라는 태도를 가졌음을 엿볼 수 있으며, 독립을 하고 나면 종파 갈등이나 계급 갈등은 쉽게 해결될 수 있을 것이라고 생각했던 것 같다.

그러나 암베드까르는 간디의 견해에 동의할 수 없었다. 불가촉천민의 문제는 독립이나 힌두의 자비심으로 해결될 수 있는 것이 아니며, 불가촉천민이 자신들의 요구를 관철시킬 수 있는 힘을 가져야 해결될 수 있다는 것이 암베드까르의 생각이었다. 이처럼 불가촉천민 문제 해결에 대해 각기 다른 생각을 갖고 있던 두 사람이 처음으로 마주 앉아 대화를 한 것은 1931년 8월 14일이었다. 이때는 간디와 암베드까르 모두 2차 원탁회의에 참석하기 위해 영국으로 떠날 준비를 하고 있던 때였다. 일부의 견해에 따르면 간디는 암베드까르가 자신과 맞서는 견해를 가졌다는 것, 1차 원탁회의에서 불가촉천민의 분리선거제를 주장했다는 것은 알고 있었지만, 그가 불가촉천민이라는 것은 런던에 도착할 때까지 모르고 있었다고 한다.* 이때 만난 두 사람의 대화를 잠시 엿보기로 하자.

간디 나에게 하고 싶은 말이 있습니까?

암베드까르 당신이 불렀으니 당신이 하고 싶은 말을 하시고, 질문하시면 거기에 답하겠습니다.

간디 당신이 나와 국민회의에 대해 불만을 갖고 있다는 것을 압니다. 나

---

* Keer, Dhananjay(1971). *Dr. Ambedkar: Life and Mission*, p.168. 마하데브 데사이(Mahadev Desai)의 일기에 따르면 간디는 영국에 가기 전까지 암베드까르가 천민 출신인지 몰랐으며, 천민 문제에 깊은 관심을 갖고 있기 때문에 이 문제가 거론될 때마다 흥분하는 브라만 계급의 사람인 줄로만 알았다고 한다.

는 당신이 태어나기도 전인 학창시절부터 불가촉천민에 대해 고민해왔습니다. 내가 국민회의 프로그램에 이 문제를 포함시켜 얼마나 많은 노력을 해왔는지 알 것입니다. 국민회의 지도자들은 이 문제가 종교 문제이고 사회적 문제이므로 정치적인 문제와 혼합시켜서는 안 된다는 명목으로 나의 이런 노력에 대해 반대했습니다. 그러나 그것이 전부는 아닙니다. 국민회의는 200만 루피라는 엄청난 돈을 불가촉천민의 생활 향상을 위해 써왔습니다. 그런데 당신 같은 사람이 나와 국민회의에 대해 반대한다는 것은 놀라운 일입니다. 당신의 입장을 정당화시킬 말이 있다면 자유롭게 말해보시오.

암베드까르 마하트마님, 당신이 제가 태어나기 전부터 불가촉천민 문제를 생각해왔다는 것은 사실입니다. 나이든 사람들은 모두 그렇게 나이를 강조합니다. 그리고 당신이 국민회의에 불가촉천민 문제를 인식시켰다는 것도 사실입니다. 그러나 솔직히 말하면 국민회의는 불가촉천민 문제를 공식적으로 거론한 것 외에 아무것도 한 일이 없다고 말할 수 있습니다. 국민회의가 불가촉천민의 생활 향상을 위해 200만 루피를 썼다고 말씀하셨습니다. 저는 그것이 낭비되었다고 말할 수 있습니다. 그 정도의 돈이라면 저는 불가촉천민의 경제적 상황과 외양에 놀랄 만한 변화를 가져올 수 있었을 것입니다. 그런 상황이었다면 오래전에 당신이 저를 만나자고 했을 것입니다. 그러나 국민회의가 행한 결의에는 진심이 담겨 있지 않았다고 말하고 싶습니다.[44]

간디는 피차 불가촉천민을 위해 일한다고 하면서 그리고 그동안 자신이 기울인 노력을 알면서도 암베드까르가 자신에게 반감을 갖고 있다는 것은 납득할 수 없다는 것이었다. 그러나 암베드까르가 지적했듯이 엄청난 돈을 불가촉천민을 위해 쏟아 부었다고 하지만 그것이 정작 불가촉천민을 위한 곳에 쓰였다기보다 중간에서 낭비되었다는 것이다. 200만 루피라는 큰돈을 국민회의가 아닌 암베드까르가 불가촉천민을 위해 썼다면 엄청난 효과를 낼 수 있었을 것이지만 국민회의는 그렇게 하지 않고 불가촉천민을 직접적으로 도운 돈보다 누수된 돈이 많은 방만한 운영을 했다는 것이다. 이렇게 간디와 국민회의가 행한 활동은 실질적으로 불가촉천민에게 별 도움이 되지 않았다는 것이 암베드까르의 생각이었다. 아울러 암베드까르는 간디가 진심으로 불가촉천민 문제를 해결할 마음을 가졌다면 불가촉천민 문제는 벌써 해결되었을 것이라고 비판하기도 했다. 요컨대 국민회의 당원이 되려면 모두 물레로 자아 만든 카디(Khadi)를 입어야 한다고 규정한 것처럼* "불가촉천민 남녀를 집 안에 고용하지 않는 사람, 불가촉천민 학생들을 돌보지 않는 사람, 적어도 일주일에 한번 집에서 불가촉천민 학생과 함께 식사를 하지 않는 사람은 국민회의 당원이 될 수 없다"는 규정을 만들었다면 어떠했겠는가 하는 것이다. 간디가 진심으로 불가촉천민을 위한 일을 하려 했다면 여러 선언을 계속 발표하는 것보다 그런 규약을 만드는 것이 훨씬 효율적이었을 것이다. 그렇게 했더라면 적어도 국민회의의 지역위원장이라는 사람이 불가촉천민이 사원에 들어가는 것을 반대하고 나서는 웃지 못할

---

* 1924년 6월 국민회의 운영위원회에서는 카디와 비폭력을 지지하는 수준을 확인하기 위해 여러 결의안을 채택했다. 그 가운데 하나가 "국민회의 간부는 적어도 하루에 30분씩 물레를 돌려 매달 정해진 분량의 옷감을 제출해야 하며, 이것을 지키지 못할 경우 사임해야 한다"는 내용이 들어 있었다. 요게시 차다, 정영목 번역(2001), 『마하트마 간디』, p.477 참조.

상황은 벌어지지 않았을 것이라는 것이 암베드까르의 생각이었다. 그렇기 때문에 간디와 국민회의가 진심으로 불가촉천민 문제를 대한 것이 아니라 정치적 목적을 갖고 형식적으로 대한 것뿐이라고 생각할 수밖에 없었던 것이다.

위에 인용한 간디와 암베드까르의 대화가 이루어진 당시까지는 암베드까르가 불가촉천민이라는 것을 알지 못했다 하더라도 2차 원탁회의가 개최될 당시에는 이미 암베드까르가 불가촉천민이라는 것을 간디도 알고 있었다. 그럼에도 불구하고 자신이 불가촉천민의 대표라고 강변했던 것이다. 왜 간디는 암베드까르를 불가촉천민의 지도자로 인정하지 않고, 불가촉천민을 이끌 암베드까르의 등장을 달가워하지 않았을까. 그 직접적인 요인을 간디의 글에서 찾기는 어렵다. 그러나 몇 가지 요인을 추론할 수는 있을 것이다. 그 첫째로는 불가촉천민이란 힌두가 자비를 베풀어야 할 대상이지, 간디와 어깨를 나란히 하여 인도의 장래 문제를 논의할 대상으로는 여길 수 없었던 것은 아닐까 하는 점이다. 실제로 당시의 민족지도자들 대부분이 힌두 상층이었으며 하층 출신이 거의 없었다는 것을 증거로 삼을 수도 있을 것이다. 그러나 그렇게 평가하는 것은 간디를 너무 폄하하는 일일지도 모른다.

둘째로는 카스트제도 자체에 대한 그들의 생각 차이에서 요인을 찾을 수 있을 것이다. 간디가 「영 인디아」를 「하리잔」으로 바꾸어 창간할 무렵인 1933년 2월에 두 사람이 나눈 대화와 서신에서 그들의 카스트에 대한 인식의 차이를 엿볼 수 있다. 2월 4일 간디와 암베드까르는 불가촉천민 차별 철폐 법안에 대해 논의했다. 핵심 내용은 사원 출입을 허용하는 것이 단지 출입만 허용되는 것인지 사원에서 행할 수 있는 모든 의례

행위를 허용하는 것인지에 대해 암베드까르가 질문하고 간디는 '사원 출입'에는 당연히 뿌자(puja: 의례)가 포함되는 것이며, 그 문구가 그렇게 이해되지 않는다면 '뿌자를 위한 사원 출입'으로 문구를 수정할 수도 있다고 말했다. 이때 암베드까르는 "운 좋게 사원 출입이 허용된다고 하더라도 우물을 사용하는 문제에 대해서는 어떻게 할 것인가?"라고 묻자 간디는 사원 출입 문제가 해결되면 그러한 문제는 당연히 뒤따라 해결될 것이라고 답했다.[45] 그리고 간디는 암베드까르에게 「하리잔」 창간호에 불가촉천민 문제에 대한 글을 기고해달라고 청탁했다. 이 청탁에 대해 암베드까르는 2월 7일에 서신을 보내 거절의 뜻을 밝히면서 다음과 같은 짧은 성명서를 보냈다.

불가촉천민은 카스트제도의 부산물이다. 카스트제도가 존재하는 한 불가촉천민도 존속될 것이다. 카스트제도를 붕괴시키는 것 외에 불가촉천민을 해방시킬 수 있는 방법은 없다. 추악하고 부도덕한 힌두의 믿음을 제거하는 것 외에는 앞으로의 투쟁에서 힌두를 구하고 그들의 생존을 지킬 수 있는 것은 없다.[46]

간디는 암베드까르의 이러한 서신과 그에 대한 자신의 견해를 「하리잔」 2월 11일자에 게재했다.

암베드까르가 주장한 카스트에 대한 견해는 교육받은 많은 힌두의 견해와 공통된 것이다. 그러나 나는 그렇게 생각하지 않는다. 나는 카스트제도가 '추악하고 부도덕한 것'이라고 생각하지 않는다. 카스트제도는 한계와 결점을 갖고 있지만 불가촉성이 존재하는 것에 대해서는 아무런 죄가 없다. 만약 불가촉성이 카스트제도의 부산물이라면 그것은 신체에 생긴 혹이나 농작물의 잡초 같은 의미일 뿐이다. 불가촉천민 문제 때문에 카스트제도를 파괴해야 한다는 것은 잘못된 것이다. 그것은 마치 몸에 있는 혹이나 농작물의 잡초 때문에 몸이나 농작물을 없애야 한다는 것과 같다. 제도 전체가 타락한 것이 아니라면 그것을 없앤다는 것은 지나친 일이다. 불가촉성은 카스트제도에서 생긴 것이 아니라 높고 낮은 구별에서 생긴 것이다. 불가촉성에 대한 공격은 '높고 낮음'에 대한 공격이어야 한다.[47]

간디와 암베드까르의 대화와 서신 그리고 게재된 글의 내용을 살펴보면, 암베드까르는 카스트제도가 폐지되어야 불가촉천민의 자유가 쟁취될 것이라고 보는 반면, 간디는 불가촉천민 문제 때문에 카스트제도를 폐지할 이유가 없다고 보고 있다는 것을 알 수 있다. 즉, 카스트제도의 존속 하에 불가촉천민에 대한 인식과 처우를 개선하는 것으로 불가촉천민의 자유와 인간적 권리가 회복될 수 있다는 것이 간디의 입장인 셈이다. 인간의 권리가 외형적인 처우 개선으로 변화될 수 있다면, 그리고 그들이 하는 일의 높고 낮음을 구별하는 것을 없앰으로써 불가촉천민의 문제가 해결될 수 있다면 암베드까르 같은 고등 지식인이 교수로서, 변호사로서, 법률가로서 확고한 위치에 있음에도 불구하고 다른 동료들과 식사도 함께할 수 없는 비인간적인 대우를 받고, 집을 구할 자유마저 제한된 것은 어떻게 설명할 것인가. 결국 간디는 카스트제도는 그대로 존속시키면서 그 안에서 벌어지고 있는 불가촉천민을 비롯한 하층 카스트에 대한 차별 의식만 없애면 해결될 것이라고 본 것이니 불가촉천민으로서 물도 마음대로 마실 수 없었음은 물론 수많은 차별을 몸소 겪고 있는 암베드까르로서는 간디의 견해에 동의할 수 없었을 것이다. 또한 간디 역시 카스트 안에 있는 '혹이나 잡초' 같은 문제만 해결하면 될 것인데, 카스트제도를 통째로 뒤흔들려는 암베드까르를 받아들일 수 없었을 것이다. 그리고 간디는 상층 힌두가 카스트제도의 '혹이나 잡초'를 만들어낸 것이기에 그 혹과 잡초를 제거하는 것 역시 힌두의 몫이라고 생각했다. 그래서 하리잔 봉사단(Harijan Sevak Sangh) 활동을 비롯한 불가촉천민 해방운동에 불가촉천민을 참여시키지 않았고, 불가촉천민이 조직화되는 것을 원치 않았던 것[48]이다. 그러므로 간디가 불가촉천민이 단합하고 궐기하여 자신들의 권리를 쟁취해야 한다고 강변하는 암베드까르를 불가촉천민의 지도자로 받아들이기는 어려웠을 것이다.

　　마지막으로 간디가 암베드까르를 인정하지 않으려 했던 요인으로 꼽을 수 있는 것은 분리선거 문제일 것이다. 바킬(Vakil)이 "간디와 암베드까르 사이에 논쟁이 벌어진 주요 원인은 간디가 암베드까르를 무시한 데서 비롯되었다"[49]고 말한 것처럼 2차 원탁회의에서 간디는 암베드까르를 비롯한 종파 대표들의 견해에 귀를 기울이지 않았다. 그렇기 때문에 암베드까르는 "간디는 원탁회의에 참석하기 전에 영국정부와의 협정(간디-어윈 협정)을 성공적으로 이끌어냄으로써 국민회의에 소속되지 않은 대표들을 경시했으며, 공개적으로 국민회의 대표인 자신만이 인도 국민을 대표한다고 공언했다. 또한 회의에 참석한 여러 단체 대표들을 통합하여 포용하려는 노력을 하지 않고 오히려 갈등을 일으켰고, 회의 자체에 대한 준비도 거의 없었다. 그래서 그는 많은 말을 했지만 종파 문제나 통치법 개정에 대한 자신의 명확한 견해를 표출하지 못했다"[50]고 논평하면서 2차 원탁회의 대표로 국민회의가 간디를 선택한 것은 '최악의 선택'이었다고 말했다.

그렇다면 간디가 2차 원탁회의에서 소수집단 대표들을 무시하는 태도를 보인 이유는 무엇일까. 여러 학자들이 지적했듯이* 소금행진 이후부터 2차 원탁회에 참석한 시기까지 간디의 언행에서는 독단성과 편협성이 드러나기도 하고, 논리적으로 납득할 수 없는 언행이 뒤섞여 있는 것도 사실이다. 그러나 이러한 간디의 태도가 소금행진을 성공적으로 이끈 우월감에만 기인하는 것은 아니었을 것이다. 즉 원탁회의에서 각 종파 대표들은 자신들이 대변해야 하는 종파적 이익을 우선할 수밖에 없었지만, 간디는 영국의 통치술을 인식하고 있었고, 영국이 원탁회의를 개최한 이유 혹은 종파의 이익을 조정한다는 근본 이유가 인도를 분열로 유도할 가능성이 크다는 것을 간파하고 있었기 때문일 수도 있다.

간디는 분리선거로 인해 인도가 분열될 가능성이 있다고 생각했기 때문에 분리선거 자체를 부정적으로 보았다. 따라서 분리선거권을 어떤 종파에게 어느 정도 인정할 것인가보다는 분리선거권 자체를 폐지해야 한다는 의식이 강하게 자리 잡고 있었다. 그렇다면 왜 다른 소수집단의 분리선거권은 묵인하면서 불가촉천민의 분리선거권만은 목숨을 걸고 막

---

* 코워드는 간디가 불가촉천민 문제를 다룬 최초의 힌두 정치인이지만, 암베드까르가 비평한 것처럼 카스트 문제를 제쳐두고 독립운동에 매진했다고 비평했다. Coward, Harold(2003), *Indian Critiques of Gandhi*, p.45 참조. 압둘 꽈윰(Abdul Quayyum)은 2차 원탁회의에 참석한 간디의 태도에 대해 간디가 제정신이 아니었던 것 같다고 혹평했다. Vakil A. K.(1991), *Gandhi-Ambedkar dispute*, p.19 참조

으려 했을까. 「네루 보고서」에서 살펴볼 수 있는 바와 같이 원천적으로 간디와 국민회의는 무슬림과 시크의 분리선거권도 저지하려 했다. 그러나 이들의 분리선거권을 저지하는 것은 역부족이었을 것이다. 이미 종교적으로 완전히 다른 집단을 형성하고 있는 무슬림과 시크를 간디가 통제할 수는 없을 것이었다. 아울러 무슬림에게는 진나와 무슬림연맹이 존재한다. 시크에게는 부뻰더 싱을 비롯한 시크 지도자들 그리고 치프 칼사 디완(Chief Khalsa Diwan)*이 존재한다. 그러나 불가촉천민에게는 적절한 지도자가 없었을 뿐 아니라 그들만의 중심 기구도 없는 상태였다. 게다가 불가촉천민은 힌두이기 때문에 충분히 통제할 수 있을 것으로 예측했을 것이고, 한편으로는 그동안 자신이 불가촉천민 문제 개선을 위해 노력해왔다고 믿고 있었기 때문에 불가촉천민의 분리선거는 자신이 막을 수 있다는 확신을 갖고 있었는지도 모른다.

그런데 갑자기 암베드까르라는 인물이 등장했다. 불가촉천민 출신의 지도자가 없다고 생각하고 있던 간디에게 그의 등장은 반가운 일일수도 있었다. 그러나 암베드까르는 불가촉천민의 권리를 사회개혁이 아닌 정치 투쟁으로 보장받으려 했기 때문에 간디에게는 결코 달가운 인물이 아니었을 수도 있다. 힌두 안에서 힌두의 자비와 참회로 개선되어야 할 불가촉천민 제도로 인식하고 있던 간디에게 암베드까르가 등장하여 '우리는 힌두와는 분리된 다른 집단'이라고 선언하고 분리선거권을 요구한다는 것은 용납할 수 없는 일이었을 것이다. 그러나 이것은 간디의 입장일 뿐이다. 힌두가 바뀌어야 불가촉천민 제도가 개선된다면, 감나무

---

* 1902년에 설립되어 1920년대부터 본격적으로 시크교 개혁운동을 주도한 시크교 최고 기구.

아래에서 입을 벌리고 감이 떨어지기를 기다리는 것과 무엇이 다른가. 그렇기 때문에 간디가 암베드까르에게 거부감을 가진 그 이상으로 암베드까르도 간디에 대한 거부감이 생길 수밖에 없었을 것이다.

간디의 저지로 불가촉천민의 분리선거권이 폐기되고 뿌나 협정으로 불가촉천민에게 주어진 보류의석제라는 것이 불가촉천민의 정치 세력 형성에 도움이 되지 못한다는 것은 그다음 선거에서 여실히 드러났다. 뿌나 협정의 주요 내용은 불가촉천민의 분리선거는 취소되며 148석의 보류의석을 갖게 되는데, 선거 방식은 합동선거제로 한다는 것이었다. 합동선거제 하에서 1차 투표에서는 불가촉천민만 입후보하고 불가촉천민만 투표하여 네 명의 후보를 선출하고, 2차 투표에서는 전체가 투표하여 한 명의 최종 후보를 당선시키는 형식을 취한다. 합동선거구제로 합의를 봄에 따라 불가촉천민은 원래의 '커뮤널 재정'에서 부여한 71석보다 많은 148석을 갖게 되었고, 1차 투표에서 불가촉천민이 투표한 후보가 선출된다는 점에서 불가촉천민에게 그리 나쁘지 않은 합의였다고 볼 수 있다.

그러나 암베드까르는 합동선거에서 불가촉천민의 대표성을 가진 후보가 당선될 가능성이 적다는 점을 점차 인식하게 되었다. 중요한 것은 불가촉천민 후보들이 2차에 걸친 투표를 치를 여력이 없다는 것이다. 후보자가 한 번 입후보하는 것과 2회에 걸쳐 선거운동을 한다는 것은 시간적으로나 경제적으로 엄청난 차이가 있다. 또한 불가촉천민이 선택한 후보 가운데 다수 힌두가 함께하는 2차 투표에서 순수하게 불가촉천민의 목소리를 낼 수 있는 후보자가 당선될 가능성도 희박했다. 간디가 의도한 바는 아니었을지 모르지만, 보류의석에 의한 합동선거구제는 1937년 선거부터 위력을 발휘하여 1차 투표에서 당선된 사람 가운데 친힌두 성향의 후보가 2차 투표에서 당선되는 결과를 낳았고, 아이러니하게도 암베드까르가 낙선하는 양상을 빚기도 했다. 이처럼 합동선거구제가 힌두 의석수를 늘리는 들러리 역할을 하게 됨으로써 불가촉천민 문제를 적극적으로 해결하려는 후보자들에게 절망감을 안겨주었고, 이러한 절망이 이후 암베드까르가 힌두·국민회의·간디와 전력을 다해 맞서는 계기가 되었다.

한편, 죽음에 이르는 단식 투쟁을 전개하여 불가촉천민의 분리선거권을 저지한 간디는 1932년 9월에 하리잔 봉사단을 결성했다. 암베드까르에 의하면 자신은 이 단체가 설립될 때 많은 희망을 가졌다고 한다. 힌두와 불가촉천민이 함께 단체를 운영하면서 불가촉성의 폐지, 불가촉성 폐지운동과 관련하여 발생할 수 있는 불가촉천민에 대한 보복 문제, 불가촉천민의 생활개선 문제 등을 전진적으로 논의할 수 있기를 기대했던 것이다. 그러나 하리잔 봉사단 운영위원회는 암베드까르의 견해를 받아들이지 않았고, 운영위원회에 불가촉천민을 받아들이지 않았기 때문에 이 단체에 대한 희망을 버렸다는 것이다.[51] 하디만(David Hardiman)은 "간디에 의해 조직된 하리잔 봉사단의 운영에 대하여 간디와 암베드까르는 서로 다른 견해를 보였다. 간디는 불가촉성 폐지는 기본적으로 힌두의 자기 정화를 통해 이룩되어야 한다고 보았다. 그러나 암베드까르는 불가촉천민 문제를 다룰 단체이므로 불가촉천민이 주축이 되어 운영해야 한다고 주장함으로써 타협점을 찾지 못했고, 결국 암베드까르는 이 단체와 결별하게 된 것이다"[52]라고 말했다.

요컨대 불가촉천민의 분리선거제를 반대하기 위한 단식을 전개했으며, 이후에는 불가촉성 폐지에 박차를 가하기 위한 단식을 거듭했지만,* 간디가 주도한 활동의 핵심에는 '힌두의 참회와 자기 정화'가 있었던 것이고 불가촉성의 폐지는 '힌두'인 간디가 주도적으로 해결해야 할 일이었기 때문에 불가촉천민은 결코 이 문제 해결의 주역이 될 수 없었다. 요컨대 불가촉천민 문제는 힌두의 자기 정화와 참회가 주축이 되어야 한다는 간디의 생각이 전혀 변하지 않음으로써 하리잔 봉사단에서도 힌두가 주축을 이루었고 불가촉천민이 설 자리는 없었던 것이다.

한편으로 불가촉천민 폐지법이 1933년 3월 입법의회에 상정되었을 때의 경우도 간디의 불가촉천민 개선운동이 얼마나 허울뿐이었는지를 알 수 있는 좋은 예가 될 것이다. 1933년은 간디가 불가촉천민을 위해 참회의 단식을 두 차례나 했던 해이다. 그럼에도 불구하고 이 법안이 상정되자 힌두는 격렬히 반대했고, 국민회의는 법안 통과를 위해 적극적으로 나서지 않음으로써 결국 불가촉천민 폐지법은 부결되었다. 이때 만약 불가촉천민 대표로 구성된 정치 단체나 정치적 세력이 있었다면 결과는 달라졌을 수도 있지만, 불가촉천민을 위해 적절한 발언을 해줄 세력이 없었다는 것이 부결의 중요한 이유로 부각될 수밖에 없었다.[53]

뿐만 아니라 1933년 이후 간디가 추진한 불가촉천민 개선 프로그램에 대해서도 힌두는 반감을 표시했고, 여러 곳에서 테러가 발생하기도 했다.[54] 그래서 불가촉천민의 생활이 개선되기는커녕 역행하는 사례도 발생했다. 암베드까르에 따르면 1930년대를 전후한 인도의 여러 마을에서 불가촉천민에 관한 규정들, 특히 『마누 법전』의 규정들이 되살아났을

---

* 이 단식에 대해서는 다음 장인 '4장_사뜨야그라하 단식과 야비한 단식' 참조.

뿐 아니라 『마누 법전』의 규정을 능가하는 불가촉천민 차별 규정들이 만들어졌다는 것이다.* 결국 간디가 불가촉천민과 힌두는 하나라고 외쳤지만 공허한 메아리가 되었기 때문에 암베드까르는 불가촉천민이 단합하고 궐기하여 스스로의 권리를 쟁취해야 한다고 목청을 높이지 않을 수 없었다.

카스트 힌두의 참회와 자비심에 근거하여 불가촉성을 제거해야 한다는 간디의 주장과 불가촉천민 스스로 투쟁하여 인간다운 권리를 쟁취해야 한다는 암베드까르의 대립된 주장이 합의점을 찾지 못한 채 간디와 암베드까르는 불가촉성의 족쇄를 풀기 위해 초지일관 각자의 생각대로 활동을 전개한 셈이다.

---

* 이 문제는 '2장_시궁창과 스와라지'에서 이미 언급했으며, 상세한 사례는 *BAWS*, vol. 5, pp.259~286에서 볼 수 있다.

4장_사뜨야그라하 단식과 야비한 단식

사뜨야그라하(Satyagraha)는 '진리'(satya)와 '확고한 추구'(agraha)라는 두 단어의 합성어이다. 간디는 남아프리카에서 비폭력을 바탕으로 인종차별에 맞서는 투쟁을 전개했는데, 이때부터 간디의 진리 추구와 비폭력 사상이 결합된 것을 '사뜨야그라하'라고 불렀다. 사뜨야그라하는 투쟁의 일환이기도 하지만 근본적으로 진리를 실천하는 것이다. 그렇기 때문에 어떠한 경우에도 상대를 곤경에 빠뜨릴 의도로 행해서는 안 되며, 상대에게 경의를 표하고, 상대의 견해를 존중해야 하며, 압제자나 피해자 모두 선의를 갖고 있다는 신뢰의 마음으로 행해야 한다. 또한 어떠한 상황에서도 무력을 사용하는 것은 금지된다. 이러한 간디의 사뜨야그라하가 식민지 인도에서 영국을 대상으로 독립을 쟁취하는 방법의 일환으로 사용되었기 때문에 역사상 그 유례를 찾기 어려운 독특한 투쟁방식으로 근현대사에서 저항운동의 모범을 보였다는 평가를 받고 있으며, 현재도 압제와 맞서 싸우는 사람들에게 큰 영향을 미치고 있다.

사뜨야그라하를 실천하는 여러 방법이 있지만 그 가운데 최고의 위치를 점한 것은 단식이었다. 압제가 가장 심할 때, 사뜨야그라하를 행할 피억압 대상자들의 갈등이 심각할 때, 내부의 질서가 붕괴되고 있을 때 간디는 자신의 정화와 해당자들의 정신적 변화를 추구하기 위해 단식을 했다. 간디의 단식은 개인 수행의 일부로 행하는 경우 하루에 그치기도 했지만, 때로는 죽음을 불사하는 단식을 행하기도 했다. 간디의 이러한 방식은 압제를 가하거나 갈등을 일으키는 상대를 폭력으로 패배시키는 대신에 스스로 고통을 감내함으로써 상대방의 마음을 변화시키는 것으로, 상대방 혹은 대중의 마음속에 있는 가장 인간다운 정신을 회복시키는 것이다.

그러나 간디가 행한 단식은 자신의 사뜨야그라하 정신에 위배되는 경우도 없지 않았다. 여기서 간디의 단식과 그 영향들을 검토해보고, 암베드까르가 간디의 단식을 어떻게 평가하고 있었는지를 검토해보기로 한다.

암베드까르는 간디가 가진 무기는 사뜨야그라하와 단식이었으며, 21회의 단식을 했으나 불가촉천민 제도 철폐를 위한 단식은 없었다고 지적했다.[55] 간디의 자서전과 전집에 언급된 간디의 주요 단식을 표로 정리하면 다음과 같다.

표에서 볼 수 있는 단식 가운데 간디의 사뜨야그라하 정신에 위배된 '강압'의 형태가 보이는 단식을 먼저 검토해보자.

아흐메다바드의 섬유 공장 노동자들은 열악한 환경과 처우로 고통받고 있었다. 이를 개선해달라는 노동자들의 요구를 공장주들이 거부함으로써 소요가 발생했다. 중재 노력이 실패하자 간디는 노동자들에게 파업을 권유했다. 간디는 사뜨야그라하의 일환으로 파업할 것을 권유하면서 결코 폭력을 사용하지 말 것, 파업 방해자들을 괴롭히지 말 것, 동정

연도	월일	단식 내용
1918	3월 15일	아흐메다바드(Ahmedabad) 섬유노동자들의 파업 약화 방지를 위해 3일 단식
1919	4월 13일	암리차르의 잘리안왈라 박(Jallianwala Bagh)에서 영국군에 의한 시크교 학살사건이 발생하자 이에 대한 참회로 3일 단식
1922	2월 5일	차우리 차우라(Chauri Chaura, U.P.)에서 사뜨야그라하 운동 중 경찰초소 방화로 21명의 경찰 사망. 이에 대한 참회로 5일 동안 단식
1924	9월 17일	1924년 9월 9일 꼬하뜨(Kohat)에서 힌두-무슬림 폭동 발생. 힌두와 무슬림 단합을 위해 단식 시작. 10월 8일까지 21일 동안 단식
1925	11월 24일	아슈람 회원의 도덕적 타락에 대한 참회로 7일 동안 단식
1932	9월 20일	불가촉천민 분리선거 철회를 위해 죽음에 이르는(fast unto death) 단식 시작. 9월 26일에 단식 중단
1933	5월 8일	반(反)불가촉성 의식 확대와 자기 정화를 위해 21일 동안 단식
1933	8월 16일	반불가촉성 운동 지속을 위해 8월 23일까지 단식
1939	3월 3일	라즈꼬뜨(Rajkot)에서 행정제도를 개선하겠다는 정부의 약속을 지키라고 촉구하며 단식 시작. 총독의 개입으로 7일에 단식 중단
1943	2월 10일	'인도철퇴'(Quit India)선언 후 힌두-무슬림 폭동과 사회 혼란의 책임이 간디에게 있다는 정부의 입장 발표에 대한 항의로 감옥에서 21일 동안 단식
1947	9월 1일	독립 후 캘커타의 힌두-무슬림 폭력사태가 만연하자 캘커타의 평화를 위해 9일 동안 단식
1948	1월 13일	델리에서 종파 갈등의 종식과 평화를 위한 단식 시작. 중앙평화위원회가 설립되고, 파키스탄에 5억 5,000만 루피를 보상자금으로 지급하기로 결정하고, '평화서약'이 발표되자 18일에 단식 중단

금에 의존하지 말 것, 파업이 아무리 오래 지속되더라도 결코 흔들리지 말고 파업하는 동안 정직한 노동으로 생계를 유지할 것 등의 원칙을 지켜야 한다고 요청했다. 간디의 자서전에 기록된 아흐메다바드의 파업 진행과정을 정리해보면 다음과 같다.[56]

파업이 진행되는 동안 간디는 공장주들을 만나 직공들에게 정당한 대우를 해줄 것을 간청했다. 그러나 공장주들은 간디의 개입을 원치 않았고, 공장주와 노동자의 관계를 설명하며 개선 요구와 중재를 받아들이지 않았다. 파업 2주째를 맞이하자 노동자들은 점점 힘이 빠졌고 파업 방해자들의 행패가 심해지면서 파업자들이 동요하기 시작했다. 새로운 방향 전환이 필요함을 인식한 간디는 단식을 결심했다. 그래서 "파업자들이 단합하여 파업을 계속하거나, 파업자 전원이 공장을 떠날 때까지 어떠한 음식도 먹지 않겠다"고 선언했다. 간디의 단식 결정에 놀란 파업자들이 단식에 동참하겠다고 나서자, 간디는 파업자들에게 건전하게 생계를 유지할 일거리를 찾아야 한다고 강조하며 단식에 동참하는 것을 만류했다. 섬유노동 파업자들은 파업을 유지하기 위해 거리에서 생계를 유지할 일거리를 찾았다. 처음에는 비아냥거리던 공장주들도 간디의 단식과 노동자들의 모습에 감동하여 해결 방법을 모색하는 회합을 열어 간디의 중재를 받아들였다. 간디가 단식을 시작한 지 3일 만에 파업은 중지되었고 아흐메다바드의 섬유노동자 문제는 파업 21일 만에 해결되었다.

이것이 간디가 인도에서 한 첫 단식이다. 단식을 통해 파업 노동자들의 단결과 파업을 지속할 힘을 고취시켰으며, 한편으로는 공장주들의 마음을 움직임으로써 노동자들과 공장주의 타협점을 찾게 하는 성과를 얻었다. 그러나 간디는 이때 행한 자신의 단식에는 결함이 있었음을 밝혔다. 파업이 끝난 날 동료들에게 한 연설에서 자신의 단식에 대해 간디는 다음과 같이 말했다.

> 나의 단식 선언은 비난받아야 합니다. 단식의 서약은 긍정적인 면과 부정적인 면을 가지고 있습니다. 노동자에게 미친 영향으로 보면 긍정적인 측면이 있고, 공장주들에게 미친 영향으로 보면 부정적인 측면이 있습니다. 사람들은 공장주들이 나의 압력을 받아 행동했다고 느낄 수밖에 없고, 세상도 내가 하는 말을 믿으려 하지 않을 것입니다. 내가 몸이 허약한 상태였기 때문에 공장주들은 자유로울 수 없었습니다. 강제로 문서에 서명을 하게 하거나, 강제로 어떤 상황에 동조하게 하거나, 강제로 무엇인가를 얻는 것은 정의의 원칙에 위배됩니다. 사뜨야그라하를 행하는 사람은 절대 그렇게 하지 않을 것입니다. 그래서 나는 이런 점에서 양보하지 않을 수 없었습니다. 나는 하나씩 온건한 요구를 했고, 그들이 점잖게 받아들이는 것에 만족해야 했습니다. 우리가 원하는 바를 내가 완강하게 요구했더라도 그들은 받아들였을 것입니다. 그러나 그들을 그런 입장에 몰아넣으면서까지 무엇인가를 얻어내고 싶은 마음이 전혀 나지 않았습니다.[57]

그리고 자서전에서는 간디가 공장주들과 친분이 있었기 때문에 공장주들에게 맞서 단식을 하는 것은 압력이 될 수 있었다고 고백했다. 즉 오직 파업 그 자체로 공장주들의 마음이 움직이게 했어야 하고, 단식을 통해 마음을 움직일 대상은 공장주가 아닌 파업에 참여하고 있는 노동자였음에도 불구하고 자신의 단식이 공장주들에게 압력이 되리라는 것을 알면서도 단식을 할 수밖에 없었고, 실제로 단식은 공장주들에게 압력으로 작용했다는 것이다.[58] 간디에 따르면, 단식은 사뜨야그라하의 정신을 따라야 하는 것이며, 사뜨야그라하 정신이란 스스로 고통을 받음으로써 상대방의 마음을 움직이게 해야 하는 것으로, 강요와 강압이라는 폭력적 요소가 개입되지 않은 순수한 비폭력적 방법으로 행해야 하는 것이다. 그러나 간디는 강압이 개입될 여지가 있음을 알면서도 단식을 했기 때문에 자신의 단식이 사뜨야그라하 정신에 위배되었음을 고백한 것이다.

본드(Douglas Bond)는 비폭력을 주장하는 사람들을 세 가지 범주로 분류했다. 즉 절대적 비폭력주의자, 원칙적 비폭력주의자, 실용적 비폭력주의자가 그것이다. 절대적 비폭력주의자는 어떠한 상황에서도 폭력을 사용하지 않으며 비록 죽게 되더라도 고통을 참고 견딘다는 점에서 가장 비폭력적이지만, 다른 사람의 고통을 줄여주는 문제보다 비폭력이 앞선 개념으로 작용한다. 원칙적 비폭력주의자는 최대한 폭력을 자제하는 것을 목표로 삼지만, 장기적으로 보아 어떠한 것이 최소의 폭력이었는지 알 수 없다는 문제가 발생한다. 실용적 비폭력주의자는 특별한 사회정치적 목표를 추구하기 위해 비폭력을 사용한다. 이때의 비폭력은 윤리성을 동반해야 하며, 비폭력 실천자가 신성한 삶을 살고 있다는 공동체의 인정이 동반되어야 하고, 비폭력 실천자의 희생정신으로 공동체 내의 갈등에 변화를 일으키기 때문에 이 비폭력은 '힘의 변환'으로 작용하여 갈등을 해결하는 힘을 갖는다.[59]

이러한 분류를 기준으로 한다면 간디의 비폭력과 단식은 실용적 비폭력에 해당한다고 볼 수 있다. 그러므로 기본적으로 간디의 단식이 참회와 자기 정화를 동반한 단식이라고 하더라도 문제가 발생한 단체 혹은 대상에게 그 영향이 미치기를 기대하면서 하는 단식이다. 그러므로 간디의 단식은 심리적 강요나 강압으로 작용할 가능성이 언제나 존재하는 것이다. 섬유노동자 파업에서 한 단식은 간디 스스로 강압의 요소가 있었음을 인정했다. 그러나 간디의 다른 단식들 역시 다양한 양상으로 상대방에게 강압으로 인식되었고, 심리적으로 가장 큰 압박으로 작용한 단식은 1932년의 단식이라고 할 수 있을 것이다.

1931년 2차 원탁회의에서 정치적으로 불가촉천민을 분리하는 것은 시크와 무슬림처럼 불가촉천민을 힌두와 완전히 분리하는 결과를 낳을 것이며, 이는 자살행위와도 같다고 경고하면서 목숨을 걸고라도 막을 것이라는 연설을 했다. 그리고 1932년 8월 17일 불가촉천민에게 분리선거권을 부여하는 '커뮤널 재정'이 발표되자, 바로 다음날 맥도널드 위원장에게 "불가촉천민의 분리선거권을 철회하지 않으면 죽음에 이르는 단식을 감행할 것"이라는 편지를 보냈다. 이 편지에 대해 맥도널드 위원장은 9월 8일 답장에서 영국정부가 불가촉천민 분리선거를 결정한 상황을 설명하고, 불가촉천민에게 분리선거권을 할당한 것은 그들의 권리를 보장할 최소의 인원을 배정한 것이며, 무슬림에게 배정한 것과는 달리 한시적인 것이고, 불가촉천민은 일반선거와 분리선거 모두 입후보와 투표가 가능하다고 설명하면서 영국정부는 불가촉천민의 분리선거를 번복할 의사가 없다고 밝혔다.[60]

영국정부가 '커뮤널 재정'을 변경할 의사가 없다고 밝히자, 예고된 대로 9월 20일 정오 간디의 단식이 시작되었다. 죽을 각오로 단호한 의지를 표명한 간디의 단식이 시작되자 인도의 정치인들과 영국정부까지 새로운 문제를 떠안을 수밖에 없었다. 즉 간디의 양심에 상처를 입히지 않고 그의 생명을 구할 수 있는 방법을 모색해야 하는 문제가 생긴 것이다. 영국정부는 이미 이러한 고민에서 벗어날 여지를 만들어두었다. 맥도널드 위원장의 편지 말미에 "영국정부는 인도의 단체들이 서로 동의하는 선거제 대안을 제시하면 변경을 적극 검토하겠다"라는 견해 표명이 있었기 때문이다. 그러므로 불가촉천민의 대표인 암베드까르에게 모든 시선이 집중될 수밖에 없었다. 간디의 단식에 접한 암베드까르의 고백을 들어보자.

단식하는 간디의 생명을 어떻게 구할 것인가 하는 문제가 발생했다. 그의 생명을 구할 수 있는 유일한 길은 '커뮤널 재정'을 수정하는 것이다. 영국 수상(맥도널드)은 자진해서 수정하거나 철회하지 않겠다는 의사를 분명히 밝히면서 카스트 힌두와 불가촉천민이 동의하는 안이 있다면 그것으로 대체하겠다는 의사를 밝혔다. 나는 원탁회의에서 불가촉천민을 대표하는 권리를 가졌기 때문에 불가촉천민의 동의는 나에게 달려 있는 것으로 인식되었다. 그 순간 내가 인도 불가촉천민을 대표하는 입장에 있다는 것은 기정사실화되어 있었다. 모든 시선이 마치 악당을 보듯 나에게 집중되었다.

간디의 생명은 간디 자신이 말한 것처럼 내 손에 달려 있었다. 내가 그 순간에 느꼈던 것보다 더 깊고 날카로운 딜레마를 느낀 사람은 없었을 것이다. 정말 당황스러운 상황이었다. 나는 양자택일을 해야 했다. 나에게는 인간의 도리로 간디의 생명을 구해야 한다는 의무가 있다. 또 한편으로는 이미 영국 수상이 부여해준 불가촉천민의 정치적 권리를 지켜야 한다는 의무감이 있었다. 나는 결국 인간의 도리에 따라 간디가 만

족할 수준으로 '커뮤널 재정'을 수정하는 데 동의하여 간디의 생명을 구했다.[61]

암베드까르가 간디의 단식에 직면하여 인간적인 고민을 하지 않을 수 없었고, 큰 심적 압박을 받았다는 것은 짐작하기 어렵지 않다. 아무리 불가촉천민을 위한 대의명분이 있다고 하더라도 간디의 생명을 걸고 불가촉천민의 정치적 권리를 쟁취할 수는 없는 것이다. 간디는 인도의 마하트마일 뿐 아니라, 소금행진과 영국 나들이로 이미 세계적인 인물이 되어 있었다. 그러한 간디를 불가촉천민의 권리를 위해 죽게 한다면 그것으로 인해 불가촉천민에게 초래될 재앙은 상상을 불허할 정도였을 것이다.

간디의 단식을 비판하는 글에서 암베드까르는 "마하트마가 나에게 불가촉천민의 권리와 자신의 생명 가운데 하나를 선택하라고 몰아치는 것은 아니라고 믿는다"[62]고 했지만, 결과적으로 간디는 '나와 분리선거 중에서 하나를 택하라'는 압력을 가한 것이다. 이것은 간디가 섬유노동자 파업에서 자신의 단식 행위가 공장주들에게 심리적 압박을 가한 것이기 때문에 잘못된 것이었다고 고백했던 상황보다 훨씬 심한 심리적 압박으로 작용한 것이다.

간디의 단식은 일반적으로 대중을 상대로 하거나 영국정부라는 권력을 대상으로 한 것이었다. 단식의 대상이 영국일 때, 인도 총독과 영국 수상 모두 심리적 압박의 대상이 될 수 있다. 단식의 대상이 힌두-무슬림 갈등인 경우, 사건에 연루된 특정 개인이기보다는 힌두와 무슬림 단체 전체를 대상으로 하고 있으며, 특정한 한 사람에게 심리적 압박이 심하게 부과되지는 않았다. 그러나 분리선거 문제로 행한 간디의 죽음에 이르는 단식은 불가촉천민의 잘못을 환기시키는 것이 아니라, 오히려 힌두의 불가촉천민 차별에 대한 인식 전환을 위한 것이었다고 간디 스스로 밝히고 있지만, 실제로 간디의 단식은 암베드까르 개인에 대한 심리적 압박이 되었던 것이다.

물론 간디가 단식을 행하자 놀라운 변화가 일어났다고 한다. 요게시 차다는 "간디의 단식은 카스트 힌두가 불가촉천민에게 관심을 갖게 하는 결과를 낳았다. 전국에서 힌두교도가 불가촉천민에게 사원을 개방했으며, 마을의 우물을 사용하도록 허락했고, 불가촉천민의 몸에 손을 대거나 빵을 나누어 먹는 사람도 간혹 있었다. 불가촉천민 차별을 반대하는 결의안들이 간디가 투옥된 감옥 뜰에 1.5미터 높이로 쌓였다. 단식 6일 동안 힌두교도 대부분이 개혁, 참회, 자기 정화의 분위기에 사로잡혔다"[63]고 서술했다. 한편 아히르는 불가촉천민에 대한 간디의 태도가 변화된 것은 이때의 단식 이후라고 평가하고 있다. 간디가 불가촉천민에 관해 열심히 언급하기는 했지만 실제로 1915년부터 1932년까지 자기 정화, 마음의 변화 등을 목표로 단식을 여섯 차례나 결행하면서도 불가촉이라는 사회적 저주를 무너뜨리기 위한 단식은 한 차례도 한 적이 없으며, 단지 정통 힌두에게 불가촉천민을 돌보는 마음을 내라고 권했을 뿐이다. 불가촉천민을 위한 사뜨야그라하를 생각해본 적도 없을 뿐 아니라 암베드까르가 행한 우물과 저수지 그리고 사원 사용을 위한 투쟁을 가로막기까지 했다는 것이다.[64] 간디의 그런 태도가 바뀐 것은 1932년 이후인데, 분리선거를 막기 위한 단식이 간디에게도 중요한 계기가 되었다는 것이다. 그래서 그동안 자신이 불가촉천민에게 무관심했던 것을 반성하면서 무엇인가를 해야 한다는 결심을 했으며, 불가촉천민 문제를 다룰 주간지 「하리잔」을 발행하고, 하리잔 봉사단을 조직했으며, 1932년부터 1934년 7월까지 세 차례에 걸쳐 불가촉천민을 위한 단식을 했다는 것이다.[65] 그러므로 불가촉천민의 분리선거를 막기 위해 선택한 간디의 단식은 맥도널드 위원장에게 보낸 편지에 썼던 그대로 간디 자신을 향한 참회의 단식이기도 했다고 아히르는 평가했다.[66]

실제로 간디의 전집을 검토해보면 아히르의 주장에 동의하게 된다. 『간디 전집』은 총 98권이다. 이 가운데 1932년 9월 이후 1934년에 해당되는 57권부터 65권까지 간디가 연설과 편지로 불가촉성 폐지를 강도 높게 요청한 것을 볼 수 있기 때문이다. 간디는 각종 연설을 통해 "돈으로 돕는 것으로 불가촉천민 문제가 해결된다고 보아서는 안 되며, 진정한 마음으로 불가촉성의 죄를 인정하고, 불가촉 문제가 발생했을 때 어떠한 상황에서도 자신의 능력껏 도와야 하며, 그들을 접촉해서는 안 되는 존재가 아니라 우리와 같은 존재임을 진심으로 믿어야 한다. 태어날 때부터 그들이 눈이 세 개이거나 귀가 한 개로 태어났는가. 신이 그러한 특별한 표식을 그들에게 주었는가. 신은 그들에게 어떠한 표식도 주지 않았다. 우리 가운데 불가촉 소녀가 있다 해도 나는 그녀를 한눈에 불가촉천민인지 구별할 수 없다. 불가촉성을 죄로 알고 참회하라"*라는 요청을 했다.

이처럼 죽음에 이르는 단식 선언 이후 불가촉성 철폐에 대한 간디의 관심이 높아진 것은 사실이다. 비록 암베드까르를 만족시킬 수준은 아니

---

* *CWMG* vol. 64, pp.100~101. 이 내용은 1934년 6월 27일 아흐메다바드에서 한 연설이다. 불가촉성 폐지를 주제로 한 간디의 여러 글과 연설에서 이러한 내용이 반복 강조되고 있다.

었다고 하더라도 인도 전체가 불가촉천민 문제를 인식하게 되었다는 것은 큰 성과가 아닐 수 없다. 그러나 간디가 강조했듯이 목적과 결과가 과정의 순수성을 담보해주지는 않는다. 간디가 인터뷰에서 "선량한 의도를 가졌다는 것만으로는 충분치 않다. 만약 동기가 순수하다면 수단은 어떠한 것이라도 정당하다는 생각은 완전히 잘못된 것이다. 목표가 순수한 것이라면, 수단도 반드시 순수한 것이어야 한다"[67]고 강조한 것은 자신의 단식에도 적용되어야 한다. 간디의 단식이 비록 비폭력의 순수한 수단이었다고 하더라도 1932년에 행한 수차례의 단식은 영국정부와 불가촉천민은 물론 힌두에게도 심리적 강제력으로 작용했다. 옴베트가 "암베드까르에게는 간디의 단식에 항복하는 길 이외에 다른 방법이 없었다"[68]고 언급했듯이 죽음에 이르는 단식 결행이 암베드까르에게 가한 심리적 압박은 거의 공포에 가까운 것이었다.

본두란트(Joan V. Bondurant)는 "폭력이란 당사자 혹은 단체에 해를 끼칠 목적을 갖고 의도적으로 힘(force)을 사용하는 것이며, 폭력의 형태를 띠건 비폭력의 형태를 띠건 상대에게 고의적으로 해를 끼치는 데 사용되면 폭력이 되며, 다른 사람을 해칠 목적이 아니라 변화를 일으킬 목적으로 사용되면 비폭력이다"[69]라고 정의했다. 이러한 정의를 기준으로 한다면 간디의 단식은 비폭력에 해당된다고 할 수 있을 것이다. 비록 암베드까르에게 가해진 압박이 간디의 사뜨야그라하에는 위배된 것이었지만, 간디가 고의적으로 암베드까르를 괴롭힐 목적으로 단식을 한 것은 아니기 때문이다.

판디리(Ananda M. Pandiri)가 편찬한 간디에 관한 책 서문에서 레디(E. S. Reddy)가 "저항운동을 이끈 세계의 많은 지도자들이 있지만 간디가 그들과 달리 가장 돋보이는 점은 상대를 미워하거나 원망하지 않았고, 그들에게 보복을 하지 않았으며, 상대를 미움보다는 사랑으로 감쌌다는 점이다. 간디는 협의의 민족주의를 넘어서 폭력, 착취, 불법이 없는 세계에 대한 비전을 제시한 인물이다"[70]라고 했듯이 간디는 세계적으로 새로운 투쟁 양식을 보여준 평화주의자였음에 틀림없다. 간디에 대한 이러한 평가는 이후 간디가 행한 단식을 통해 더욱 확고해졌다.

인도가 독립한 후 힌두-무슬림의 충돌과 상호 학살로 인도는 내전 상태와 다름없는 상황이었다. 이때 간디의 단식은 비폭력의 최상의 효과를 발휘했다. 간디의 단식을 여러 차례 지켜본 존스(Eli Stanley Jones)는 서양인의 눈에 동양인의 단식이란 행위 자체가 몹시 낯설고 우스꽝스러웠다는 표현을 시작으로 간디가 행한 단식이 얼마나 큰 위력을 발휘했는지에 대해 서술했다. 존스는 "인도의 독립운동을 순전히 정치적 투쟁으로 보면, 정치적 이익을 위해 단식을 사용하는 것은 문제가 있고 좋지 않은 것이다. 그러나 마하트마가 행한 단식처럼 그것을 대단히 도덕적이고 정신적 투쟁이라고 보면, 단식은 적절한 방법일 뿐만 아니라 장려되어야 하는 것이고, 나아가 가장 순결한 것이다"[71]라고 평가했다. 또한 존스는 1948년 1월에 간디가 힌두-무슬림이 폭동을 멈추고 단합할 것을 요청하며 단식을 시작했을 때 목숨을 건 도박을 하는 것처럼 여겨졌지만, 마침내 힌두와 무슬림이 총과 칼을 내려놓고 폭동을 멈출 것을 서약하자, 인도의 마지막 총독인 마운트배튼(Mountbatten)이 "5만 명의 무장 군인이 할 수 없는 일을 마하트마가 해냈다. 그가 평화를 가져왔다. 그는 이렇게 할 수 있는 유일한 사람이다"[72]라고 평가한 것을 인용하면서 기적 같은 일이 펼쳐진 것에 대해 놀라움을 금치 못했다고 말했다. 또한 이러한 간디의 정신이 마틴 루터 킹(Martin Luther King Jr.)의 활동에 큰 영향을 미쳤다고 평가한 노제임(Michael J. Nojeim)은 단식으로 이러한 영향력을 발휘하기 위해서는 도덕적 수준을 갖추어야 하고, 대중으로부터 존경과 신뢰를 받는 사람이어야 한다고 전제하면서 이러한 자질을 갖춘 사람은 많지 않은데 간디가 그러한 사람이라고 평가했다.[73]

이처럼 간디의 단식은 평화의 상징이며 비폭력의 꽃이었다. 그러나 후대의 사람들에 의해 아무리 높게 평가되고 있다고 하더라도 간디 스스로 고백했듯이 1918년의 섬유노동자 파업에서는 강압이 작용하여 사뜨야그라하 정신을 위반했고, 1932년의 단식은 간디 스스로 인정한 적은 없지만, 한 사람을 궁지로 몰아넣는 심리적 강압이라는 폭력이 작용했다는 것은 부인할 수 없을 것이다. 간디의 목숨을 건 단식으로 실제로 목숨이 위태로웠던 사람은 누구일까. 간디 스스로 '죽음에 이르는 단식'을 하겠다고 선언했으니 암베드까르가 합의를 받아들이지 않았다면 죽음에 직면할 사람은 간디였을 것이다. 그러나 그 순간 암베드까르와 불가촉천민도 간디만큼, 어쩌면 그보다 더 크게 목숨에 위협을 느꼈을지도 모른다. 간디의 목숨을 건 단식이 '승리의 투쟁'이나 순교에 버금가는 것으로 비치는 것과 비례하여 암베드까르는 간디를 죽음에 이르게 하는 '악당'으로 비치고 있었기 때문이다. 그런 의미에서 간디의 단식은 야비한 '정치적 쇼'[74]이며 그의 말은 거짓과 불성실함의 울림으로 들릴 뿐이라고 암베드까르는 혹평한 것이다. 결국 "교육하고, 단합하고, 궐기하라!"고 외치며 간디와 맞섰던 암베드까르에게는 간디의 단식이 진리 구현을 위한 사뜨야그라하 단식이라기보다 불가촉천민의 정치적 권리를 철회시킨 야비한 단식으로 인식될 수밖에 없었을 것이다.

5장_ 하리잔과 달리뜨

간디와 암베드까르는 모두 불가촉천민 문제에 깊은 관심을 갖고, 그들의 인간다운 삶을 위해 노력했던 인물이다. 그러나 불가촉천민은 간디에게는 하리잔이었고, 암베드까르에게는 달리뜨였다. 간디는 불가촉천민 문제를 힌두교 본래의 문제가 아니라 힌두교가 시대를 거쳐오는 동안 생긴 혹과 같은 것이었다고 보았다. 그렇기 때문에 그 혹을 제거하는 일은 혹을 만든 힌두가 해야 하고, 역사적으로 오랜 기간 고통 받아온 불가촉천민을 위한 힌두의 참회가 우선되어야 한다고 생각했다. 그래서 간디는 불가촉천민을 힌두의 울타리 안에 두고 신의 아들, 즉 하리잔으로 대하는 것이 불가촉천민 문제를 해결하는 기초라고 보았던 것이다.

그러나 암베드까르는 카스트제도 자체가 문제라고 보고, 카스트제도 자체가 철폐되지 않는 한 어떠한 개선책으로도 불가촉천민 문제를 해결할 수 없다고 보았다. 그렇기 때문에 카스트는 반드시 철폐되어야 하는 것이다. 간디가 비록 불가촉성 개선에 마음을 낸 힌두라고 하더라도 그가 카스트제도를 인도의 유용한 전통이며 특성이라고 보고 있는 한 불가촉천민 문제를 근본적으로 해결할 수는 없다고 생각했다. 그러므로 불가촉천민이 각성하고 단합하여 정치적 권리를 쟁취하는 것이 중요하며, 그러한 힘을 바탕으로 불가촉성의 폐지는 물론 카스트제도 자체를 척결해야 한다는 것이다.

두 사람의 논쟁을 보고 있으면 마치 사회주의 논쟁을 보고 있는 것 같은 생각이 든다. 초기 사회주의를 유토피아 사회주의 혹은 공상적 사회주의라 부른다. 이것은 마르크스 사회주의자들이 스스로를 과학적 사회주의라 명명하면서 상대적 개념으로 명명된 것이다. 초기 사회주의자들은 자본가의 각성을 촉구했고, 자본가들의 의식 전환이 노동계층의 문제를 해결할 수 있는 열쇠라고 보았다. 그러나 마르크스 사회주의자들은 더 이상 자본가의 선의에 의한 빈부격차의 해소는 불가능하다고 보고, 노동자들의 단합과 투쟁을 강조한다.

간디는 힌두에 의한 개혁, 힌두의 참회로 불가촉천민 문제를 개선해야 한다는 것이고, 암베드까르는 힌두의 선의에 의한 개혁의 한계를 지적하면서 불가촉천민 스스로의 힘으로 불가촉성과 카스트제도를 철폐해야 한다고 주장했으니 사회주의자들의 논쟁과 외형이 유사하다는 것이다. 아무리 간디가 불가촉천민을 '신의 아들'(하리잔)이라고 부른다 해도 이름만 바뀌었을 뿐 그들이 신의 아들이 되지는 못한다. 그러므로 역사적으로 힌두의 억압을 받아온 불가촉천민이 스스로 힘을 기르지 않는다면 앞으로도 영원히 억압받는 계층, 즉 달리뜨일 뿐이라는 것이 암베드까르의 주장이다. 오히려 '신의 아들'이라는 고귀한 이름마저 천한 단어가 되어 하리잔이라고 부름으로써 고귀해지는 것이 아니라 하리잔으로 불리는 것에 모욕감마저 느끼게 된다는 것이다.

이렇게 평행선을 달리며 맞선 두 사람의 공조는 불가능한 것이었을까. 필자는 웹상에서 간디와 암베드까르에 대한 토론이 벌어지고 있는 블로그(Gandhi vs. Ambedkar or Gandhi and Ambedkar)[75]를 지켜보았는데, 간디를 지지하는 사람들과 암베드까르를 지지하는 사람들의 대립된 의견도 타협점을 찾기 어려운 듯 보였다. 그러나 가끔은 간디와 암베드까르의 장점들을 묶어 긍정적 측면으로 보아야 하지 않느냐는 산뜻한 의견들도 올라왔다.

어떤 사람은 "90%에게 영향력을 행사할 수 있는 간디가 불가촉천민 해방운동을 주도하는 것이 더 효과적인지, 1%의 지지도 받지 못한 암베드까르가 불가촉천민 운동을 주도하는 것이 더 효과적이었는지를 생각해보라"는 견해를 보이는가 하면, "오늘날 자유인도에서 살게 된 것은 간디 덕분이다. 하층 카스트 출신이 공직에 나아갈 기회를 갖게 된 것은 암베드까르 덕분이다. 따라서 그들을 비교하면서 저울질하는 것은 의미 없는 일이다"라는 견해를 표출한 사람도 있다. 블로거들의 글 가운데 간디와 암베드까르의 역할을 더욱 빛나게 해주는 글은 "간디는 100년 동안 벌어진 인도의 문제를 해결하려 했고, 실천에 옮겼으며, 우리는 앞으로 100년은 간디를 칭송할 것이다. 그러나 암베드까르는 2,000년 동안 인도에서 벌어진 문제를 해결했으며, 우리는 앞으로 2,000년은 그를 칭송하고 기억하게 될 것이다"라는 글이었다.

암베드까르는 헌법기초위원회 위원장으로서 141일 동안 헌법 초안을 마련하여 1948년 2월 21일 제헌의회 의장에게 제출했고, 1948년 11월 4일 제헌의회에 상정되어 최종적으로 395개 조문과 부칙 8조로 이루어진 헌법이 확정되어 1948년 11월 29일 마침내 인도 헌법이 만들어졌다.

헌법을 제정하는 과정에서 암베드까르의 능력이 최대한 발휘되었고, 그에 대하여 제헌의회의 많은 사람들이 찬사를 아끼지 않았다. 특히 당시 제헌의회 의장이었던 라젠드라 쁘라사드(Rajendra Prasad)는 "건강이 악화된 몸으로도 그토록 열정적으로 헌신할 수 있는 사람이 이 헌법기초위원회의 위원장 암베드까르 말고 또 있을까 하는 생각이 들었다"[76]는 찬사를 보내기도 했다.

이때 제정된 인도 헌법에는 불가촉천민에 관한 규정이 들어 있다. 인도 헌법 17조의 "불가촉천민제는 폐지되며, 어떠한 형태로든 시행되는 것을 금한다. 불가촉성을 이유로 어떠한 무능력성을 강제하는 것은 법에 따라 처벌된다"는 규정과 46조의 "국가는 취약한 집단, 특히 지정카스트(Scheduled Castes), 지정부족(Scheduled Tribes)에 대하여 교육적·경제적 특별 배려를 마련하며, 사회적 불공정과 모든 형태의 착취로부터 그들을 보호한다"는 규정이다.

불가촉천민제를 불법화하는 법안이 통과되자 암베드까르는 "마하트마 간디에게 승리를(Mahtma Gandhi ki jai)!"이라고 외쳤다고 한다.[77] 간디는 힌두의 도덕적 권고가 불가촉천민을 없애는 첩경이라고 믿었기 때문에 불가촉천민 문제를 법적으로 규정하는 것에 반대했다. 그럼에도 불구하고 법조항이 만들어진 순간 암베드까르가 간디에게 영광을 돌린 이유는 무엇일까. 간디의 사망으로 인도의 빛이 사라졌다고 말하는 많은 인도 사람들처럼 암베드까르에게도 간디의 존재는 컸을 듯하다. 끝없이 대립했지만, 간디의 존재가 인도의 불가촉천민 문제를 부각시키는 데 큰 역할을 한 것은 사실이었기 때문일지도 모른다.

힌두의 도덕적 양심에 호소하는 것이 불가촉성을 없애는 첩경이라고 믿었던 간디에 맞서서 불가촉천민을 교육하고, 정치적 권리를 획득하여 자유와 평등을 이루어야 한다고 주장한 암베드까르. 그 암베드까르도 식민지 인도의 마지막 통치법이었던 1935년 통치법에서는 불가촉천민을 위한 조항을 만들지 못했지만, 독립 인도의 헌법에 불가촉천민제 폐지와 불가촉천민을 위한 보호조항을 만들었다. 그것으로 인도의 불가촉천민제는 완전히 사라졌을까. 암베드까르가 세상을 떠난 지 60년이 다 되어가는 현 시점에서 인도의 불가촉천민을 위한 보호조항은 불가촉천민의 또 다른 장애가 되고 있는 것은 아닐까. 불가촉천민 혹은 지정카스트에 대한 차별적 보상제도로 인해 카스트의 정치화가 확대되고, 불가촉천민에 대한 구별은 더 공고해지고 있으니 법적 장치보다는 인간의 양심에 호소해야 한다는 간디의 주장에 다시 귀를 기울이게 된다.

간디 vs. 보세:

위대한 영혼과 용감한 지도자

1장_물레와 호랑이

간디는 인간의 내면에 있는 양심에 호소하여 인도를 억압하고 있는 영국이 스스로 인도에서 물러나게 하는 방법으로 독립을 쟁취해야 하며, 인도의 재건은 인도 농촌마을의 자치(Gram Swaraj)에 달려 있다고 보았다. 그러나 보세는 인도에 필요한 것은 근대적·전투적·긍정적인 사고방식이며, 독립은 근대적 무기로 쟁취될 것이라는 생각을 밝혔다. 이러한 두 사람의 투쟁 방식과 수단 그리고 목표를 극명하게 대조시킬 수 있는 그림은 물레와 호랑이를 새겨 넣은 삼색기라고 할 수 있을 것이다.

1931년에 만들어진 인도국민회의당의 깃발 한가운데에는 물레(charkha)가 그려져 있다. 물레는 간디의 상징이기도 하다. 간디가 물레를 처음 언급한 것은 1909년에 쓴 『힌두 스와라지』에서였다. 그러나 간디가 물레를 만져볼 수 있었던 것은 그로부터 10년이 지난 후였다. 1915년 인도에 돌아왔을 때까지도 간디는 물레를 본 적이 없었다. 간디와 그의 동료들은 인도의 무명실로 직접 손으로 천을 짜서 옷을 지어 입겠다는 생각, 즉 외국 천을 배척하고 순수한 인도의 천으로 옷을 지어 입는 것이

국민회의당의 삼색기(왼쪽)와 독일에서 보세가 설립한 자유인도센터의 삼색기(오른쪽)

스와데시(Swadeshi: 국산품 애용운동)의 시작이라고 생각했지만 결코 쉬운 일이 아니었다. 카디(Khadi: 손으로 짠 인도의 천)의 탄생[1]을 설명하는 간디의 자서전 내용을 보면 그 어려움이 어떠했는지 알 수 있다.

첫째는 인도의 실로 짠 무명천을 구하기 힘들었다. 그래서 사바르마띠(Sabarmati)에 아슈람을 세운 후 무명천을 짜기 위한 손베틀을 들여놓았다. 하지만 손베틀을 다룰 줄 아는 사람이 없었다. 이 문제를 해결하기 위해 베 짜는 기술자를 구해 마간랄 간디(Maganlal Gandhi: 간디의 5촌 조카)가 먼저 그에게 배운 후에 사람들에게 베틀 사용법을 가르치기 시작했다. 그렇게 하여 베틀로 옷감을 짤 수는 있었지만, 실은 공장에서 사올 수밖에 없었다. 둘째로는 인도에서 생산된 무명실조차 구하기 힘들다는 것이었다. 전량을 수매한다는 조건으로 공장과 계약을 맺고 방사를 사들였지만, 이것 역시 쉬운 일은 아니었다.

이러한 문제를 해결하기 위해서는 인도에서 생산된 솜에서 실을 뽑아내는 물레가 절대적으로 필요했다. 그때부터 간디는 물레를 찾기 위해 애썼다. 그러나 물레를 구경조차 할 수 없었던 것이 당시의 현실이었다. 이러한 난관을 해결해줄 구세주와도 같은 강가벤 마줌다르(Gangabehn

Majumdar) 여사를 만난 것은 1917년 구자라뜨에서였다. 남성 못지않은 정력적인 기업가였던 강가벤은 간디에게 물레를 구해주겠다고 약속했고, 마침내 바로다의 비자뿌르(Vijapur)에서 물레를 찾아냈다. 그곳에는 물레를 갖고 있는 사람들이 제법 있었으나 사용되지 않고 창고에 처박혀 있었다. 물레를 찾는 강가벤에게 그곳의 여인들은 솜고치를 공급해주고 그 고치에서 물레로 뽑아낸 실을 사주겠다는 확답만 해준다면 물레질을 시작할 수 있다고 말했다. 이 소식을 들은 간디는 몹시 기뻤지만 그 기쁨은 잠시뿐이었다. 솜고치를 공급할 수 없다는 또 다른 문제에 봉착한 것이다. 그러던 중 다행스럽게도 우마르 소바니(Umar Sobani)라는 사람이 자신의 공장에 있는 솜고치를 내주겠다고 해서 간디는 솜고치를 비자뿌르로 보낼 수 있었다. 이렇게 해서 물레로 자아 만든 실이 쏟아져 나왔다.

이로써 물레로 자아 만들어낸 인도의 실로, 인도의 옷감을 짤 수 있게 되었다. 그러나 간디는 우마르에게서 솜고치를 공급받는 것이 마음에 걸렸다. 그 솜고치는 결국 공장에서 나오는 것이었기에 모든 것을 손으로 하겠다는 간디의 작심에 심적 제동이 걸리기 시작한 것이다. 공장에서 나오는 솜고치를 쓴다면 굳이 공장에서 나오는 실을 쓰지 못할 이유가 어디 있으며, 공장에서 만든 천을 사용하지 않는다는 것이 무슨 의미가 있겠느냐는 것이다. 이러한 심적 부담은 결국 직접 손으로 솜을 틀고, 그것으로 솜고치를 만들어야 한다는 결론에 도달하게 했다. 강가벤은 다시 솜틀꾼을 찾으러 나섰고, 솜틀꾼을 고용하여 자신이 솜을 틀고, 그 솜을 솜고치로 만들 수 있도록 젊은이들을 훈련시켰다. 이제 모든 것이 갖추어졌다.

물레로 솜고치에서 실을 뽑고, 그 실로 손베틀에서 짜낸 옷감, 바로 카디가 탄생한 것이다. 비자뿌르에서 카디가 탄생한 후, 사바르마띠의 아슈람에서도 물레를 더욱 개선하여 카디를 생산하게 되었다. 그것은 이후 봄베이로 확대되었고, 간디는 마침내 카디로 만든 도띠를 입을 수 있게 되었다.

이렇게 갖은 어려움을 겪어내며 탄생한 카디와 카디를 만들어내는 기반이 된 물레는 서구문명에 저항할 수 있는 무기가 되었고, 간디의 비폭력 투쟁의 상징이 되었다. 그러나 그 물레는 그저 상징에 불과한 것이 아니었다. 물레 자체가 간디의 삶의 일부가 되었기 때문이다. 그는 감옥에 수감되었을 때에도, 장기간 배로 여행할 때에도 언제나 물레를 돌렸다. 1922년 3월 20일 예라브다에 수감되었을 때, 교도소장이 물레 반입을 금지하자 간디는 교도소장에게 "아프거나 여행 중이 아니라면 하루에 적어도 30분씩은 물레를 돌리겠다"고 한 자신의 맹세를 설명하고, 물레를 금지시키면 식사를 거부하겠다고 주장하여 다음날 물레를 돌려받기도 했다. 간디에게 물레질은 그만큼 중요한 것이었고, 간디와 물레는 뗄 수 없는 상호 상징성을 갖는 것이었다. 그래서 1931년 인도국민회의당의 깃발을 만들 때 삼색기의 한복판에 물레를 그려 넣었던 것이다. 그런데 이런 과정을 거쳐 만들어진 인도국민회의 깃발에서 물레를 제거해버린 사람이 바로 보세였다.

보세는 간디를 존경했지만 간디의 비폭력 투쟁의 상징인 물레만으로는 인도를 구할 수 없다고 생각했다. 그래서 보세는 간디와 맞서는 견해를 표명하며 대립했다. 간디와 보세의 대립을 시기별로 구분해본다면 그 첫째는 소금행진 후 간디-어윈 협정으로 간디가 시민 불복종운동을 중단시켰던 1931~1934년 무렵이다. 둘째는 국민회의 의장선거를 둘러싼 갈등이 표출된 1938~1939년 무렵이다. 그리고 마지막으로는 제2차 세계대전 중에도 비폭력을 주장하는 간디와 독일·일본의 원조를 받아 무력으로 독립을 쟁취하려 했던 보세의 대립적 행보가 극명하게 드러난 1940년대라고 할 수 있을 것이다. 이 마지막 시기에 보세는 독일의 자유인도센터(Free India Center)에 물레가 아니라 호랑이가 그려진 삼색기를 게양했다.

제2차 세계대전이 발발한 후인 1940년 7월 3일 보세는 홀웰 기념비(Holwell Monument) 철거운동을 하다가 구속되었다. 감옥에서 음식을 거부하여 건강이 극도로 악화되자 12월 5일 영국정부는 가택 연금을 명하여 보세를 석방했다. 그리고 1941년 1월 16일, 보세는 목숨을 건 대탈출을 시작했다. 자동차로 다음날 비하르의 친척집에 도착한 후, 다시 고모흐(Gomoh)에서 기차(Kalka Mail)를 타고 델리 근처의 역에서 내린 다음, 다시 다른 기차(Frontier Mail)로 갈아타고 페샤와르(Peshawar)의 기차역에 내려 통가(tonga: 마차)를 타고 타지마할 호텔로 갔다. 여기서 밤을 보낸 보세는 무슬림 옷으로 갈아입은 후 모함마드 지아우딘(Mohammad Ziauddin)이라는 가명을 사용하고, 이 지역 언어를 할 줄 몰랐기 때문에 귀머거리에 장님으로 위장했다. 그리고 국경을 넘어 아프가니스탄으로 향했다. 이때가 1월 26일이었다. 27일 무렵부터 보세가 캘커타의 집에서 사라졌다는 소문이 돌기 시작했다. 이때 보세는 걷기도 하고, 노새를 타기도 하고, 트럭을 얻어 타기도 하면서 카불(Kabul)에 도착했다. 28일에는 캘커타의 2개 일간지(*Ananda Bazar Patrika*; *Hindusthan Standard*)에 보세가 사라졌다는 뉴스가 보도되었다. 이때 보세는 소련정부에 도움을 청하려고 접촉을 시도했으나 실패했다. 2월 3일 보세에 대한 체포 영장이 발부되었다. 한편에서는 독일, 이탈리아, 일본이 합동으로 보세가 유럽으로 갈 수 있는 통과 비자를 내주도록 소련에 요청했다. 그리고 독일의 도움으로 보세는 카불에서 이탈리아 공사(公使)를 만났다. 2월 말경 이탈리아는 보세에게 오를란도 마쪼따(Orlando Mazzotta)라는 가명으로 위장 비자를 내주었다. 이로써 이제 보세는 이탈리아인 오를란도가 되었다.

3월 4일 보세가 아프가니스탄에서 독일로 갈 수 있도록 소련으로부터 통과 비자가 나올 것이라는 것과 소련에서 이탈리아와 접촉할 수 있다는 연락을 받았다. 3월 15일 소련으로부터 비자를 발급받아 3월 18일 카불을 떠나 기차를 타고 모스크바로 향했다. 사마르칸트(Samarkand)를 경유하여 3월 31일 모스크바에 도착했다. 또한 보세의 탈출을 도왔던 바가뜨 람(Bhagat Ram)을 통해 「유럽의 어느 곳에서 동포들에게 보내는 메시지」(Message to My Countrymen, from Somewhere in Europe)라는 글을 캘커타로 보냈다. 캘커타를 떠난 후 두 달 반이 지난 4월 1일, 마침내 보세는 베를린에 도착했다. 그리고 4월 8일에는 독일에 자유인도정부 설립을 요청하는 각서를 제출하고, 추축국(axis powers)과 관계를 맺는 협정서에 서명했다. 그리고 베를린에 도착한 7개월 후인 11월, 마침내 독일에 자유인도센터를 설립했다. 그런 다음 간디의 물레를 빼버리고 뛰어오르는 호랑이를 그려 넣은 삼색기를 만들어 자유인도센터에 게양했다.*

---

* 보세가 물레를 제거하고 호랑이를 그려 넣은 삼색기를 만들어 사용한 것은 지역적으로 독일과 싱가포르 등의 제한된 지역이었고 일시적인 것이었다. 그러나 독립 후 국가 제정위원회에서 한가운데 법륜(다르마의 수레바퀴)이 들어 있는 삼색기를 국기로 제정함으로써 삼색기에서 간

보세가 1월 16일 탈출을 시작한 지 10개월 후 자유인도센터에 호랑이가 그려진 삼색기를 게양할 때까지 그 지난했던 시간 동안 그는 어떤 희망을 가졌던 것일까. 그 힘든 탈출 여정과 독일에서의 협상 과정 동안 그의 가슴속에 불타고 있었던 것은 '인도 독립에 대한 열망'이었을 것이다. 간디를 마하트마로 존경할 수는 있었지만 그의 물레만으로는 인도를 구할 수 없다고 생각한 보세. 그는 인도를 구하기 위해 캘커타에서 아프가니스탄으로 그리고 모스크바를 거쳐 베를린까지 달렸고, 보세에서 모함마드 지아우딘으로, 다시 오를란도 마쪼따로 기꺼이 이름을 바꿀 수도 있었다. 그가 가진 독립에 대한 열망 그리고 그의 투쟁 방법이 삼색기 한복판에 자리 잡은 뛰어오르는 호랑이의 모습에 고스란히 담겨 있다고 해도 과언이 아닐 것이다.

이제 물레로 상징되는 간디와 뛰어오르는 호랑이로 상징되는 보세가 인도의 독립 투쟁 과정에서 어떻게 맞섰는지 살펴보기로 하자.

디의 물레는 영원히 사라진 셈이다. 국기 제정위원회에서 물레를 제거하는 데 결정적 역할을 한 사람은 암베드까르였다. 디완 찬드 아히르, 이명권 번역(2005), 『암베드카르』, p.147 참조

2장_한 줌의 소금이 만들어낸 열기와 갈등

1930년 4월 6일 구자라뜨 서쪽 해안의 댄디(Dandi) 해변에서 수많은 민중이 모인 가운데 간디는 소금 한 줌을 들어 올렸다. 그리고 "이것으로 나는 대영제국의 뿌리를 흔들고 있습니다"[2]라고 외쳤다. 간디는 왜 이곳에서 자신이 소금 한 줌으로 영국을 뿌리째 흔들고 있다고 외치게 되었을까. 그리고 이 한 줌의 소금은 인도 독립운동에 어떤 영향을 미쳤을까. 그리고 이 소금이 만들어낸 열기와 갈등은 무엇이었을까.

1920년대까지 인도 정치가들이 주장한 대영 투쟁의 목표는 자치였으나 1930년대에 접어들면서 완전 독립을 추구하는 방향으로 목표가 전환되고 있었다. 투쟁의 목표가 전환된 계기는 사이먼위원회의 출범이었다. '1919년 인도 통치법'(Government of India Act of 1919)에는 10년 후에 새로운 통치법을 개정할 것이며 이에 앞서 정부체제의 운영, 교육의 성장, 대의제의 발전 등을 조사할 위원회를 구성하며, 이 위원회의 조사 보고서에 근거하여 새로운 통치법을 개정한다고 되어 있었다. 이에 근거하여 영국정부는 1927년 11월 26일 존 사이먼(John Simon)을 위원장으로 하는 위원회(Simon Commission)를 구성했다. 사이먼위원회는 위원장을 포함하여 7명으로 구성되었는데, 인도인은 한 명도 포함되지 않았다. 이에 분개한 인도 민족주의 지도자들은 위원회를 보이콧하기로 결정하고, 인도 담당 장관 버컨헤드(Birkenhead)에게 인도인들이 받아들일 수 있는 통치법을 만들 것을 요구했다. 사이먼위원회는 조사를 위해 1차로 1928년 2월 3일부터 3월 31일까지, 2차로 1928년 10월 11일에서 1929년 4월 13일까지 두 차례에 걸쳐 인도를 방문했다. 위원회는 인도에 도착하자마자 검은 깃발의 물결과 "사이먼은 돌아가라!"는 구호와 시위를 벌이는 성난 대중과 마주쳐야 했다. 그럼에도 불구하고 이들은 장기간에 걸쳐 조사 작업을 마무리했고, 1930년 6월 「사이먼위원회 보고서」(Simon Report)가 총 17권으로 발행되었다.

이 사이먼위원회를 보이콧하고 인도인들이 바라는 통치법을 만들 것을 요구하는 과정에서 인도 정치인들이 추구할 목표가 '자치'(home rule)인가 '독립'(independence)인가 하는 문제가 부각되었다. 통치법 개정을 논의하기 위해 1928년 1월부터 5월 사이에 3회에 걸쳐 전인도단체회의(All Parties Conference)가 개최되었으나 통치법 개정에 대한 합의점을 찾지 못했다. 이에 모띨랄 네루(Motilal Nehru)를 위원장으로 하는 소위원회를 구성했는데, 이 소위원회에서 작성한 통치법 개정안이 「네루 보고서」이다. 「네루 보고서」에서는 자치권 확대가 아닌 자치령 획득이 목표임을 밝히고,* 이 보고서를 바탕으로 한 자치령 지위가 1929년 12월 31일까지 법률로 보증되지 않으면 완전 독립을 요구하는 시민 불복종운동을 전개할 것임을 천명했다.

한편 영국정부와 협의를 마치고 돌아온 어윈 총독은 1929년 10월

31일 발표를 통해 "인도 통치법 개정의 최종 목표는 자치권을 부여하는 것이며 사이먼위원회의 보고서가 발표된 후에 런던에서 인도의 여러 단체 대표가 참석하는 원탁회의를 개최할 것임을 영국 노동당 정부가 승인했다"[3]고 밝혔다. 그러나 국민회의는 어원 총독이 발표한 성명에서 자치령 지위 부여에 대해 일부 모호한 부분들을 지적하면서 "원탁회의에서는 자치령 지위 부여에 대해 논의하는 것이 아니라, 인도의 자치령 헌법의 틀을 논의하는 것이어야 함"을 강조했다.[4] 그리고 간디 역시 1929년 12월 23일 총독을 만난 자리에서 "원탁회의는 완전한 자치령에 근거하여 진행되어야 한다"고 강조하며 자치령에 대한 보증을 요구했다. 그러나 어원은 성명서에서 이미 모든 것을 밝혔고, 자신은 자치령에 대한 명확한 약속을 제시할 입장에 있지 않다고 밝혔다.[5]

1929년 말 라호르에서 국민회의 연차대회가 개최되었다. 의장으로 선출된 자와할랄 네루는 12월 29일 의장 연설에서 당면 과제 가운데 가장 중요한 것은 독립이라고 말하고, "우리에게 독립은 영국 지배와 영국 제국주의로부터의 완전한 자유를 의미한다"[6]고 밝혔다. 또한 간디는 "우리는 이제 새로운 시대로 나아갑니다. 우리의 목적, 멀지 않은 목표는 완전한 독립입니다"라고 선언했고, 전인도국민회의 운영위원회(All India Congress Working Committee: AICC)에서는 1930년 1월 26일을 독립일로 선포했다. 자와할랄 네루에 의해 독립 서약이 낭독된 후 수많은 대중

---

* 여기에 등장하는 용어를 간단히 정리하자면, 자치권 확대는 각료, 중앙 입법부, 지방 입법부 등에 인도인 참여를 확대하는 것을 의미하며, 자치령 획득은 당시의 캐나다와 같이 영연방 하에 자치 정부를 수립하는 것을 의미하고, 독립은 인도에서 영국 지배를 완전히 축출하는 것을 목표로 하는 것이다.

집회가 열렸으며, 애국 청년들은 이를 외국 지배를 완전히 몰아내자는 행동의 신호탄으로 받아들였다.

한편 간디는 독립을 구체적으로 추구할 수 있는 대대적인 시민 불복종운동을 준비하고 있었다. 간디는 토지세의 50% 감축, 염세 폐지, 군사비 지출 50% 삭감, 고위 관리의 봉급 삭감, 외국 옷감에 대한 보호 관세, 해안 교통 보류 제한법 통과, 정치범 석방 등을 포함한 11개 요구 조건을 1930년 1월 30일자 「영 인디아」를 통해 발표했다.[7] 또한 이러한 요구가 받아들여지지 않을 경우, 생활필수품인 소금에 대한 세금*에 항의하는 의미로 소금행진을 전개할 것이라고 총독에게 통고했다. 간디는 '공기와 물 다음으로 생활에 중요한 것이 소금'이라고 생각했고, 소금이야말로 대중을 동원할 수 있는 가장 기본적인 것이라고 생각했다. 또한 독립운동은 본질적으로 이 땅의 가장 가난한 사람들을 위한 것이며, 소금행진이 그 시작이 될 것이라고 강조했다. 그러나 국민회의 지도부는 물론 총독도 염세 거부 행진의 중요성을 크게 인식하지 않았던 것 같다. 어윈 총독은 1930년 2월 20일 별일 아니라는 의미를 담아 "현재로서는 소금행진이 밤에 자고 있는 나를 깨울 것 같지 않다"는 편지를 런던에 보냈고, 휘하의 장교들 역시 비협조운동과 마찬가지로 시민 불복종운동을 막을 수 있을 것으로 생각했다는 것이다.[8]

그러나 간디는 소금행진을 위해 만반의 준비를 했다. 특히 낮에는 행진하고 밤에는 마을에 머무는 일정을 마련하여 대중을 향한 연설과

---

* '1882년 소금법'(The Indian Salt Act, 1882)으로 영국정부는 소금 채취와 제조의 독점권을 가졌다. 그러므로 개인이 소금을 채취하거나 제조하는 것은 범법행위가 되었고, 해안 지방에서 소금을 채취할 수 있는 사람들도 식민정부로부터 소금을 구입하여 사용할 수밖에 없었다.

기자들과의 인터뷰 시간을 미리 예정해둔 것이다. 이를 통해 자신의 비폭력 저항운동과 인도의 독립 열기를 알리는 소위 언론 플레이를 철저히 준비했다. 그리고 마지막으로 3월 2일 어윈 총독에게 "시민 불복종운동을 시작하기 전에 기꺼이 당신과 출구를 찾고 싶습니다"[9]라는 내용을 담은 편지를 보냈다. 염세폐지를 포함한 11개 조항을 받아들

댄디 해변에서 소금을 집어 올리고 있는 간디

인다면 행진을 시작하지 않을 것이며, 행진을 시작한다면 "시민 불복종운동을 통해 비폭력 정신을 드러낼 것"이라고 알린 편지였다. 그러나 총독은 요구사항 수용을 거절했으며, 행진은 반드시 폭력을 동반하게 될 것이라는 우려를 담은 답변을 보냈다. 이에 대하여 간디는 "무릎을 꿇고 빵을 요청했으나 나는 빵 대신 돌멩이를 받았다"[10]고 자신의 심정을 토로했다. 이로써 그 유명한 간디의 소금행진이 시작되었다.

3월 12일 간디가 머물고 있던 사바르마띠 아슈람을 출발하여 24일 동안 4개 주와 48개의 마을을 지나갔으며, 390킬로미터를 행진하면서 각 마을에 도착할 때마다 대중 연설을 했다. 그리고 4월 5일 댄디에 도착했고, 다음날인 4월 6일 아침 댄디 해변에서 한 줌의 소금을 집어 올리며 그 한 줌의 소금이 대영제국을 흔들고 있는 것이라고 선언한 후 소금행진은 막을 내렸다.

간디가 소금을 집어 올린 후 많은 지역에서 소금을 불법으로 채취하고 판매하는, 소위 일부러 법을 어기는 불복종운동이 확산되었는데, 그 절정은 5월 12일 다라사나 제염소(Dharasana Salt Works) 점거 사건이었다. 간디와 네루 등 국민회의 지도부 상당수가 구속된 상태였지만, 제염소를 점거하려는 사뜨야그라하 참가자들은 철저히 비폭력을 고수했다. 제염소를 지키는 군인들은 곤봉을 휘둘렀고 이로 인해 엄청난 사상자가 발생했지만, 군인들의 폭력에 저항하여 폭력을 사용한 참가자들이 없었다. 이러한 광경은 세계적으로 그 유례를 찾아보기 힘든 것이었다. 이 광경을 지켜보던 밀러(Webb Miller)가 작성한 기사가 5월 21일 UP(*United Press*)통신을 통해 보도되었고, 이 기사는 다시 130개의 신문에 인용 보도됨으로써 전 세계의 이목을 끌었다.* 마틴(Brian Martin)은 다라사나 사건이 영국에 대항하는 대중 여론 형성의 전환점이 되었는데, 이것은 비폭력 저항자들에게 폭력을 사용한 것이 공격자들에게 어떠한 반향으로 돌아오는지를 보여주는 명백한 예라고 표현했다.[11]

요컨대 독립선언서 낭독, 간디의 소금행진 그리고 그에 뒤따른 시민의 불복종운동은 독립을 위해 쏘아올린 총공격의 신호탄이나 다름없었다. 이를 계기로 인도 전역에 반영 투쟁 여론이 조성되었으며, 대외적으로는 영국의 잔혹성과 그에 대비되는 인도의 비폭력 저항 정신이 널리 알려지게 됨으로써 인도에 대한 우호적 분위기를 조성하는 역할도 했다.

그러나 소금행진으로 쏘아올린 신호탄은 그저 신호탄 역할을 했을

---

* 1982년 리처드 아텐버로우(Richard Attenborough)가 감독한 영화 「간디」의 소금행진 장면은 이 보도를 바탕으로 제작되었다고 한다. 제염소 점거 사건 장면에는 이 기사가 캡처되어 삽입되었다.

뿐 총공격으로 이어지지는 못했다. 간디가 라호르 대회에서 새로운 시대로 나아간다고 선언하고 총공격의 신호탄을 쏘아올리기는 했지만, 그의 투쟁 방식은 1920년대와 별로 달라지지 않았기 때문이다. 간디가 이끈 1920년대의 대영 투쟁은 '시민 불복종운동과 협상'이었다. 간디는 주요 이슈를 내세워 그것을 영국정부에게 수용하라고 요구하고, 그것을 수용하지 않으면 시민 불복종운동을 전개할 것이라고 선언한 후 대대적인 시민 불복종운동을 전개하여 전국을 뜨겁게 달궜다. 이에 대해 영국은 강경대응하고, 이어 간디와 영국정부의 줄다리기가 시작되었으며, 결국 그에 상응하는 협상으로 막을 내렸다.

이러한 양상이 1930년대에도 그대로 재현되었다. 소금행진이라는 시민 불복종운동에 대하여 영국정부는 강경하게 대응하여 네루를 비롯한 국민회의의 중앙과 지방 간부들을 투옥한 데 이어 1930년 5월 5일 간디를 구속했다. 이로써 전국적인 파업과 불복종운동이 확산되었으며, 이에 관련된 자들이 모두 구속됨으로써 1930년 말경 구속된 수감자는 10만 명을 넘어서기 시작했다.

간디와 국민회의 지도부 대부분이 구속된 상태였던 1930년 11월 12일, 런던에서는 인도의 장래를 논의하는 원탁회의가 열렸다. 영국이 인도 통치법 개정안을 논의하기 위해 1차 런던 원탁회의를 개최하고 인도의 대표적 지도자들을 런던으로 불러 모았으나, 국민회의는 대표를 파견하지 않았다. 영국정부는 인도의 장래 통치법을 인도의 대표들이 모여 결정한 것으로 만들고 싶었겠지만, 인도의 가장 대표적인 단체인 국민회의의 대표가 빠진 상황에서는 그러한 모양새가 갖추어지지 못했다고 보는 것이 당연하다. 어윈 총독은 국민회의와 간디가 원탁회의에 참석할 수 있는 방안을 모색했다. 방안 모색은 간디 석방으로 시작되었다. 1931년에 접어들어 독립선언 1주년이 되는 그날, 1931년 1월 26일 영국 정부는 간디를 조건 없이 석방했다. 석방된 간디는 어윈 총독과 2월 내내 협상을 벌였다. 그 결과로 3월 4일 공포된 것이 델리 협정(Delhi Pact)이다.

일명 '간디-어윈 협정'(Gandhi Irwin Pact)이라 불리는 이 협정은 모두 21개 항으로 구성되어 있으며, 그 아래 많은 세부항목이 포함되어 있다. 주요 내용을 요약하면 다음과 같다. ① 시민 불복종운동을 중지한다. ② 연방제와 책임정부, 인도인의 이익을 위한 유보와 보호 조항 등이 원탁회의에서 논의될 것이며 여기에 국민회의 대표가 참석한다. ③ 비폭력 운동과 관련하여 투옥된 모든 정치범을 즉각 석방한다. ④ 몰수된 재산과 토지는 정부가 이미 매매나 경매 처분하지 않은 경우, 원래의 주인에게 돌려준다. ⑤ 비상법령(emergency ordinances)을 철회한다. ⑥ 해안 가까운 지역 거주자의 소금 채취와 제조를 허용한다. ⑦ 술, 아편, 외국 의류상점에서의 평화로운 피케팅을 허용한다.[12]

이러한 내용을 담은 간디-어윈 협정은 1928년부터 달아오르기 시작한 독립의 열망과 총공격의 신호탄에 찬물을 끼얹은 것이나 마찬가지였다. 당시 네루는 간디가 '합의'에 이르렀다는 그 내용들을 전해 듣고 다음과 같은 절망감을 표현했다.

더 이상은 아무것도 이야기할 것이 없었다. 일은 완료되었고, 그것도 우리의 지도자가 맡아 한 것이었다. 그의 의견에 동의하지 않는다고 하더라도 우리가 무엇을 할 수 있겠는가? 그를 저버리겠는가? 그와 결별하겠는가? 우리가 동의하지 않는다고 발표하겠는가? (중략) 우리의 동지들을 다시 감옥으로 돌려보내거나 이미 감옥에 있는 수천 명을 계속 그 안에 머무르게 하는 데 일조하는 것은 결코 쉬운 문제가 아니었다. (중략) 우리 국민이 1년 동안 그렇게 용감하게 행동했던 것이 이것을 위해서였는가? 우리의 온갖 용감한 말이며 행적들은 이렇게 끝나고 마는 것인가? 그렇게나 여러 번 반복되어온 국민회의의 독립 결의, 1월 26일의 서약이? 그래서 나는 그 3월의 밤에 자리에 누운 채 곰곰이 생각에 빠져들었다. 내 마음에는 거의 되돌릴 수 없을 만큼 값진 무언가가 빠져나가버린 듯 허탈감이 찾아들었다. '이렇게 세상이 끝나는구나. 충격이 아니라 흐느낌으로.'[13)]

간디와 어윈이 협상을 하고 협정안이 발표되는 동안 보세는 구속되어 있었다. 어윈 총독이 협상을 위해 간디를 조건 없이 석방한 날은 1931년 1월 26일인데, 그날은 라호르 연차대회에서 독립기념일로 선포한 1주년 기념일이었으며, 한편으로는 보세가 구속된 날이기도 하다. 보세는 독립 선포를 기념하는 행진 현장에서 기마경찰에 의해 캘커타 경찰본부로 연행되었고 다음날 반란죄로 구속되었다.[14)] 이때 구속된 보세는 정치범을 석방한다는 간디-어윈 협정에 따라 3월 8일 석방되었다.

석방된 보세는 까라치(Karachi)에서 협정에 대한 비준이 이루어지기 전에 간디를 만나 협정에 대한 문제를 제기했지만, 이미 비준을 저지할 수 있는 상황은 아니었다. 봄베이로 달려가 간디를 만난 보세는 "간디가 독립을 견지하는 한 그를 지지할 것이지만, 간디가 그것을 포기하는 순간 우리는 간디와 싸우는 것을 의무로 삼게 될 것"이라고 말했다. 이에 간디는 "까라치 대회에서 국민회의 대표로 원탁회의에 참석할 임무를 나에게 부여해주도록 요청할 것이다, 이 임무에는 라호르 대회에서 독립을 선언한 것과 상응하는 것이 포함될 것이며, 델리 협정에서 제외된 사람들을 위한 사면을 얻는 데 나의 모든 영향력을 기울일 것"이라고 확약했다.[15]

바가뜨 싱(Shaheed Bhagat Singh)과 그의 동료들이 처형됨으로써 간디에 대한 비판이 일어나기는 했지만, 일반 대중은 대체로 간디-어윈 협정을 간디의 승리로 보았다. 국민회의 내에서도 반대의 목소리가 없었던 것은 아니지만 결국 까라치 국민회의 본회의에서 협정은 승인되었다. 그리고 간디는 국민회의 단독 대표로 런던의 2차 원탁회의에 참석했다. 그러나 그 성과는 부정적이었고, 이후 간디는 인도의 독립 쟁취와는 거리가 멀어 보이는 일에 매진했다.

간디-어윈 협정에 대하여 당대 인물들과 후대의 연구자들은 어떤 평가를 했을까. 끄리빨라니[16]는 젊은 지도자들이 간디를 비판했지만 대중은 이 협정이 간디의 승리라고 보고 있었으며, 그것은 간디가 까라치 회의를 마치고 돌아가는 역마다 몰려나와 환호하는 데서 분명히 드러났다고 말했다. 마줌다르(R. C. Majumdar)는 간디-어윈 협정의 제2항은 국민회의가 완전 독립 요구를 폐기한 것을 의미하는 것이라고 비평하면서도[17] 한편으로는 "간디-어윈 협정을 단순히 실패 혹은 성공이라고 평가할 수 없는 것이고, 영국이 국민회의를 협상 파트너로 삼아 날마다 회담을 하고, 처칠의 표현대로 반쯤 벗은 고행자가 총독 관저를 드나들며 협상을 벌이는 모습 그리고 간디와 총독이 평화협정에 조인하여 국민회의와 인도의 위상을 높인 것 등에서 결코 얻은 것이 적다고 할 수는 없다"[18]는 평가를 하기도 했다. 고세(S. Ghose)는 간디가 어윈과의 협정에서 얻은 것이 거의 없고 오히려 많은 것을 양보했으며 국민회의 지도부도 명백한 양보라고 비난했지만, 총독과 동등한 입지에서 협상하는 간디의 모습은 민중에게 예전에 느껴보지 못한 자긍심을 심어주었기 때문에 국민회의 활동가들과 일반대중에게 긍정적인 영향을 미쳤다고 평가했다.[19] 요컨대 당대의 정치인들과 이후 연구자들은 간디-어윈 협정에 대해 공보다 과가 많다는 평가를 하고 있으며, 어윈은 많은 것을 얻었지만 간디는 얻은 것이 많지 않았다[20]고 보고 있다. 그러나 간디-어윈 협정의 문제점들을 다룬 대부분의 비평들은 사안을 세세하게 다루기보다는 총평 형식으로 두루뭉술하게 비판하는 정도였다. 이와 달리 보세는 간디-어윈 협정은 축복이 아니라 저주였으며,[21] 순진한 대중은 간디의 승리로 인식했지만, 시간이 지나면서 점차 환멸을 느꼈다[22]고 비평하면서 간디-어윈 협정의 문제점들을 조목조목 지적했다.

보세가 간디-어윈 협정과 이후 간디의 행적에서 가장 큰 문제로 지적한 것은 독립 문제를 논외로 하고 있다는 것이었다. 보세는 간디-어윈 협정에서 사소하고 불필요한 것들은 상세히 다루면서도 정작 중요한 독립 문제는 거론되지 않았다고 비판했다.[23] 즉 21개 항목에 세세한 세부 항목으로 구성되어 있는 협정문 어디에도 독립, 스와라지, 자치에 관한 직접적 언급이 없다는 것이다.

그래서 보세는 1930년에 투쟁이 전개된 원인이 무엇이었는지에 대한 문제를 제기했다. 즉 1929년 어윈 총독이 자치령 부여에 대해 발표했을 때, 국민회의에서는 이에 대한 보증을 요구했고, 그러한 보증이 제대로 이루어지지 않았기 때문에 1929년 라호르 대회에서 완전 독립을 목표로 한다고 선언한 것이다. 그리고 그러한 연장선상에서 간디는 어윈 총독에게 11개 조항을 수용하라는 최후통첩을 보냈던 것이며, 엄청난 희생을 치르면서 소금행진을 감행했다. 소금행진에서 보여준 인도인들의 독립에 대한 의지가 전 세계에 알려지면서 인도의 현실, 간디의 비폭력 투쟁이 주목을 받았던 것이다. 이러한 비폭력 투쟁으로 구속되어 있던 간디가 석방되어 협상을 추진했다면 당연히 독립 혹은 자치에 대한 논의가 심도 있게 다루어졌어야 한다는 것이다. 그럼에도 불구하고 세세한 항목을 협상하면서 독립 문제에 대한 구체적 언급 없이 '시민 불복종운동 중지'를 선언하는 협상안이 발표된 것이다. 결국 독립을 목표로 투쟁하던 민족주의자들에게 간디-어윈 협정은 독립 열기에 찬물을 끼얹은 것이나 다름없는 것이 되고 말았다.

보세는 간디가 이러한 문제점을 드러내게 된 것은 당시 국민회의 운영위원들 가운데 간디에게 충고를 해주거나 제동을 걸 수 있는 사람이 아무도 없었기 때문이라고 보았다. 당시로서는 간디에게 이런 역할을 해줄 수 있는 유일한 인물이 모띨랄 네루였다. 그런데 모띨랄 네루는 간디가 어윈과 협상을 시작하기 전인 1931년 2월 6일 사망했다. 보세는 이것이 불운이었다고 개탄했다.[24] 모띨랄 네루 이후에 희망을 걸 수 있는 인물은 이제 자와할랄 네루밖에는 없을 것이라고 보세는 생각했다. 자와할랄 네루는 그의 자서전에서 간디-어윈 협정에 대해 절망감을 느꼈다고 서술했지만 '마치 상관에게 복종하는 군인처럼'[25] 행동했다. 그러므로 간디는 어떠한 제동장치도 없이 질주하는 자동차처럼 어윈과의 협의를 진행했고, 독립의 열기에 찬물을 끼얹은 것이나 다름없는 간디-어윈 협정을 체결한 것이다.

당시의 젊은 계층에서는 간디-어윈 협정을 '총독 정부에 대한 항복 문서'라고 비판하고, 영국정부의 허황된 약속에 속아서 인도 민족주의자들의 애국적 요구를 팔아넘겼다고 비난했다. 특히 시민 불복종운동이 진행되는 동안 경찰이 저지른 만행에 대한 공식 조사 요구를 간디가 철회한 것에 분노하며, 결국 간디가 어윈과 맺은 협정으로 국민회의는 완전 독립이라는 목표에서 물러선 것으로 해석했다.[26] 그러나 보세는 아직 간디에게 희망을 걸고 있었다. 간디가 독립의 열망을 포기하지 않았으며, 시민 불복종운동을 중단한 것이 아니라 잠정적인 중지로 화해를 시도하고 있는 것뿐이라고 밝혔기 때문이다. 그러나 이러한 신뢰는 보름 후에 여지없이 깨지고 말았다. 간디와 보세가 본격적으로 대립하기 시작한 사건, 바로 바가뜨 싱의 처형이라는 사건이 발생했기 때문이다.

앞서 언급했던 사이먼위원회가 인도에 도착했을 때 대대적으로 보이콧운동이 벌어졌다. 라호르에서도 1928년 10월 30일, 위원회가 도착하자 비폭력 보이콧 시위가 벌어졌다. 이때 경찰이 시위를 주도하던 랄라 라즈빠뜨 라이(Lala Lajpat Rai)를 구타했고, 그로 인해 라즈빠뜨가 사망했다. 라즈빠뜨의 죽음에 대한 보복으로 인도인 경찰 손더스(John Saunders)가 저격당해 사망했는데, 이 사건에 바가뜨 싱이 연루되었다. 그리고 폭력이 만연한 가운데, 인도인들을 재판 없이 구금 체포할 권한을 경찰에게 확대해주는 법을 제정했던 중앙 입법의회(Central Legislative Assembly) 의사당에 바가뜨 싱이 폭탄을 던졌다. 1929년 4월 8일 체포된 바가뜨 싱은 간디-어윈 협정이 체결된 후인 1931년 3월 23일 처형되었다.

바가뜨 싱이 처형된 문제로 보세는 간디를 비난했다. 보세는 왜 바가뜨 싱의 처형을 두고 영국을 비난하기보다 간디를 비난하고 나선 것일까. 간디-어윈 협정에는 구속된 정치범을 석방한다는 조항이 있었지만, 이 사면 대상은 비폭력운동 관련자로 한정되어 있었다. 사면에서 제외된 정치범들의 범주는 다음과 같았다.

① 재판 없이 투옥된 죄수와 구류된 사람들

② 혁명적 행위 혐의로 유죄 판결을 받은 수감자

③ 혁명적 행위로 추정되어 재판을 받고 있는 수감자

④ 미루트 공모 사건(Meerut Conspiracy Case)*으로 재판 중인 수감자

⑤ 노동자 파업과 기타 노동쟁의에 연루되어 투옥된 수감자

⑥ 비무장 민간인에게 발포하는 것을 거부했다는 이유로 군법회의에 회부되어 중형을 받은 가르왈리의 군인들(Garwhali soldiers)**

⑦ 시민 불복종운동과 관련되어 폭력을 행사한 것으로 기소된 수감자[27]

위에 언급된 7개 부류에 속하는 수감자들 가운데 6개 부류는 모두 적극적이든 소극적이든 폭력을 행사했거나 공모한 수감자들이다. 가르왈리(Chandra Singh Garhwali)와 그의 부하들은 비폭력 시위를 하고 있는

---

* 인도 철도 파업을 주도한 혐의로 1929년 3월에 당게(Dange)를 비롯한 노동조합주의자들과 공산주의자들이 구속된 사건.
** 소금행진의 시민 불복종운동 열기가 뜨겁던 1930년 4월 23일, 페샤와르(Peshawar)에서는 가화르 칸(Abdul Ghaffar Khan)의 불법 구속에 항의하는 비폭력 시위가 있었다. 가르왈리(Chandra Singh Garhwali)가 이끄는 소총부대는 항의 시위를 하고 있는 사뜨야그라히들에게 발사하라는 명령을 받았다. 그러나 이들은 비폭력 시위를 하고 있는 사람들에게 발사하는 것을 거부했고, 이로 인해 군법회의에 회부되어 67명의 군인이 처벌을 받았다. Tyagi, V. P.(2009), *Martial Races of Undivided India*, p.37 참조.

사람들에게 발사하라는 명령을 거부한 죄로, 즉 명령 불복종죄로 구속된 군인들이다. 어쨌든 간디-어윈 협정으로 석방된 사람들은 모두 간디를 추종하는 사뜨야그라히(Satyagrahi)였고, 그 외의 사람들은 모두 정치범 석방에서 제외된 것이다.*** 그래서 보세는 간디의 편협한 협상이 바가뜨 싱을 처형당하게 한 요인이었다고 보아 간디를 비판한 것이다. 만약 간디가 협상에서 '모든 정치범의 사면'을 주장했다면 간디는 민족주의자 모두의 대표일 뿐만 아니라 노동조합주의자와 혁명주의자의 대표가 될 수 있었을 것이며, 그들에게 좋은 영향을 미쳤을 것이다.

그런데 간디가 사면 대상을 사뜨야그라히로 한정함으로써 간디의 소금행진이나 어윈 총독과의 협정 체결이 인도의 독립이나 인도 전체를 위한 것이 아니라 간디를 따르는 사뜨야그라히만을 위한 것이었는가를 반문하게 만들었기 때문에 바가뜨 싱의 처형과 관련하여 간디를 비판할 수밖에 없었던 것이다. 간디는 바가뜨 싱의 처형에 대하여 "우리는 우리의 에너지, 희생정신, 노동, 불굴의 용기를 그들이 했던 방식으로 사용해서는 안 된다. 이 나라는 피를 흘려 자유를 얻으려 해서는 안 된다"[28]는 말로 바가뜨 싱의 희생을 안타깝게 생각하지만 그들을 모방하려 해서는 안 된다고 경고했다. 또한 영국정부에 대해서도 정부가 바가뜨 싱을 처형한 것은 대중의 의견을 무시하는 힘을 발휘한 것이며, 정부가 가진 무자비한 힘을 과시하는 것이었다고 유감을 표했다.

그러나 보세는 간디가 바가뜨 싱과 동료들의 처형을 막기 위해 최

*** 간디-어윈 협정과 정치범 사면에 관련된 상세한 내용은 박금표(2012), 「보세(S. C. Bose)의 간디-어윈 협정 비판에 대한 고찰」, 『남아시아 연구』 18권 1호 참조.

선을 다했어야 한다고 주장했다.[29] 즉 바가뜨 싱에 대한 사면은 간디-어윈 협정에 언급되지 않았지만, 처형은 협정 정신에 위배되는 것이기 때문에 협정을 깰 각오로 총독에게 처형을 중지하도록 요청했어야 한다는 것이다. 보세에 따르면 영국의 지배를 받고 있던 아일랜드의 경우 신페인당(Sinn Fein Party)*이 영국정부와 휴전 중일 때, 신페인당에서는 교수형에 처해질 정치범의 석방을 위해 강경한 태도를 취했으나 간디는 자신을 혁명주의 정치범과 동일시하기를 원치 않았고, 그렇게 강경한 태도를 취하지 않았기 때문에 총독은 간디가 협정을 깰 것이라고 인식하지 않았으며, 그 결과 아일랜드와는 다른 결과를 낳았다는 것이다. 어쨌든 간디-어윈 협정을 체결하여 평화를 모색하면서도 간디는 바가뜨 싱의 처형을 막지 못했고, 가르왈리 군인들의 애국심에 보답하지 못했으며, 사면을 전 인도인을 대상으로 삼지 않고 국민회의 사뜨야그라히에 한정했다는 비난을 면할 수는 없을 것이다.

사실 간디가 이렇게 편협한 협정을 맺게 된 책임을 간디에게만 물을 수는 없을지도 모른다. 필자가 간디-어윈 협정, 원탁회의 등과 관련된 자료를 검토하면서 느낀 것은 국민회의의 주요 결정 혹은 대대적인 시민운동의 결정권이 전적으로 간디 한 사람에 집중되어 있었다는 것이다. 간디-어윈 협정을 체결하는 과정에서 어윈 총독과 간디가 단독 회담을 열지 않고 네루, 빠뗄(Vallavbhai Patel) 등을 포함한 국민회의가 협상의 주체가 되었다면 그 결과는 달라졌을 수도 있었을 것이다.

---

* 1916년 부활절 봉기와 영국-아일랜드 전쟁을 거쳐 1921년 영국-아일랜드 조약을 체결함으로써 아일랜드의 32개 주 가운데 남부 26개 주가 아일랜드 자유국으로 독립했다. 신페인당은 사회주의와 반자본주의를 이데올로기로 삼은 아일랜드의 민족주의 정당이다.

간디가 총독과 협상을 시작하기 전날인 1931년 2월 16일 국민회의 운영위원회에서는 공식적으로 간디에게 국민회의의 이름으로 협상하는 전권을 부여하기로 의결했다.[30] 또한 국민회의 까라치 대회에서도 간디를 2차 원탁회의에 참석할 국민회의의 유일한 대표로 지정하고 전권을 부여했다.[31] 즉 간디-어윈 협상에서도, 이후의 2차 원탁회의에서도 간디 한 사람이 전권을 가진 대표로 활약한 셈이다. 그런데 간디는 진리를 추구하는, 그야말로 마하트마로서의 성향이 정치적 협상 능력을 능가하는 인물이다. 즉, 보세의 말대로 간디는 완고하고 관대한 데다가 확고한 신념을 갖고 있는 인물이었기 때문에 정치적 흥정을 할 수 있는 인물이 아니라는 것은 부정할 수 없을 것이다. 이러한 인물에게 소위 정치인들이나 할 수 있는 수완을 발휘하기를 기대하기는 어려운 일이다. 그럼에도 불구하고 국민회의 운영위원회가 총독과의 협상을 진행할 전권을 간디에게 부여한 것은 1930년대 초의 대영 투쟁에 마이너스 요인이 된 결정적인 실수라고 할 수 있을 것이다.

그러므로 간디-어윈 협정으로 보세는 물론 국민회의 지도부가 모두 사면됨으로써 장차 또 다른 투쟁을 전개할 수 있는 에너지를 보강했다는 점에서는 긍정적인 역할을 했다고 볼 수 있지만, 간디는 국민회의와 사뜨야그라히의 대표일 뿐 전 민족주의자들의 대표, 전 인도인의 대표라는 면모를 발휘하지 못했고, 독립에 대한 아무런 보장 없이 시민 불복종 운동을 중지시킴으로써 소금행진으로 뜨겁게 달아오른 독립운동의 열기에 찬물을 끼얹은 인물이 된 것이다.

그리고 간디가 끼얹은 찬물은 곧바로 인도의 족쇄가 되어 돌아왔다. 간디는 국민회의 단독대표로 1931년 9월 7일부터 런던에서 개최된 2차 원탁회의에 참석했다. 간디는 2차 원탁회의에 참석해서도 얻은 것이 별로 없었다.* 그리고 간디가 귀국할 무렵부터 영국정부는 연합주(UP)에 대한 특별법, 서북변경주 특별법 등을 공포했고, 국민회의를 비롯한 민족주의 운동 단체는 불법화되었다. 간디는 1931년 12월 28일 귀국했다. 간디가 귀국하기 이틀 전인 1931년 12월 26일 네루가 체포되었고, 간디 역시 1932년 1월 4일 체포 구금되었으며, 보세도 1월 5일 구속되었다. 1월 4일 새로운 법령들이 공포됨으로써 치안판사와 경찰관에게 더 광범위한 권한이 주어지고 시민의 자유는 박탈되었으며, 시민의 신체 및 재산은 식민지정부의 권위에 종속되었다. 이것은 인도 전체에 내려진 일종의 계엄령 같은 것이었으며, 이러한 특별법의 적용범위는 지방당국의 재량에 맡겨짐으로써 인도 민족주의자들은 물론 일반시민도 옴짝달싹할 수 없는 지경에 이르렀다. 이와 같은 정부의 탄압 속에서 시민 불복종운동의 불빛은 점차 약해졌다. 이렇게 약해진 독립의 불빛을 누가 되살릴 것인가. 1920년대부터 이러한 암흑 속에서 불을 다시 지필 수 있는 사람은 간디였다. 그런데 간디는 이때 무엇을 했는가.

　　원탁회의 참석 후 간디가 인도로 돌아왔을 때, 보세는 간디와 장시간의 대화를 나눴다. 이때 보세는 간디에게 벵골의 심각한 사태를 설명했고, 좀더 적극적인 전략이 필요함을 강조했으며, 벵골에 직접 가서 심각성을 확인하라고 촉구했다.[32] 그럼에도 불구하고 간디는 투쟁 전략의 변화를 추구하거나 독립 투쟁의 강도를 높이는 대신 불가촉천민의 분리

---

* 간디는 원탁회의에 참석하여 인도의 장래보다는 각 종파의 주장이 충돌하는 현장에서 자신이 전 인도를 대표한다는 목소리를 낸 것 외에 얻은 것이 없는 상태로 돌아왔다는 비판을 받았다. 원탁회의와 관련된 자세한 내용은 I부의 '3장_불가촉의 족쇄 풀기' 참조.

선거 저지와 하리잔 운동을 전면에 내세우며 독립 투쟁의 열기를 왜곡시켰다. 1929년 완전 독립을 주장하며 1930년 1월 26일을 독립기념일로 삼아 독립선언서를 낭독했지만, 그 선언문이 채 마르기도 전에 간디는 대영 투쟁을 중단하고 사회 문제로 시선을 돌리고 있었다.

한편 보세는 1932년 1월 5일 구속된 후 건강이 급격히 악화되었다. 이에 치료를 받기 위해 유럽으로 가는 조건으로 1933년 2월 22일 석방되었다. 유럽으로 간 보세는 비엔나에서 건강이 회복되자 인도-아일랜드 연맹(Indian-Irish League)을 결성하여 활동하고 있던 비탈바이 빠뗄(Vithalbhai Patel)**을 만났다. 그런데 1933년 5월 간디가 다시 하리잔 운동을 위해 단식을 감행하고 시민 불복종운동을 중지시켰다는 소식이 전해졌다. 이 소식을 접한 보세는 간디의 이러한 행보에 대하여 비탈바이 빠뗄과 긴 토론을 했다. 보세와 비탈바이 빠뗄은 간디의 행위가 항복과 다름없다는 데 동의하고 간디가 대영 투쟁에 실패했다고 비난하는 공동 선언을 마련했다. 이것이 「맨체스터 가디언」(*Manchester Guardian*, 13 May 1933)을 통해 발표된 보세-빠뗄 선언(Bose-Patel Manifesto)이다.

시민 불복종운동을 중지시킨 간디의 행위는 실패를 인정하는 것이다. 우리는 정치적 지도자로서 간디가 실패했다고 천명하는 바이다. 그러므로 새로운 원칙과 새로운 방법으로 국민회의를 근본적으로 재조직해야 할 시기가 되었다. 이러한 재조직을 위해 지도자는 교체되어야만 한다.

** 간디-어윈 협정을 승인한 1931년 까라치 국민회의에서 의장으로 선출되었으며, 독립 인도에서 첫 내무부 장관을 맡았던 사다르 빠뗄(Sardar Vallabh Bhai Patel)의 형이다.

간디에게 자신이 가진 평생의 원칙과 일치되지 않는 프로그램과 방법으로 활동하라고 하는 것은 옳지 않기 때문이다. 만약 국민회의가 이러한 변화를 온전히 수행할 수 있다면, 그것이 가장 좋은 길이다. 그것이 안 되면, 국민회의 안에 급진파들로 구성된 새로운 당이 조직되어야 한다. 비협조운동을 폐기할 수는 없지만 좀더 전투적인 것으로 바뀌어야 하며, 자유를 위한 투쟁은 전면적으로 추진되어야 한다.[33]

이는 간디의 지도력을 비판하는 강도 높은 선언이었는데, 이러한 선언까지 하게 된 것은 간디-어윈 협정의 휴전 기간에 영국정부가 새로운 '탄압'을 준비하여 '성과'를 얻고 있었던 것과는 달리 인도의 민족주의 운동은 '마취제를 투여한 것이나 다름없는 상황'[34]이 전개되었고, 이후 간디의 행보가 민족주의 투쟁의 성격을 왜곡시키고 있다고 판단했기 때문이다. 영국정부가 휴전을 활용하는 동안, 시민 불복종운동의 중단으로 인도 국민의 대영투쟁 열기는 식어갔다. 비폭력 대중운동에는 인력과 재정이 필요하다. 국민회의가 사람과 돈을 동원할 수 있는 에너지는 대중적 열기인데, 대중의 열기는 한 번 식으면 되살려내기 어렵다는 것이 보세의 생각이었다. 즉, 정부는 언제라도 필요한 인력과 재정을 동원하여 그들이 목표로 하는 것을 추진할 수 있지만 대중운동은 그렇지 않다는 것이다. 그럼에도 불구하고 간디는 시민 불복종운동 중지를 선언하여 독립선언과 소금행진으로 뜨거워진 열기를 식혀버렸다.

뿐만 아니라 정부의 대탄압이라는 상황에 직면해서도 간디는 투쟁 전략의 변화 또는 독립 투쟁의 강도를 높이는 대신 불가촉천민의 분리선거 저지와 하리잔 운동을 전개하고, 시민 불복종운동을 중지시킴으로써 독립 투쟁의 열기를 왜곡시키고 있었다. 즉, 간디는 불가촉천민 분리선 거 반대를 위한 죽음에 이르는 단식 후에도 하리잔 운동을 위해 1933년 5월 다시 21일간의 단식을 감행했다. 이때의 단식에 이어 시민 불복종운 동은 다시 6주간 중지되었고, 6주가 지나자 다시 6주를 추가하여 중지되었다. 이것이 보세가 간디의 지도력을 비판하는 보세-빠뗄 선언을 하게 된 직접적인 계기였다.

간디의 시민 불복종운동 중지 결정에 대해서는 당시의 국민회의 지도자들도 상당히 불쾌하게 생각했다고 한다. 네루는 간디의 지도력에 대하여 "간디만큼 농민과 대중을 행동하게 하고 각성시킬 수 있는 선동가나 지도자는 없었다. 간디는 대중의 성향을 본능적으로 느낄 수 있었고, 언제 행동하는 것이 적합한지를 아는 능력이 있었다. 이것이 간디의 가장 큰 장점이었다"[35]라고 서술한 바 있다. 그러나 시민 불복종운동을 중지시킨 간디에 대해서는 "그의 행동에 대한 전적인 반감과 그에게 상처를 입히지 않으려는 기분 사이에서 계속 고군분투하는 상태"[36]였고, "나에게는 간디나 다른 국민회의 지도자가 그런 활동(하리잔 운동)을 장려하는 것은 비도덕적이며, 감옥에 있거나 투쟁을 하는 수많은 사람들의 신념을 깨뜨리는 것에 가까운 행동이라고 생각되었다"[37]고 토로했으며, "정치적인 문제를 종교적이고 감상적으로 접근하는 것에 대해 그리고 그런 문제에 툭하면 신을 들먹이는 데 화가 났다"[38]고 푸념 섞인 비판을 하기도 했다. 한편 빠누(Mohinder Singh Pannu)는 "그의 사뜨야그라하 운동은 준비를 요하지 않으며, 저절로 사뜨야그라하의 문 앞에 나타났고, 신의 도움만을 구할 뿐 실제적 정치 투쟁이나 정치적 상황 분석은 중요하지 않았다. 간디는 운동(movement)에 의존한 것이 아니라 그의 내적인 신성한 빛 또는 신의 음성에 따라 움직였고, 객관적 상황에 따른 것이 아니라 주관적인 마음의 상태에 따라 움직였으며, 절대적이고 불변의 수수께끼에 근거한 것이다"[39]라고 비평했다. 요컨대 네루가 말한 간디의 탁월한 능력과 장점은 1920년대에는 대중을 이끄는 역할을 했지만, 1930년대에는 지도력의 문제로 부각되고 있었다. 인도의 대중은 잘 파악하면서도 적의 특성은 제대로 파악하지 못했고,[40] 내적·종교적 힘에 의존하여 국제 정세, 국내 정치단체의 움직임에 대한 상황 파악을 제대로 하지 못함으로써 지도력의 문제를 낳았던 것이다.

그러므로 이제 지도력에 변화가 일어나야 한다는 것이다. 보세는 1930년 1월에 개최된 국민회의에서도 이러한 견해를 일부 개진했다. 라호르 연차대회에서 시민 불복종운동을 선언하면서 '평화적이고 합법적인 수단, 진리와 비폭력적인 방법으로'라는 결의안을 채택하려고 할 때, 보세는 이옌가르(Arinivas Iyengar)와 함께 운영위원들을 선거로 뽑을 것을 발의했다. 그러나 운영위원들은 모두 간디와 모띨랄 네루에 의해서 지명되었다.[41] 보세는 이러한 간디의 독주 혹은 간디의 비폭력 평화주의 원칙에 입각한 국민회의의 운영과 대영 투쟁은 이제 한계에 이르렀다고 보았다. 그래서 보세는 간디-어윈 협정과 그 이후의 간디의 행보를 비판하고 간디의 지도력 문제를 지적하면서 국민회의는 재조직되어야 하며, 새로운 변화를 추구해야 한다는 것을 보세-빠뗄 선언을 통해서 밝혔던 것이다.

간디를 마하트마로 추종하는 사람들, 간디의 비폭력주의에 전적으로 동조하는 사람들, 그리고 다양한 그룹의 민족주의자들에게 비친 간디의 모습은 다를 수밖에 없다. 일부에서는 1930년대 초반의 간디의 모습에서 독립운동을 이끄는 지도자의 모습을 찾을 수 없다고 비판하지만, 또 다른 일부에게는 그러한 간디의 모습이 단순히 정치적 독립만을 추구하는 사람들보다 더 숭고한 목표를 가진 모습으로 비칠 수도 있다. 그렇기 때문에 "인도의 민족주의 운동은 영국의 속박으로부터 정치적으로 독립하는 것을 의미하지만, 간디에게는 영국으로부터 권력을 이양받는 투쟁일 뿐만 아니라 인도의 사회, 정치, 경제, 문화, 종교, 도덕의 재건이며 나아가서는 그릇된 것에 대한 옳음의 전쟁이었다"[42]라는 평가를 할 수도 있는 것이다. 그러나 "이제 우리는 독립으로 나아갑니다"라고 외치며 시작한 투쟁을 독립 문제를 접어두고서 사회 문제로 방향을 돌리게 했을 때에는 간디의 숭고한 정신보다는 지도력의 문제가 부각될 수밖에 없는 것이고, 이에 대한 비판이 일어나는 것 또한 당연한 일일지도 모른다.

1919년 간디의 비폭력·비협조운동이 침체되어 있던 인도 정치계와 민중에게 새로운 전기를 마련해주었다는 것에 이의를 제기하는 사람은 없을 것이다. 1920년대 간디의 대영 투쟁이 민중을 동원하고 전국적으로 독립의 열기를 확대시키는 긍정적 영향을 미쳤던 점 역시 부정할 수 없다. 그러나 1930년대는 독립 방법론의 전환이 필요한 시기였다. 수단과 목표라는 측면에서 보자면 목표가 바뀌면 수단도 달라져야 한다. 제1차 세계대전이 끝날 무렵 간디의 비폭력·비협조 노선은 인도 민족주의의 목표를 분명하게 드러내는 유용한 도구였다. 그러나 1930년대는 1920년대와는 다른 시기였다. 독립을 천명한 후 간디가 주도한 비협조운동은 소금행진과 더불어 뜨거운 열기를 뿜어냈지만, 그에 따른 영국정부의 억압 정책도 강화되던 시기였기 때문이다. 불복종운동이 전개되는 시점에서는 영국이 타협안을 받아들이고 간디의 요구가 어느 정도 관철되는 듯했지만 실제로는 타협과 억압이 반복되고 있었다. 또한 억압의 수위가 점점 높아지면서 간디 노선에 대한 문제의식이 부각되고 있었다. 즉, 간디 방식의 투쟁으로 인도가 얻을 수 있는 것이 과연 무엇인가에 대한 회의가 일어나기 시작한 것이다.

그러나 간디에게 도전할 수 있는 사람은 거의 없었다. 소금행진으로 열기가 뜨거워졌을 때 네루는 "가장 놀라웠던 것은 전 국민을 감동시키고 열광시키는 간디의 경이로운 능력이었다. 거기에는 거의 최면과도 같은 무엇인가가 있었고, 우리는 고칼레가 '간디는 진흙에서 영웅들을 빚어내는 능력을 어떻게 가지게 되었을까?'라고 했던 말을 생각했다. 친구든 적이든 가릴 것 없이 우리 모두 승리를 향해 다가가 있다는 확신이 전국적으로 퍼져가고 있었다"[43]고 말했다. 그러나 간디-어윈 협정이 공포되기 전날 간디가 어윈과 합의했다는 내용을 듣고 충격을 받은 네루는 그때의 심정을 "그의 의견에 동의하지 않는다고 하더라도 우리가 무엇을 할 수 있겠는가? 그를 저버리겠는가? 그와 결별하겠는가? 우리가 동의하지 않는다고 발표하겠는가? (중략) 내가 할 수 있는 일이라고는 그 합의로부터 나 자신을 이론적으로 분리시키는 것뿐"[44]이라고 자서전에 적었다. 간디의 견해에 동의할 수 없었던 네루였지만 결국 간디와 맞서지는 못했다.

그런데 이 시기에 간디와 정면으로 대립한 인물이 바로 보세였다. 그는 간디의 지도력, 시대의 변화에 따른 목표 설정과 그 설정된 목표를 이룩할 방법론이 변화되지 않는 것을 지적했고, 비폭력에 지나치게 침잠되어 있는 간디의 노선에 맞서기 시작한 것이다. 비폭력 시민 불복종운동은 간디에 의해 만들어진 것이고, 간디가 그 핵심에 있다는 것은 누구도 부정할 수 없었다. 그러나 그 과정에서 희생된 사람들도 많았다. 특히 소금행진 이후 세계적 이목을 집중시키며 비폭력 시위의 최고봉으로 떠오른 제염소 사건의 경우를 보자. 대중은 줄지어 앞으로 걸어 나갔고, 구타당하고 피를 흘리며 쓰러졌다. 그 뒤에 줄을 서 있는 사람들 역시 구타당하고 피를 흘리게 될 것임을 알면서도 굴하지 않고 걸어 나갔다. 이렇게 엄청난 희생을 치르고 세계의 이목을 집중시킨 것이다. 식민지 인도에서 벌어지고 있는 비인간적인 억압 현실을 세상에 알리기 위해 얼마나 많은 사람들이 다치고 그 후유증으로 죽어갔는가. 그렇다면 시민 불복종운동은 결코 간디만의 운동이 아니다. 개인의 진리 실험 대상이 아니라는 것이다. 그러나 아무리 뜨거운 열기가 치솟고 있었다 하더라도 간디의 "중지!" 한마디면 모든 것이 끝이었다. 그의 뜻에 따르지 않으면 단식으로 참회하겠다는 선언을 한다. 이것은 실로 엄청난 폭력이다. 자식들이 부모의 말을 듣지 않을 때 "내 눈에 흙이 들어가기 전에는 안 된다!"고 선언하지만 이것은 선언일 뿐이다. 실제로 부모가 죽어서 관에 들어가 눈에 흙이 들어가는 극한 상황까지 벌어지지는 않는 하나의 엄포에 불과한 경우가 많다. 그러나 간디의 경우는 달랐다. '단식!' 선언을 하는 순간 전 국민이 그의 죽음을 염려해야 하고 급기야 그의 목숨을 살리기 위해 미소를 지으며 간디가 내세운 주장을 받아들이지 않을 수 없다.

독립운동가들의 입장에서는 국민회의의 독립선언서 낭독, 소금행진, 그로 인한 전 세계 여론의 집중 등과 같은 요소들이 결합된 1931년이 독립을 강하게 밀어붙일 절호의 기회로 여겨졌을 것이다. 그러나 간디는 간디-어윈 협정으로 이 모든 것에 '중지!'를 선언했다. 결국 간디는 소금행진으로 뜨겁게 달아오른 독립운동의 열기를 간디-어윈 협정으로 중지시켜 독립에 찬물을 끼얹는 인물이 되었고, 보세 같은 젊은 혁명가들을 더욱 급진적으로 내모는 결과를 낳았다고 해도 과언이 아닐 것이다.

3장_힘겨루기: 좌파와 우파의 대립

1939년 1월 29일 일요일은 국민회의 의장선거가 치러진 날이다. 의장 후보는 보세와 시따라마야(Pattabhi Sitaramayya)였다. 투표 결과, 1,580표를 얻은 보세가 1,375표를 얻은 시따라마야를 누르고 의장에 당선되었다. 이 평범해 보이는 의장 선거가 보세와 간디가 대립한 최고봉이 된 이유는 무엇일까.

1936년과 1937년 2회에 걸쳐 국민회의 의장을 맡은 사람은 네루였다. 그리고 네루의 뒤를 이어 보세가 1938년 국민회의 의장이 되었다. 1년의 임기를 마친 보세는 1939년 국민회의 의장에 재선되기를 바랐다. 보세는 앞서 네루가 2회 연속 의장에 선출된 사례를 바탕으로 재임하고자 한다는 의지를 표명했다. 그러나 1938년 국민회의 의장으로 보세를 추천했던 간디는 더 이상 보세를 의장으로 추천할 생각이 없었다. 그래서 차기 국민회의 의장으로 마울라나 아자드(Maulana Abul Kalam Azad)를 추천했는데, 다른 한편에서는 시따라마야를 의장으로 추천했다. 이로써 52차 국민회의 의장 후보로 세 명이 등장한 것이다. 국민회의에서는 전통적으로 한 명을 추천하여 입후보하게 하고 만장일치로 의장을 선출해 왔다. 물론 보세가 51차 국민회의 의장으로 선출될 때에도 같은 과정을 거쳤다. 그런데 1939년 52차 국민회의 의장 선거에 세 명의 후보가 등장함으로써 국민회의 역사상 유례없는 의장 선거 공방전이 벌어진 것이다. 우선 1939년 1월 21일 보세가 첫 성명을 발표한 시점부터 1월 31일 선거 결과에 대한 간디의 성명이 있기까지 치열한 공방이 벌어졌던 내용을 정리해보자.[45]

보세는 1월 21일 첫 성명에서 국민회의의 의장 선거방식을 거론했다. 국민회의는 전통적으로 만장일치로 의장을 선출해왔고, 아자드가 사퇴했다고 해서 자신도 사퇴해야 한다는 것은 정당하지 않다고 밝히면서 그 근거로 다음과 같은 것을 제시했다. ① 많은 자유국가들에서 치러지는 방식, 즉 의장 입후보자가 국민회의를 이끌 방식과 프로그램을 제시하고 상호 경쟁을 통해 선출하는 것이 바람직한 것이라고 생각하기 때문에 만장일치가 아닌 경선 방식으로 의장을 뽑는 것이 문제가 될 수 없으며, ② 이러한 경선 과정에서 당시 주요 이슈가 부각되어 대중 역시 활동의 방향성을 갖게 되는 것이기 때문에 경선 방식은 필요하고 ③ 자신에게 사퇴하라는 요구를 해온 위원은 없었으며, 오히려 여러 지역에서 사회주의자들뿐만 아니라 비사회주의자들까지도 사퇴하지 말 것을 요청해오고 있으며 ④ 보세 자신도 한 번 더 의장을 맡아야 한다는 것을 절실히 느끼고 있는데 이러한 자신의 생각이 틀렸다면 그것은 1월 29일의 선거를 통해 입증되어야 한다.

이러한 견해를 밝힘과 동시에 긴장이 고조되고 있는 국제관계 그리고 1939년의 연방제 투쟁 등을 고려할 때 만장일치를 위해 자진 사퇴한다는 것은 자신에게 주어진 의무를 저버리는 일이라 여겨지기 때문에 모든 결정은 동료위원들의 결정 즉 경선에 맡기고 그 결과에 따르겠다고 강조했다.

보세의 성명이 보도된 3일 후인 1939년 1월 24일, 빠뗄(Vallavbhai Patel), 쁘라사드(Rajendra Prasad), 도울라뜨람(Jairamdas Doulatram), 끄리빨라니(J. B. Kripalani), 바자즈(Jamnalal Bajaj), 데오(Shankarrao Deo), 데사이(Bhidabhai Desai)와 전인도국민회의 운영위원회(AICC) 위원 일동의 이름으로 성명서가 발표되었는데, 이 성명서의 핵심 포인트는 만장일치제와 의장의 지위에 대한 것이었다. 우선 보세가 새로운 전례를 만들고 있는데, 그는 그럴 만한 권리를 갖고 한 일이며, 자신의 경험을 바탕으로 그러한 방식을 채택한 것이지만, 보세가 채택한 방식에 대한 우려를 금할 수 없다고 표명했다. 또한 국민회의의 지위를 공고화하기 위해 국민회의 의장 선거를 경쟁 방식으로 만들기에 앞서 서로의 의견에 대한 존경심과 인내심을 가지고 (보세가 사퇴하기를) 기다릴 것임을 밝혔다. 아울러 아자드가 후보로 나서기를 거부하여 숙고 끝에 운영위원회 일부의 승인을 얻어 시따라마야를 천거하게 되었으며, 아주 예외적인 경우를 제외하고는 같은 의장을 재선출하지 않는다는 규칙을 고수하는 정책이 합당하다고 생각한다는 것이다. 보세가 거론한 연방제 반대 문제는 이미 국민회의 정책으로 채택되어 있는 것이기에 재론의 여지가 없다고 단정했다. 그리고 국민회의 의장이 자신이 생각하는 정책과 프로그램을 밝혀 경선에 임해야 한다는 보세의 주장에 대해서는 반대의 견해를 드러냈다. 그 반대의 근거로 든 것은 다음과 같은 것이다. ① 국민회의의 정책과 프로그램은 국민회의 회기 혹은 운영위원회에서 결정하는 것이며 의장에 의해 결정되는 것이 아니기 때문에 이것을 가지고 의장을 선택하는 것은 적절치 않다. ②의장의 지위는 입헌군주제에서의 상징적 존재 같은 것임과 동시에 매우 명예로운 지위이기 때문에 연차대회를 통해 가능한 한 많은 이들에게 그 자리가 돌아가는 것으로 간주되어왔으며, 이렇게 고귀한 지위의 대표를 뽑는 방식으로는 만장일치제가 합당하다. 이러한 것을 · 근거로 운영위원회 원로이며 의장직에 적합한 인물로 천거된 시따라마야가 만장일치로 선출될 수 있도록 경선 결정을 재고해주기를 촉구했다.

이 성명이 발표되자 바로 다음날인 25일 보세는 이에 대한 답변 형식으로 두 번째 성명서를 발표했다. 우선 운영위원회의 저명한 동료들과 공개적인 논쟁을 한다는 것은 매우 고통스러운 일이라는 것을 술회한 후에 빠뗄과 다른 지도자들의 '도전적 성명'에 대한 견해를 표명했다.

첫째는 이러한 공개적 논쟁에 대한 책임이 보세에게 있는 것이 아니라 '훌륭한 동료'들에게 있다는 것이다. 즉 운영위원회 소속 두 명이 입후보했는데, 운영위원회에서 어느 한쪽의 편을 드는 것은 공정하지 못하다고 지적했다. 특히 빠뗄과 다른 지도자들이 개인 당원 자격으로 견해를 밝힌 것이 아니라 전인도국민회의 운영위원회 이름으로 성명을 냈는데, 운영위원회에서는 이 문제를 논의한 적이 없고, 운영위원회에서 숙고 끝에 시따라마야를 천거했다고 하지만 운영위원 보세 자신과 동료들은 그러한 숙고에 대해 전혀 아는 바가 없었다는 것을 상기시키면서 다음과 같이 요청했다. ①견해를 밝히려면 운영위원 이름으로가 아니라 국민회의 당원 개인 자격으로 성명을 발표했어야 한다. ②의장 선거가 이름 값을 하는 선거가 되려면 어떤 도덕적 압박 없이 자유롭게 투표할 수 있어야 하며 이런 식의 도덕적 압박이 있어서는 안 된다. ③빠뗄과 다른 지도자들은 자신들의 채찍을 철회하고 위원들이 원하는 바대로 투표할 수 있도록 내버려두거나, 아니면 선거제를 종식시키고 운영위원회에서 의장을 지명하는 제도를 택해야 한다.

둘째로는 의장의 위상에 대해서 반론을 제기했다. 1934년 국민회의의 새 규정이 채택된 이래로 이론적으로는 운영위원을 의장이 지명하는 것으로 되어 있기 때문에 그때부터 국민회의 의장의 지위가 높아졌으므로 현재 국민회의 의장의 지위는 각료를 지명하는 대통령이나 수상과 유사한 것이며, 입헌 군주의 성격으로 생각하는 것은 잘못된 것임을 지적했다.

셋째로는 연방제 문제에 대한 반론을 제기했다. 1934년 이후 우파와 좌파의 지지를 받은 좌파 인사들이 의장으로 선출되었는데, 이번에 이런 관례를 깨고 우파 인사를 선출하고자 하는 것은 연방제 문제를 식민정부와 타협하려는 우파의 의도가 들어 있기 때문이라는 소문이 파다하다. 그러므로 이러한 시점에서 진정한 반연방주의자가 의장이 되어야 한다는 것은 필수적인 것이기 때문에 보세는 많은 동료들에게 이번에는 반드시 좌파 인사가 의장 후보로 나서야 한다고 강조했고, 그런 인물을 찾으려 했으나 적절한 인물을 찾지 못함으로써 여러 주에서 보세를 추천했다는 것이다. 그러므로 만약 데오(Acharya Narendra Deo) 같은 반연방주의자를 후보로 천거한다면 보세 자신은 기꺼이 사퇴할 것이라고 역설했다. 아울러 "우리의 현안 중에서 가장 중요한 것은 연방제이다. 연방제에 반대하고 국가를 공고히 해야 한다는 것을 믿는 사람이라면 굳이 자진 사퇴하겠다는 사람을 고집하여(시따라마야가 사퇴의사를 밝힌 적이 있다) 국민회의를 분열시키지 않을 것이다. 의장 선거는 온전히 투표권을 가진 위원들의 몫이므로 그들에게 맡겨두어야 한다. 그리고 국민회의 안에 절대 다수를 차지하고 있는 우파는 지금이라도 좌파 후보를 받아들여야 한다. 나의 노력이 헛수고가 되지 않기를 바란다"는 말로 두 번째 성명을 마무리했다.

보세의 두 번째 성명은 의장 선거 문제에 더하여 좌파와 우파의 대립 그리고 우파에 의한 연방제 협상 음모를 거론함으로써 경선의 열기를 더욱 뜨겁게 달구기 시작했다. 보세가 운영위원들이 개인적인 당원 자격으로 견해를 발표해야 한다고 꼬집었기 때문인지 이후 성명은 모두 개인의 이름으로 발표되었다. 그 시작은 보세와 경선을 벌일 시따라마야의 성명이었다. 보세가 두 번째 성명을 발표한 바로 그날 시따라마야는 보세의 성명에 대한 자신의 견해를 밝히는 성명을 발표했다.

시따라마야는 먼저 자신이 입후보자가 된 배경을 상세히 설명했다. 그 내용을 요약해보면 다음과 같다. 시따라마야는 바르돌리 운영위원회 회의를 마치고 돌아오면서 아자드가 후보가 되는 것으로 알고 있었다. 그런데 봄베이에 도착하자마자 아자드가 만나자는 메시지를 보내왔다. 그래서 그를 만나러 가는 도중에 기자들이 몰려와 자신이 후보로 지목되었다는 것을 알려주었다. 이에 시따라마야는 아자드를 '만장일치'로 선출되게 하기 위해 사퇴의사를 표명했다. 그런데 시따라마야를 만난 아자드는 자신이 사퇴하겠다는 의사를 밝혔다. 이렇게 되자 시따라마야는 사퇴의사를 번복하여 입후보하게 되었다는 것이다. 또한 이미 남인도 지역, 특히 안드라 지역에서 '만장일치'로 시따라마야를 후보로 추천했기 때문에 입후보하기로 결정했으며, 국민회의에서는 그 시기에 필요한 인물을 의장으로 맞아들였고, 다양한 지역의 적합한 인물들에게 그 영예를 나뉘주는 것이 문제가 되지는 않는다고 생각한다는 것이다. 그리고 시따라마야는 1916년 이래 의사를 그만두고 온전히 공적인 일에 매진해왔을 뿐만 아니라 아자드가 자신이 의장이 되기를 바라면서 사의를 표했고, 운영위원회의 동료들이 자신을 후보로 지명한 것이기 때문에 그에 응하는 것이 자신의 의무라고 느꼈다고 했다. 또한 자신이 아는 한 운영위원회의 어떤 위원도 연방제 문제에 대하여 영국과 타협하려는 시도를 하지 않았으며, 최근 총독이 타협을 위한 제안을 했지만 국민회의의 답변은 이미 의장이 했다는 것이다. 시따라마야 자신 또한 영국이 획책하고 있는 영토를 토막 내는 연방제를 허용할 수 없다고 생각하고 있으며, 만약 자신이 의장이 된다면 그것은 국가에 공헌한 노력을 평가받은 것이라고 생각한다는 것이다. 그리고 마지막으로 보세를 지지하여 만장일치로 선출되게 하기 위해 자신이 사퇴할 수도 있지만 그렇게 할 수 없는 이유는 자신을 지지해주는 동료들을 외면할 수 없기 때문이고, 특별한 상황이 아니라면 재선임을 하지 않는다는 동료들의 의견에 동의했기 때문이며, 만약 그렇지 않았다면 사퇴할 수도 있었을 것이지만 현재는 그렇게 예외적인 상황은 아니라고 생각한다는 것이다.

요컨대 시따라마야는 보세가 주장한 연방제 문제에 대하여 국민회의에서 이미 반대 결정이 난 상태이기 때문에 재론의 여지가 없고, 자신 역시 반연방주의를 지지하고 있고, 특히 동료들의 지지를 외면할 수 없으며, 의장을 재선할 만큼의 특별한 상황에 놓여 있지 않기 때문에 의장 후보에서 사퇴할 생각이 없다는 것을 성명을 통해 밝힌 것이다. 이렇게 되면 경선의 부정적인 측면이 명확히 드러나버린 셈이다. 보세와 시따라마야 둘 다 자신을 지지하는 동료들을 외면하는 것은 자신의 의무를 다하지 못하는 것이라는 확신을 갖고 있기 때문에 후보 사퇴를 할 수 없다는 논리이다. 그런데 선거라는 것은 누군가의 지지로 인물을 선택하는 제도이다. 따라서 아무도 지지하지 않았거나 아무도 추천하지 않았는데 입후보하는 경우는 없다. 또한 누구의 지지로 입후보했기 때문에 사퇴하는 것이 불가능하다는 논리는 설득력이 없는 것이다.

그러므로 국민회의 의장 선거과정에서의 주요 이슈는 '만장일치'와 '연방제'가 되는 셈이다. 그런데 시따라마야 측의 주장대로 연방제는 이미 반대하기로 결정된 것이므로 논쟁의 주제가 될 수 없다고 치부해버리고 나면 '만장일치냐? 경선이냐?'라는 것이 핵심사항으로 남는다. 이것은 적어도 '선거'라는 제도를 갖고 있는 집단에서는 핵심 이슈가 될 수 없는 주제이다. 선거라는 말에는 경선이라는 것이 내포되어 있기 때문이다. 결국 핵심 이슈가 미약한 상태로 보세 측과 시따라마야 측이 공방을 계속하고 있는 셈인데, 성명서 발표는 시따라마야에서 끝나지 않았다. 보세와 시따라마야가 성명서를 내자 이어서 빠뗄도 성명을 발표했기 때문이다.

빠뗄은 성명서를 통해 그동안 국민회의 의장 선거가 어떻게 진행되었는지를 밝혔다. 빠뗄의 성명 내용은 좀더 상세히 살펴볼 필요가 있다. 만장일치냐 경선이냐를 놓고 충돌하고 있는 1939년 의장 선거에 간디가 어떻게 관여되어 있는지를 알 수 있는 성명서이기 때문이다.

1920년 이래 운영위원회 비공식회의가 개최되었으며, 간디가 운영위원회에 있을 때는 늘 국민회의 의장이 될 사람을 추천했다. 그러나 간디가 국민회의에서 물러난 후 그러한 추천은 하지 않았다. 그러나 운영위원들은 개별적으로 의장 선택에 관해 간디에게 의논했으며, 올해 역시 여러 위원들과 논의하여 아자드가 적합하다고 생각했으나 설득하지 못했다. 바르돌리에서 운영위원회가 개최되었을 때 간디는 아자드에게 지명된 것을 받아들이라고 호소했고, 아자드는 간디의 뜻을 거역할 수 없다면서 1월 15일 출마를 받아들였다. 그와 동시에 안드라에서 시따라마야가 지명되었으며, 보세 역시 지명되었다는 것을 알게 되었다. 우리는 시따라마야와 보세가 사퇴하고 아자드가 만장일치로 선출되어야 한다고 생각했다.

이어서 빠뗄은 바르돌리 비공식회의에서 시따라마야를 추천할 수밖에 없었던 상황을 설명했다. 그에 따르면 이 비공식회의에는 아자드, 네루, 쁘라사드, 데사이, 끄리빨리니, 간디 그리고 빠뗄이 참석했는데, 이 비공식회의는 의도된 회의가 아니라 우연히 모여 개최된 것이었다. "만약 거기서 아자드가 완강히 거부했다면 규정에 따라 시따라마야가 선택될 수밖에 없었다. 보세의 재선은 필요하지 않다는 의견을 분명히 하고 있었기 때문이다. 우리 마음속에는 우파와 좌파에 대한 어떤 생각도 없었다. 보세는 지난해에도 지금과 똑같은 절차로 의장이 되었다는 것을 상기할 필요가 있다. 그때 우리는 다른 후보를 사퇴하게 하는 데 어떤 어려움도 없었다. 아자드는 간디에게 가서 사퇴를 양해해달라고 요청했고 간디는 아자드에게 더 이상 압력을 주지 않았다"고 밝혔다. 그래서 운영위원회는 시따라마야를 후보로 지명하게 되었다는 것이다.

연방제 문제에 대하여는 역시 누구도 찬성하지 않으며, 연방제 문제 같은 중대 사안은 의장이 결정하는 것이 아님을 단호히 밝혔다. 그리고 의장이 정책 발의권을 갖는 것에 반대하며, 의장은 운영위원회의 의사를 늘 존중했다는 것을 강조하면서 마지막으로 "문제는 어떤 사람이냐, 어떤 원칙이냐가 아니다. 또한 좌파인가 우파인가도 아니다. 중요한 것은 무엇이 이 나라를 위해 가장 좋은 일이냐 하는 것이다"라고 강조했다.

빠뗄이 성명을 통해 밝힌 바에 따르면, 국민회의 의장은 위원들에 의해 선택되었다기보다 간디에 의해 지명된 것이나 다름없었다. 간디가 추천하는 사람을 '만장일치'로 선출하는 전통을 갖고 있었으며, 1934년 간디가 일선에서 물러난 후에도 의장 후보를 추천하기 위해 간디의 자문을 구했기 때문에 간디가 국민회의를 이끈 이후 국민회의 의장이 된 사람은 그 과정이 어떻게 전개되었든 간에 간디의 의사에 반하여 선택된 사람은 없었다는 것이다. 그런데 이러한 전통에 보세가 정면으로 맞서고 나온 셈이다. 상황을 검토해보면 보세는 간디가 의장을 추천하는 '전권'을 행사하고 있었다는 것을 몰랐을 가능성이 크다. 왜냐하면 보세는 정치활동을 한 기간 대부분을 감옥에서 보냈거나 반강제로 해외로 추방된 상태였기 때문이다. 그러므로 1939년 보세가 의장 선거에 도전한 것은 간디에 대한 직접적인 도전은 아니었다고 볼 수도 있다. 그러나 선거를 치르는 과정에서 보세의 의장 선거 입후보 등록은 간디에 대한 도전이 되고 말았다.

그렇기 때문에 운영위원회와 간디 추종자 전원이 나서서 보세에게 사퇴 압력을 넣고 있는 모양새가 되어버린 것이다. 운영위원회 이름으로 낸 성명서, 시따라마야의 성명서, 빠뗄의 성명서에 이어 네루도 거들기 시작했다. 26일 발표된 네루의 성명서는 빠뗄이나 시따라마야의 성명서와는 성격이 좀 달랐다. 네루는 우선 자신은 논쟁이 벌어지고 있는 현장에 있는 것이 아니라 신문과 라디오를 통해서만 전해들은 상태여서 논쟁에 낄 여지가 없지만, 이 불행한 상황을 정리하는 데 일조해야 한다는 생각으로 성명서를 발표하는 것이며 특정 후보를 지지하거나 반대하기 위한 것은 아니라고 밝혔다. 이러한 전제를 바탕으로 경선을 통해 정책과 프로그램들이 명확해질 수 있다는 데는 동의하지만 지금의 의장 선거 과정에서 거론되고 있는 것은 연방제뿐임을 지적했다. 연방제에 대해서는 이미 네루 자신이 영국에서 반대 견해를 분명히 밝힌 바 있으며, 이것은 "운영위원회와 간디의 승인 하에 이루어진 것"이기 때문에 국민회의에서 연방제에 합의한다고 생각하는 것은 있을 수 없는 일이라고 못 박았다. 또한 "우리 앞에 있는 중대한 문제는 다가오는 국내외적 문제를 어떻게 해결할 것인가 하는 것이다. 그러므로 우리는 국내적 갈등을 일으키는 어떠한 일도 해서는 안 되며, 어느 때보다 단합된 힘이 필요한 시기에 우리를 무능력하게 만드는 어떤 일도 해서는 안 되는 것이다. 경선이 치러지면 고귀한 목적을 갖고 많은 사람들이 생명을 바쳐 지켜온 위대한 조직이 약화될 것이기 때문에 보세는 경선을 고집해서는 안 될 것이다"라고 말하며 국민회의의 단합을 강조했다. 그리고 마지막으로 "이 시기에 의장으로 가장 적합한 인물은 아자드라고 생각한다. 나는 직위 없이도 국민회의와 나라에 더 봉사할 수 있다고 믿었기 때문에 의장으로 있을 때 사임하려는 생각을 여러 번 했고, 올해도 출마를 권하는 동료들이 있었지만 완강히 거부했다. 나와 보세는 이 시점에서 직위를 가지면 능력을 효과적으로 발휘할 수 없다고 생각한다"는 견해를 밝히며 성명서를 마무리했다.

비교적 중립적 태도를 견지하면서도 보세에게 사퇴하라고 권고하는 내용의 네루의 성명서가 발표됨으로써 사실상 운영위원회 대다수가 보세의 사퇴를 요구한 셈이다. 보세에게는 성명서의 내용보다 네루가 자신의 사퇴를 권고했다는 사실 자체가 큰 타격이었을 것이다. 같은 좌파라고 여겨왔고, 1936년 네루를 의장으로 선출하려는 움직임이 있을 때, 진보적인 인물이 국민회의 의장이 되어야 한다고 생각한 보세는 네루에게 의장직 추천을 수락하라고 적극 권했다. 이렇게 동지라고 믿었던 네루가 비록 "의장직에 있는 것보다 그러한 직위 없이 일하는 것이 당신과 나는 더 큰 효과를 낼 수 있다"는 유화적인 표현을 썼지만 결국은 사퇴하라고 종용한 것이다. 그러므로 다른 누구의 반대보다 심리적으로 보세에게 큰 충격을 주었을 것이다.

그리고 네루에 이어 쁘라사드가 사퇴 종용에 합류했다. 쁘라사드는 '이러저러하다는 소문이 파다하다'라든가 '만약에 갈등이 생긴다면' 같은 추측이나 가정된 견해 말고 정확한 견해를 밝히라고 촉구하면서 "소위 운영위원회의 우파라는 사람들이 이런 식으로 접근하여 말하는 것을 들은 적이 없다. 왜 치밀하게 자신의 견해를 드러내지 않고 가정이나 추측만으로 다른 사람을 비난하는가. 이제 경선이 치러질 것이다. 위원들로 하여금 그들의 자유 의지로 투표하게 두라. 위원들을 운영위원회 몇 사람의 명령에 의해 투표하는 것처럼 만드는 것은 위원들의 지성과 책임감을 모욕하는 것이다. 위원들이 시따라마야에게 투표한다고 하여 그들의 고결성과 독립성을 공격하는 것은 옳지 않다"는 견해를 밝혔다. 쁘라사드는 이미 대세가 시따라마야에게 기울었다고 생각한 것 같다. 그러한 생각을 전제로 투표 후에 시따라마야를 택한 사람들이 압력이나 명령에 의해 투표했다는 비난을 들어서는 안 됨을 분명히 천명한 것이다.

보세는 이에 대해 세 번째와 네 번째 성명을 연이어 발표하며 자신

의 견해를 밝혔다. 보세가 마지막 두 개의 성명을 통해 밝히고자 한 주장
은 크게 두 가지이다. 첫째는 쁘라사드의 성명을 통해 실제로 운영위원회
가 몇 명의 위원에 의해 장악된 상태임이 드러났다는 것이다. "빠뗄이 일
부 운영위원회 회의에서 중요한 것을 결정했다고 말하는데, 그 자리에 의
장도 없었고, 다른 운영위원들도 전혀 모르고 있었다는 것이 놀랍지 않
은가?"라고 말하면서 그렇다면 "결국 연방제에 대해 국민회의에서 절대
타협하지 않는다고 결의했다 하더라도 몇몇 영향력 있는 지도자들이 사
적으로나 공적으로 연방제를 조건적으로 승인할 가능성이 있는 게 아닌
가?"라고 반문했다.

그다음으로는 현재의 갈등, 즉 의장 선거를 둘러싼 갈등은 입후보자
에 의해 만들어진 것이 아니라 운영위원회에서 만들어낸 갈등이라는 것
이다. "연방 내각의 예상 각료 명단이 이미 작성되어 있다는 것은 잘 알
려진 사실이다. 이런 상황에서 급진적 세력들은 연방제에 대해 강한 의
문을 품고 진정으로 연방제를 반대하는 사람을 의장 자리에 앉히려 하
는 것이다. 그런데 모든 문제는 의장 선거에 대한 우파의 태도로 인해 발
생한 것이다"라고 거듭 주장했다.

또한 선거 전 마지막 성명에서는 4~5개월 전 국민회의 당원들에 의
해 보세의 재선이 거론되었고 자신도 모르는 사이에 이미 후보로 거론
되었는데, 오직 운영위원들만 그러한 여론을 받아들이지 않고 다른 후보
를 지명했기 때문에 현재의 갈등이 발생한 것이며, 운영위원들이 당원들
의 여론에 따랐다면 그들이 그토록 원하는 만장일치에 의한 의장 선출
이 가능했을 것이라고 주장했다. "이제 그들은 내가 아니라면 누구라도
괜찮다는 것이다. 하리뿌라(Haripura) 회기(보세를 의장으로 선출했던 회

기) 이래 나는 운영위원회와 원만한 관계를 유지했다. 이런 상황에서 나의 재선을 바라는 일반적인 열망에도 불구하고 왜 운영위원회의 주요 인물들이 그토록 나에게 적대적인지 추측해보는 것은 당연하다"라는 견해를 피력했다. 아울러 "운영위원회 내의 특정 그룹의 지시에 따라 의장을 선출해야 한다는 요구는 부당한 것이다. 운영위원회에서 지명하는 것이 아니라 선거로 선출하는 것이라면 의원들이 자유롭게 선택할 수 있게 해야 한다"고 전제하고 이런 자유가 그들에게 보장되지 않는다면 국민회의 당규는 민주적이기를 포기해야 한다고 역설했다. 마지막으로 "국민회의 내에서 단합과 공고화를 유지하고자 한다면, 그리고 좌파와 우파가 독립을 쟁취하기 위해 손을 잡고 일하고자 한다면 국민회의 의장은 양 진영의 신뢰를 받아야만 한다. 네루는 이 역할을 충분히 해왔다. 나 또한 부족하지만 그렇게 했다고 생각한다"는 견해를 피력하면서 좌파와 우파 다수의 지지를 받는 사람을 의장으로 선택해야 한다는 것을 강조하고 성명을 마무리했다.

이 성명은 선거 바로 전날 발표되었고, 이제 모든 것은 29일 일요일에 치러질 선거 결과에 맡겨지게 되었다. 선거 전날까지 성명서로 벌인 공방전, 그 한편에는 보세가 홀로 고군분투하고 있었고, 다른 한편에는 운영위원회 소속의 훌륭한 인사들이 총출동한 양상이었다. 그러므로 공방전의 양상만으로 본다면 보세에게 별로 승산이 없는 상황이 아니었을까. 그러나 보세를 반대하던 사람들이 깜짝 놀랄 만한 결과가 나왔다. 개표 결과는 보세 1,580표, 시따라마야 1,375표였다. 결국 운영위원회 소속 인물들이 그토록 반대하던 보세가 당선된 것이다. 이러한 결과에 대해 그들은 어떠한 대응을 할 수 있었을까.

선거 전에 벌어진 공방전에는 운영위원들이 모두 나설 수 있었지만, 이미 개표가 끝나고 당선이 확정된 상황에서 보세의 의장직에 제동을 걸 수 있는 사람은 없었을 것이다. 있다면 오직 한 사람, 간디뿐이다. 선거 공방전이 벌어지는 동안 간디는 보세에 대한 직접적인 언급을 하지 않고 침묵하고 있었다. 그렇지만 보세가 그의 첫 성명서를 낸 이틀 후인 1월 23일 「하리잔」에 '내적 부패'(Internal Decay)라는 글을 게재했다.[46] 이 글에서 간디는 우선 봄베이에서 국민회의 의장 투표인단 선거에 투표하러 갔던 사람이 이미 본인의 이름으로 누군가에 의해 기표가 끝나 있는 것을 발견했는데, 그 당사자 말고도 이러한 사태가 대규모로 자행되었다는 내용을 담은 편지를 공개했다. 그리고 국민회의 당원이 늘고 있지만 이들 상당수가 무책임하고, 심지어 폭력을 사용하는 자들도 있으며, 지시를 제대로 따르지 않고 있다고 지적했다. 또한 비하르에서는 국민회의 당원들이 폭력이 동반된 끼산(Kisan: 농민)운동을 이끌고 있음을 개탄하면서 무법천지나 다름없는 국민회의의 내적 부패를 적절한 시기에 통제하지 않으면 로마 붕괴의 전철을 밟을 것임을 경고했다.

그리고 의장 경선을 관전하던 간디는 보세의 당선이 확정되자 성명을 발표했다. 1월 31일 발표된 간디의 성명서 전문[47]을 보자.

보세는 그의 경쟁자 시따라마야에게 압승을 거두었다. 나는 처음부터 보세의 재선을 절대적으로 반대했다. 나는 보세의 선언에 들어 있는 주장이나 그가 말하는 사실에 동의하지 않는다. 나는 그가 자신의 동료들에게 언급한 것들은 부당하고 가치 없는 것이라고 생각한다. 그럼에도 불구하고 나는 그의 승리를 축하한다.

그리고 나는 아자드가 사퇴한 후 시따라마야에게 후보에서 사퇴하지 말라고 촉구했기 때문에 그의 패배는 그의 것이 아니라 나의 것이다. 내가 절대적인 원칙과 정책을 대표하지 않는다면 나는 아무것도 아니다. 그러므로 위원들이 내가 주장하는 원리와 정책을 승인하지 않았다는 것이 나에게는 고통이다. 나는 이 패배를 기꺼이 받아들인다. 이 패배는 내게 델리의 전인도국민회의 운영위원회 모임에서 '소수의 떠남'(walk-out of the minority)을 주제로 연설했던 것을 실천할 수 있는 기회를 주었다.

보세가 우파라고 부르던 사람이 의장이 되는 대신에 보세가 경선에서 선택되어 의장이 되었다. 이제 그는 동종의 각료를 선택할 수 있게 되었고, 어떤 방해 없이 자신의 계획을 추진할 수 있게 되었다.

다수와 소수 사이에는 하나의 공통점이 있다. 국민회의 조직의 내적 정화에 대한 주장이다. 나는 「하리잔」에 쓴 글에서 엄청난 수의 가짜 당원이 포함되어 있는 국민회의는 급속히 부패되고 있는 조직이라고 언급한 바 있다.

지난 몇 달 동안 등재된 자들을 조사할 것을 제안해왔다. 많은 대표가 정밀 검증을 받지 않은 가짜 투표자들의 힘에 의해 선출된 것이라는 데 의심의 여지가 없다. 그러나 나는 과감한 조치를 취하지 않았다. 만약 가짜 유권자들이 모두 신고되어 앞으로 잘못되지 않는다면 그것으로 충분하다. 소수가 낙담해야 할 이유는 없다. 만약 그들이 현재의 국민회의 프로그램을 신뢰한다면 그들은 할 수 있는 일을 찾게 될 것이다. 그들이 소수이든 다수이든 간에, 그리고 그들이 국민회의 안에 있든 밖에 있든 상관없이 변화에 의해 영향을 받는 유일한 것은 의회 프로그램이다.

각료들은 선택되었고 프로그램은 예전의 다수에 의해 만들어진 것이다. 의회의 일은 국민회의 프로그램의 작은 항목일 뿐이다. 국민회의 각료들은 결국 이렇게 저렇게 살아갈 것이다. 이슈를 상기하든 안하든 그들에게는 별 문제가 아니며, 그래서 그들이 국민회의 정책에 동의하든 국민회의에 동의하지 않고 사임하든. 보세는 이 나라의 적이 아니다. 그는 나라를 위해 일했고, 그의 견해에 따르면 그의 노력은 가장 진보적이며 대담하다.

소수는(소수가 된 우리는) 그 모든 것이 성공하기를 바랄 뿐이다. 소수가 된 사람들이 그들(다수가 된 자들)과 함께할 수 없다고 여긴다면 국민회의를 떠나야 하며, 함께할 수 있다고 여긴다면 다수가 된 사람들에게 힘을 보태주어야 한다.

소수라는 것이 결코 장애가 되지는 않는다. 협조할 수 없을 때는 반드시 기권해야 한다. 나는 모든 국민회의 당원들에게 국민회의 정신을 가진 사람들은 의도적으로 탈퇴하는 것이 최상의 표현이라는 것을 상기시키지 않으면 안 된다. 그러므로 국민회의 안에서 불편함을 느끼는 사람들은 나가야 할 것이다. 악의로서가 아니라 더 효과적인 봉사를 위한 목적으로.

이 성명서에서 간디는 이번 선거의 결과는 자신의 패배라고 선언함과 동시에 이제 국민회의의 다수로 결론 난 그들, 즉 보세 지지자들은 국민회의의 강령과 다른 견해를 가진 것이므로 이들과 협조할 사람은 남아서 함께 일하고 그렇지 않은 사람은 당을 떠나 활동하는 것이 최선이라는 주장을 한 것이다. 다시 말해 보세의 승리와 그를 지지하는 자들이 다수가 된 것은 오염된 부당한 자들이 국민회의에 많이 들어와 있기 때문이며, 이렇게 오염된 환경에서는 국민회의의 진정한 강령을 따르는 사람들은 탈당하여 활동하는 것이 온당하다는 주장을 한 것이다. 이에 대해 사르까르(Jayavrata Sarkar)는 "간디가 낸 성명은 우파가 좌파를 공격하고 격론을 벌일 수 있는 터전을 만들어주었고, 우익은 좌익에 대해 격론을 시작할 자유를 느꼈다"[48]고 비평하기도 했다.

어쨌든 간디와 보세 혹은 보세와 운영위원들과 대립한 내용을 모두 접어두더라도 '내가 지지하는 후보가 낙선했으니 당선된 후보자를 지지하는 세력은 남고 나머지는 모두 당을 떠나라'는 생각은 결코 민주적일 수 없다. 그러므로 민주주의로 나아가려면 반드시 경선으로 대표를 선출해야 한다고 주장한 보세의 주장이 훨씬 타당한 것으로 보인다. 그러나 제대로 된 경선을 치른 적이 없는 국민회의가 의장 경선이라는 상황을 맞이하여 민주적인 태도를 발휘할 수 없었던 것은 것은 어쩌면 당연한 일인지도 모른다. 다시 말해 국민회의의 강령은 자유와 민주주의를 옹호하고 있을지라도 실제로는 간디의 1인 독재와 다름없는 양상이 의장 선거 과정에서 드러났다고 해도 과언이 아닐 것이다.

간디의 성명서를 접한 보세는 당혹스럽지 않을 수 없었다. 보세는 2월 4일 발표한 성명서의 서두에 "간디의 성명이 갖는 의미에 온 신경을 기울이며 읽었다"고 전제하면서 자신은 간디에게 도전한 것이 아니며 투표권을 가졌던 대표들 역시 간디에 대한 호불호를 투표한 것이 아니라고 주장했다. 자신이 의장 후보에서 사퇴하지 않은 것은 연방제 반대, 완전 독립의 추구 그리고 국민회의 대표들이 신념에 따라 의장을 뽑을 수 있는 민주적 방법의 실현을 위한 것이었을 뿐 결코 간디에게 도전하려는 것이 아니었다는 것이다.

선거 결과에 대해 간디와는 다른 자신의 견해를 밝힘과 동시에 "몇 몇 사람은 선거 결과를 좌파의 승리로 해석한다"고 전제하고 "설사 선거 결과가 좌파의 승리를 뜻한다고 하더라도 우리는 이제 좌파의 프로그램 이라는 생각을 중단해야 한다. 장래를 위해 좌파는 민족 단합을 추구할 것이고 연방제에 단호히 반대할 것이기 때문이다. 이에 더하여 좌파는 민 주적 원칙을 고수할 것이다. 좌파는 국민회의를 분열시킬 일을 하지 않을 것이다. 분열이 발생한다면 그것은 좌파 때문이 아니라 그들이 있음에도 불구하고 일어나는 일이다"라고 분열에 대한 우려를 일소시키려는 견해 를 밝혔다. 마지막으로 보세는 "그런 연유로 나는 공개적 질문에 대하여 간디와 다른 생각을 갖고 있다는 것을 말하고자 한다. 그러나 그 개인에 대한 나의 존경심은 누구에게도 뒤지지 않는다. 내가 그의 뜻을 정확히 이해한 것이라면 간디는 비록 자신에게 동의하지 않는 사람들에 대해서 도 늘 마음을 쓰고 있는 분이라고 생각한다. 간디가 나에 대해 어떤 생각 을 갖고 있는지는 모르겠다. 그러나 간디의 생각이 어떠하든 그의 신뢰 를 얻는 것이 나의 목표이고 나는 그렇게 노력해왔다. 내가 다른 사람들 의 신뢰를 얻으면서 인도의 위대한 인물의 신뢰를 받지 못한다면 그것은 나에게 매우 슬픈 일이다"라는 말로 성명서를 마무리했다.

요컨대 간디는 선거 결과가 자신의 패배라고 선언하고 있으며, 일부 에서는 보세의 승리가 좌파의 승리라는 평가로 우려와 찬사를 보내고 있었다. 하지만 보세는 의장이 좌파라고 해서 그가 취하는 정책을 좌파 정책이라 치부해서는 안 되며, 결코 소수가 다수에게 비협조하는 사태가 발생하지 않기를 바라는 자신의 희망을 담은 성명서를 발표한 것이다.

그러나 이러한 보세의 희망은 지면에 실린 그의 글이 채 마르기도 전에 여지없이 무너지고 말았다. 보세가 간디의 견해에 반대되는 성명서를 발표하기 전인 2월 3일 이미 간디는 "선거와 경선 방식을 미루어볼 때, 나는 다음 국민회의 연차대회에 불참해야 한다고 느끼고 있다. 게다가 건강도 별로 좋지 못하니 나에게 참석하라고 강요하지 말아주기를 바란다"[49]는 편지를 네루에게 보냄으로써 뜨리뿌리(Tripuri) 연차대회에 불참할 것임을 통보했다.

그런데 한편으로 보세의 건강이 좋지 못했던 것이 상황을 더욱 악화시키고 있었다. 건강이 급격히 악화된 보세는 2월 22일 개최될 운영위원회를 연기해줄 것을 요청했다. 그러나 이미 운영위원회와 보세 사이에 신뢰가 붕괴된 상태였기 때문에 운영위원들은 보세의 심각한 건강 상태를 곧이곧대로 믿기보다는 뭔가 다른 의도가 있다고 생각하고 아자드, 빠뗄, 쁘라사드를 필두로 15명의 운영위원 가운데 12명의 운영위원이 사퇴해버렸다. 결국 경선을 통해 좌파와 우파의 대립 혹은 간디 지지 세력과 보세 지지 세력의 대립은 국민회의 운영위원들의 집단 사퇴로 이어지면서 국민회의 내부 분열의 징후가 짙게 드러나기 시작한 것이다. 다른 위원들이 사퇴할 때 네루가 함께 사퇴하지는 않았지만, 사퇴나 다름없는 동조 의사를 밝혔다. 네루는 당시의 상황에서 운영위원들이 달리 선택할 여지가 없었으며, 운영위원들의 정책을 국민회의 다수가 따라주지 않는다면 사임하는 것이 당연하고, 그 역시 오랜 동료들의 편에 설 수밖에 없다는 뜻을 밝혔다. 그러나 네루는 운영위원들이 사퇴하면서 "국민회의가 공존할 수 없는 여러 그룹 사이에서 타협된 것이 아닌 확실한 정책을 취할 때가 왔다"고 선언한 것에 대해서는 부정적 입장을 취했다. 그리고 네루는 운영위원 사퇴라는 상황은 "운영위원회의 안내자이자 멘토인 간디에게 대항함으로써 발생한 것으로 여겨지며, 이런 심리적인 요소는 정치적 문제를 무색하게 할 수밖에 없기 때문에 의장(보세)에게 이 장애부터 해결해야 한다고 강조했다. 그러나 의장은 운영위원회 연기를 요구하는 전보를 띄웠고, 판에 박힌 타협조차 하려 하지 않았기 때문에 이러한 상황에서 운영위원회가 중단되는 것은 당연한 일이다"[50]라는 견해를 밝혔다. 결국 보세가 가장 믿었던 네루까지 보세의 중병을 핑계 정도로 이해할 만큼 당시의 운영위원들과 보세 사이의 신뢰는 붕괴되어 있었던 것이다.

지금까지 1939년 국민회의 의장 선거를 둘러싼 갈등과 추이를 살펴보았다. 그러면 이제 간디는 왜 그렇게까지 보세가 의장이 되는 것을 막았어야 했는가에 대해 살펴보기로 하자.

간디가 보세를 거부한 1차적 요인은 많은 사람들이 분석했듯이 유럽의 정세 변화와 그에 대한 견해 차이에서 찾을 수 있을 것이다. 1930년대 초반부터 유럽에는 독재 체제가 구축되고 있었다. 특히 독일에서는 1933년 3월 히틀러 정부에게 4년 동안 초헌법적 권리를 부여하는 수권법(授權法: Enabling Act)이 발의되어 통과되었고, 7월 14일에는 나치당(Nazi Party)의 일당 체제가 선언되었으며, 히틀러는 1934년에 총통(Führer)이 되었다. 군사력을 확대한 히틀러는 1938년에는 오스트리아를 합병하고, 이어 체코의 주데텐란트(Sudetenland)를 독일 영토로 편입시키려 했다. 1938년 9월 29일 뮤니히 회담(Munich conference)이 개최되었는데, 영국 수상 체임벌린(Neville Chamberlain), 프랑스의 달라디에(Édouard Daladier), 이탈리아의 무솔리니(Benito Mussolini) 등이 참석하여 주데텐란트를 독일에 할양하는 데 동의하는 뮤니히 협정을 체결했다.

이러한 유럽의 상황을 지켜본 간디는 유럽에서 전개되는 약육강식의 사태를 비판하고, 독일과 이탈리아가 무력적으로 연합한 힘 앞에 영국과 프랑스가 겁을 집어 먹고 있다고 비난했다. 또한 "인류를 위한다는 이름으로 전쟁이 정당화될 수 있다면 인류의 박해를 막기 위한 독일에 대한 전쟁이 정당화되기에 가장 적합할 것이다. 그러나 나는 어떠한 전쟁도 정당하다고 믿지 않는다"[51]고 말하면서 히틀러의 전쟁을 비난했다.

그러나 유럽을 바라보는 국민회의 의장 보세의 시각은 달랐다. 보세는 약한 영국과 프랑스 vs. 강성한 독일과 이탈리아라는 유럽의 구도는 국민회의가 시민 불복종운동을 일으켜 영국 지배를 종식시킬 수 있는 좋은 기회를 제공할 것이라고 생각했다. 그래서 보세는 긴밀한 협의를 위해 캘커타에서 독일 영사를 만났는데, 이러한 사실이 봄베이 법무부 장관인 문쉬(K. M. Munshi)를 통해 간디에게 전해졌을 뿐만 아니라 보세가 무솔리니를 존경한다는 소문도 파다했다.[52] 보세는 1930년대 초반 유럽으로 강제 출국되었을 때부터 유럽 여러 나라를 돌아다녔고, 급속히 세력을 확대하고 있던 독일과 이탈리아에 관심을 가졌다. 또한 그러한 나라들이 하나의 지도자 아래 뭉쳐서 국가의 힘을 한 곳으로 모아 성장하고 있다는 것에 주목했다. 그렇기 때문에 보세가 무솔리니와 히틀러의 지도력을 존경했다는 것이 헛소문은 아니었다.

간디는 폭력과 독재를 싫어했다. 따라서 폭력과 독재를 긍정적으로 바라보는 보세를 국민회의 의장으로 연임시키도록 추천할 생각이 없었

1938년 하리뿌라 연차대회에서의 간디와 보세

던 것이다. 그러나 간디가 보세를 반대한 것은 유럽 정세를 바라보는 보세의 시각, 특히 폭력에 동조하는 것 같은 보세의 태도 때문만은 아니었을 것이다.

네루와 보세는 국민회의 내의 광범위한 급진세력을 대표해왔는데, 간디는 네루를 받아들이면서도 보세는 반대했다. 그 이유는 보세의 경우 네루와는 다른 여러 성향이 있었기 때문이다. 기본적으로 네루는 간디와 정치적 견해가 다르더라도 그에게 맞선 적이 없다. 고세가 지적했듯이 네루는 이데올로기적인 면에서는 간디와 달랐지만 항상 간디의 정치적 지도력을 받아들였다. 그러나 보세는 간디에게 복종만 하지 않았고, 간디의 지도력에 도전했다. 그래서 간디의 추종자들은 이러한 보세의 태도를 용납할 수 없었던 것이다.[53]

그러나 보세가 간디의 지도력을 비판한 것이 1939년에 처음 시작된 것은 아니다. 이미 앞 장에서 언급했듯이 간디-어윈 협정 이후 보세는 간디의 지도력에 회의를 가졌으며, 1933년 간디를 비판하는 보세-빠뗄 선언을 한 바 있다. 그럼에도 불구하고 1938년 간디는 보세를 국민회의 의장으로 추천했다. 이때 간디가 보세를 국민회의 의장으로 받아들인 것은 다양한 계층과 그룹을 포용해야 할 필요성 때문이었을 것이다. 1935년 통치법이 개정된 이후 무슬림연맹과 대립하여 선거를 치르고 정권을 장악해야 하는 상황이 발생하자 국민회의는 다양한 계층을 포용할 필요성을 인식하게 되었다. 국민회의 안에 이미 사회주의당이 결성되어 있었고, 젊은 계층을 중심으로 사회주의와 공산주의의 영향이 확대되고 있었다. 간디와 국민회의는 이들을 배척하기보다 국민회의 안에 포용하는 것이 현명하다고 판단했을 것이다. 그래서 1936~1937년 2년에 걸쳐 네루를 국민회의 의장으로 내세웠고, 다양한 계층에 대한 통합의 필요성 때문에 보세 역시 받아들이게 된 것이다. 1938년 보세가 국민회의 의장이 된 것에 대해 수가따 보세(Sugata Bose)는 다음과 같이 표현했다.

1938년 2월 구자라뜨의 인도국민회의 51차 연차대회에서 혁명적 지도자 보세가 의장이 되었다. 그가 의장이 된 것은 두 세대, 서로 엇나가 있던 독립의 두 줄기 흐름이 융합되는 상징적 의미를 갖는다. 연단 위에서 간디와 보세가 열정적으로 대화하는 것을 지켜보는 것, 영국 지배에 대항하는 민족주의자들이 단합으로 나아가는 것을 지켜보는 것, 이러한 것들이 인도인의 마음을 따뜻하게 해주었다. 오르빈도(Aurobindo)는 자신의 에세이 「보이콧의 도덕성」(Morality of Boycott)에서 "정당성과 정의를 추구하는 데 있어서는 성인의 신성성과 더불어 전사의 칼이 보완되어야 한다"고 30년 전에 말한 바 있다. 오르빈도와 마찬가지로 보세도 정치적 도덕성에 근거해서가 아니라 전략적 필요에 근거하여 폭력을 삼가야 한다는 데 동의한다. 전사와 성인은 영국 지배에 대항하기 위해 같은 무대를 공유할 수 있는 것이다.[54]

1938년 국민회의 의장이 된 보세는 의장 연설에서 인도의 사회와 경제에 대하여 산업화된 근대도시를 목표로 한 청사진을 밝혔다. 그 후 그는 자신이 의장 연설에서 밝혔던 다양한 어젠다를 수행하기에 바빴다. 아울러 전기 공급, 홍수 통제, 강물 물리학에 관한 논문을 발표한 사하(Meghnad Saha)를 만나 과학과 정치의 장기적 협조체제 구축을 요청했다. 사하는 보세에게 장차 인도가 촌락 공동체 철학을 부활시킬 것인지 근대 산업국가로 가는 것인지에 대해 질문했다. 이때 보세는 이 문제에 관한 한 국민회의와 자신의 견해가 다르다는 것을 밝히면서 산업화를 선호한다는 입장을 분명히 했다. 또한 1938년 10월 2일 델리에서 주 정부 소속의 산업 장관 회의를 개최하고 남녀노소가 더 좋은 옷, 더 좋은 교육, 충분한 휴식, 문화 활동을 할 수 있게 하기 위한 것을 목표로 한다고 밝혔다. 뿐만 아니라 보세는 국가기획위원회(The National Planning Committee)를 출범시켰으며, 인도는 미국과 유사한 자원을 갖고 있다고 전제하고 국가의 최상의 이익을 위해 이러한 자원이 지적이고 평등하게 활용되어야 한다고 말했다.[55]

잘 알려져 있듯이 간디는 근대 문명과 산업화를 반대하며 자급자족적 촌락 공동체에서 소박한 삶을 살 것을 강조했다. 끼르(Dhananjay Keer)는 간디가 보세를 배척하게 된 요인의 하나로 국가기획위원회 문제를 들었다.[56] 1938년 12월 출범한 국가기획위원회는 산업화와 국가 개발의 포괄적 증진을 위한 것이었는데, 이는 농촌 향상을 위한 간디의 이념과 충돌하는 것이었기 때문에 이 무렵부터 간디는 보세의 재선을 반대했다는 것이다.

보세가 의장을 맡았던 1년을 돌아보면 간디와 국민회의 운영위원들이 반대할 만한 여러 요소를 찾을 수 있다. 근본적으로는 위에 언급한 폭력 문제, 산업화 문제일 것이고 의장으로서 보세의 자세 역시 마땅치 않게 보였을 것이다. 선거과정에서 등장한 성명서들에 의하면 의장은 어떤 비전을 가지고 국민회의의 정책을 입안하고 이끌어가는 자리가 아니라는 것이다. 그런데 보세는 유럽에서 귀국하자마자 국민회의 의장이 되었고, 유럽에 체류하면서 품었던 자신의 정치적 견해를 담은 정책들을 구현하려고 고군분투했던 것이다. 이러한 보세의 모습에 간디는 물론 국민회의 운영위원들 역시 당혹스러웠을지도 모른다.

또한 간디의 견해와 자신의 견해는 다르다는 것을 공개적으로 천명하는 보세의 모습에서도 당혹스럽기는 마찬가지였을 것이다. "국민회의 상층부에 있는 간디 지지자들, 지방의 국민회의 관료들, 국민회의에 재정적 후원을 하고 있는 자본가 계급 등과 같은 간디의 충성스런 참모들은 벵골의 급진적 리더(벵골 출신의 보세를 일컬음)를 결코 자신들의 일원으로 받아들일 수 없었다. 그리고 네루처럼 좌익 성향을 띠었거나 우익 성향을 띤 사람들도 대부분 간디에 대한 충성심을 기반으로 하고 있었다"[57]라는 평가처럼 이념이 어떠하든 그 근간에 간디에 대한 충성심을 갖고 있어야 함에도 불구하고 보세는 수시로 간디와는 견해를 달리한다고 밝힘으로써 운영위원 전체로부터 배척당하는 상황을 만든 것으로 볼 수 있다.

요컨대 보세가 간디에 대한 충성심을 제대로 발휘하지 못한 것이 운영위원들의 거부감을 불러일으켰고, 나아가 네루로부터도 거부당하는 요인으로 작용했을 가능성이 크다. 대립이 심화되고 있을 때 근본적으로 보세는 네루가 자신을 지지해주기를 바랐다. 네루와 보세는 사회주의자였으며, 영국 지배당국과 연계되어 있는 단체들을 싫어하는 경향도 유사했다. 그러나 그들은 유럽의 상황을 보는 시각이 달랐다. 가령 보세는 무솔리니에게서 깊은 감명을 받은 반면, 네루는 스페인의 반파시스트를 지지했다. 게다가 보세는 자신을 간디의 대안, 즉 간디를 대신할 인물로 생각한 반면 네루는 간디에게 도전하고 싶지 않았기 때문에 보세와 시따라마야의 경선에서 한 발 물러서 있었다.[58] 뿐만 아니라 보세가 당선되었을 때도 네루는 보세에게 "우리는 사람을 잊고 오직 원칙과 주의를 기억해야 한다"고 말했다. 이에 보세는 "당신은 오직 어떤 사람(보세)을 잊기를 원하는 것이며 다른 사람을 잊기 원하는 것은 아니다. (중략) 그것이 보세일 때, 당신은 사람을 격하시키면서 원칙을 내세우는 것이다"[59]라고 답했다고 한다. 결국 네루는 간디와 대립하고 싶지 않았기 때문에 보세와 거리를 두었던 것이다.

간디에 대한 네루의 태도에 대하여 첨언할 것은 네루의 자서전을 읽다 보면 하나의 큰 산을 발견하게 된다는 것이다. 1934년까지 기술한 네루의 자서전 『자유를 향하여』(*Toward freedom*)에는 간디에 대해 부정적으로 서술한 내용들이 많이 등장한다. 그런데 1937~1940년까지 다루고 있는 『인도의 단결』(*The Unity Of India*)에서는 간디에 대한 부정적 표현을 찾기 어렵고, 보세에 대해서는 비판적 표현이 많다. 이러한 변화의 요인은 보세가 파시스트를 지지하고 히틀러를 긍정적으로 바라본 여러 활동들 때문이겠지만, 한편으로는 간디의 역할이 크다는 것을 부정할 수 없을 것이다. 1939년 국민회의 의장 선거에서 보여준 간디의 단호함은 이후 국민회의 지도부 누구도 간디에 대항할 수 없게 만든 위력을 발휘하지 않았을까. 네루와 보세 모두 간디를 존경했지만, 보세는 간디를 비판했고 네루는 늘 한 수 접으면서 보세처럼 정면 대결하지는 않았다. 1939년 간디가 보세를 몰아내는 장면을 목격한 후, 그리고 국민회의 지도자들의 간디 추종 양태를 명확히 확인한 후, 네루가 간디에 대한 비판 대신 간디와 나란히 걷기를 택했다면 네루를 너무 평가절하하는 것일까?

많은 갈등과 후유증을 남기긴 했으나, 선거는 선거였다. 의장에 당선된 보세는 1939년 3월 10일 개최된 뜨리뿌리 연차대회에서 의장 연설을 했다.[60] 보세는 자신의 병 때문에 간단한 몇 가지 사안만 언급한다는 것을 전제하면서 "지금의 상황을 유리하게 만들기 위해 정치적 노력을 기울여야 할까요? 아니면 국가에 드물게 찾아온 이 기회를 놓쳐야 할까요?"라고 물으며 유럽의 상황을 인도에게 유리하게 활용하여 독립 문제를 제기할 때가 왔으며, 최후통첩 형태로 영국정부에게 민족적 요구를 제출할 때가 왔다고 강조했다. 또한 스와라지를 위한 최후통첩을 만들기 위해 ① 내부의 부패와 나약함을 과감히 제거해야 하고, ② 끼산(농민)운동, 노동조합운동 등과 같은 반제국주의 조직과 긴밀히 협조해야 하며, ③ 모든 급진적 단체들과 긴밀한 조화와 협조를 이루어 영국에게 마지막 일격을 가하는 방향에 집중해야 한다고 강조했다. 그리고 "현재 국민회의에 먹구름이 끼고 불화가 생겨 많은 동지들의 기가 꺾여 있지만 애국심으로 모든 어려움을 극복할 수 있다고 믿으며, 위대한 선조들이 후손들에게 영감을 주고, 여전히 우리를 이끌고 우리나라의 힘이 되어주는 간디 역시 현재의 혼돈스러운 국민회의를 도와주기를 충심으로 기도한다"는 말로 의장 연설을 마쳤다.

뜨리뿌리의 의장 연설을 보면서 보세 역시 상황 판단을 제대로 하지 못하고 있다는 생각을 지울 수가 없다. 자신이 의장 선거에서 그토록 혹독한 홍역을 치른 이유를 제대로 모르고 있다는 생각이 들기 때문이다. 사실 보세가 간디와 국민회의 운영위원들로부터 거부된 주된 이유는 그의 능력이나 애국심이 부족해서가 아니었지 않은가. 보세의 급진적 사고, 유럽을 바라보는 시각 그리고 간디에 맞서는 언행들 때문이었을 것인데, 이 연설에서도 간디와 맞서서 노동조합, 농민운동 세력, 급진적 단체들과 긴밀한 연계를 갖고 영국에 최후통첩을 해야 한다고 부르짖는 것은 사태 발생 요인을 제대로 파악하지 못했기 때문이 아닐까. 물론 사태를 파악했더라도 자신의 견해는 바꿀 수 없다는 굳은 의지의 표현일 수도 있지만 말이다. 그러면서도 혼란을 해결하는 데 간디의 도움이 절실하다는 기도는 빼놓지 않았다. 그럼에도 불구하고 간디는 단호했다. 간디는 뜨리뿌리 연차대회에 참석할 수 없는 것이 건강상의 이유라고 밝혔지만 이 시기에 라즈꼬뜨(Rajkot)로 달려가 행정개혁을 요구하는 단식을 시작하여 3월 7일까지 감행했다. 간디의 이러한 행보는 보세가 의장으로 취임하는 뜨리뿌리 회기의 중요성을 희석시키고 시선을 라즈꼬뜨로 집중시킴으로써 보세는 물론 네루까지 난감하게 만드는 상황을 연출했다.[61]

보세를 거부한 간디의 행보는 여기서 그치지 않았다. 1939년 4월 2일 간디는 다음과 같은 내용이 담긴 편지를 보세에게 보냈다.

잘못된 것은 우리 사이의 견해 차이가 아니라 상호 존경과 신뢰를 잃은 것입니다. 이것은 최고의 치료사인 시간이 해결해줄 것입니다. 우리 안에 진정한 비폭력이 있다면, 시민전쟁도 엄청난 고통도 없을 것입니다. 이 모든 것을 고려하십시오. 즉시 내각을 구성하여 전인도국민회의 운영위원회가 개최되기 전에 그것을 제시하십시오. 만약 위원회에서 그 프로그램을 받아들인다면 모든 것이 잘될 것입니다. 그리고 소수에 의해 방해받지 말고 그것을 실행해야 할 것입니다. 그런데 만약 당신의 프로그램이 수락되지 않는다면 당신은 사임해야 하고 위원회로 하여금 의장을 선택하게 해야 합니다. 그러면 당신의 노선에 따라 이 나라를 이끌어갈 수 있을 것입니다. 나는 빤디뜨 빤뜨 결의안(Pandit Pant resolution)과 상관없이 이런 충고를 하는 것입니다.[62]

여기에 언급된 빤디뜨 빤뜨 결의안이란 뜨리뿌리 회기가 열리고 있던 1939년 3월 12일 운영위원회에서 빤뜨(Govind Ballabh Pant)가 발의하여 통과된 결의안을 일컫는다. 빤뜨는 간디의 지도력을 재확인하는 발언을 하고 나서 "새 운영위원회 위원은 간디의 견해에 따라 임명하라"는 발의를 했다. 이 결의안은 투표 결과 218 : 133으로 가결되었다. 이 결의안은 국민회의 사회주의당(Congress Socialist Party: CSP)이 지지함으로써 가결된 것이나 마찬가지였다. CSP의 배반이 없었다면 통과되지 못했을 것이었기 때문에 로이(M. N. Roy)는 CSP가 혁명의 깃발을 끌어내렸다고 비난했다.[63] 그런데 이 결의안이 통과된 데는 라자고빨라차리(C. Rajagopalachari)*의 역할이 컸다고도 볼 수 있을 것이다. 빤뜨가 결의

---

* 라자고빨라차리(Chakravarthi Rajagopalachari)는 줄여서 '라자지(Rajaji)'라고도 부르며, CR로

안을 발의하자 라자고빨라차리가 재청하면서 다음과 같이 말했기 때문이다.

> 강에 두 개의 배가 있는데, 하나는 낡았지만 큰 배로 간디가 조종하고 있다. 다른 사람은 새로운 배를 가지고 있는데, 매력적으로 도색되어 있고 깃발도 나부끼고 있다. 간디는 여러분을 안전하게 운송할 수 있는 노련한 항해사이다. 만약 여러분이 다른 배를 탄다면 그 배는 물이 새고 있기 때문에 모두 침몰될 것이다. 그리고 나르마다 강은 매우 깊다. 새 배의 선장은 "여러분이 내 배를 탈 수 없다면 적어도 내 배를 여러분의 배와 묶어야 한다"고 말한다. 그러나 이것은 불가능하다. 우리 자신을 침몰시킬 위험을 감수하면서 우리는 물이 새는 배를 좋은 배에 묶을 수 없다.[64]

이렇게 라자고빨라차리의 재청 발언까지 들은 후 투표가 진행되었고, CSP를 포함한 218명이 찬성표를 던짐으로써 결의안은 통과되었다. 보세에 대한 반대 투표의 성격을 가진 결의안이 가결됨으로써 다수인 우익에게 힘을 실어주게 된 것이다. 이러한 결과에 몹시 낙담하고 있었을 보세는 그 후 사임하라는 간디의 편지까지 받게 된 것이다. 보세와 간디는 뜨리뿌리 회기 전후에도 여러 차례 서로의 건강을 묻고 염려하는 안부 전화와 전보 그리고 편지를 주고받았다. 그럼에도 불구하고 간디는 4월 2일 사임하라는 압력을 담은 편지를 보낸 것이다. "종교적 영역에서

약칭되기도 한다.

는 과도하게 참을성이 있는 간디이지만 정치조직 문제에 있어서는 반대자들에게 편협했다"[65]는 끄르의 말처럼 간디는 보세와 그의 지지자들에게 편협하고 단호했다. 결국 보세는 4월 29일 개최된 전인도국민회의 운영위원회 회의에서 간디가 보낸 편지를 읽은 후 의장직에서 사임하고 말았다. 이후 국민회의는 아자드를 의장으로 선출했고, 아자드는 1946년까지 계속 의장을 맡았다. 간디가 편지에서 "자유롭게 당신만의 위원회를 꾸리라"고 한 말에 따르기나 한 듯 보세는 5월 국민회의 내에 '전진블록'(Forward Bloc)을 결성했다.

보세는 기본적으로 간디와는 다른 정치사상을 가진 인물이다. 간디, 네루, 보세를 두고 보자면 보세는 네루와 가까운 정치사상, 즉 사회주의를 옹호하는 인물이었다. 1938년 네루의 뒤를 이어 보세가 국민회의 의장에 선출됨으로써 간디주의가 아닌 네루-보세 노선이 국민회의의 중심 노선이 될 수 있었다. 이를 우려한 간디는 1939년 보세의 재선을 막았고, 재선이 확정되자 온 힘을 다해 "보세의 승리는 나의 패배" 운운하며 보세를 밀어냈다. 1933년 간디의 지도력을 비판하며 보세-빠뗄 선언을 했던 보세가 1938년 인도로 돌아와 국민회의 의장을 맡게 됨으로써 일부에서는 간디와 보세가 화합하는 것으로 보고 환영했다. 또한 보세는 간디의 신임을 받게 되었다고 확신했을지도 모른다. 그러나 결국 간디의 지도력에 도전하며 맞섰던 보세는 밀려나고 말았다. 어쩌면 간디는 1939년 국민회의 의장 선거를 통해 이중 효과를 얻게 된 것인지도 모른다. 그 하나는 도전적이고 불굴의 정신을 가져 길들이기 힘든 보세를 밀어낸 것이고,[66] 둘째는 네루에게 자신의 노선을 확실히 지지하도록 심적 압력을 가한 것이다. 그렇게 함으로써 네루는 스스로 사회주의자라고 공언하면서도 이후 간디 노선에서 크게 벗어나지 않았다. 그러나 보세는 스스로 불굴의 정신을 발휘하여 '전진블록'을 통한 활동을 지속했고, 다음 장에서 살펴볼 해외에서의 무력 투쟁을 전개하게 된다.

4장_히틀러에게: 충고와 지원 요청

1939년 9월 1일 독일이 폴란드를 침공함으로써 제2차 세계대전이 발발했다. 히틀러가 폴란드 침공을 시작하기 전인 7월 23일, 전쟁의 기운이 감도는 시기에 간디는 히틀러에게 한 통의 편지를 썼다.[67] 이 첫 편지의 내용은 아주 간단하다. 편지를 보내는 것이 무례하지 않을까 우려한다는 격식을 갖춘 후에 "지금 이 세상에서 인류를 야만 상태로 파멸시킬 전쟁을 막을 수 있는 사람은 당신이다"라는 것과 "아무리 성공할 수 있는 것이라도 전쟁은 피해야 한다고 생각하는 사람의 청원을 들어주시겠습니까?"라는 것이었다. 그러나 이 편지는 정부가 송달을 막음으로써 히틀러에게 전해지지 않았다.

그로부터 한 달 보름 후 히틀러가 폴란드를 침공함으로써 제2차 세계대전이 발발했고, 이후 히틀러 군대는 유럽을 휩쓸었다. 1940년 4월 히틀러 군대가 덴마크와 노르웨이를 점령하자, 영국은 5월 10일 개각을 단행하여 체임벌린이 물러나고 처칠이 거국내각을 조직했다. 이때 히틀러는 네덜란드와 룩셈부르크를 침공하여 점령하고, 이어 프랑스를 공격하기 시작했다. 6월 14일 파리가 점령되고, 6월 22일 프랑스가 항복하여 비시(Vichy)정부 체제로 전환되었으며, 8월 15일에는 영국 본토 공습을 개시했다. 9월 27일에는 독일, 이탈리아, 일본이 3국동맹(Tripartite Pact)을 체결했고 11월에는 헝가리(1940년 11월 20일), 루마니아(1940년 11월 23일), 슬로바키아(1940년 11월 24일)가 3국동맹 조약에 서명했다.* 뿐만 아니라 10월에는 영국 본토를 점령하기 위한 전초전으로 제공권을 장악하기 위해 영국 공군에 대한 공격을 감행했다. 또한 히틀러는 소련을 침공하기 위한 작전 계획을 수립하고 독일군 수뇌부에게 소련을 기습 점령하기 위한 '바바로사 작전'(Operation Barbarossa)을 명령했다. 바바로사 작전이 개시된 것은 1941년 6월이었고 작전이 실패로 끝난 것은 1941년 12월이었지만, 이 작전 명령서에 히틀러가 서명한 것은 1940년 12월 18일 이었다.[68]

이렇게 전쟁이 확산되고 있던 1940년 크리스마스 이브에 간디는 히틀러에게 두 번째 편지를 썼다. '친구에게'로 시작한 편지[69]에서 간디는 "내가 당신을 친구라고 부르는 것은 형식적인 것이 아닙니다. 나에게는 적이 없습니다. 지난 33년 동안 내가 해온 일은 인종, 피부색, 이념에 상관없이 모두 친구가 되게 함으로써 인류 전체의 우의를 다지고자 하는 일이었습니다"라는 말로 히틀러를 친구로 여김을 역설했다. 그리고 이어서 "보편적인 우정을 갖고 사는 선량한 사람들이 당신의 행위를 어떻게 생각하고 있는지에 대해 시간을 내어 알아보기를 바랍니다"라는 말을 시

---

* 불가리아(1941년 3월 1일), 유고슬라비아 왕국(1941년 3월 25일), 크로아티아 독립국(1941년 6월 15일) 등도 이 조약에 서명했다.

작으로 히틀러의 야만적인 행위와 폭력에 대한 자신의 비판적 입장을 밝혔다. 그리고 체코슬로바키아, 폴란드, 덴마크를 강점한 히틀러의 행위는 괴물의 행위나 다름없는 것이며 인간의 존엄성에 합당치 않은 행위이기 때문에 결코 히틀러 군대의 성공을 축원할 수 없다는 단호한 입장을 천명했다.

이어서 "인류의 1/5이 부당하게 영국의 발굽 아래 놓여 있습니다. 우리가 영국에 대해 저항하는 것이 영국인을 해치는 것을 의미하지 않습니다. 우리는 전쟁터에서 그들을 굴복시키는 것이 아니라 그들이 바뀌기를 기대합니다"라고 말하면서 영국과 대립하고 있는 독일과 인도는 그 방법을 달리하고 있음을 강조하고 자신의 비폭력·비협조운동의 핵심을 설명했다.

우리는 영국 지배에 대항하여 비무장 저항을 하고 있습니다. 그러나 우리가 그들을 개조시키든 그렇지 못하든 비폭력·비협조 방식으로 그들의 통치를 불가능하게 만들기로 했습니다. 그것은 본질적으로 절대 패배할 수 없는 수단입니다. 이것은 어떤 약탈자도 강제적이든 자발적이든 피해자의 협조 없이는 그들의 목적을 이룰 수 없다는 사실에 기초한 것입니다. 우리의 지배자는 우리 땅과 우리를 유린할 수는 있어도 우리의 정신은 유린할 수 없습니다. 인도의 남녀 그리고 어린아이들에 이르기까지 모든 인도인을 완전히 파괴한 후에야 인도 땅을 가질 수 있을 것입니다. 모두가 그 정도의 영웅심을 갖지는 못하며 두려움이 반란을 약화시킬 수 있다는 것이 사실입니다. 그러나 그런 주장은 핵심을 벗어난 것입니다. 약탈자들에게 무릎을 꿇기보다는 약탈자들에 대해 어떤 악의도 없이 자신의 삶을 내놓을 준비가 되어 있는 인도의 많은 남녀가 있다면 그들은 폭력적 압제자들로부터 자유를 획득하는 길을 보여주게 될 것이기 때문입니다. 인도에 그런 남녀가 예상보다 많다는 것을 발견하게 될 것이라는 내 말을 믿기 바랍니다. 그들은 지난 20년 동안 그렇게 훈련을 받아왔습니다.

이와 같이 자신의 비폭력·비협조운동에 대한 내용과 신념을 표현한 후 간디는 "우리는 우리와 비유럽인들에게 영국의 지배가 의미하는 것이 무엇인지 압니다. 그러나 우리는 결코 독일의 도움으로 영국 지배를 끝내기를 바라지 않습니다"라는 표현으로 아무리 영국이 인도의 적이지만 독일이라는 폭력을 수반한 세력의 도움으로 영국으로부터 독립할 생각은 없다는 뜻을 밝혔다. 또한 "비폭력 방법은 '행동 아니면 죽음'일 뿐 상대에 대한 살상은 없습니다. 그것은 돈을 필요로 하지 않으며, 당신이 완벽하게 만들어낸 파괴를 위한 과학의 도움이 없어도 됩니다. 파괴를 위한 과학적 방법은 누구도 독점할 수 없다는 것을 당신이 모르고 있다는 것이 신기합니다. 영국이 아니더라도 다른 어떤 세력이 당신이 사용한 방법을 더 증진시킬 것이고, 당신의 무기로 당신을 치게 될 것입니다"라는 말로 히틀러가 개발한 살상 무기는 결국 자신을 공격하는 데 쓰일 것이라고 일침을 가했다. 나아가 "당신은 자부심 강한 당신의 국민에게 아무런 유산도 남기지 못하고 있습니다. 그들은 아무리 잘 계획되었다 하더라도 잔혹한 행위가 난무하는 상황에서 자부심을 느낄 수 없을 것이며, 만약 당신이 전쟁에 이긴다 하더라도 그것으로 당신이 옳다는 것이 입증되는 것이 아닙니다. 그것은 단지 당신의 파괴력이 대단하다는 것을 입증할 뿐입니다"라는 말로 히틀러의 잘못된 판단을 지적하고, 히틀러가 세계를 점령한다 하더라도 독일 국민은 절대로 히틀러를 자랑스럽게 생각하지 않을 것이라는 냉혹한 판단을 담은 말을 했다.

그리고 마지막으로 이 편지를 쓰는 시점이 크리스마스 이브인 만큼 "유럽인들이 평화를 갈구하는 마음이 가득한 기간 동안 우리는 평화적 투쟁조차 중지했습니다. 당신 개인적으로는 별 의미가 없더라도 수백만 유럽인들에게는 중요한 의미가 있는 시기이며, 평화를 바라는 수백만 유럽인들의 소리 없는 절규가 내 귀에 들려오는 그런 시기에 평화를 위해 노력해달라는 나의 요청이 지나친 것일까요?"라는 말과 더불어 이와 같은 편지를 무솔리니에게도 함께 보냄을 밝히고 인류의 이름으로 전쟁을 중지할 것을 요청했다.

제2차 세계대전의 기운이 감도는 1939년 7월 23일, 그리고 제2차 세계대전이 그야말로 무르익어 히틀러가 유럽 전체를 석권해가고 있을 때인 1940년 12월 24일, 이 두 통의 편지를 쓰면서 간디는 무엇을 기대했을까. '친구'라는 말로 시작하여 '당신의 친구 간디'라는 말로 맺은 이 편지는 충고와 권고의 성격을 띠고 있다. 그러나 이 편지는 간디가 영국정부나 총독을 상대로 한 충고나 권고의 편지와는 다른 성격을 띠는 것이다. 간디가 비협조 혹은 불복종운동을 전개하기 위해 상대의 잘못을 열거하고 그러한 것을 시정하라고 요구하며, 그것이 시정되지 않는다면 비폭력 투쟁을 전개할 것이라고 경고하는 그런 편지와는 다른 성격이라는 것이다. 그러므로 이 편지는 그저 충고에 지나지 않는 것이다. 전쟁 중에 이러한 편지를 히틀러에게 쓸 수 있는 사람은 아마도 간디뿐이었을 것이다. 인간의 내면에는 사랑과 진리가 충만하다고 믿었던 간디였기에 이러한 편지 한 통이 전쟁을 막지는 못하더라도 그가 자행하고 있는 만행에 대한 각성은 되리라고 믿지 않았을까.

편지 한 통으로 히틀러에게 충고를 하려 했던 간디와는 달리 히틀러를 찾아가 인도의 독립을 위한 원조를 요청한 인물이 있었다. 바로 보세였다. 국민회의 의장 선거로 간디와 대립했던 보세는 1939년 5월 국민회의 내에 '전진블록'을 결성했다. 9월 유럽에서 제2차 세계대전이 발발하자 보세는 '전진블록'을 중심으로 반영국·반전쟁 캠페인을 시작했다. 그러나 1940년 7월 3일 보세는 캘커타에 있는 달하우지 광장의 홀웰 기념비(Holwell Monument) 철거운동을 주도하다가 구속되었다. 이때 간디의 주요 무기인 단식이 일시적이나마 보세의 무기가 되었다. 구속 상태에서 음식을 거부함으로써 건강이 극도로 악화되자 영국정부는 가택 연금 형태로 보세를 석방한 것이다. 12월 5일 석방된 보세는 1941년 1월 16일 대탈출을 시작하여 아프가니스탄, 소련을 거쳐 1941년 4월 1일 베를린에 도착했다.

이때 보세가 탈출하여 국외에서 활동할 결심을 한 계기는 사바르까르와의 대화 때문이었을지도 모른다. 홀웰 기념비 철거운동을 시작하기 전인 1940년 3월 22일 보세는 사바르까르를 만났다. 이때 사바르까르는 극동에서 인도독립연맹(Indian Independence League)을 결성하여 활동하고 있는 베하리 보세(Rash Behari Bose)에 대해 설명했다. 그리고 곧 일본이 전쟁에 개입하게 될 것인데, 그것이 인도 독립의 황금 같은 기회로 활용될 수 있다고 설명했다. 또한 일본과 독일의 지원을 받아 훈련받은 군대를 이끌고 동부전선의 영국 방어선을 뚫고 인도로 진입하면 인도를 해방시킬 수 있을 것이라는 설명도 했다. 아울러 "베하리 보세와 다른 혁명가들처럼 당신도 해외로 나가서 이탈리아와 독일에 전쟁포로로 잡혀 있는 인도인 병사들을 모아 군대를 조직하여 인도의 독립을 선언해야 한다. 일본이 전쟁에 개입하면 당신은 강가 사가르(Ganga Sagar) 혹은 버마를 통해 인도로 진격할 수 있을 것이다. 그런 군사적인 노력 없이 인도는 해방될 수 없을 것이다. 당신은 그렇게 할 수 있는 능력을 가진 사람이다"[70]라고 고무시켰다는 것이다. 이때 보세는 숙고한 후에 결정하겠다는 답변을 하고 돌아왔다. 그 후 보세는 홀웰 기념비 철거운동으로 구속되었다가 연금 상태로 석방되자 대탈출을 시도하여 결국 사바르까르가 거론한 대로 독일로 간 것이다.

보세는 독일에 도착하자마자 당국과 접촉을 시도하고 의견서를 제출했다. 베를린에 독립인도 임시정부 본부를 둘 것이며, 인도의 독립을 선전하기 위한 방송국을 건립할 것이라는 의견을 제시하며 이에 필요한 자금과 지원을 요청했다. 보세가 나치 정부와 협의하던 1941년 4~5월, 보세와 협상을 담당한 하르비히(Walter Harbich), 외무상이었던 리벤트로프(Ribbentrop)를 비롯한 수뇌부들에게는 전쟁 전부터 보세가 인도에서 친히틀러적 인물로 지목되었던 것 등이 중요한 영향을 미쳤을 것이다.[71] 중동과 인도에서 반영운동이 일어나고 있으며, 중동 지역 지배에 대한 중요성이 부각되자 히틀러 역시 보세의 요청을 수락함으로써[72] 나치 정부와 보세 사이에 각서가 체결되었다. 1941년 10월 30일 자유인도센터(Free-India Center)를 창설했으며, 11월 2일에는 방송국(Azad Hind Radio)을 설립하여 방송 송출을 시작했다. 여기서 보세는 '자이 힌드'(Jai Hind: 인도에게 승리를)를 공식 인사말로 한다는 것, 타고르의 '자나 가나 마나'(Jana Gana Mana: 지금의 인도 국가)를 국가로 하며, 가장 널리 쓰이는 힌디를 공식 언어로 하고, 보세를 이후 네따지(Netaji: 지도자)로 부른다는 네 개의 강령을 채택했다. 또한 자유인도센터에서는 1931년 고안된 국민회의 깃발 가운데에 그려져 있는 간디의 물레를 빼고 도약하는 호랑이를 그려 넣은 것을 공식 깃발로 사용했다.[73]

스스로 독립을 쟁취하기 위해서는 영국과 싸울 군대가 있어야 한다고 생각한 보세는 베를린에서 전쟁포로가 된 인도인들을 모아서 자유인도군단(Free India Legion)을 창설했다. 1941년 후반은 독일이 승승장구하던 시기였기 때문에 유럽 각 지역과 북아프리카에 많은 포로가 있었는데, 이들 가운데 인도인들도 상당수 있었다. 보세는 독일의 협조로 이들을 훈련시켜 독립인도군단을 창설한 것이다. 보세가 인도군단을 창설한 것은 인도군단을 선봉에 세운 나치 군대를 이끌고 소련을 거쳐 인도로 진격하기 위한 것이었다. 보세는 인도군단이 영국령 인도를 공격한다면, 영국군에 속한 많은 인도인 병사들이 영국군에서 탈출해서 독립 인도군단에 합세하리라고 생각했다. 1942년 12월까지 인도군단은 네 개 대대로 편성되었고, 1943년 초에는 3,500명의 군인이 인도군단에 소속되었다.

지금까지 간디가 히틀러에게 보낸 편지 내용과 독일로 간 보세가 히틀러의 지원을 받으며 펼친 활동을 살펴보았다. 추축국의 최고 우두머리인 히틀러에게 "당신의 행위는 나쁜 것이니 당장 중지하라"는 편지를 쓰고 있는 간디와 히틀러의 도움으로 인도군단을 만들고 군복을 입은 사령관이 되어 인도로 진격하려는 보세의 모습을 상상해보라.

간디와 보세가 이렇게 대조적인 모습을 하게 된 배경은 무엇인가. 그것은 전쟁과 영국을 바라보는 견해 차이에서 나온 것이라 할 수 있다. 간디는 독립이 중요하지만 영국이 곤경에 처한 상황을 이용해서는 안 된다고 생각했다. 또한 간디는 나치가 폭력을 행사한다고 해서 그에 대응하여 사용하는 폭력이 정당화될 수는 없다고 생각했다. 간디는 히틀러에게 두 번째 편지를 보내기 몇 달 전인 1940년 7월 2일 독일의 침공을 받은 영국인들에게 비폭력·비협조운동으로 맞서라는 메시지를 보냈다. 간디는 '모든 영국인에게'(To Every Briton)라는 메시지에서 나치가 무지비하다고 해서 이에 맞서는 영국인들의 무자비함이 정당화될 수 없다는 것을 역설하면서 다음과 같이 호소했다.

> 나는 적대행위를 중지하라고 호소합니다. 여러분이 싸울 힘을 잃었기 때문이 아니라 전쟁은 본질적으로 나쁜 것이기 때문입니다. (중략) 나는 영국이 패배하기를 원치 않지만, 정신적인 것이든 육체적인 것이든 야만적인 힘과 겨루어 승리하기를 바라지도 않습니다. 여러분의 육체적 용기는 수립되어 있습니다. 여러분의 정신 역시 육체만큼 파괴력에 있어서 무적이라는 것을 보여줄 필요가 있지 않습니까? 나는 여러분이 나치와 그렇게 치욕스런 경쟁을 하지 않길 바랍니다. 나는 여러분에게 좀더 고귀하고 가장 용기 있는 군인이 될 것을 제안합니다. 무기 없이 나치와 싸우길 바랍니다. 군사적 용어로 말하자면 비폭력 무기를 가지고 싸우길 바랍니다.
>
> 여러분이나 인류를 구하는 데 아무런 소용이 없다는 것을 인식하고 무기를 내려놓기 바랍니다. 히틀러나 무솔리니에게 영국 소유라 여기는 나라들 가운데 그들이 원하는 것을 가져가라고 하십시오. 여러분의 아름다운 섬도, 아름다운 빌딩도 가져가라 하십시오. 그 모든 것을 주게 되더라도 여러분의 정신과 마음은 주지 마십시오. 그 신사들이 여러분

의 집을 점령하겠다면 내어주십시오. 그들이 여러분에게 외출의 자유를 주지 않고, 여러분 자신과 남녀노소 모두 학살당하게 되더라도 그들에게 충성하는 것을 거부해야 합니다.[74]

영국 국민에게 이런 메시지를 전한 간디이기에 히틀러에게 편지를 쓸 수 있었을 것이다. 무기를 사용하는 전쟁에서 상대를 이기기 위해서는 그들보다 더 강력한 무기를 사용하거나 더 무자비한 학살을 하는 것이 일반적 양상일 것이다. 그런데 간디는 완전한 비폭력의 방법으로 비록 자신들이 학살을 당하더라도 무기를 내려놓아야 하고, 절대로 정신적으로 복종하거나 충성하지는 말아야 한다고 요청한 것이다. 그러나 이것이 가능하다고 믿는 것은 간디 한 사람뿐이었을 것이다. 네루를 비롯한 국민회의 운영위원들조차 간디의 비폭력이 전쟁 상황에서도 적용될 수 있다고 믿지는 않았다.

보세는 간디의 이러한 태도를 비판했다. 보세가 감옥에 있던 1940년 10월 24일과 31일 두 차례에 걸쳐 보세는 형인 사라뜨 보세(Sarat Chandra Bose)에게 편지를 보냈다. 24일의 편지에서 성인인 체하는 위선적인 간디주의, 그것이 민주주의에 끼치는 해악, 정치적 고질병에 대한 기묘하고도 이해할 수 없는 처방이 역겹게 느껴진다고 말하면서 "영국 관료와 간디주의자들의 지배층, 그 어느 것이 인도의 미래에 더 큰 해가 될지 의문을 갖게 한다. 현실성 없는 이상주의, 신성한 척하는 하찮은 감상주의로 가득 찬 것으로는 유익한 결실을 얻을 수 없다. 세상은 갈색 피부의 관료들이 생각하는 것만큼 어리석지 않기 때문에 더 이상 그러한 성인인 체하는 허세놀이로는 정부든 국민이든 아무도 속일 수 없고, 간디주의의 가면이 벗겨질 날이 멀지 않았다"[75]고 비판했다. 그리고 10월 30일 보낸 편지에서는 국민회의 정책에 대해 생각하면 생각할수록 수뇌부들과 맞서야 한다는 생각을 강하게 하지 않을 수 없다고 하면서 다음과 같이 말했다.

독립 되었을 때, 이 나라가 그렇게 비열하고, 보복적이며, 비양심적인 그들의 손에 넘어간다면, 이 나라에 무슨 일이 벌어지겠는가. 지금 우리가 그들과 맞서지 않으면 권력이 그들의 손에 넘어가는 것을 막을 수 없을 것이다. 그리고 우리가 그들과 싸우지 않으면 안 되는 또 다른 이유는 그들이 국가 재건에 대해 아무런 생각이 없다는 것이다. 만약 자유인도를 간디주의의 비폭력 원칙에 근거하여 재건하려 한다면 간디주의는 자유인도를 도랑에 빠지게 할 것이다. 그렇게 되면 인도는 온갖 약탈적 세력을 불러들이게 될 것이다. 우리는 지금부터 끝까지 국민회의 수뇌부와의 싸움에 집중해야 한다. 그리고 우리는 언제 어디에서나 가능한 모든 다른 정치 정당과 연합해야 한다.[76]

이처럼 보세는 간디주의 혹은 성인다운 간디의 행보가 인도의 미래를 위해 아무런 도움이 되지 못할 뿐만 아니라 해가 될 위험성을 내포하고 있다고 생각하고 있었다. 이런 생각을 바탕으로 보세가 히틀러에게 지원 요청을 하게 된 배경을 알 수 있는 것이 1940년 3월 19일 람가르(Ramgarh)에서 개최된 전인도비타협회의(All-India Anti-Compromise Conference)에서 한 연설일 것이다.[77] 이 연설에서 보세는 세계대전이 발발한 후 6개월 동안 국민회의 운영위원회가 내놓은 성명은 구체적인 것이 없고, 간디가 시민 불복종운동에 관한 발언을 했지만, 언제 어떻게 시행하겠다는 구체적인 방안을 제시한 바가 없다는 것을 지적했다. 그리고 이 시점에서 어떠한 지도자와 지도력이 필요한가에 대해 다음과 같이 말했다.

위기는 국가 지도력의 시험기이다. 현재의 위기가 우리의 지도력을 시험하는데, 불행하게도 우리의 지도자들은 부족함을 드러냈다. 10월 혁명에서 레닌의 시기적절한 판단은 러시아 혁명을 성공으로 이끌었지만 이탈리아에서는 사회주의가 무르익었음에도 '이탈리아의 레닌'이 등장하지 않음으로써 사회주의 혁명을 성공시키지 못하였고, 그러는 사이에 파시스트 무솔리니가 정권을 장악했다. 오늘날 우리의 지도자들은 동요하고 있으며 그들의 우유부단함이 좌파를 붕괴시키고 있다. 통합, 국민전선, 훈련 등과 같은 현실성 없는 값싼 슬로건만 내세우고 있다. 지금 가장 필요한 것은 대담함과 우리를 국가적 투쟁으로 이끌 강고한 정책임을 그들은 잊고 있다. 이 목적을 위해 우리를 강화시키는 것은 무엇이든 환영이다. 우리를 약화시키는 것은 무엇이든 삼가야 한다.[78]

이처럼 보세는 결단성과 과감한 정책 수립이 필요한 때에 간디와 국민회의가 시대적 판단을 하지 못하고 중요한 기회를 놓치고 있다고 판단했다. 즉, 말로만 이러저러한 방안을 내놓으면서 타이밍을 놓친다면 다시는 기회를 얻기 힘들다는 것이 보세의 생각이었다.

이런 타이밍에 간디는 히틀러와 영국에게 "나처럼 해봐라! 비폭력으로!"라는 충고를 하고 있었다. 그러나 영국은 전혀 다른 길로 가고 있었다. 그 한 예가 대서양헌장 이후 영국의 태도라고 할 수 있을 것이다. 1941년 8월 14일 대서양헌장이 발표되었다. 영국의 처칠 수상과 미국의 루스벨트 대통령이 북대서양에서 5일 동안 선상회의를 갖고 발표한 것이 대서양헌장이다. 이 헌장의 주요 내용은 다음과 같다.

첫째, 양국은 영토 확장을 원하지 않으며 해당 국가 주민의 자유의사에 의하지 않는 영토 변경은 인정하지 않는다.

둘째, 주민에 의한 정치체제의 선택권을 존중하며 강탈된 주권 및 자치권의 반환을 희망한다.

셋째, 국제통상 및 자원에 대한 모든 국가의 기회균등을 도모하고 노동 조건의 개선 및 경제적 향상과 사회보장을 위한 국제협력을 도모한다.

넷째, 나치의 폭정을 파괴하며 모든 인류가 공포와 결핍으로부터 해방되어 자신의 영토 안에서 생명의 보존이 보장되는 평화를 모색한다.

다섯째, 공해(바다)의 자유 항해를 보장하며 침략의 위협을 주는 나라의 무장을 해제하고 항구적이고 전반적인 안정보장제도를 확립하며 군비부담의 경감을 조장한다.

대서양헌장은 1942년 1월 1일 공포된 국제연합 공동선언의 기초가 되었다. 위와 같은 내용의 대서양헌장은 인도인들을 희망으로 들뜨게 했다. 특히 "주민에 의한 정치체제의 선택권을 존중하며 강탈된 주권 및 자치권의 반환을 희망한다"는 내용이 있었기 때문에 영국에 의해 강탈된 인도의 자치권이 반환될 것이라는 희망을 갖고 있었다. 그러나 곧이어 처칠은 "대서양헌장은 인도, 버마 등 대영제국에는 적용되지 않는다"고 선언함으로써 인도인들의 희망에 찬물을 끼얹었다.

영국정부의 이러한 행보를 보면 비폭력 투쟁보다는 보세의 투쟁방식이 훨씬 효과적인 방법으로 부각될 수도 있을 것이다. 노르웨이, 덴마크, 네덜란드, 벨기에를 침략한 히틀러가 프랑스를 공격할 무렵, 인도인들은 지금이 시민 불복종운동을 전개할 가장 적절한 시기라고 생각했지만, 간디는 "우리는 영국의 폐허에서 우리의 독립을 구하지 않는다. 그것은 비폭력의 길이 아니다"[79]라고 주장했다. 그러나 보세는 제2차 세계대전으로 인도에서 영국을 몰아낼 절호의 기회가 온 것이라고 생각했다. 그럼에도 불구하고 국내 투쟁으로는 독립의 불빛이 보이지 않았다. 또한 세계대전이 벌어지는 와중에 영국이 취하는 태도 역시 인도의 독립을 꿈꿀 수 없게 만들었다. 그렇기 때문에 보세는 독일로 망명하여 당시의 가장 강력한 세력으로서 영국과 맞서고 있는 히틀러에게 원조를 청한 것이다.

후일 보세의 연설을 되짚어보면 보세는 전쟁 종료 후의 상황에 대한 복안으로 히틀러의 원조를 구한 측면도 있었던 것 같다. 만일 세계대전에서 영국을 포함한 연합국이 승리한다면, 인도가 영국에게서 벗어날 길은 더욱 요원해질 것이다. 반대로 추축국이 승리한다면 영국은 인도에서 물러가겠지만 그 후 인도의 운명은 어떻게 될 것인가. 종전 후 인도는 독일과 일본의 지배를 받을 수밖에 없는 운명이 될 수도 있다. 그러나 영국을 붕괴시키는 데 인도가 지대한 역할을 한다면 상황은 달라질 것이다. 그렇기 때문에 보세는 국제적인 도움을 구해 인도를 독립시킬 방안을 마련해야 했으며, 당시 유럽에서 가장 승승장구하고 있던 독일의 히틀러에게 손을 내민 것이다.

편지를 쓰고 있는 간디와 군복을 입고 히틀러와 악수를 하고 있는

보세와 히틀러(1942년 5월 29일 베를린)

보세의 모습은 결국 이 둘의 목표와 전략의 차이를 바탕으로 만들어진 것이다. 간디와 보세 둘 다 인도의 독립을 위해 투쟁했지만, 그들의 목표와 전략에는 상당한 차이가 있었다. 보세는 어떤 방법을 써서라도 독립을 최우선으로 해야 한다고 생각했다. 또한 식민지 상태로부터의 독립을 위해서는 강대국의 도움과 힘이 필수라 여겼다. '적의 적은 아군'이라는 것이 병법의 기본이라는 것을 감안하면, 영국은 인도의 적이고 그 영국과 싸우는 독일·이탈리아·일본과 유대를 맺어야 한다는 보세의 전략은 시대적 상황을 정확히 파악한 뛰어난 전략이라고 평가할 수도 있을 것이다.

그러나 간디에게는 독립 투쟁도 진리 실험의 하나였다. 간디는 "나는 그것이 가능하다고 하더라도 폭력으로 우리나라의 자유를 구하지는 않을 것이다. 나는 칼로 얻은 것은 칼로 잃게 된다는 성현들의 말씀을 믿는 다"[80]는 자신의 신념을 담은 글을 전쟁 직전인 1939년 8월 27일 신문에 기고하고 9월 2일 「하리잔」에 게재했다. 간디는 전쟁이 발발한 후에도 독립이 진정한 의미를 가지려면 진리에 입각한 독립이어야 한다고 굳게 믿고 있었다. 그러므로 남의 힘을 빌리거나 무력을 사용한 독립은 무의미하며, 투쟁하는 상대가 곤경에 빠져 있을 때 공격하는 것은 진리에 위배되는 것이다. 요컨대 보세의 목표는 '무슨 수를 써서라도 독립'하는 것이었지만 간디는 '나의 이념을 전파하여 위대한 간디제국을 수립하는 것'[81]이 궁극적 목표였을지도 모른다. 이러한 목표의 차이로 인해 1940년대 초 간디는 히틀러에게 편지를 쓰고, 보세는 히틀러에게 달려가 인도를 독립시킬 힘을 빌려달라는 지원 요청을 하게 했을 것이다.

5장_ 줄다리기와 총공격

보세와 간디의 대조적인 모습은 1942~1944년 사이에 더욱 극명하게 드러난다. 1942년은 인도 독립운동사에 또 하나의 큰 선을 그은 해이다. 간디와 국민회의가 영국은 이제 인도에서 즉각 물러나라는 인도철퇴(Quit India)선언을 한 해이기 때문이다.

이 시기는 1939년 유럽에서 시작된 제2차 세계대전이 아시아로 확대되고 있던 시기였다. 일본은 1941년 12월 7일 진주만을 공격한 데 이어 동남아의 영국 식민지인 홍콩과 싱가포르 그리고 버마를 침공하여 1942년 2월 15일에는 싱가포르, 3월 7일에는 버마의 랑군이 함락되었다. 이로써 세계대전은 미국과 아시아로 확산되었고, 추축국 세력들이 인도의 문턱까지 밀려오게 된 반면에 연합군의 상황은 더욱 악화되고 있었다. 이에 미국과 연합국은 인도에 연합군을 주둔시키는 일이나 군사보급시설을 확충하는 데 인도가 적극적인 역할을 해주기를 희망했다. 그러나 제2차 세계대전이 발발했을 때 린리스고(V. H. Linlithgow) 총독이 식민지 인도 역시 당연히 참전 상태라고 선언함으로써 국민회의는 이에 항의하여 내각 총사퇴를 결정했으며, 영국은 이에 대응하여 네루를 비롯한 국민회의 간부들을 구속시킨 상태였다. 이러한 상황에서는 연합군이 기대하는 역할을 인도가 담당하기 어려웠다. 그래서 미국을 비롯한 연합국은 영국에게 인도 문제를 해결하여 연합국 측에 협조하라는 압력을 가하기 시작했다. 이에 1941년 12월 네루를 석방했고, 다음 해인 1942년 3월 처칠은 전시 내각의 각료인 스태퍼드 크립스(Stafford Cripps)를 인도에 보내 일명 '크립스 제안'(Cripps Proposals)을 내놓았다. '크립스 제안'의 주요 내용은 ① 전쟁이 종료된 후 가능하면 빠른 시일 내에 지방선거를 실시할 것이며, ② 영연방국으로서 새로운 인도 자치국이 만들어질 것이며, ③ 연방자치국에 합류하지 않는 주는 독립 체제를 형성할 수 있고, ④ 소수 종파는 보호될 것이며, ⑤ 영국정부는 인도의 방어를 책임지고 통제와 지휘를 유지한다는 것이었다.[82] 이 같은 '크립스 제안'에 대해 일부 찬성하는 사람도 없지 않았지만 기본적으로 독립이 아닌 자치국 지위였고, 그것도 전쟁이 종료된 후에 고려한다는 것이었기 때문에 국민회의와 간디는 이를 거부했다. 또한 인도 지도자들에게 전쟁 사업에 참여하기를 권유했는데, 간디는 이것도 비폭력 정신에 위배된다는 이유로 절대 받아들일 수 없는 제안이라고 강조했다. 또한 영국은 인도인 국방장관 임명에 동의하면서도 전쟁 중에 최고사령관의 임무를 민간인 국방장관에게 이양할 수 없다는 견해를 표명했고, 크립스는 총독위원회의 내각 구성 문제 역시 국민회의가 제안한 안을 수용하지 않았다. 결국 크립스는 아무런 해결도 보지 못하고 빈손으로 영국으로 돌아갔다.

'크립스 제안'에 대하여 '망해가는 은행의 날짜 지난 보증수표'(post-dated cheque on a failing bank)[83]라고 혹평한 간디는 전쟁 중에는 영국이 인도를 독립시킬 의지가 없음을 확인하고 새로운 투쟁을 준비했다. 6월 7일에 "나는 늘 이 나라가 비폭력 투쟁을 위한 준비가 될 때까지 기다려야만 한다고 생각해왔다. 그러나 나의 이런 태도에 변화가 생기고 있다. 계속 기다린다면 지구의 종말까지 기다려야 할지도 모른다는 생각이 든다"[84]라고 한 것에서 알 수 있듯이 새로운 전환점을 찾고 있었다. 그 전환점의 요체는 이제 영국은 인도에서 즉시 물러가야 한다는 것이었다.

영국이 인도에서 완전히 물러나야 한다는 생각을 드러낸 것은 4월 26일자 「하리잔」에 실린 '인도의 외국인 병사'(Foreign Soldier in India)[85]에서였다. 이 글에서 간디는 군수품 시설과 외국인 병사들이 인도로 들어오는 문제를 지적하면서 세계대전에서 인도가 위협받고 있는 것은 인도에 영국이 있기 때문이며, 인도의 방위 문제는 인도의 자유를 위한 방위가 아니라 영국을 위한 방위일 뿐이기 때문에 영국이 물러간다면 인도 방위 문제는 염려할 것이 없다는 견해를 표명했다.

이러한 간디의 생각은 국민회의 운영위원회에 반영되어 1942년 7월 14일 와르다에서 개최된 운영위원회에서는 인도에 대한 영국 지배를 즉시 종료하라는 결의안을 채택했다. 이 결의안이 일명 '인도철퇴선언'(Quit India Resolution)이라 불리는 것으로, 주요 내용은 다음과 같다.

영국의 인도 지배는 즉각 종식되어야 하며, 외국 지배는 아무리 좋은 것이라 해도 그 자체가 악이며, 종속된 국민에게 지속적으로 해를 끼칠 뿐이다. (중략) 그러므로 인도의 자유는 인도를 위해서뿐만 아니라 세계의 안전을 위하여 그리고 나치즘, 파시즘, 군국주의, 또 다른 형태의 제국주의, 한 나라가 다른 나라를 침략하는 것 등을 종식시키기 위해서도

필요한 것이다. (중략)

'크립스 제안'의 실패는 영국정부의 인도에 대한 태도에 아무런 변화가 없다는 것을 분명히 드러냈다. (중략) 이러한 절망은 영국에 대한 악의가 증가하고, 일본의 침입이 성공하기를 바라는 마음이 증대되는 결과를 낳았다. (중략) 국민회의는 영국에 대한 현재의 나쁜 감정을 호의로 바꾸어 인도를 세계의 국가와 국민의 자유를 지키는 공동 사업에 기꺼이 참여하는 파트너가 되게 할 것이며, 고통과 시련을 함께하는 파트너가 되게 할 것이다. 이것은 오직 인도가 자유의 빛을 느낄 때에만 가능한 일이다. (중략) 국민회의는 종파적 혼란을 해결하기 위해 최선을 다할 것이다. 그러나 이것은 외국 지배하의 현재 상황에서는 불가능하다. (중략) 인도에서 영국 지배가 물러나면 이 나라의 책임 있는 남녀가 함께 임시정부를 구성할 것이며, (중략) 모든 주요 단체가 받아들일 인도 헌법을 만들기 위해 인도의 주요 대표들이 소집될 것이다. 자유인도의 대표와 영국 대표는 미래의 관계 조정을 위해 동맹국으로서 논의에 함께 참여할 것이다. (중략) 영국이 인도로부터 철수하라는 제안을 하면서 국민회의는 영국을 곤란하게 하거나 전쟁 중에 있는 연합국을 곤란하게 하지 않을 것이며 (중략) 인도철퇴선언은 결코 영국인들을 인도에서 물리적으로 철수시키는 것을 의미하지 않는다.

국민회의는 정치적 권리와 자유의 획득을 위해 비폭력을 정책으로 채택해온 1920년 이래 모든 비폭력의 힘을 사용할 수밖에 없다. 그러한 광범위한 투쟁은 간디의 지도를 받을 수밖에 없다. 제기된 의제는 전인도국민회의 위원회에서 최종 결정할 것이고, 그것은 1942년 8월 7일 봄베이에서 개최될 것이다.[86]

그리고 1942년 8월 7일에 봄베이에서 개최된 전인도국민회의 위원회에서 이 결의안을 논의하여 만장일치로 통과시켰는데, 이 결의안이 통과되자 간디는 연설을 통해서 "여러분에게 주는 짧은 만뜨라가 있다. 여러분은 그것을 마음에 새기고 숨 쉴 때마다 새기라. 그 만뜨라는 '행동 아니면 죽음'(do or die)이다"라고 말하면서 다음과 같은 단호한 의지를 밝혔다.

우리는 영속적인 노예 상태로 있는 우리를 보며 살지 않을 것입니다. 진정으로 모든 국민회의 당원은 이 나라가 속박과 노예 상태에 있는 것을 보면서 살아남지는 않겠다는 단호한 결심으로 이 투쟁에 참여할 것입니다. 모든 남녀는 이제부터 자유를 성취하기 위해 살고, 그렇지 않으면 죽겠다는 의지로 매순간 살아야 합니다. 여러분은 자신의 양심과 신께 자유를 성취할 때까지 쉬지 않을 것임을 맹세하고, 생명을 바치는 사람은 그것을 얻을 것이고 생명을 지키고자 하는 사람은 그것을 잃게 될 것입니다. 자유는 겁쟁이와 허약한 마음을 가진 사람들을 위한 것이 아닙니다.[87]

그러나 전인도국민회의 위원회에서 인도철퇴선언을 발표하자 당국은 강경한 태도를 견지하며 8월 9일 이른 시각에 간디, 네루, 빠뗄, 아자드 등의 지도부 인사들을 체포했고, 국민회의는 불법단체로 규정되었다.

한편 독일에서 인도 독립운동을 위한 방송센터를 건립하고 홍보방송을 하고 있던 보세는 인도국민회의 운영위원회에서 7월 14일 인도철퇴선언 결의안을 채택했다는 소식을 듣고 '간디에 대한 전폭 지지'(Full

Support to Gandhi)*라는 주제의 방송을 했다. 보세는 국민회의와 영국이 타협점을 찾지 못한 것은 국민회의가 영국에 반대해서가 아니라 영국이 타협을 가능하게 할 최소한의 것도 내놓을 준비를 하지 않았기 때문이라고 보았다.[88] 그리고 보세는 영국 보수당 정부가 국민회의와의 타협을 원하지 않는 이유를 다음과 같이 다섯 가지로 정리했다.

첫째, 영국은 자신들의 대영제국을 유지하기 위해 싸우는 것이다. 인도가 없는 대영제국은 의미가 없기 때문에 인도가 독립한다면 전쟁을 하는 포인트가 없어지는 것이다. 둘째, 그들은 아직도 전쟁에 승리할 것을 기대하고 일단 전쟁에서 승리하면 인도의 독립운동을 붕괴시킬 수 있다고 기대하고 있다. 셋째, 영국이 종전 후 인도 문제를 해결하겠다는 계획에는 파키스탄이 있다. 즉, 인도를 여러 개로 조각 낼 생각이다. 넷째, 보수당은 전쟁 중에 간디와 타협하는 것은 전쟁 능력을 증강시키는 데 하등 도움이 되지 않는다고 생각하고 있다. 또한 인도로부터 얻을 만한 것은 이미 얻었다고 생각하고 있고, 나아가 영국인들은 질주 중에 말을 갈아타는 것을 싫어하듯이 전쟁 중에 큰 헌법상의 변화를 원치 않는다. 다섯째, 비록 문서상이라고 해도 인도 독립을 인정하는 것은 영국정부에게 끝없는 혼돈을 가져다줄 것이다. 특히 전후에 인도 문제 해결을 위한 다른 계획을 갖고 있을 때에는 더욱 그러하다.[89]

---

* *NCW*, vol. 11, pp.122~131. 네타지 선집에 "「아자드 힌드」 6월 5일자에 게재되었다"라는 표현은 8월 5일의 오기(誤記)로 보인다. 내용상 발표된 결의안이 AICC에서 통과되기를 기원한다고 쓴 것은 7월 14일 운영위원회의 결의안 발표와 8월 8일 AICC의 결의안 통과 사이에 방송되고 게재된 것으로 보아야 하기 때문이다.

이렇게 보세는 영국의 태도에 대한 분석을 내놓은 후, 운영위원회 결의안을 전인도국민회의 위원회가 승인할 것이며 이 결의안이 대중의 지지를 받을 것으로 확신한다고 밝히면서 한편으로 자신이 갖고 있는 우려를 표명했다. 즉 "1921년과 1930~1932년의 경험으로 보아 마지막 단계에서 간디가 대중운동을 잘못 이끌 위험성이 있다. 간디는 늘 폭발적으로 시민 불복종운동을 시작하지만 그 끝은 흐지부지해지는 경향이 있다"는 것이다. 또한 간디가 주장하는 비폭력 시민 불복종운동으로는 영국을 인도에서 몰아낼 수 없기 때문에 한편으로는 영국 지배의 즉각 철수를 요구하는 간디의 주장을 전폭적으로 지지함과 동시에 전면적인 캠페인에 대해서도 고려하지 않으면 안 된다는 것이다. 그렇기 때문에 보세는 영국의 즉시 철수를 요구하는 간디를 전폭적으로 지지한다고 밝힘과 동시에 어떤 세력이라도 간디를 비판하는 세력은 비판받아야 한다고 강조했다.* 또한 영국이 비록 인도인들이 받아들일 만한 제안을 하더라도 어떤 단계에서든 영국과 타협하려는 생각을 해서는 안 된다고 인도 국민에게 경고했다. 또한 인도에 연합군 주둔을 허용하는 것은 3국동맹군(독일, 이탈리아, 일본)과 전쟁을 선포하는 것이나 다름없으며, 연합군 기지가 있는 인도를 공격하라고 부추기는 것과 다름없는 것이기 때문에

---

* 간디가 4월 27일 운영위원회에 제출한 원안에는 인도가 독립하면 자유인도는 일본과 타협할 것이라는 내용이 있었는데, BBC에서 이것을 네루가 수정했다고 보도했다. 이것은 간디를 비난하여 힘을 꺾을 여론을 조성하려는 의도였을 것이다. 네루는 반추축국 이념이 강했다. 그래서 간디가 일본과 타협하려 했다면 그것을 저지하고 추축국과 싸우려 했을 수도 있다. 하지만 간디는 비폭력주의자이다. 그가 추진하는 비폭력 시민 불복종운동 자체만으로는 독립을 얻을 수 없기 때문에 영국과 타협을 생각하지 않으면 안 된다. 그런데 추축국 가운데 하나인 일본과 타협하려는 정책을 취한다는 것은 영국에게 완전히 등을 돌리는 것을 의미하기 때문에 간디가 추축국에 우호적인 타협을 생각했을 가능성은 별로 없기 때문이다.

영국 지배 철수에 대한 요구는 인도로부터 연합군의 철수와 영국 관리의 철수를 포함하는 것이어야 하며, 그러한 물리적 철수가 없는 인도의 독립은 문서상의 독립일 따름이라고 경고했다. 또한 간디의 비폭력·수동적 저항으로 국가의 자유를 얻는 데 실패한다면 군사력을 동원한 마지막 투쟁을 준비해야 하며, UN은 사실상 영국과 미국의 입장을 대변하고 있는 것에 불과하므로 인도 문제를 UN에 의탁하려 해서는 안 된다고 강조했다.[90] 또한 "곧 시민 불복종운동이 시작될 것이다. 우리는 이것을 전폭 지지해야 한다. 그러나 이 운동이 약화되면 즉시 방향을 전환해야 한다. 새롭고 훨씬 효과적인 방법으로 영국이 인도에서 완전히 물러나고, 완전한 인도 해방이 이루어질 때까지 독립운동은 수행되어야 한다"[91]고 인도 국민을 향해 호소했다.

간디에 대한 전폭적인 지지를 선언한 이 방송은 전인도국민회의 운영위원회가 개최되기 전에 방송된 것이다. 보세가 기대한 대로 전인도국민회의 운영위원회에서는 인도철퇴 결의안을 만장일치로 통과시켰다. 그러나 보세가 기대한 대대적인 시민 불복종운동은 전개되지 않았다. 그 이유는 인도철퇴선언 후 간디와 국민회의 지도부 대부분이 구속되었기 때문이기도 하지만 구속되지 않았더라도 선언과 동시에 시민 불복종운동이 전개되지는 않았을 것이다. 왜냐하면 8월 8일 간디가 다음과 같이 말했기 때문이다.

실제 투쟁은 지금 시작하지 않습니다. 여러분은 여러분의 모든 힘을 제게 맡겨주십시오. 저는 이제 총독에게 국민회의의 요구를 받아들이라고 청원하고 기다릴 것입니다. 아마 2~3주 정도 걸릴 것입니다. 그동안 여러분은 무엇을 할 것인가? 그사이에 모든 사람이 참여할 수 있는 프로그램은 무엇인가? 아시다시피 내가 할 첫 번째 일은 물레를 돌리는 것입니다. 마울라나(당시 국민회의 의장인 아자드)에게도 똑같이 말했습니다. 그는 이것을 받아들이려 하지 않았지만 나중에는 그 중요성을 이해했습니다. 물론 여러분이 수행해야 할 14가지 건설적 프로그램이 있습니다. 그 외에 더 해야 할 일은? 여러분 모두 지금 이 순간부터 여러분 자신을 자유인 남자, 자유인 여자로 생각하십시오. 그리고 더 이상 제국주의의 바퀴 아래 있지 않는 자유인처럼 행동하십시오.[92]

요컨대 간디는 인도철퇴선언 후 총독에게 그 사실을 전하고, 자신들의 요구를 들어주지 않는다면 대대적인 시민 불복종운동을 전개할 것이라고 통보한 후 다시 총독의 답변을 기다리고, 그런 후에 실제 시민 불복종운동이 전개될 예정이었다. 그러나 그러한 절차를 시작하기도 전에 간디와 지도부는 구속되었다. 간디는 구속되던 날 국민에게 두 개의 메시지를 남겼다. 하나는 체포되기 전 새벽에 남긴 것이며, 또 하나는 체포되면서 남긴 것이다.

파업과 기타 비폭력 수단을 사용하여 교착 상태를 완수하라. 사띠야그라히는 죽기를 각오하고 나아가야 한다. 그들은 죽기를 바라고 죽음에 직면해야 한다. 개개인이 죽기를 작정할 때 국가는 살아날 것이다.
모든 비폭력 자유 투쟁을 하는 군인은 '행동 아니면 죽음'(do or die)이라는 글을 종이나 천 조각에 써서 자신의 옷에 붙이라. 그리하여 그가 사뜨야그라하를 수행하다가 죽었을 때, 비폭력 수행자가 아닌 자들과

구별될 수 있도록.[93)]

위와 같은 간디의 발언은 제2차 세계대전 발발 직후의 발언에 비해 엄청난 변화를 보인 것이라 할 수 있다. 1939년 9월 운영위원회에서는 영국에 협조하는 조건으로 제헌의회를 구성하여 헌법을 제정할 권리를 요구하자는 견해가 있었다. 이에 대해 간디는 "인도는 자신에게 민주적 자유가 주어지지 않는 상황, 제한적 자유마저 박탈당하는 상황에서 민주주의와 자유를 명분으로 하는 전쟁에 관여할 수 없다"고 전제하면서도 "영국에 대한 지지는 무조건적으로 그리고 비폭력적으로 해야 한다"고 주장했다. 그러나 이제 모든 비폭력적 방법을 총동원하여 영국을 물러가게 할 것이며 그렇지 않으면 죽음을 불사할 것이라는 비장한 선언을 한 것이라 볼 수 있기 때문이다. 그러나 비장한 각오로 인도철퇴운동을 지도하려 했던 간디는 곧바로 구속됨으로써 어떤 선언도 실천에 옮길 수 없는 상황에 놓이게 되었다.

간디의 발언에서 답답함을 느끼는 것은 '그는 늘 왜 청원하고 기다렸을까?'라는 의문이 들기 때문이다. 그러나 어쩌면 이러한 청원과 기다림은 그의 비폭력 저항의 한 축일 수도 있다. 청원하고 그에 대한 대답을 기다린 후에 행동하는 것이 간디의 비폭력운동의 중심일 수도 있다. 그러나 그러한 간디의 비폭력은 폭력을 일으키는 요인이 될 수도 있다. 간디는 비폭력 원칙을 지키기 위해 기다림의 시간을 동반했지만, 1920년대와 1930년대에 대대적인 비폭력운동을 전개했을 때에도 간디의 청원 다음에는 늘 구속이 뒤따랐다. 그리고 구속에 항의하는 시위로 인해 또 다른 폭력 혹은 무력을 동반한 투쟁이 일어나는 요인이 되었다는 것을 간디는 인식하지 못했던 것일까. 또한 간디의 주장이 늘 두루뭉술하다는 것에도 답답함을 느낀다. 일견 매우 단순한 것 같으면서도 애매모호하고 두루뭉술한 그의 주장 안에 진리가 담겨 있는 것은 사실이다. 그러나 하얀 누에고치 안에 누에가 들어 있다는 것을 누구나 알 수 있는 것은 아니다. 하얀 울타리 안에 들어 있는 갈색의 누에고치를 누구나 알아채고 인식할 수 없듯이 그의 진지함을 둘러싸고 있는 두루뭉술함은 대중을 오도할 가능성을 갖고 있다는 생각을 떨칠 수 없다.

언제나 그랬듯이 인도철퇴선언 이후 당국은 지도자들을 구속한 데 이어 대중 행렬과 집회를 전면 금지했으나, 간디를 지지하는 수많은 대중은 그들 나름의 '간디 따르기'를 실천했다. 인도철퇴선언을 한 봄베이의 고왈리아 탱크 메이단(Gowalia Tank Maidan)에 군중이 모여들었고, 아사프 알리(Aruna Asaf Ali)는 국민회의 깃발을 흔들었다. 경찰은 군중 해산을 위해 곤봉과 최루 가스를 사용했고 국민회의 당기는 강제로 내려졌다. 이렇게 대중과 당국의 충돌로 폭력이 만연해 있었지만, 지도자들이 모두 구속된 상태였기 때문에 대중을 이끌 수 없었다. 아이러니하게도 인도에서 전개되고 있는 인도철퇴운동에 대해 지도자 역할을 하며 목소리를 낼 수 있는 인물은 보세였다. 보세는 방송을 통해 대중에게 현 시점에서 어떻게 행동해야 하는지, 그리고 세계 여론의 향방은 어떤 것인지를 전할 수 있었다. 보세가 아무리 영국을 비판하고 강경한 노선을 제시한다 하더라도 영국정부가 베를린에 있는 그를 구속할 수는 없었기 때문이다.

보세는 1942년 8월 17일 '인도철퇴운동'(The Quit India Movement)이라는 제목의 방송에서 8월 9일 이후 지도부의 구속과 그 이후 봄베이에서 벌어진 상황을 다음과 같이 언급했다.

지도자 구속에 대한 항의로 상점들은 파업을 했고, 학생들은 거리에 나와 시위를 하고 있으며, 영국 국왕의 사진이 들어 있는 우표들을 불태웠다. 경찰은 비무장 대중을 향해 총기와 탱크까지 사용하는 잔혹한 진압을 하고 있으며, 시민은 돌멩이와 소다수 물병으로 맞서고 있다. 이런 상황에 대해 영국 신문들은 국민회의와 시위 대중을 비난하는 기사를 싣고 있으며, 국민회의 지하당원들은 이에 맞서 유인물을 뿌리고 있다.[*] 영국은 독립 투쟁을 봉쇄하기 위해 할 수 있는 모든 수단을 동원하고 있다.[94]

위와 같이 봄베이의 투쟁과 당국의 행위를 열거한 후 인도에 우호적인 국제적 여론이 형성되고 있다는 것과 지난 20년 동안 조국을 위해 투쟁한 자신이 지금 인도의 투쟁에 함께하지 못함을 안타까워하면서 이 투쟁이 성공하기 위해서는 투쟁의 점진적 확대, 대중 피해의 최소화, 인도의 영국 군수품 파괴와 인도의 영국 행정체제 마비를 위한 게릴라전으로의 전환, BBC의 콜로넬 브리튼(Colonel Britton) 방송을 청취하고 그의 전략을 인도의 상황에 적용할 것, 영국 상품 보이콧 대중집회 개최, 모든 법률의 위반, 친영 인도 관리 보이콧, 전 영국인에 대한 보이콧, 납세

---

[*] 지하당원들이 유인물을 뿌린 것과 더불어 국민회의를 대변하는 지하방송인 국민회의방송(Congress Radio)이 설치되어 4개월 정도 방송되었다. 메흐따(Usha Mehta)에 의해 창립된 이 지하방송은 1942년 8월 20일 방송을 시작했고, 비탈바이 자베리(Vithalbhai Jhaveri), 찬드라깐뜨 자베리(Chandrakant Jhaveri), 바부바이 카까르(Babubhai Khakar) 등이 방송에 참여했다. 방송기술과 장비는 시카고 라디오의 모따와니(Nanak Motawani)의 지원을 받았다. 이런 유형의 방송은 인도 최초의 유일한 것이었는데, 메흐따는 당시 20대 초반의 젊은 여학생이었다. 이 지하방송은 당국의 감시를 피하기 위해 봄베이 이곳저곳으로 옮기며 방송을 했다. Taneja, A.(2005). *Gandhi, Women, and the National Movement, 1920~47*, p.198 참조.

거부, 경찰과 군인 공격 예상지에 바리케이드 설치, 군수공장 노동자 파업과 태업, 학생들의 수업 거부와 게릴라전 조직, 여학생들은 비밀정보 전달 요원으로 활동할 것, 비밀리에 도울 준비를 하는 정부 관리는 사임하지 말 것, 영국 제국주의를 상징하는 우표와 기념물 그리고 영국 국기 등의 파괴, 통신·전보·항만·버스·철도 등의 운항 방해, 특히 군수품 수송 방해 등의 행동지침을 전했다.

이처럼 보세는 베를린에 있으면서도 인도 정세를 정확히 파악하고 그에 대한 대책들을 쏟아내면서 지도자들의 빈 자리를 메꾸려 애쓰고 있었다. 간디를 비롯한 지도자들이 구속되어 있는 것을 안타까워하면서도 그는 동포들에게 다음과 같은 말로 확신을 갖고 투쟁하라고 독려했다.

동포들이여! 지도자들이 모두 구속되었다고 낙담할 필요는 없다. 오히려 그들의 구속이 인도 전역에 지속적인 자극이 될 것이다. 지난 20년 동안 우리는 지도자들이 구속된 동안에도 시위하는 훈련을 받아왔지 않은가. 여러분을 이끌던 지도자들은 전면에 있지 않다. 이제 이 계획은 여러분의 몫이다. 여러분은 모든 곳에서 가능한 한 모든 것을 동원하여 인도의 영국정부를 붕괴시키기 위해 싸워야 한다.

인도의 투쟁은 인도 혼자 싸우는 것이 아니다. 그렇지만 인도의 자유를 획득하는 핵심은 인도인 자신이다. 어떤 고통과 희생이 따르더라도 투쟁을 성공으로 이끄는 것은 여러분 자신의 몫이다. 자유는 피 흘리는 순교 없이 획득될 수 없다. 그리고 값을 치르지 않고 자유를 얻는다 해도 그것은 가치 있는 것이 되지 못한다. 여러분이 내세워야 할 슬로건은 '지금 아니면 영원히'이며, '승리 아니면 죽음!'이다.[95]

이러한 방송에 이어 1942년 8월 31일에는 '인도의 영웅적 투쟁에의 합류'(Join India' Epic Struggle)라는 방송을 통해 "인도는 영국의 보물이다. 이 보물을 지키기 위해 영국은 싸울 것이다. 그러므로 인도인, 특히 지도자들은 영국이 인도의 요구를 수용할 것이라는 희망을 버려야 한다. 그리고 마지막 영국인들을 인도에서 몰아낼 때까지 싸워야 한다. 우리 투쟁의 마지막 날에는 엄청난 고통과 슬픔이 엄습할 것이며 엄청난 박해와 살해가 벌어질 것이다. 그러나 그것이 자유의 대가이며 반드시 지불해야 하는 것이다. 최후의 순간에 영국은 더 세게 물어뜯을 것이지만, 결국 죽어가는 사자의 물어뜯음이고 우리는 살아남을 것이다"[96]라며 결연히 영국과 싸울 것을 호소했다.

보세가 베를린에서 열변을 토하는 방송으로 인도의 독립 투쟁을 고무하고 있을 때, 간디는 수용소(아가칸 궁: 뿌나)에서 총독에게 편지를 쓰고 있었다. 간디의 첫 편지는 구속된 다음날인 1942년 8월 10일 봄베이 주지사인 럼리(Roger Lumley)에게 보내는 것이었다. 이 편지에서 구속과정의 거친 대우에 대해 항의하고, 신문을 볼 수 없는 데 대한 문제 제기 그리고 8월 7일자로 발표된 인도정부의 성명[97]에 잘못된 부분이 있다는 것을 지적했다.[98] 그리고 8월 14일 총독 린리스고에게 편지를 보내 인도철퇴에 관한 정부 성명서의 잘못된 부분을 조목조목 지적했다. 그리고 8월 27일에는 봄베이 주 장관[99]에게 편지를 보내 보안 죄수(security prisoners)에게 외부와의 서신 교환이 제한되는 문제를 언급했다. 간디 아슈람의 운영, 데사이 가족들에 대한 위로 편지,* 앤드루 기금, 빠뗄의

---

* 8월 9일 간디와 함께 구속된 데사이가 구속된 다음날인 8월 10일 사망했다.

건강 문제 등에 관한 서신 교환이 필요하며, 이러한 것들은 자신의 정치 활동과 무관한 것들인데, 서신 교환의 제한으로 어려움을 겪고 있는 자신의 입장을 고려해달라는 편지였다.

인도철퇴운동과 관련된 사람들을 대대적으로 검거한 후 1942년 9월 10일 처칠은 의회에서 특별 연설을 했다.[100] 이것은 그가 수상이 된 이래 가장 포괄적으로 인도에 관해 언급한 연설이며, 그의 연설 내용은 '크립스 제안'에서 어떠한 것도 변경할 이유가 없다는 것을 강조한 것이다. 특히 그는 국민회의가 인도를 대표하지 않음을 역설했다. "인도에는 9,000만 명의 무슬림, 5,000만 명의 불가촉천민 그리고 9,500만 명의 토후국 주민이 있다. 이들을 모두 합치면 2억 3,500만 명인데, 국민회의는 인구 3억 9,000만 명의 인도에서 2억 3,500만 명을 뺀 나머지를 대표하는 것에 불과하며, 이는 현재 국민회의 정책을 비판하는 힌두, 시크, 기독교인 등 많은 숫자를 포함시키지도 않은 것이다"라고 말하면서 인도에 관한 정책은 이러한 사실에 기초해야 한다고 강조했다. 또한 "지난 두 달 동안 14만 명의 자원 입대자가 들어왔다. 현재 국민회의는 인도 군대에 어떤 영향도 미치지 못하고 있고, 인도 관리들을 사직시키거나 최소한의 대중도 움직이지 못하는 무능을 드러냈다"고 비판했다. 요컨대 국민회의는 인도를 대표하지도 못하면서 폭력행위를 유발하여 평화로운 인도인을 혼란에 몰아넣은 것뿐이기 때문에 영국정부는 총독과 총독집행위원회에 가능한 한 모든 지원을 할 것임을 천명하고, 인도 군대가 일본에 맞서 인도 땅을 지킬 수 있는 모든 지원도 아끼지 않을 것이라고 밝혔다.

이 소식을 접한 간디는 9월 23일 인도정부의 내무 장관(Home Secretary)에게 편지를 썼다.[101] 이 편지의 핵심은 "국민회의는 비폭력을 견지하고 있다. 폭력 유발의 책임은 나와 인도국민회의에 있는 것이 아니라, 나와 국민회의 지도부를 구속한 영국정부에 있다"는 것이었다. 간디는 이 편지를 시작으로 인도철퇴선언 이후 발생한 폭력의 책임이 어디에 있는가에 대한 공방을 시작했다. 폭력의 책임에 관한 문제를 언급하면서 단식을 거론한 것은 1942년 12월 31일 총독에게 보낸 편지에서이다.

나를 체포하는 성명에서도 그랬고, 에머리(Mr. Amery)도 의회에서 폭력의 책임이 나에게 있다고 공격했으며,* 총독 역시 나의 진실성을 의심하고 있습니다. 그런데 모든 것을 국민회의 탓으로 돌리는 데는 문제가 있습니다. 왜 그런 잔혹한 방법을 택하기 전에 당신이 품고 있는 의혹을 나에게 말하고, 당신이 알고 있는 사실을 나에게 알려주지 않았습니까? 나는 그들이 무고한 사람에게 누명을 씌운 것을 당국이 알게 되기를 기대했습니다. 그러나 6개월의 시간으로 나의 인내심은 바닥이 났습니다. 사뜨야그라하에는 그러한 경우 시련을 겪을 것을 규정하고 있습니다. 단식으로 육체에 고통을 주는 것입니다. 또한 단식의 사용은 최후의 순간에 선택하는 것으로 되어 있습니다. 나는 피할 수만 있다면 이런 방법을 사용하고 싶지는 않습니다. 그것을 피할 수 있는 방법은 나의 잘못을 나에게 설득시키는 것입니다. 그러면 나는 충분히 응대할 것입니다. 당신의 심중을 알고 나를 설득할 수 있는 누군가를 나에게 보낼 수도 있

---

* 인도 국무 장관인 에머리는 하원에서 "크립스가 인도를 떠난 후 국민회의와 간디는 현 정부를 마비시키기 위한 직접적 도발 쪽으로 정책의 방향을 바꾸고 있으며, 간디가 독립을 위해 폭탄, 총알, 포탄과 직면해야 한다고 말했는데, 이것이 순전히 비폭력운동이라고 볼 수 있는가?"라고 말한 것을 언급하는 것이다.

고, 그럴 의지만 있다면 방법은 많습니다.[102]

위와 같이 간디 자신은 폭력에 대한 책임이 없다는 것을 명백히 하고, 자신의 결백이 인정되지 않을 때는 단식이라는 최후의 방법을 선택할 수밖에 없다는 것을 총독에게 '통보'한 것이다. 이에 대한 총독의 답변[103]은 지난 8월 국민회의가 채택한 정책이 잘못이고, 그 정책을 채택함으로 말미암아 폭력과 범죄가 전국에 만연하고 있는 것이기 때문에 간디와 운영회의에 전적인 책임이 있다고 할 수는 없겠지만 단초를 제공한 책임은 국민회의에 있고 그에 수반된 결과에 대한 책임도 국민회의가 감수해야 한다는 것이다. 거기에 덧붙여서 "내가 당신의 편지를 제대로 이해한 것이라면, 당신이 지금 당신의 발걸음을 돌려 당신과 국민회의 정책을 분리시키려는 것이라면, 당신은 내게 그것을 알려주면 되고 나는 그다음의 문제를 고려할 것입니다. 내가 당신의 목적을 잘못 이해한 것이라면 당신은 지체 없이 내가 잘못 이해한 점을 알려주셔야 합니다. 나에게 바라는 당신의 긍정적 제안이 무엇인지 알려주십시오"라는 내용을 적은 편지를 보냈다. 편지 말미에 있는 총독의 말은 상황을 더욱 악화시켰다. 마치 간디가 자신과 국민회의를 분리시켜서 '폭력의 책임은 나에게 없고 국민회의에 있다'고 한 것처럼 총독이 받아들였기 때문이다.

제2차 세계대전이 발발한 직후 총독이 일방적으로 인도의 자동 참전을 선언하면서 회담에 응하지 않았을 때 네루는 "린리스고 총독은 몸은 무겁고 마음은 둔하며 바위처럼 인식이 부족했다"[104]고 말했다. 린리스고의 이러한 대응이 개인적 성향에서 비롯된 것이라고 할 수는 없을 것이다. 그가 인식 없이 돌덩이처럼 대처한 것은 처칠로 대표되는 영국 보수 정치권의 태도와 연계된 것이다. 어찌되었든 이러한 린리스고의 인식 부족은 1942년에도 여지없이 드러났다. 자신의 편지를 엉뚱하게 해석하고 있는 린리스고의 편지를 받은 간디는 "당신의 편지를 받고 절망했다"[105]고 표현했다. 간디는 총독의 입장에서 자신의 편지를 다시 읽어보았지만 린리스고 총독이 언급한 의미를 자신의 편지에서는 찾을 수 없었으며, 8월 9일 이후 발생한 일들에 대해 개탄하지만 자신에게 잘못이 있다고는 생각하지 않는다고 강조했다. 구속되어 있는 자신은 신문이나 정부의 발표를 통해서만 정보를 접할 수 있는데, 그것이 어떻게 공정한 정보일 수 있느냐고 물으면서 "당신 앞에 놓인 보고서는 오류의 가능성이 있다. 12월 31일 내가 보낸 편지에서 당신이 갖고 있는 정보의 정확성에 대해 나를 신뢰하라고 간청했다"고 강조하고, "나는 비폭력을 확고히 믿는 사람이다. 당신은 국민회의 활동자의 어떤 폭력에 대해서도 내가 공개적으로 확실히 비난했다는 것을 모르는 것 같다. 나는 공개 참회를 했던 적도 있다"는 말로 비폭력자인 자신에게 폭력에 대한 책임이 있을 리 없다는 것을 재차 확인했다. 그리고 이어서 "8월 8일 밤에 내가 성명을 발표하였을 때, 당신이 체포하지 않고 인터뷰를 요청했더라면 나도 응했을 것이라고 확신한다. 그러나 그렇게 되지 않았다"고 지적했다. 즉 인도철퇴선언이 발표되었을 때, 간디는 총독에게 '간청'하는 요구를 들어줄 시간을 2~3주 정도 줄 생각이었고, 그 시간 안에 상호 대화와 문제 해결의 시간을 가질 수 있었다면 폭력 사태로 이어지지 않았을 것임을 환기시킨 것이다. 아울러 정부의 판단이 실수로 드러난 다이어 장군의 시크교 학살 사건, 깐뿌르(Kanpur)에서 모스크가 재건된 일, 벵골 분할이 취소된 것 등을 들면서 정부의 판단이 오류일 수 있음을 인정하고 그에 대한 충실한 답변으로 지금의 난국을 끝낼 의지를 가져달라고 간청했다.

간디의 편지를 받은 린리스고 총독은 1월 25일 다시 답장[106]을 보내왔지만, 1월 13일자 편지와 달라진 것이 없었다. 즉 국민회의와 간디가 발의한 운동으로 발생한 폭력 사태에 대한 책임은 정부가 아니라 간디와 국민회의에 있다는 것을 재차 확인한 편지였다. 이에 간디는 단식을 결행할 것이라는 편지를 1월 29일 총독에게 보냈다. 그 내용을 요약하면 다음과 같다.

> 나는 이미 간청했습니다. 국민회의 주요 인사 대부분이 구속된 이후 벌어진 대중폭력 사태에 대해 국민회의에 책임이 있다는 당신의 주장에 대한 타당성을 나에게 확인시키는 순간까지 계속 간청할 것입니다. 무자비한 탄압을 하는 정부에게 폭력에 대한 책임이 있는 것 아닙니까? 당신은 8월 선언의 어떤 부분이 나쁘고 공격적인지 설명조차 하지 않았습니다. 그 선언은 비폭력 정책을 가진 국민회의에서 발의한 것입니다. 그 선언은 어떤 형태의 파시즘도 반대하는 것이었고, 국민회의는 국민을 위한 요구를 한 것이며, 국민회의 자체를 위한 어떤 요구도 없었다는 것을 간과하고 있는 것 같습니다. 아시다시피 국민회의는 진나를 초청하여 국민정부를 구성하고, 필요하다면 조정을 거쳐 전쟁 중에 선거를 통해 의회에 책임을 지는 정부를 구성하려고 했습니다. 그런데도 국민회의와 나에 대한 처벌이 이루어졌습니다. 확언컨대 독단적인 생각이 아니라 확실한 증거를 가지고 자신들의 입장을 정당화시켜야 하는 것은 정부입니다. 국민회의 당원이라고 자처하는 사람에 의한 살인이 내

탓이라고 하는데, 나는 정부가 그들을 그러한 상황으로 몰고 간 것이라고 생각합니다. 체포라는 형태의 폭력을 자행하기 시작한 것은 정부입니다. 나는 이제 사뜨야그라하에 규정된 것에 의지할 수밖에 없습니다. 즉, 능력에 따라 단식하는 것입니다. 나는 2월 9일 아침 식사 후부터 3월 2일까지 21일 동안 단식할 것입니다. 일반적으로 단식하는 동안에는 소금이 들어 있는 물을 마십니다. 그러나 이번에는 감귤류 주스를 마실 것입니다. 죽음에 이르는 단식을 하려는 것이 아니라 시련을 이겨내기 위한 것이기 때문입니다. 이 단식은 정부가 나를 석방한다면 중지될 수 있습니다.[107]

이러한 편지를 받은 린리스고는 간디의 단식은 아힘사가 아니라 힘사, 즉 비폭력이 아닌 폭력이라고 주장하는 답장을 2월 5일에 보냈다. 즉, 압력을 행사하는 단식은 결코 비폭력이라 할 수 없다는 것이었다. 그러나 간디는 2월 7일 답신에서 단식을 결행할 것임을 재차 밝혔다. 이에 총독은 2월 7일 무조건적 석방이 아니라, 감옥에서 단식하다가 간디에게 닥칠 불행한 사태를 정부가 책임지고 싶지 않은 입장에서 단식 기간 동안 일시적 석방은 가능하다는 답신을 보냈다. 그러나 간디가 이를 거절하자, 내무부 차관보인 토텐햄(Richard Tottenham)은 2월 9일 "구속 상태에서 단식에 대한 모든 책임은 간디에게 있음"을 밝히고,[108] 간디의 동의 하에 구속된 이후 정부와 간디 사이에 주고받은 서신을 공개했다.

지금까지 간디가 구속된 이후 정부와 주고받은 서신들을 간략히 살펴보았다. 잠시 사태의 추이를 되짚어보자. 간디는 인도철퇴선언을 하고 구속된 이후 정부와의 서신을 통해 자신의 결백을 주장했다. 특히 폭력 사태에 대한 자신의 결백을 주장하는 서신 왕래 후 자신의 결백을 인정하지 않는 정부에 항의하기 위해 단식에 들어갔다. 이 시점에서 간디에게 무엇이 중요한 것인지 의문이 들지 않을 수 없다. 간디는 왜 구속되었는가? 그 직접적 원인은 인도철퇴선언이다. 인도철퇴선언의 지향점은 무엇이었는가? 영국이 인도에서 완전히 떠나야 한다는 것이었다. 그렇다면 간디가 감옥에서 정부와 투쟁하고 단식해야 할 주제는 비폭력이 아니라 '영국이 인도에서 떠나는 것'이어야 한다. 그럼에도 불구하고 간디가 정부와 주고받은 서신 어디에도 "이제 그만 떠나시오"라는 말은 언급되지 않고 있다. 이것을 어떻게 해석해야 하는가.

대부분의 경우 간디의 단식은 전 국민의 의식을 변화시키는 탁월한 능력을 발휘했다. 그렇기 때문에 간디의 단식은 인도 국내뿐만 아니라 전 세계의 이목을 집중시키기도 했다. 그러한 간디가 인도철퇴선언으로 구속된 후 다시 그 무기를 꺼내든 것이다. 그런데 이번에는 양상을 달리하고 있다. 불가촉천민의 분리선거에 반대하는 죽음에 이르는 단식의 경우는 분리선거권을 폐기시키기 위한 것이었다. 그리고 힌두-무슬림의 단합을 호소하며 상호 폭력을 중지시키기 위한 그의 마지막 단식 역시 '만연한 폭력의 중지'였다. 이렇게 직접적인 목표를 향한 단식과는 달리 인도철퇴선언 후 구속 상태에서의 단식은 인도철퇴선언이 목표로 한 "영국은 인도에서 완전히 떠나라!"는 것을 목표로 하고 있지 않다는 것이다. 간디는 총독과 주고받은 서신을 통해 정부와 언론에서 공포하고 있는 "인도철퇴선언 후의 폭력 사태에 대한 책임이 간디에게 있다는 것"과 대기근이 발생하고 있지만 "자신은 감옥에서 아무런 힘이 되어줄 수 없는데 대해 절망과 고통 속에 있다"고 호소하면서 자신을 즉시 조건 없이 석방할 것을 주장하며 21일 동안의 단식을 선언했고, 실행에 들어갔다. 이때 간디는 왜 '영국의 완전 철수 아니면 죽음'을 단식의 목표로 설정하지 않았던 것일까.

간디가 린리스고 총독에게 보낸 편지에서는 '폭력'에 대한 결벽증이라고 할 수 있을 만큼 "폭력에 대한 책임이 나에게 있지 않다"는 것만 주장하고 있다. 그렇기 때문에 한편으로는 간디가 "영국은 이제 그만 인도에서 떠나시오!"라는 주장으로 구속되었다는 사실을 잊고 있는 것이 아닌가? 폭력에 대한 책임 소재가 이렇게까지 중요한 것일까? 이 시점에서 중요한 것은 독립이지 폭력에 대한 실험이 아니지 않은가? 이런 의문이 생길 수밖에 없다. 그러나 이것은 간디의 또 다른 형태의 비폭력 투쟁이라고 평가할 수도 있다. 간디가 '폭력에 대한 무죄'를 주장하면서 단식에 들어갔기 때문에 그의 단식에 영국이 타협할 여지를 주었다는 것이다. 그가 "영국이 물러갈 때까지 죽음에 이르는 단식을 하겠다"고 선언하는 것은 타협의 여지를 말살시키는 것이다. 그렇기 때문에 '영국은 이제 물러가라'라는 주제로 단식을 결행하는 것은 그의 비폭력 정신에 맞지 않는 것이다.

로맹 롤랑은 "대건축물에서 가장 중요한 것은 언제나 지하성당(地下聖堂)이다. 그것은 넓고 깊다. 그리고 서둘러서 지어도 되는 전당(殿堂)을 받치도록 되어 있다. 영속하는 것은 지하성당뿐이며, 다른 것은 일시적이며 과도기적인 용도에 쓰일 뿐이다. 그러므로 이 지하성당, 즉 간디의 사상이 단단히 발을 딛고 있는 곳을 알아야 한다. 이곳이야말로 그가 그 위에서의 활동에 필요한 힘을 기르기 위해 날마다 기도하는 곳이다"[109]라는 말로 간디의 행동 안에 있는 심연의 무엇을 이해할 필요가 있다고 말한 바 있다. 그러나 모든 사람이 간디의 심연을 읽을 수 있는 것은 아닐 것이다. 우리가 바다를 바라볼 때 그 심연에 있는 무엇을 알아채기보다는 일렁이는 파도를 먼저 보게 되듯이 간디의 의도, 비폭력에 대한 그의 신념이 아무리 강하게 드러나는 단식 결정이었다고 해도 영국 식민지 당국은 물론 인도의 정치 지도자들도 간디가 줄다리기를 시작한 이번 단식을 제대로 이해하기 힘들었을지 모른다.

일단 간디가 단식을 시작하자, 회기 중이던 중앙의회(Central Legislature)에서는 2월 15일 깔리까르(V. V. Kalikar)의 발의로 간디의 단식에 대한 토론이 진행되었다. 깔리까르는 간디가 단식을 시작하게 된 경위를 설명하고 자신은 지난 20년 동안 간디의 계획에 동의하지는 않았지만, 간디는 전 세계의 주목을 받는 인물이고, 지금 그가 하고 있는 단식에 인도뿐만 아니라 세계의 이목이 집중되고 있으며, 간디의 진실함에 이의를 제기할 수는 없기 때문에 정부가 명분에 매달리지 말고 그를 석방해야 한다는 말로 안건을 발의하게 된 이유를 밝혔다. 이 발의에 대해 많은 사람들이 지지 발언을 했다. 후세인(Haji Syed Muhammad Husain)은 다음과 같은 발언으로 간디의 무조건 석방 동의안에 재청했다.

나는 2년 전 간디가 이끄는 국민회의의 정책에 가장 강력한 반대를 했던 사람 가운데 한 명이다. 그러나 오늘 나는 다음과 같은 이유로 간디의 무조건 석방 발의를 지지한다. 그것은 이 나라뿐만 아니라 다른 나라에게도 유익한 것이다. 모든 사람이 염려하는 그의 석방이 교착 상태를 풀 수 있다고 믿기 때문이며, 게다가 이 안을 발의한 사람과 국민회의 당원들이 말한 것처럼 그들이 늘 간디가 제의한 정책에 동의한 것은 아니지만 현재 상황에서 간디와 정부 사이에 책임 공방을 따지지 않고 간디를 석방해야 한다는 것을 지지할 것이다. 나 역시 같은 생각이다. 책임이 누구에게 있는가를 분석하고 따지는 것은 이 동의안에 지지하는 것과는 전혀 상관없는 것이다. (중략) 이러한 교착 상태가 해결되기를 바라지 않는다고 공언할 사람은 하나도 없을 것이라고 생각한다. 나는 영국과 미국 그리고 전 인도에서 모든 사람이 이러한 교착 상태가 해결되기를 바라는 소리를 들었다. 그들이 진정인지 아닌지는 알 수 없지만. 그러나 오늘의 투표는 정치적 교착 상태 해결에 대해 정부가 열의가 있는지 무심한지를 보여주게 될 것이다.[110]

조시(Mr. N. M. Joshi)는 재청 연설에서 간디의 단식 목적에 대해 다음과 같이 분석했다.

간디는 위대한 인도인이다. 만약 정부가 인도인들에 대해 어떤 선의도 보여주지 않는다면 그 결과는 참담할 것이다. 이 나라의 정치 상황은 매우 좋지 않다. 간디가 이번 단식으로 죽는다면 훨씬 더 악화될 것이다. 또한 간디의 불행한 죽음은 영국정부와 인도인 사이뿐만 아니라 영국인과 인도인 사이에 영구적 원한을 만들 것이다. 인도인은 결코 이것을 잊지 않을 것이며 절대로 영국인을 용서하지 못할 것이다. (중략) 간디가 조건 없이 석방되면 편지에 들어 있던 내용들을 설명할 것이고, 현재의 정치 상황을 재고할 것이다. 편지에서 말한 것처럼 자신이 석방되면 상황을 새로운 국면에서 생각하게 될 것이다. 폭력과 파괴가 만연한 상황을 지속시키지 않고 비폭력의 믿음을 재확인할 것이다. 이것이 그가 단식으로 석방되고자 하는 목적이다. 일부에서는 그의 단식 목적이 석방이라고 말한다. 그것은 맞지만 그가 감옥에 있고 싶지 않아서가 아니라 상황을 전환시키고자 하는 것이다.[111]

그러나 일부에서는 이러한 발의에 찬성할 수 없다는 견해를 밝혔다. 특히 총독위원회의 레지날드 맥스웰(Reginald Maitland Maxwell)은 국민회의가 자신들이 발의한 운동이 실패하자 신뢰를 회복하기 위해 이러한 일을 꾸미고 있는 것이며, 간디는 툭하면 단식으로 압력을 가하고 있다고 주장하면서 다음과 같이 발언했다.

단식이 압력으로 작용할 때 정부가 해야 할 일이 무엇인가. 간디의 입장에서 살펴보자. 그가 말하고 있는 것은 이런 것이다. "당신은 정부가 옳고 국민회의가 틀렸다고 말하고, 나는 국민회의가 옳고 정부가 틀렸다고 말한다. 나는 당신에게 증거를 대라고 말한다. 나는 신뢰할 수 있는 유일한 사람이다. 당신은 자신이 틀렸다는 것을 인정하거나 당신의 이유를 나에게 설명하라. 그리고 나를 이 문제에 관한 한 유일한 조정자로 만들어라. 그렇지 않으면 나는 단식할 것이다" 간디는 이렇게 말한 후에 "만약 나를 석방하면 나는 어떤 일을 위해서도 단식하지 않을 것이다. 비록 그들이 약속을 지키지 않는다고 하더라도"라고 말하고 있다. 이러한 간디의 요구는 UN에게 현재 벌어지고 있는 전쟁의 책임 소재를 판정할 자리에 히틀러를 임명하라고 하는 것과 같다. 기소된 사람에게 자신의 죄를 재판하라고 하는 것은 상식적인 일이 아니다. 정책은 그 자체로 옳거나 그른 것이다. 옳고 그름은 6개월 후의 간디의 식사량에 따라 결정되는 것이 아니다. 만약 정부가 그것이 옳다고 생각하면 단식은 어떤 변화도 가져올 수 없다. 정부는 단식으로 위협하는 상황에 따라 결정을 바꾸지 않는다.[112]

의회에서 간디의 무조건 석방 동의안에 반대 발언을 한 맥스웰의 주장은 논리적이며 합리적이다. 폭동을 일으킨 자가 정부와 누가 옳으냐고 따지면서 그 옳고 그름을 판단할 자는 자신뿐이라고 주장하고, 게다가 자신이 옳다는 것을 인정하지 않으면 단식에 들어갈 것이고, 나아가 자신을 즉시 조건 없이 석방하지 않으면 단식을 계속하겠다고 으름장을 놓는다는 것은 상식적이지 않다. 그렇기 때문에 간디의 단식 문제를 논하는 중앙의회에서 한 맥스웰의 발언은 "간디의 정책에 늘 찬성하는 것은 아니지만, 그가 죽으면 더 큰 재앙이 닥칠 것이기에 간디를 살려야 하고 그러기 위해서는 정부가 우호적 결정을 해주어야 한다"고 주장하는 다른 참석자들보다 논리적이라는 것이다. 그러나 일견 논리적으로 보이는 맥스웰의 주장은 전제가 잘못되었다는 것을 스스로 인식하지 못하고 있는 것이다. 식민지에서 자신의 민족을 독립시키고자 한 선언을 식민지 당국에서는 반란이라고 판단하겠지만, 식민지 민족들에게는 독립 투쟁인 것이다. 마치 전쟁의 책임 소재를 판단할 자리에 히틀러를 임명하라고 UN에게 요구하는 것과 같다는 비유를 든 맥스웰 식으로 간디의 단식을 비유하자면 다음과 같이 말할 수 있을 것이다. 맨 땅에 앉는 것보다는 여러 사람을 땅에 엎드리게 하고 그 위에 앉아 있는 것이 푹신하고 편하다. 그래서 몇 사람은 늘 땅에 엎드려 있고 몇 사람은 늘 그 사람들을 깔고 앉아 있었다. 위에 앉은 사람이나 엎드린 사람이나 당연한 듯 지내온 세월이 길었지만, 땅에 엎드린 사람들이 어느 날 그것이 부당하다는 것을 깨닫게 되었다. 그래서 깔고 앉아 있는 사람들에게 그만 일어나라고 요구한다. 그렇다고 깔고 앉아 있던 사람들이 "아, 너희가 불편했구나!"라고 말하면서 일어날 리 만무하다. 그러니 더 옴짝달싹 못하도록 많은 규정을 만들고 조금만 움직여도 벌을 가한다. 깔고 앉아 있는 사람이 이제 그만 일어나거나 아니면 일어나라고 외칠 자유라도 달라고 요구하는 사람들을 상대로 합리성과 논리성을 요구할 권리가 있는 것인가. 이것이 전제되어야 함에도 불구하고 위에서 일어난 현상, 즉 엎드린 사람들이 불편하다고 움직이는 바람에 위에 앉아 있던 사람들이 상처를 입었고, 상처를 입힌 것은 폭력을 행사한 것이니 폭력범으로 처벌해야 한다고 주장하는 것과 무엇이 다른가.

맥스웰의 발언에 이어 메흐따(Jamnadas M. Mehta)는 정치적 문제가 아닌 범주에서 간디의 석방에 동의한다고 하면서[113] "간디가 원하는 것이 무엇인가. 그는 폭도가 아닌 일반 시민으로 돌아가고자 한다. 무엇을 증명하기를 바라는가? 마하트마는 시민으로 돌아가기를 희망한다고 편지에서 충분히 밝혔다. 마하트마가 현 상황을 새로운 차원에서 살펴보겠다고 약속한 것이 매우 중요하다. 그것은 정부가 더 이상 그를 모욕하지 않는다면 합법적인 방법으로 돌아가고자 하는 뜻을 밝힌 것이다. 그가 어떤 결정을 할지 모르지만 그는 지금 상황을 재검토할 것이다. 무엇을 더 바라는가? 그러므로 나는 정부가 8월 8일 성명에서 했던 말들에 대한 기술적 차원을 고집하지 말기를 촉구한다. 레지날드(Reginald) 경에게 지금이 그를 석방할 가장 적절한 시기라고 말할 수 있다. 마하트마를 논리적으로 따지려 하지 말라. 그는 마하트마이다. 논리는 그의 장점이 아니다. 어느 날 그가 다른 때보다 옳다거나 그르다거나 세세히 따지지 말라. 그는 이미 1년 전에 '내가 어제 무슨 말을 했는지 나에게 말하지 말라. 내가 지금 말하고 있는 것을 따르라'고 말한 적이 있기 때문이다"라고 하면서 마하트마는 마하트마이므로 석방해야 한다는 논리를 폈다.

이러한 토론으로 '간디 즉각 석방'이라는 성명서가 전달되었고, 언론에서도 간디를 즉각 석방해야 한다고 보도했지만, 당국은 요지부동이었다. 결국 간디와 정부의 줄다리기는 계속되었고, 간디는 위험의 문턱을 여러 번 넘나들었지만 다행스럽게도 무사히 21일간의 단식을 마쳤다. 어쨌든 간디의 1943년 2월의 단식으로 중앙의회와 전인도 지도자회의 등을 비롯한 여러 회합이 열리게 되었다. 말하자면 논의의 장이 열린 것인데, 여기서 인도의 장래 문제를 논의하거나 열띤 토론이 벌어졌다면 좋았을 것이다. 그러나 눈에 보이는 간디의 석방 문제를 토론했을 뿐 인도의 장래에 대한 토론으로 이어지지 못했고, 정부에 대한 어떤 압력으로도 작용하지 못함으로써 간디의 인도철퇴운동과 그로 인한 간디와 정부의 줄다리기는 간디 측의 실패로 끝났다는 평가를 받을 수밖에 없게 되었다.

간디가 자신의 최대 무기인 단식으로 영국과 줄다리기를 하고 있던 1943년 2월, 보세는 독일에서 일본으로 가는 잠수함을 탔다. 독일의 도움으로 인도로 진격하려는 희망이 사라졌을 때, 그래도 보세는 희망을 버리지 않고 일본으로 눈을 돌렸다.*

---

* 독일이 소련을 침공함으로써 소련을 거쳐 인도로 진격하려던 계획이 무산되었음.

1943년 독일에서 일본으로 갈 때 탔던
잠수함의 승무원들과 보세(맨 앞줄 왼쪽, 안경과
모자를 쓴 이가 보세)

독일에서는 3월 1일 보세의 음성으로 '허세로 가득한 영국 제국주의자들'(The Bluff and Bluster Corporation of British Imperialists)이 방송되었다. 이 방송은 보세가 독일을 떠나기 전인 1월 말에서 2월 초 사이에 녹음한 것으로 추정되고 있다. 보세는 이 방송을 통해 당시의 전쟁 상황 그리고 일본과 공조체제를 구축하려는 이유를 밝혔다.

동지들이여, 영국과 미국의 선전과 위선에 한순간도 흔들리지 말라. 여러분 스스로 세계지도를 보면 알 수 있을 것이다. 아프리카를 제외하고 연합군은 세계의 어느 곳에서도 승리하지 못하고 있다. 아프리카에서조차 전 세계에 호언장담한 것을 성취하지 못하고 있다. 아이젠하워 장군은 북아프리카에서 제자리걸음을 하고 있거나 때때로 후퇴하고 있다. 그들은 이런 패배의 부끄러움을 감추기 위해 가장 중요한 전쟁터는 아프리카가 아닌 러시아라고 떠들고 있다. 유럽에서 영국의 영향력은 거의 사라졌다. 러시아에서는 정확한 입장을 예측하기 어렵다. 극동에서는 영미 연합군이 패배를 거듭하고 있으며, 일본군은 인도의 동쪽 변경을 위협하고 있다. 일본 수상 도조 히데키(東條英機)는 아시아에서의 일본 정책이 인도에 우호적인 것임을 밝히는 성명을 거듭 발표하고 있다.

아시아와 유럽에서 영미 연합군은 절망적 상태이며 아무리 요란한 선전을 하고 있다 하더라도 빠져나가기 어렵다. 동지들이여, 결론적으로 나는 여러분이 우리 역사에서 중대한 시간에 최선을 다해주기를 바란다. 성공은 보장되어 있다. 시간은 우리 편이다. 해외의 우리 동지들은 도울 준비가 되어 있다. 무엇을 더 바랄 것인가. 우리는 오직 투쟁을 계속해야 한다. 머지않아 인도가 자유를 얻을 것을 확신한다. 타도 영국 제국주의! 자유인도 만세! 혁명 만세![114]

이러한 연설을 녹음해두고 보세는 간디가 단식을 시작하기 하루 전인 1943년 2월 8일 독일 키엘(Kiel) 항에서 잠수함을 타고 90여 일을 항해하여 5월 15일 도쿄에 도착했다. 보세는 도조와 인도 독립에 관한 회담을 열었으며, 보세의 견해를 수용한 도조는 6월 16일 "일본은 인도가 독립하는 데 가능한 모든 것을 지원할 것"이라고 발표했다. 언론에 이 소식이 보도되면서 해외에서의 인도 독립운동에 세계의 이목이 집중되었다. 보세는 6월 19일 기자회견을 열고 "제1차 세계대전에서 영국 정치인들에게 기만당했다. 20여 년 전에 당한 그런 기만을 다시는 되풀이하지 않을 것"이라고 단호한 의지를 표명했다. 또한 일본의 중국 침공으로 인해 일본에 대한 인도인의 생각이 변화된 것은 사실이라고 지적하고, "인도와 일본은 2천 년 가까이 문화적 유대를 갖고 있었다. 영국이 인도를 지배하면서 이러한 유대가 붕괴되었지만 이제 인도가 자유를 되찾으면 새로운 유대가 형성되고 강화될 것"[115]이라고 밝혔다. 그리고 이틀 뒤인 6월 21일 도쿄에서의 방송을 통해 "독립은 협상으로 주어지는 것이 아니다. 영국과 연합군이 선의로 인도에서 떠난다는 것은 그저 말뿐이다. 진정으로 자유를 원하면 그것을 위해 싸워야 하고 그들의 피로 대가를 치러야 한다"고 말함으로써 이제 비폭력 투쟁이 아닌 피를 흘리는 투쟁으로 전환할 때가 되었음을 천명했다.

그러고 나서 보세는 도쿄를 떠나 싱가포르에 도착했다. 싱가포르에서 인도국민군을 창설한 라슈 베하리 보세(Rash behari Bose)는 수바스 찬드라 보세를 환영하며 인도국민군과 임시정부를 모두 보세에게 맡겼다. 이로써 보세는 독립인도 임시정부(Provisional Government of Free India)의 수반임과 동시에 인도국민군(Azad Hind Fauj: Indian National Army, 약칭 INA) 총사령관이 되었다. 1943년 7월 5일, 보세는 싱가포르에서 인도국민군 총사령관으로서 역사적인 연설을 했다. 그 연설이 바로 '가자 델리로!'(Chalo Delhi!)이다. 이 연설에서 보세는 인도에 군대가 필요함과 인도의 자유를 되찾아야 할 의무에 대해 역설했다.

나는 항상 모든 방법을 동원해 인도의 독립을 추구해야 한다고 생각해왔는데, 우리에게 부족한 것은 자유군대였다. 미국의 조지 워싱턴은 자신의 군대가 있었기 때문에 독립을 쟁취할 수 있었으며, 이탈리아의 가리발디(Garibaldi) 역시 그를 지지하는 지원병 군대가 있었기에 이탈리아를 해방시킬 수 있었다. 인도의 국민군이 탄생하고 조직된 것은 여러분의 특권이자 명예이다. 그렇게 함으로써 제군들은 자유로 나아가는 마지막 장애물을 제거할 것이다. 그러한 숭고한 목표를 위해 제군들이 선구자라는 데 자부심을 가져라. 제군들은 두 가지 목표를 실천해야 한다. 군대와 제군들의 피의 대가로 자유를 쟁취할 것이다. 그리고 인도가 자유를 얻었을 때 제군들은 자유인도의 정규군을 조직해야 한다. 그리하여 계속해서 우리의 자유를 지키게 될 것이다. 그러한 확고한 기초 위에 우리의 역사에서 다시는 자유를 잃지 않을 국가 방위체제를 구축해야 한다.[116)]

위와 같이 군대의 필요성 그리고 인도에 필요한 군대를 창설한 자부심을 강조한 뒤 군대의 미래에 대해 다음과 같이 설명했다.

지금 나는 제군들에게 배고픔, 목마름, 궁핍 그리고 진격과 죽음밖에 줄 것이 없다. 그러나 제군들이 나와 삶과 죽음을 함께하면, 나는 제군들을 승리와 자유로 이끌 것이다. 우리 가운데 누가 살아서 자유인도를 보게 될 것인가는 문제 되지 않는다. 인도가 자유를 되찾게 되는 것 그리고 우리가 온 힘을 다해 인도를 자유롭게 하는 것으로 충분하다. 다가올 전투에서 신은 우리를 축복할 것이며 우리에게 승리를 안겨줄 것이다.[117)]

이러한 각오로 출범한 인도국민군은 라흐만(Habib Ur Rahman)의 지도로 장교훈련학교를 세우고, 보세가 선출한 45명의 젊은이들을 일본제국군사학교(Japan's Imperial Military Academy)로 보내 조종사 훈련을 받게 했다. 이들이 일명 '도쿄보이'(Tokyo Boys)로 불리는 이들이다. 또한 인도국민군에는 아시아 최초로 여군 연대(Rani of Jhansi Regiment)도 편성되었다.

이후 보세는 1943년 10월 말 도쿄에서 열린 아시아 대동아회의(The Greater East Asia Conference)에 참석하여 '식민지와 제국주의를 없애고 새로운 아시아를 건설하는 것'에 희망을 갖게 되었다. 또한 일본이 점령한 안다만(Andaman) 섬과 니코바르(Nicobar) 섬을 독립인도 임시정부 관할 하에 두기로 결정하고 두 섬의 이름을 샤히드(Shaheed)와 스와라지(Swaraj)로 개명하기도 했다. 1943년 12월 29일 보세는 안다만 섬을 방문하여 이들에게 1858년의 세포이 대항쟁을 상기시키며 대영 투쟁의 당위성과 가능성을 역설했다.[118]

한편 보세가 인도국민군을 이끌고 있을 무렵 사바르까르의 『1857년 인도 독립전쟁』*이 영어로 번역되어 출판되었고, 수브라흐만얌(Jayamani Subrahmanyam)에 의해 번역된 따밀어판이 보세의 축복과 더불어 출판되었다. 세포이 항쟁을 독립전쟁이라고 해석하여 인도인들에게 투쟁의 중요성과 애국심을 고취시킨 이 책이 인도국민군 사이에 널리 유포되고 애독됨으로써[119] 인도국민군의 투쟁 정신을 더욱 뜨겁게 달구고 있었다.

보세는 일본과 협력하여 인도로 진군할 준비를 하고 있던 1943년 10월 2일, 방콕에서 간디의 75회 생일을 맞이하여 간디가 인도 독립을 위해 투쟁한 역할을 강조하는 방송을 했다. '인도 투쟁에서 간디의 역할' (Gandhi's Part in India's Fight)[120]이라는 제목의 방송에서 보세는 "간디가 인도를 위해 해온 일은 독보적인 것이며, 그의 이름은 우리 민족사에 황금문자로 새겨질 것"이라고 극찬했다. 이어서 간디에 대한 평가는 영국이 인도를 지배해온 역사적 과정을 바탕으로 바라보아야 한다고 전제하고 플라시 전투**에서부터 로울라트 법안이 발효되는 시점까지 영국이

---

* 이 책의 자세한 내용에 대해서는 IV부 '2장_돋보기로 읽는 역사' 참조.
** 프랑스와 영국이 인도에서 벌인 전투. 이 전투에서 프랑스가 패함으로써 영국은 인도를 독점적으로 지배할 수 있게 되었다. 그래서 1757년의 플라시 전투를 영국의 인도 식민지 지배의 시

인도에서 어떻게 사람들을 이간질하고 대립하게 했는가를 약술했다. 그리고 시크교 대학살과 로울라트 법안으로 절망에 빠져 있던 인도인에게 간디의 등장은 마치 신이 자유의 길로 인도하고자 그를 우리에게 보낸 것과 같다고 설명했다. 그리고 이어서 이제 우리가 해야 할 일이 무엇인가를 밝히는 연설로 끝을 맺었다.

1920년대 인도인은 간디로부터 중요한 두 가지를 얻었다. 그 첫째는 민족적 자긍심과 자신감이고, 둘째는 인도의 촌락 구석구석까지 미치는 조직력을 갖추게 되었다는 것이다. 간디는 이탈리아의 마치니, 아일랜드의 신페인당 같은 역할을 했고, 인도인에게 자유로 가는 길을 제시했지만 지금은 구속되어 있다. 이제 남은 것은 국내외에 있는 인도인이 완수해야 한다. 인도인은 마지막 투쟁을 위한 모든 것을 갖추고 있지만, 단한 가지 부족한 것은 자유군대가 없다는 것이다. 간디는 무장혁명을 고려하지 않고 비폭력 투쟁만 주장했다. 그러나 시대가 바뀌었다. 그리고 다행스럽게도 인도국민군이 탄생했고 점차 증가하고 있다. 마지막 투쟁은 오래 걸릴 것이며 고난스러울 것이다. 영국인을 모두 구속하거나 인도에서 몰아낼 때까지 싸워야 하고, 인도국민군이 인도 땅을 밟을 때까지 1년 혹은 그 이상이 걸릴 수도 있다. 길고도 험난한 투쟁을 위해 모두 궐기하자![121)

보세는 비록 간디와 방법론을 달리하여 다른 길을 가고 있었지만,

작으로 보기도 한다.

언제나 간디에 대한 존경의 표시를 잊지 않았다. 이때 간디는 여전히 구속 상태에 있었고, 인도 국내의 독립 투쟁은 거의 사라진 상황이었다. 보세는 간디의 생일을 맞아 그를 인도의 구세주와도 같은 인물이라고 평가하면서도 이제 방법을 달리할 때가 되었고, 그것은 무력투쟁이 될 수밖에 없다는 것을 재차 강조했다. 그리고 다음 해 보세는 일본 군대와 함께 인도의 델리를 향해 진격을 시작했다.

1944년 1월 7일 일본 제국총사령부(Imperial General Headquarters: IGHQ)에 의해 '버마 방위를 위해 임팔 주변과 동북인도에 있는 전략적 지역 점령'이라는 명령이 발효되었다. 이것이 '임팔작전'의 시작이었는데, 이에 앞서 보세는 임팔작전에서 인도국민군을 최일선에 배치해달라고 요청했다. 하지만 일본군 사령부에서는 인도국민군이 전투의 선봉에 서는 것을 반대했다. 그 주요 이유는 임팔작전이 인도국민군으로서는 첫 출정이라는 것과 일본이 확실한 승리를 얻어야 하는 전투이기 때문이라는 것이었다. 인도국민군은 게릴라 전투를 위해 훈련된 군대이므로 일본이 먼저 작전을 진행하고 확실한 승기를 잡았을 때 인도국민군이 국경을 넘어 인도 땅을 밟게 한다는 것이 버마 방면군(Japanese Burma Area Army: BAA) 수뇌부의 주장이었다. 이렇게 하면 일본의 전쟁 선전 목적도 달성하고 인도국민군이 먼저 국경을 넘는 것도 만족시킬 수 있다고 본 것이다. 그러나 보세는 인도 땅에서 흘릴 최초의 피는 인도인의 피여야 한다고 강조했다. 보세가 방면군 사령관인 가와베 쇼조(河辺正三)에게 이러한 주장을 반복함으로써 결국 BAA에서도 이 문제를 고려하여 인도국민군 연대를 전면에 배치하기로 결정했다.[122]

전투에 참여한 인도국민군은 1944년 2월 4일 아라칸(Arakan)의 마유 계곡(Mayu Valley)에서 첫 승리를 거두었다. 이어서 아라칸과 칼라단 지역에서의 승리가 이어졌고 자유인도를 향해 진군을 계속했다. 4월 8일에는 코히마(Kohima), 4월 14일에는 모이랑(Moirang)이 점령되었다. 이렇게 임팔작전이 진행되고 있던 1944년 3월 21일과 4월 4일 보세는 밝혀지지 않은 장소(버마 어느 곳)에서 비밀리에 중대 선언이 담긴 다음과 같은 방송을 했다.[123] 3월 21일에는 "아자드 힌드 임시정부가 일본과 연합하여 2월 4일 아라칸 지역에서 승리를 거두었으며, 일본은 아자드 힌드 임시정부를 승인했고, 안다만과 니코바르를 임시정부에 양도하기로 했을 뿐만 아니라 인도 독립을 위해 전폭적인 지지를 아끼지 않을 것임을 확인했다. 이제 인도국민군은 일본과 함께 영미 연합군을 몰아내기 위해 인도 국경을 넘어 공격할 것이므로 인도인은 가급적 영국 군사시설과 거리를 둘 것이며, 나아가 이 황금 같은 기회를 통해 갈망하던 자유를 얻어야 하며 자유는 머지않아 성취될 것이다"라고 방송했다. 4월 4일에는 아자드 힌드 임시정부가 영미 연합군을 몰아내고 인도 국민의 뜻에 따라 정식 국민정부를 수립하는 것을 목표로 하고 있으므로 현재는 이 임시정부가 인도인에 의한 유일한 합법적 정부라고 천명했다. 또한 (인도국민군이) 점령하는 지역의 지원과 협조를 당부하고, 점령지에서 인도인의 생명에 대한 안전을 보장하며, 임시정부는 인도 독립을 지원하는 일본이 인도에 대해 영토, 정치, 경제, 군사적 야망을 갖고 있지 않음을 확신한다고 밝혔다.

보세는 아라칸과 코히마 전투에서 승리한 후 임팔작전을 낙관하며 인도로 진격하면서 간디가 자신의 행보를 축복해주기를 희망했는지도 모른다. 그는 늘 간디를 비판하고, 간디의 비폭력운동에 답답해하면서도 한편으로는 간디에게 마음을 기대고 있었던 것 같다. 중요한 순간마다 늘 간디를 거론하며, 그의 축복과 인정을 받고 싶어 했던 것이 그러한 한 단면이 아닐까. 1944년 5월 18일 보세는 「요미우리신문」과의 인터뷰에서 간디가 자신의 길을 축복해주기를 바라는 마음을 표시했다.

> 1941년 구금 상태에서 탈출한 이래 영국은 나를 체포하기 위해 모든 노력을 기울였지만 실패했다. 지금은 인도-버마 국경에 우리 인도국민군을 막기 위해 엄청난 군대를 투입했지만 어떻게 인도국민군이 성공적으로 그들의 방어진을 뚫어왔는지는 전 세계가 지켜보았다. 가까운 시일 내에 인도국민군은 인도에서의 영국 지배를 끝장낼 것이다. 인도의 자유를 위한 전쟁은 결코 실패할 리 없다. 영국은 인도국민군이 진격하자 간디를 석방하여 국민회의와 협상을 하려 하지만, 그것은 또 하나의 실패가 될 것이다. 인도국민군이 캘커타에 입성하면 마하트마는 기뻐할 것이며 내게 축하의 전보를 보내줄 것이다. 그러기 위해 인도인의 도움이 절대적으로 필요하다. 우리는 전쟁에서 이길 두 가지 요소를 가지고 있다. 하나는 고매한 영혼을 가진 것이며, 또 하나는 우리가 선택한 길에서 1인치도 벗어나지 않을 전략을 가지고 있다는 것이다.[124]

이 인터뷰 내용은 사실 곧 인도로 진격하여 승리를 거둘 것을 확신하는 보세의 심정을 밝힌 것이지만, 여기에 잊지 않고 간디의 축복을 바라는 마음을 담았다. 영국정부가 5월 6일 간디를 석방하면서 부인이 사망한 후 급격히 악화된 간디의 건강 때문이라고 발표했지만 이것은 표면상의 이유일 뿐이며, 실제적인 이유는 코히마까지 점령당한 영국이 새로운 협상을 시도하기 위해 간디를 석방한 것이라고 보세는 판단했다. 이러한 보세의 판단은 크게 어긋나지 않았다. 이후 간디와 진나의 회담 그리고 결렬이 "종파적 타협점을 찾지 못하는 인도에게 정권 이양은 어렵다"는 정당성을 부여한 측면도 없지 않기 때문이다. 이러한 행보를 염려한 보세는 1944년 7월 6일 다시 한 번 간디에게 간곡한 마음을 전하는 '우리나라의 아버지'(Father of our Nation)라는 방송을 했다.[125]

이 방송에서는 우선 간디의 영도로 대영 투쟁이 성장했음을 강조하고, 영국은 결코 인도를 독립시킬 의사가 없으며, 인도에서 하고 있는 영국의 노력은 전쟁에서 이기려고 인도로부터 더 많은 것을 수탈하기 위해 기울이는 노력일 뿐이라고 역설했다. 그리고 "당신께서 일생을 기울인 방법으로 피를 흘리지 않고 인도의 독립이 이루어진다면 국내에서나 해외에서나 행복해하지 않을 인도인은 없습니다. 그러나 확언하건대 우리가 독립을 쟁취하고자 한다면 피를 흘릴 각오를 해야 합니다. 만약 국내에서 우리의 자원과 노력으로 무장 투쟁을 조직할 수만 있다면 그것이 최선일 것입니다"[126]라고 말하면서 외국의 도움 없이 무장 저항세력을 조직하는 것이 불가능하기에 외부의 도움을 구할 수밖에 없는 상황이었음을 다음과 같이 밝혔다.

만약 내가 해외에서 활동하지 않아도 자유를 쟁취할 수 있다는 최소의 희망만 있었더라도 나는 위기의 시기에 인도를 떠나지 않았을 것입니다. 우리 생애 동안에 지금처럼 자유를 획득할 기회가 다시 찾아올 것이라는 희망을 가질 수 있었다면 조국을 떠나는 것을 망설였을 것입니다. 그러나 나는 첫째로 그러한 황금 같은 기회는 다음 세기까지 찾아오지 않으리라는 것, 둘째로는 해외에서의 활동 없이 국내에서의 노력만으로는 독립을 쟁취할 수 없다는 이 두 가지를 확신합니다. 이것이 내가 위험에 뛰어든 이유입니다.[127]

또한 보세는 연합군과의 전쟁에서 추축국이 승리할 것이라고 확신하며, 일본에 대한 신뢰를 다음과 같이 표현했다.

만약 일본의 정책 선언이 단순한 약속에 불과하다면 나는 일본의 영향을 받는 최후의 사람이 될 것입니다. 일본은 버마, 필리핀, 중국에서 혁명적 변화를 일으키고 있습니다. 도조 수상은 정치적으로나 도덕적으로 믿을 만한 사람입니다. (중략) 일본이 인도에 대해 이기적 의도를 갖고 있다고 말하기도 하는데, 그렇다면 왜 임시정부를 승인했을까요? 왜 안다만과 니코바르를 임시정부에 넘겨주었을까요? 왜 일본은 인도 독립 투쟁을 무조건적으로 지원하고 있을까요?[128]

추축국의 지원을 받고 있는 보세의 입장에서는 당연한 것이겠지만, 보세는 추축국의 승리를 지나치게 낙관하고 있었다. 또한 보세의 경우 국제 정세와 영국의 음모에 대해서는 비교적 정확하게 판단하고 있었지만, 일본을 비롯한 추축국에 대한 판단에는 여러 한계를 드러냈다. 즉, 독일의 유대인 학살이나 일본이 한국과 만주 등에서 저지른 만행은 인식하지 못했거나 외면하고 있었던 것 같다. 만약 인도가 독일이나 일본의 힘을 빌려 독립한다면 이후 인도의 상황, 즉 동아시아에서 일본이 저지른 만행이 인도에서도 자행될 가능성에 대해서는 고려하지 않았던 것으로 보인다. 보세는 일본의 도움으로 인도를 해방시킬 수 있다는 확신을 갖고 간디의 축복을 비는 다음과 같은 말을 남겼다.

우리는 반드시 승리할 것입니다. 인도국민군은 많은 어려움에도 불구하고 인도 땅에서 선전하고 있습니다. 뉴델리의 총독 관저에 삼색기를 자랑스럽게 게양하는 날까지 우리의 무장 투쟁은 계속될 것입니다. 우리 나라의 아버지이신 당신이 인도의 자유를 위한 이 성전을 축복해주시기를 바랍니다.[129]

이렇게 간곡히 나라의 아버지인 간디에게 영국과 타협하지 말라고 당부하고, 자신들이 외부에서 인도로 진격하여 이미 힘이 빠진 영국을 붕괴시키고 인도를 영국의 속박으로부터 해방시킬 것이니 축복해달라고 당부하며 마지막 결전을 위해 임팔로 향했다.

인도국민군은 3개월 동안 임팔에서 영국군을 포위하고 있었다. 임팔 전이 장기화되면서 타이밍을 놓친 인도국민군에게 최대의 적은 영국군이 아니라 몬순이었다. 쏟아지는 빗속에서 보급이 끊어지고 전투는 중지되었으나 다행히 인도국민군의 사기는 유지되었으며, 계속 진군해야 한다는 각오를 다지고 있었다. 그러나 곧 한계가 드러났다. 인도국민군은 자체 공중 방어력을 갖추지 못했기 때문에 일본군의 공중 지원을 받아야 했다. 그러나 태평양전쟁에 몰두하고 있던 일본의 공중 지원은 부족한 상태였고, 우기의 여파로 말라리아를 비롯한 풍토병이 번지자 인도국민군은 임팔에서 후퇴할 수밖에 없었다. 보세는 1944년 8월 21일 이러한 상황을 밝히는 보도를 했다.[130] 그 이후에도 보세는 포기하지 않고 다시 인도로 진격할 기회를 노렸으나 끝내 그 꿈은 이룰 수 없었다.

1945년 5월 7일 독일이 연합군에 항복하고 히틀러가 죽었다. 이어서 오키나와가 점령되었고 8월 6일 히로시마에 원자폭탄이 투하되었다. 8월 10일 소련은 일본에 전쟁을 선포했고, 마침내 일본은 연합군에게 항복했다. 그러나 보세는 "일본의 항복이 인도의 항복은 아니며 인도국민군의 패배가 아니다"라고 독려했고, 계속 싱가포르에 있는 임시정부를 지키려 했다. 보세의 죽음은 미궁 속에 있지만, 공식적으로 보세는 1945년 8월 18일 비행기 추락 사고로 사망했다. 그리하여 보세가 그토록 기대하고 확신하던 3국동맹 승리의 꿈도 사라졌고, 인도로 총공격을 감행하여 총독관저에 삼색기를 게양하려는 꿈도 사라졌으며, 인도 임시정부를 지키려는 그의 꿈도 사라져버렸다.

1942년과 1944년 사이에 간디는 영국정부에게 인도에서 완전히 물러나라고 선언한 후 협상으로 줄다리기를 하고 있었고, 다른 노선을 택한 보세는 일본과 싱가포르를 오가며 군대를 모아 인도로 진격했다. 그러나 간디의 줄다리기도 보세의 총공격 작전도 성공하지 못했다. 간디는 끝까지 영국이 선의로 인도를 독립시켜줄 것으로 믿었고, 보세는 인도의 독립에 일본이 결정적인 도움을 줄 것이라고 믿었다. 그러나 두 사람 모두 자신들의 믿음을 성공으로 연결시킬 수 없었다. 보세의 지적대로 영국은 인도라는 보물을 지키기 위해 끊임없이 인도인을 이간시키고, 한편으로는 협상 테이블을 마련하는 '선의'와는 거리가 먼 행보를 하고 있었기 때문이다. 1942년 간디를 구속한 후 처칠이 "정부의 모든 힘을 동원해 소요를 진압했다. 우리는 장기간, 무기한 인도의 실질적 지배자로 남아 있을 것이다. 우리는 우리 것을 지킬 것이다. 나는 대영제국의 해체를 주관하기 위해 수상이 된 것이 아니다"[131]라고 공식적인 입장을 천명했던 것으로 미루어보더라도 영국은 선의로 인도에서 물러날 생각이 전혀 없었음을 알 수 있다. 그러므로 간디식의 줄다리기보다는 보세식의 총공격 작전이 독립을 위해 훨씬 유용한 것이었다고 볼 수도 있을 것이다.

그러나 보세의 총공격 작전에는 근본적인 문제가 도사리고 있었다. 인도가 영국으로부터 독립하는 데 기꺼이 도움을 주겠다는 일본을 왜 받아들이지 않는가라는 질문에 대해 간디는 "침략자가 후원자가 될 수 있다고 생각하는 것은 어리석은 일이다. 영국의 굴레로부터 인도를 자유롭게 만들어 일본의 굴레로 던지는 것일 뿐이다"[132]라는 견해를 1942년 4월 26일 「하리잔」을 통해 밝힌 바 있다. 간디의 주장대로 침략적인 일본, 즉 제국주의 국가를 끌어들여 제국주의 영국으로부터 독립을 쟁취하겠다는 생각 자체가 상당한 모순을 안고 있는 것이기 때문이다. 보세는 이러한 모순에 대해 좀더 심각하게 고민하고 그에 대한 대비책을 세웠어야 했다. 물론 보세도 일본의 부정적인 측면을 전혀 고려하지 않았던 것은 아닐 것이다.* 그러나 요게시 차다[133]가 지적했듯이 이 시기 보세의 신조는 아주 간단했다. 자유를 얻을 때까지 모든 전선에서 온갖 수단과

---

* 보세는 당시 일본군 정보국이라고 할 수 있는 히카리키칸(Hikari Kikan) 지휘부와 자주 충돌했다. 1944년 4월에는 히카리키칸의 책임자인 이소다(磯田三郎) 장군이 인도 군대를 겨냥한 리플릿을 배포하면서 그 지역 일본군 장교들의 서명을 받았지만, 보세에게는 보여주지도 않았다. 이에 화가 난 보세는 이소다에게 심한 말을 하여 이소다와 보세의 관계가 악화되었는데, 이후 이런 관계가 회복되지 않았다고 한다. 이러한 사건을 비롯한 여러 상황을 통해 보세 역시 일본의 의도에 대해 의혹을 가졌을 것으로 생각된다. Toye, Hugh(1959), *Subhas Chandra Bose(The Springing Tiger)*, pp. 115~116 참조

보세의 묘소가 있는 일본 도쿄
렌코지(蓮光寺)의 보세 동상

방법을 가리지 않고 영국을 공격하겠다는 것, 그리고 영국을 공격하는 일에 도움이 될 세력이라면 어떤 세력과도 연계할 수 있다는 것이었다. 그래서 영국의 적국인 일본의 힘을 빌리려 했고 일본을 믿고 싶었을 것이다. 그러나 이러한 보세의 믿음은 줄다리기를 하며 영국을 믿었던 간디의 믿음만큼이나 허망하게 끝났다.

1945년 8월 18일 비행기 사고로 사망한 것으로 되어 있는 보세의 죽음에는 전쟁 패배와 그에 따른 일본의 음모가 있었을 것이라는 추측이 아직도 나오고 있다. 특히 보세의 후손들과 보세 추종자들은 보세가 비행기 사고로 사망했다는 일본의 발표를 믿지 않고 있으며, 도쿄의 렌코지(蓮光寺)에 있는 보세의 유골도 그의 것이 아니라고 주장하고 있다. 보세가 그렇게 믿었던 일본은 보세의 사후에는 믿을 수 없는 존재가 되어버린 것이다.

비폭력을 바탕으로 형제처럼 아름답게 결별하기를 바라며 영국과 줄다리기를 했던 간디, 일본과 함께 인도로의 총공격 작전을 선택한 보세. 결국 이들 모두 성공하지 못함으로써 보세는 종전 직후 의문의 죽음으로 생을 마감했고, 간디는 종전 후에도 영국과 다양한 형태의 줄다리기를 계속할 수밖에 없었다.

6장 _ 위대한 영혼과 용감한 지도자

간디는 인도국민회의에서 활동을 시작한 이래 저격당할 때까지 자신의 신념인 비폭력을 고수했다. 보세는 미궁에 빠진 죽음으로 사람들의 시야에서 사라질 때까지 '적을 물리치기 위해서는 강력한 힘이 필요하다'는 신념을 지키며 실천했다. 대립할 수밖에 없었던 이 두 사람에게서 공통점을 찾는다면 극단적 자기 신뢰라고 할 수 있지 않을까. 각기 다른 신념을 끝까지 지켰기 때문에 간디와 보세는 양극단에 서 있었던 셈이다. 확실한 자기 신념을 지켰으나 각기 다른 길에 서 있었던 두 사람을 놓고 누구는 옳고 누구는 그르다는 평가를 할 수 있을까? 간디의 비폭력 투쟁으로 인도가 독립되었다고 믿는 사람들이 있다. 그리고 한편에서는 보세와 인도국민군의 투쟁이 인도의 독립을 앞당겼다고 믿는 사람들이 있다.

제2차 세계대전 종전 후 인도에 파견된 마지막 총독은 마운트배튼이었다. 그는 1948년 6월까지 정권을 이양하겠다고 발표했지만, 그보다 훨씬 빠른 1947년 8월 15일 인도는 독립했다. 왜 예정된 시기보다 빨리 인도를 독립시켰을까. 많은 이유가 있겠지만 1946년 진행된 인도국민군 장교들의 군사재판도 한 몫을 했을 것이다.

보세는 인도국민군을 이끌고 일본 군대와 함께 임팔작전에 참전하여 인도로 진격했다. 그러나 이 전투에서 인도국민군은 참패했고 그 일부는 영국군의 포로가 되었다. 그런데 인도국민군 포로들은 원래 영국군에 소속된 인도인 병사들이었다. 제2차 세계대전이 동남아시아로 확대되고 있던 시기에 영국군으로 전투에 참여했다가 일본군의 포로가 된 병사들 가운데 인도인 병사들은 보세가 이끄는 인도국민군에 합류하게 되었던 것이다. 영국은 이들 인도국민군 포로를 레드포트로 이송했고 제2차 세계대전이 끝나자 원래 영국군이었던 인도국민군 군인들을 처벌하는 군사재판을 열었다. 이들의 죄목은 '황제에 대항하여 전쟁을 일으킨 것'이었다. 즉, 원래 영국군이었던 이들이 영국을 향해 총을 겨누는 인도국민군으로 활동했기 때문에 전쟁포로라기보다는 영국 황제에 대해 반란을 일으킨 군인으로 군사재판에 회부된 것이다.

보세는 외국의 도움을 받아 인도국민군을 이끌고 인도로 진격하면서 다음과 같은 말을 한 적이 있다.

도움을 얻는 것에 대한 도덕적 문제에 대해서는 개인적으로 말하자면 돈을 빌리고 나중에 갚는 것과 같다고 생각합니다. 마하트마님, 확언하건대 저는 이런 위험한 사명을 결정하기 전에 찬반 양론에 대해 숙고했습니다. 우리 국민을 위해 그렇게 오랫동안 최선을 다해온 제가 반역자가 되기를 원치 않으며, 나를 반역자로 부를 정당성을 그 누구에게도 부여하고 싶지 않습니다.[134]

보세 자신은 물론 투쟁에 동참한 그 누구도 인도의 반란군으로 취급되기를 원하지 않았을 것이다. 그러나 인도국민군에 소속된 군인들의 재판은 반역자의 재판과 같은 것이었다. 특히 1946년 2월 나와즈 칸(Shah Nawaz Khan) 대장, 세흐갈(Prem Sehgal) 대령, 구르박시 싱(Gurbaksh Singh Dhillon) 대령이 군사재판에 회부되자 네루와 아샤프 알리 등은 "이들은 황제에게 반란을 일으킨 인도군인이 아니라 인도 임시정부의 군인이었으므로 영국과 전쟁을 치른 상대국 포로로 다루어져야 한다"는 변론을 하기도 했다. 그러나 영국은 인도국민군 장교들을 군사재판에 회부함으로써 인도군의 반발을 샀고, 이런 반발은 1946년 1월의 인도 공군 폭동(Royal Air Force Revolt)과 1946년 2월의 인도 해군 폭동(Royal Indian Navy Revolt)이 일어나는 원인이 되었다. 이와 같은 공군, 해군을 포함한 군대의 반발과 폭동이 영국으로 하여금 예정보다 일찍 인도에서 물러가게 하는 역할을 했다고 평가되기도 한다.

그러나 어떠한 결과가 단지 하나의 원인으로 발생한 것이라고 평가할 수는 없다. 종전 후 인도국민군 장교에 대한 재판과 그에 이은 인도 공군과 해군의 반란이 인도의 독립 일정을 앞당겼을 가능성은 충분히 있다. 그렇다고 해서 간디의 독립 투쟁을 격하시킬 이유는 없을 것이다. 또한 간디의 투쟁만 드높이고 보세를 비롯한 다른 유형의 독립 투쟁에 대한 중요성을 외면해서도 안 될 것이다. 사바르까르가 "어떤 이들은 한 방울의 피도 흘리지 않고 독립을 쟁취했다고 말한다. 그것은 사실이다. 단한 방울의 피도 그들의 옷을 얼룩지게 하지 않았다. 그러나 수천의 소년들과 용감한 청년들이 자유를 위해 그들의 피로 가득 채우며 싸운 것을 잊을 수 있겠는가?"[135]라고 말했듯이 인도의 독립은 어느 하나의 투쟁으로만 이루어졌다고 할 수는 없을 것이다. 간디와 보세의 투쟁 그리고 수많은 사람들이 기꺼이 희생정신을 발휘한 투쟁이 있었기에 네루가 말한 것처럼 '좀처럼 오지 않을 것 같던 그날이 찾아온 것'이다.

여기서 하나 더 첨언할 것은 "인도국민군이 캘커타에 입성하면 마하트마는 기뻐할 것이며 축하의 전보를 보내줄 것"[136]이라고 말하며 간디로부터 인정을 받고 싶어 했던 보세의 생각은 잘못된 것이었음이 드러났다는 것이다. 간디는 보세의 투쟁방식을 결코 인정하지 않았다. 인도국민군 장교들이 재판을 받고 있던 1946년 2월 24일, 간디는 「하리잔」에 다음과 같은 글을 게재했다.

> 보세의 애국심은 그 누구에게도 뒤지지 않습니다. 그의 용감함은 그의 모든 행위를 통해 드러났습니다. 그의 목표는 숭고했지만 실패했습니다. 누가 실패하지 않을 수 있습니까? 우리가 해야 할 것은 목표를 높이 세우고 잘 이루는 것입니다. 그것이 모든 사람을 승리로 이끄는 길입니다. 나의 칭찬과 존경은 거기까지입니다. 나는 그의 행위가 실패할 운명이라는 것을 알고 있었습니다. 그가 승리를 거둔 인도국민군을 이끌고 인도로 온다 해도 대중은 이런 방식을 받아들이려 하지 않을 것이기 때문에 나는 그렇게 말하는 것입니다.[137]

이처럼 간디가 보세의 정신은 높이 평가한다 해도 그의 행위는 인도 대중이 받아들이지 않을 것이라고 했던 말들이 현실로 나타난 것일까. 독립 후 인도에서는 보세에 대한 칭송은 물론이고 그를 거명하는 것조차 찾아보기 어려웠다. 1947년 8월 15일 인도가 독립한 그날, 모든 언론과 방송이 인도의 독립운동 지도자들을 칭송하는 데 많은 시간을 할애했지만 보세의 이름은 거론되지 않았다. 이러한 현상에 대해 마줌다르 (R. C. Majumdar)는 다음과 같이 말했다. "이날 내가 잊을 수 없는 것은 보세의 이름이 단 한 번도 언급되지 않았다는 것이다. 내 생각에 이것은 우연이 아니다. 그것은 독립을 '비폭력'으로 얻었음을 전하고자 하는 것이었고 네타지(보세)와 인도국민군은 독립에 기여한 바가 아무것도 없다는 것을 전하고자 하는 것이었다."[138]

보세가 인도에서 외면당하거나 부각되지 못한 데는 여러 요인이 복합적으로 작용했을 것이다. 첫째로는 보세의 마지막 행보에서 그 이유를 찾을 수 있다. 제2차 세계대전의 승전국들이 주도하는 냉전체제 속에서 패전국인 독일이나 일본과 협조체제를 구축하려 했던 보세의 역사적 행보 역시 독립 인도에서 외면당하는 요인이 되었을 것이다. 또한 파시스트와 히틀러를 극도로 싫어했던 네루가 독립 인도를 이끄는 견인차였기 때문일 수도 있을 것이다. 보세가 외면당한 것과 마찬가지로 인도국민군 군인들도 독립 인도에서 외면당했다. 인도국민군과 보세가 독립에 기여한 부분에 대한 문서들은 모두 폐기되었으며, 보세의 사진조차 군대에 걸리는 것이 허용되지 않았다. 또한 인도국민군 군인들은 군대로 돌아갈 수도 없었고, 공직에 임용될 수도 없었으며, 1972년까지는 이들에 대한 연금지급도 거부되었다. 이러한 것이 네루의 영향이었다는 견해도 없지 않다. 그러나 가장 큰 이유는 마줌다르의 평가대로 '비폭력으로 이룬 독립'이라는 이미지를 만들기 위한 것이었을 수 있다.

간디가 살았던 시대는 물론 현대까지 간디의 비폭력 정신이 평화의 메시지 역할을 하고 있는 것은 사실이다. 그러나 식민지 국가의 독립 투쟁을 평가하면서 간디의 비폭력과 세계동포주의를 기준으로 놓고 평가한다면, 폭력이라는 비판에서 자유로울 수 있는 독립투사가 있을까. 폭력을 사용했다는 이유로 독립운동에 쏟은 열정이 외면당해야 한다면 존경받을 수 있는 독립투쟁가가 몇 명이나 될 것인가. 우리가 일반적으로 사용하고 있는 독립투쟁의 개념을 근간으로 평가한다면 간디보다는 보세가 더 독립운동가라는 범주에 적합한 인물일지도 모른다. 그리고 간디의 투쟁은 '독립' 투쟁이기라기보다는 '인류의 이기심'과 싸운 투쟁이었다고 평가하는 것이 더 어울릴지도 모른다. 그러나 위대한 영혼 마하트마가 존재한 인도였기에 보세의 투쟁은 거목의 그늘에 가려지거나, 외면당할 수밖에 없었을 것이다.

간디가 위대한 영혼으로 평가되고 존경받는 것이 마땅하다 하더라도 전 생애를 사심 없이 인도의 독립을 위해 바친 사람들에 대한 정당한 평가도 수반되어야 온당한 것이 아닐까 싶다. 인도 독립에 미친 간디의 영향이 아무리 지대하다 할지라도 어느 한 구석이라도 보세에게 자리를 내주어야 하지 않을까. 그리고 그들 모두에게 나름의 존경을 표하는 것이 온당하지 않을까. 간디는 위대한 영혼으로, 보세는 인도국민군과 임시정부의 용감한 지도자로 말이다.

간디 vs. 진나:

인도와 파키스탄의 아버지

1장_신념과 의심

1940년 무슬림연맹 연차대회에서는 인도의 무슬림과 힌두는 별개의 민족이기에 이들의 갈등과 대립은 하나의 나라 안에 있는 서로 다른 집단 간의 갈등이 아니라 별개의 민족의 대립, 다른 국가의 대립이며, 국제적 문제로 다뤄져야 한다고 주장했다. 이것이 라호르선언(Lahore Resolution)으로, 일명 '파키스탄선언'으로 불리는 것이다. 이 선언을 접한 간디는 '거짓'이라는 표현으로 비판하면서 이러한 거짓된 선언이 나오게 된 것은 '진나에게 의심이라는 병'이 자리 잡고 있기 때문이라고 지적했다.

1940년대 초부터 의심이란 병이 있다는 비난을 받았고, 이후 파키스탄을 분리 독립시키는 데 주역을 맡았던 진나는 처음부터 힌두와 무슬림을 대립적 관계 혹은 별개의 민족으로 인식하고 있었던 것일까. 진나가 인도 정계의 전면에 등장한 것은 1906년 무렵이다. 이때는 무슬림연맹이 창립되던 때였는데, 국민회의에서 활동하던 진나는 이 창립에 참여하지 않았다. 그리고 1916년 힌두와 무슬림 단합의 상징이 된 러크나우 협정을 맺는 데 중심 역할을 담당했다. 이 때문에 진나는 '힌두-무슬림 단합의 사절'이라는 평을 받기도 했다. 그런데 이러한 상황은 1920년대부터 달라지기 시작했다.

진나를 비롯한 당시 온건파라 불리는 민족주의자들은 교육받은 지식층들로서 도시 중산층을 기반으로 하고 있었으며, 영국으로부터 참정권 확대, 인도인의 공직 확대 등을 목표로 하는 자치운동을 전개하고 있었다. 그러나 간디가 등장하면서 투쟁의 방향이 전환되었다. 간디는 대중을 투쟁에 동원하는 한편, 관직에 있는 사람들을 공직에서 물러나게 하고, 학생들로 하여금 학교를 떠나게 하는 등 영국정부의 행정기능을 마비시키는 비협조운동을 전개했다. 그리고 이러한 간디의 투쟁 방식이 마침내 국민회의의 주요 강령으로 채택된다. 간디의 활동과 국민회의의 방향 전환은 진나 같은 온건적이고 보수적인 민족주의자들에게는 상당히 당혹스러운 것이었다. 또한 간디가 추진한 킬라파트 운동(Khilafat Movement)은 힌두와 무슬림을 단합시키는 계기가 되었으나, 진나는 종교와 정치를 연계시키는 것은 바람직하지 않다고 생각했기 때문에 킬라파트 운동에도 상당한 거부감을 보였다. 결국 간디가 국민회의를 장악하자, 간디의 투쟁 방식에 동조할 수 없었던 진나는 국민회의를 떠났다.

1920년 국민회의 중심인물이 된 간디는 자신의 비폭력·비협조운동에 대한 확신을 갖고 국민회의를 이끌었다. 그리고 불복종운동의 하이라이트라고 할 수 있는 소금행진을 감행했다. 간디가 완전 독립을 외치며 감행했던 소금행진은 세계의 이목을 인도로 집중시켰다. 그런데 이때 간디와 국민회의가 외친 '완전 독립'은 무슬림이 의심이라는 병, 특히 진나에게 의심이라는 병을 갖게 한 요인이 되었을지도 모른다. 영국 지배 하에서 자치를 확대하려던 민족주의자, 특히 무슬림 민족주의자들은 완전 자치로 영국이 물러가게 된다면 간디 같은 힌두에 의한 힌두왕국이 건립되는 것은 아닐까 하는 의구심을 갖기 시작했기 때문이다. 물론 1916년 무렵에도 이러한 의구심이 없었던 것은 아니다. 그런데 이때 진나는 힌두와 무슬림의 단합을 강조하면서 "나는 무슬림 동료들에게 두려워할 것이 없다고 말하고 싶다. 이것은 여러분들에게 겁을 주어 자치 정부 수립의 핵심인 힌두와의 협력을 분쇄시키기 위해 적들이 만들어낸 유령일 뿐이다"라고 말했다. 그랬던 진나가 '힌두와 무슬림은 분명히 다른 민족'이라고 선언하게 된 것은 간디와 국민회의가 추진하고 있는 완전 독립이 대다수 무슬림의 미래를 보증할 수 없을 것이라는 생각에서 비롯되었을 것이다.

간디는 자신의 신념인 비협조·불복종운동으로 영국이 인도에서 떠나면 자신이 생각하는 이상국가인 람 라즈야(Ram Rajya)가 실현될 것이라는 말을 자주했다. 물론 간디가 말하는 람 라즈야가 힌두왕국을 뜻하는 것은 아니었다. 간디가 말하는 람 라즈야는 '다르마의 통치이며 국민에 의한 통치'로서 종교적이거나 종파적인 의미를 담고 있는 것은 아니기 때문이다. 그러나 알맹이가 무엇이든 람 라즈야는 외형적으로 힌두왕국의 뉘앙스를 담고 있다. 그렇기 때문에 일부 무슬림은 간디가 꿈꾸는 람 라즈야가 힌두왕국을 의미하는 것이라고 받아들이면서 독립이란 것이 결국 영국 대신 힌두가 지배하는 나라를 만드는 것일 뿐이라는 의심을 하게 된 것이다.

1942년 간디는 진나에게 의심의 병이 있다고 말하면서 "같은 옷, 같은 말, 같은 관습을 지닌 힌두와 무슬림이 어떻게 다른 민족이고 다른

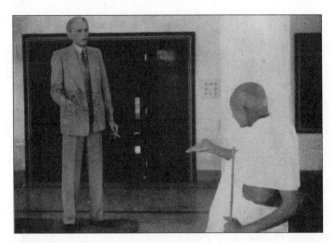

진나와 간디(1939년)

나라로 분리될 수 있느냐?"고 항변했다. 그러나 같은 옷, 같은 언어, 같은 관습이라는 것이 좀 무색한 경우도 적지 않다. 진나를 비롯한 엘리트들은 영국에서 유학하고 돌아와 양복을 입고 주로 영어를 사용하고 있었다. 그런데 간디가 등장하면서 영어보다는 인도 지방어를 사용하고, 양복보다는 인도인의 손으로 물레를 자아 만든 카디로 옷을 만들어 입자고 주장했다. 그런데 아이러니하게도 영어와 양복을 제거하고 나면 인도인이 같은 언어, 같은 옷을 입는 민족이라는 말이 무색해진다. 구자라뜨어에 능숙치 못한 진나, 힌디와 우르드어에 능숙치 못한 간디가 모여 '같은 언어'로 대화하는 것은 불가능할 뿐만 아니라, 각 지역과 종교의 의복도 모두 같지 않기 때문이다. 그러므로 영어와 양복을 버리고 인도어와 인도 의상으로 하나가 되자고 한다면 무슬림이나 시크에게 힌두인 간디같은 옷차림을 하고, 간디가 사용하는 구자라뜨어나 힌디를 사용해야 한다는 것이 되지 않을까. 그런 의심이 생길 수도 있는 것이다. 도띠를 입고 구자라뜨어나 힌디로 대중을 열광시키고 있는 간디, 그런 간디에게 열광하는 다수 힌두 대중의 열기 속에서 양복을 입고 영어로 말하는 진나는 그들과 어울리기 어려운 이방인 같은 느낌을 갖게 되었을지도 모른다.

결국 간디의 등장과 대중운동을 추진하는 열기 그리고 완전 독립의 추구 등이 무슬림에게 심적 압박을 가하여 위기의식을 느끼게 했고, 의심병이 생기게 했을 가능성이 있다. 특히 1937년 선거 이후 내각 구성에서 보여준 국민회의의 편협성으로 무슬림들은 '배신감'을 느꼈고, 그러한 배신은 무슬림의 위기감과 의심병을 더욱 부추겼을 것이다. 그것이 결국 간디가 말하는 '진나에게 의심이란 병이 자리 잡은' 요인이 되었을 것이다.

진나는 '힌두-무슬림의 단합이 독립에 중요한 요소'라는 신념을 갖고 있던 인물이었으나, 1920년 이후 이러한 신념은 간디의 몫이 되었고, 진나는 '힌두와 무슬림은 별개의 민족'이라는 신념으로 파키스탄을 만들어가는 동안 '의심병'을 가진 인물이 되어버렸다. 각자 신념을 가졌으나 각기 다른 역할을 하면서, 때로는 신념이 의심을 부추기기도 하면서 맞섰던 간디와 진나. 그들은 어떤 신념을 갖고 어떤 의심병을 만들어 파키스탄의 탄생으로 이어지게 한 것일까.

2장_거목의 등장과 임무 교대

간디가 아프리카에서 인도로 돌아오던 무렵 인도의 민족주의자들은 대개 세 유형으로 나뉘어 있었다. 그 첫째는 온건주의자들이고, 둘째는 과격파이며, 셋째는 혁명적 테러주의자들이다.[1] 진나가 "나오로지(Dadabhai Naoroji)의 발 아래서 정치를 배웠다"[2]고 말했던 것처럼 진나의 초기 활동에 가장 큰 영향을 미친 사람은 나오로지였고, 그다음으로는 고칼레와 메흐따(Pherozeshah Mehta)를 들 수 있을 것이다. 이들은 모두 온건주의파에 속하는 인물이었다. 요컨대 진나의 정치 활동 초기, 말하자면 정치 초년생으로서 정치를 배우는 시기의 환경은 온건파에 둘러싸여 있었던 셈이다. 따라서 진나는 일반적인 온건주의 노선, 즉 영국 지배 자체를 전면 부정하기보다는 영국 지배체제 하에서 인도인에게 더 많은 자치를 허용할 것을 요구하는 노선을 걷고 있었다. 또한 진나는 의회민주주의에 대한 깊은 신뢰를 갖고 있었으며, 인도의 자유는 혁명이 아닌 합법적 방법에 의해 획득되어야 한다고 믿고 있었다.

그러면 간디는 어떤 유형의 민족주의자였을까. 1909년 10월 30일

마드라스의 총독 앰프실(O. R. Ampthill)에게 보낸 편지에서 다음과 같이 말했던 것을 보면 간디는 당시의 대표적 유형인 온건파, 과격파 어디에도 속하지 않는 인물이었다고 할 수 있을 것이다.

나에게는 캘커타와 봄베이 같은 도시가 생겨나는 것은 축하할 일이 아니라 슬퍼해야 할 일이다. 인도에는 촌락 체제가 붕괴되고 있다. 이런 점에서 나는 민족주의 정신을 갖고 있기는 하지만, 급진주의자들 혹은 온건주의자들의 방식과는 전혀 다르다. 그들은 모두 궁극적으로 폭력에 의존하고 있다. 폭력적 방법은 근대 문명과 파괴적인 경쟁을 받아들이는 것을 의미할 수밖에 없고, 그런 것들은 지금 우리가 보고 있듯이 진정한 도덕의 파괴를 낳는다. 나는 누가 지배하는지에 대해서는 관심을 두지 않을 것이다. 나는 통치자가 나의 희망에 따라 지배하기를 기대한다. 그렇지 않으면 나는 그들이 나를 지배하게 두지 않을 것이다. 나는 그들에 대항하여 수동적 저항자(passive resister)가 될 것이다. 수동적 저항은 육체적 힘에 대항하여 영혼의 힘을 쓰는 것이다. 다시 말해 사랑이 미움을 정복하는 것이다.[3]

위와 같은 생각을 가진 간디가 인도로 돌아온 것은 1915년이었고, 이후 4~5년 정도는 인도 정계의 전면에 나서기보다는 인도 농촌 문제를 해결하는 데 앞장서고 있었다. 이때는 진나가 초기 정치 활동의 절정기를 맞이하고 있던 시기였다. 특히 고칼레로부터 '힌두와 무슬림 단합의 사절'이라는 극찬을 받을 만큼 무슬림이었지만 무슬림의 입장을 대변하기보다 인도의 통합을 위해 노력하는 진나의 모습이 돋보였던 시기였다.

그럼에도 불구하고 1919년부터 1920년 사이, 즉 간디가 인도 민족주의 운동의 전면에 나서고 국민회의를 장악할 무렵부터 진나는 국민회의를 떠나 무슬림 민족주의자로 변화된 행보를 시작하게 된다. 진나가 이러한 행보의 변화를 보이게 된 그 직접적인 계기는 무엇이고, 간디와는 어떠한 견해 차이를 드러내게 된 것일까.

나오로지가 국민회의 의장을 맡게 된 1906년, 진나는 나오로지의 비서 역할을 맡으면서 정계의 전면에 나왔다. 진나가 정계의 전면에 등장한 시기가 1906년이었다는 것은 중요한 의미가 있다. 1906년에 일명 '심라대표단'이라 불리는 무슬림 대표단이 결성되었고, 이들은 인도 담당 장관인 몰리(John Morley)를 방문하여 무슬림 단체에 대한 지지를 확인받았으며, 1906년 12월 30일 전인도무슬림연맹(All India Muslim League: '무슬림연맹'으로 약칭함)이 창설되었기 때문이다. 무슬림연맹 창립대회에 무함마드 샤(Sultan Muhammad Shah), 살리뮬라 칸(Nawab Salimullah Khan), 하킴 아즈말 칸(Hakim Ajmal Khan), 무함마드 알리 자우하르(Maulana Muhammed Ali Jauhar), 알리 칸(Zafar Ali Khan)을 비롯한 3천 명의 대표들이 참석했으나 진나는 무슬림연맹 창립에 관여하지 않았고, 창립대회에도 참석하지 않았다.

웰(Ian Bryant Well)[4)]에 따르면 진나는 심라대표단 자체에 강력한 반감을 표했다고 한다. 진나는 심라대표단 파견이라는 것이 정치적으로 온당한 것이 아닐 뿐만 아니라 파견된 대표단의 대표성 역시 적절치 않다는 비판을 했다. 누가 봄베이를 대표할 사람들을 선택했는지 그리고 이 대표단의 목적이 무엇인지 알 수 없었으며, 이들 대표가 그러한 제안을 할 것임을 알고 있는 사람도 없었다는 것이다. 또한 무슬림의 분리된 정치단체의 필요성에 대해서도 진나는 부정적인 견해를 갖고 있었다. 무슬림연맹의 첫 대회와 같은 시기에 개최된 국민회의 연차대회에서 진나는 "무슬림은 이 공동의 플랫폼에 설 수 있으며, 우리의 불만이 국민회의 프로그램을 통해 해결되도록 청원할 수 있다"고 주장했다. 진나가 무슬림연맹보다 국민회의에서 활동하게 된 배경에 대해 웰은 다음과 같이 설명했다.

무슬림 정치단체에 대한 진나의 경멸적 태도는 진심이었다. 무슬림연맹이 인도 무슬림의 정치적 권리와 이익을 증진시키고 보호하기 위한 것이라는 목표에 대해서도 진나는 혐오감을 갖고 있었다. 이 당시 진나는 무슬림 공동체와 힌두 공동체를 구분할 필요가 없다고 생각했다. 이것이 정치 활동 초기에 가진 진나의 정치적 견해의 핵심이었으며, 나아가 진나가 무슬림연맹보다는 국민회의 당원으로 활동하는 것을 선호했던 배경이기도 하다.

무슬림연맹 창립에 냉담한 태도를 보였던 진나였지만, 1910년 이후 무슬림연맹과 접촉을 갖기 시작했다. 한편으로 무슬림연맹은 1912년 연차대회에서 그들의 목표를 '인도 무슬림의 영국에 대한 충성심을 고양시키고 인도 무슬림의 정치적 권리와 이익을 보호'[5]하는 것에서 '자치의 획득과 국민회의와의 연대'로 수정했다. 무슬림연맹의 이와 같은 방향 전환은 1911년의 벵골 분할 취소, 유럽 전쟁에서 영국과 터키의 문제 대두 등에서 비롯된 것이라 할 수 있다.

그러나 무슬림연맹 내에서는 이러한 방향 전환에 반대하는 인물들이 있었다. 당시 무슬림연맹의 의장을 맡고 있던 아가칸은 무슬림연맹의 변화에 반대하며 의장직을 사임했다. 사임하면서 그는 진나에 대해 "나와 무슬림 동료들이 힘쓰는 일에 거부감을 보인 1906년(무슬림연맹 창립)의 가장 강력한 적대자"[6]라고 비난했다. 한편으로 진나는 무슬림연맹의 이런 변화를 환영하며 1913년 무슬림연맹에 가입했다. 1912년과 1913년에 국민회의 운영위원으로 활동함과 동시에 무슬림연맹에 가입한 진나는 국민회의와의 연대를 유지하면서 힌두와 무슬림 교류의 가교 역할을 담당했다.

일단 무슬림의 목표가 변화되기 시작하자 국민회의와 무슬림연맹의 공조가 가능해지기 시작했는데, 그 첫 단계가 1915년 연차대회를 같은 장소에서 개최하는 것이었다. 1906년 무슬림연맹 탄생 이후 무슬림연맹의 연차대회는 국민회의 연차대회와 같은 시기에 다른 지역에서 개최되었다. 그런데 1915년 국민회의와 무슬림연맹은 봄베이에서 같은 시기에 연차대회를 개최하게 되었다. 이러한 공조를 바탕으로 1916년 10월에는 제국입법참사회 의원으로 선출된 의원들이 총독에게 개혁에 대한 의견서를 제출했다. 그리고 1916년 11월 두 단체의 대표가 캘커타에 모여 입법부의 구성과 각 단체에 배분될 의원 비율 등을 논의했으며, 논의된 내용은 러크나우에서 1916년 12월 29일과 31일에 각각 개최된 국민회의와 무슬림연맹 연차대회에서 승인되었다. 이때 승인된 힌두와 무슬림의 협정서가 일명 '러크나우 협정'(Lucknow Pact)*으로, 이 협정이 체결되기

---

* 러크나우 협정(Lucknow Pact): 이 협정은 1916년 12월 29일 러크나우 국민회의 연차대회에서 채택되었고, 31일 무슬림연맹 연차대회에서 채택되었다. 러크나우 회의는 국민회의의 틸락이 주도했다. 이 협정에는 인도정부의 조직 및 힌두교와 이슬람교 지역 간의 관계 등의 내용이 포

까지 가장 큰 힘을 쏟은 사람이 바로 진나였다. 진나는 이때 힌두와 무슬림의 사절이라는 역할을 열렬히 수행함으로써 정계 등장 이후 가장 중요한 역할을 수행하게 되었으며, 1916년 러크나우 무슬림연맹 연차대회에서 의장으로 선출되었다.

진나는 무슬림연맹 의장 연설[7]을 통해 무슬림연맹의 지위가 확고해지고 그것을 국민회의 대표들이 충심으로 받아들여준 것을 영광스럽게 생각한다고 말하면서 러크나우에서 합동회의를 하게 된 것은 두 단체가 충심으로 노력한 결과이며, 현존하는 여러 차이가 있음에도 불구하고 최종 합의가 이루어짐으로써 이제 힌두와 무슬림이 협조하는 새로운 시대가 열리게 될 것이라고 전망했다. 그리고 힌두와 무슬림에게 필요한 시대정신을 다음과 같이 피력했다.

힌두든 무슬림이든 새로운 인도는 완전히 다른 형태의 것을 필요로 한다는 것을 기억합시다. 즉 종파적 이기주의와 편협함에서 벗어나 관대한 정신을 가진 공직자, 나약함에 안주할 유혹에 저항할 수 있는 사람, 강자들의 압제 앞에서 겁먹지 않는 사람, 눈앞의 사소한 것들을 넘어서 사람들에게 믿음, 희망, 자유 그리고 힘을 줄 수 있는 헌신과 봉사라는 높은 차원으로 나아가는 사람들을 필요로 한다는 것을!

함되어 있다. 정부조직 문제의 경우 지방과 중앙 입법부의 4/5를 선거에 의해 뽑으며, 중앙집행위원회의 위원들을 포함한 모든 집행위원회 위원의 절반은 위원회가 자체적으로 선출한 인도인이어야 한다는 것이었다. 중앙집행위원회의 규정을 제외하고는 대부분 '1919년 인도 통치법'에 반영되었다. 국민회의는 무슬림 분리선거구제에 동의했다.

위와 같이 새로운 시대정신을 강조하는 한편 킬라파트 문제에 대해서는 "무슬림의 인도정부에 대한 충성은 적지 않다. 영국에 닥친 위기의 시초부터 무슬림은 황실에 충성했고 그 충성심은 지금도 흔들림이 없다. 그러므로 정부는 그들의 진정한 종교적 감정을 고려해주기를 촉구하며 킬라파트의 미래에 대한 문제에 관여하지 않기를 촉구한다. 그들의 칼리 프를 인정하고 동의하는 것은 온전히 무슬림에게 맡겨두어야 한다. 나는 이 복잡한 문제가 확대되기를 원치 않는다"고 밝혔다.

한편으로 힌두-무슬림 단합의 사절이라는 명칭에 걸맞게 진나는 힌두와 무슬림에게 화해와 단합의 필요성을 역설했다. 분리선거제는 동면 상태에 있는 무슬림에게는 불가피한 요구이며, 무슬림에게 신의와 믿음을 주기 위해 무슬림이 요구하는 분리선거제를 받아들일 필요가 있다고 힌두에게 요청했다. 또한 무슬림에게는 힌두에 대해 우호적인 형제애를 가져야 하며 인도의 진정한 발전은 자매 집단인 두 개의 단체가 진정으로 화해하고 화목한 관계를 유지할 때 이룩된다는 것을 강조했다. 이처럼 진나가 단합의 중요성을 역설하고 상호 화해를 유도함으로써 힌두와 무슬림 단합의 최고봉이라고 일컫는 '러크나우 협정'이 체결될 수 있었다. '러크나우 협정'의 내용에 대해서는 국민회의 온건파인 바네르지(Surendranath Banerjee)는 물론 과격파인 띨락(Bal Gangadhar Tilak)도 환영함으로써 힌두와 무슬림이 동일한 목표로 화합하는 유례없는 결실을 맺게 된 것이다.

진나가 자신의 초기 정치 활동의 절정기를 보내고 있는 동안 인도로 돌아온 간디는 농민과 노동자들을 위한 사뜨야그라하 운동을 전개했다. 1915년 5월 20일 아흐메다바드(Ahmedabad)에 사뜨야그라하 아슈람을 개설하고, 1916년에는 인도의 현실을 살펴보기 위해 여러 지역을 여행했다. 그리고 1917년 4월 10일 참빠란(Champaran)에서 인디고 농장 노동자 문제 해결을 위한 사뜨야그라하를 전개하여 8월에 결의안을 도출하고 10월에 참빠란 위원회와 농장주들의 협상을 타결시켰다. 그리고 1918년 2월 22일에는 아흐메다바드 직물 노동자를 위한 사뜨야그라하를 지도하여 3월 18일 협상이 타결되었다. 또한 3월 22일부터 6월 29일까지 나디아드의 케다 사뜨야그라하를 전개했으며, 11월 14일에는 구자라뜨에 스와데시 상점을 개설했다. 이와 같이 간디는 당시 인도 정치인들이 영국과의 정치적 협상을 위해 노력하고 있던 것과는 달리 인도의 민중, 노동자와 농민의 권리를 보장하기 위한 운동을 전개했다. 이러한 간디의 행보는 인도 민족주의 운동가들에게는 상당히 낯선 것이었다.

간디가 귀국하여 인도신민협회(Servants of India Society)에 가입하려 했을 때, 대부분의 인도신민협회 회원들이 반대했던 것은 아마도 이렇게 낯선 간디의 모습이 예견되었거나 대중을 동원하는 간디의 독특한 지도력이 예상되었기 때문인지도 모른다.

간디는 1915년 1월 인도로 돌아온 후 고칼레를 만나기 위해 뿌나를 방문했다. 고칼레는 1905년에 자신이 설립한 인도신민협회에 간디를 가입시키려 했고, 간디 역시 가입하기를 희망했다. 고칼레는 2월 8일 인도신민협회 회원 대부분이 참석한 모임에서 간디의 가입을 논의했지만, 고칼레의 생각과 달리 간디의 가입에 동의하지 않는 사람들이 많았다.[8] 요게시 차다에 따르면 인도신민협회 회원들은 간디를 회원으로 받아들일 경우 오래지 않아 그가 새로운 규칙들을 제정하고, 새로운 목표를 제시하여 결국 협회 전체에 대한 통제력을 행사할 것이라는 우려를 표했다는 것이다.[9] 결국 간디는 인도신민협회에 가입하지 못하고 산타니케탄으로 떠났다. 그런데 고칼레가 1915년 2월 9일 사망하자 간디는 다시 뿌나로 가서 조문한 후, 인도신민협회에 가입하려 했다. 그러나 이때도 회원들이 자신의 가입을 원치 않는다는 것을 알게 되었고, 1915년 3월 2일 칼렌바흐(Hermann Kallenbach)에게 보낸 편지에서 "나는 협회에 가입하지 않았다. 입회하려 했지만, 타협할 수 없는 견해 차이가 있었다. 그래서 나는 나의 길을 가기로 했다"[10]고 말했다.

이러한 상황을 보면, 기존의 인도 정계에 간디의 등장은 희망임과 동시에 우려를 안겨준 듯하다. 오랜 시간이 지난 후에 간디가 인도 역사의 새로운 시대를 여는 빛이 되었던 점을 감안하면 아프리카에서 돌아온 간디에게 고칼레처럼 새 희망을 건 사람들도 많았을 것이지만, 한편으로 간디는 기존 인물들이 보기에는 상당히 위험한 존재이며, 우려를 안겨주는 존재이기도 했을 것이기 때문이다.

사실, 간디에 대한 우려는 인도신민협회 회원들보다 진나에게 먼저 일어났을지도 모른다. 간디가 귀국한 직후인 1915년 1월 14일 봄베이에서 구자라뜨인 협회(Gujarati Community: Gurjarti Sabha) 의장을 맡고 있던 진나는 간디를 환영하는 가든파티를 열었다. 파티에서는 진나를 비롯한 여러 참석자들이 남아프리카에서 행한 간디의 업적을 치하하는 연설을 했다. 대부분의 참석자들이 영어로 연설하자 간디는 구자라뜨어로 답하면서 구자라뜨인들의 모임에서 영어를 사용하는 것에 대해 온건한 항의를 표했다.[11] 진나와 간디는 모두 구자라뜨 출신이었다. 그러나 진나는 인도어보다는 영어에 능숙했다. 진나는 힌디어나 우르드어를 제대로 구사하지 못했기 때문에 주로 영어로 연설했다. 물론 간디도 힌디어나 우르드어를 제대로 구사하지 못하기는 마찬가지였다.[*] 그러나 구자라뜨인들이 모인 장소에서 구자라뜨어를 사용하지 않고 영어로만 연설하는 모습이 간디에게는 썩 유쾌하지 않았을 것이다. 그런데 영어로 연설하는 것에 제동을 거는 간디의 모습에서 진나를 비롯한 기존 활동가들은 적잖은 놀람과 우려를 갖게 되지 않았을까? 그러한 것들이 간디의 이미지를 강하게 만들어 인도신민협회 가입에도 영향을 미쳤을 가능성이 없지 않았다.

또한 대중을 동원하는 간디의 방식 역시 많은 우려를 낳았다. 간디가 인도에 돌아와서 전국적 규모로 비협조운동을 전개한 것은 로울라트 법안 반대 투쟁이었다. 인도의 민족주의자들은 대부분 제1차 세계대전이 진행되는 동안 영국을 지원했다. 그리고 그러한 지원으로 인도의 자치에 대한 논의가 진전될 것이라고 믿었다. 그러나 1918년 11월 11일 제1차 세계대전이 끝나자 영국은 로울라트 법안을 공포하여 정치사건의 경우 법관에게 배심 없이 재판을 할 수 있는 권한을 부여했다. 이에 분노의 분위기가 고조되었으며, 간디가 정치 일선에 등장하게 되었다. 간디는 로울라트 법안이 발효되는 1919년 4월 6일을 금식 기도의 날로 정하고 전 인도인에게 일을 하지 않고 금식 기도를 하게 함으로써 인도의 모든 행정이 마비되기에 이르렀다. 이것이 간디가 주도한 로울라트 법안 반대 사뜨야그라하였다. 이러한 방식의 평화적이고 비폭력적이면서도 영국정부를 당혹시키고 모든 인도인을 단합시킨 투쟁은 유례가 없는 것이었다고 평

---

[*] 킬라파트 회의에서의 연설을 앞두고 간디는 자신이 힌디어나 우르드어를 제대로 하지 못하기 때문에 서투른 힌디어로 연설했다고 기록하고 있다. 간디, 함석헌 번역(1996), 『간디 자서전』, p.559 참조.

가되고 있다. 독립운동사에서 보자면 이 사뜨야그라하는 매우 중요한 역할을 했음에 틀림없지만, 기존의 민족주의자들에게는 대중을 끌어들이는 이러한 운동의 부정적 측면에 대한 우려가 없지 않았을 것이다.

간디에 대한 진나의 우려와 거부감이 본격적으로 표출된 것은 1920년이었다. 국민회의는 1920년 9월 캘커타에서 특별회기를 개최했다. 특별회기가 열린 것은 간디의 비협조운동을 국민회의 강령으로 채택하기 위한 것이었다. 이 특별회기에서 9월 5일 발표한 결의안(The Non-Co-Operation Resolution)의 주요 내용은 다음과 같다.

킬라파트 문제와 암리차르 학살, 이 두 개의 잘못된 일을 바로잡지 않고서는 어떤 것도 만족할 수 없다. 국가의 명예를 회복하고 비슷한 잘못이 반복되는 것을 막을 유일한 해결책은 스와라즈야(swarajya)를 확립하는 것이다. 잘못되었다는 것을 시인할 때까지 그리고 스와라즈야가 이룩될 때까지 국민회의는 비폭력·비협조 정책을 채택한다. 국민회의의 권고사항은 첫째로 관직, 직위, 지방자치단체의 지명의석 등에서의 사퇴이다. 둘째로 정부의 접견, 회견 그리고 정부 관리나 그들의 명예를 위해 개최되는 공식적·준공식적 행사에 참석을 거부하는 것이다. 셋째로 정부가 소유하거나 지원하거나 지배하는 학교와 대학으로부터 학생들의 점진적 사퇴 그리고 그러한 학교가 있던 자리에 민족학교를 설립하는 것이다. 넷째로 변호사와 소송 당사자의 영국 법원에 대한 점진적 보이콧 그리고 개인적 분쟁 조정을 도울 사설 재판소를 설치하는 것이다. 다섯째로 군대와 성직자 그리고 노동계층의 메소포타미아 파견 봉사를 거부하는 것이다. 여섯째로 참사회 위원 입후보 거부와 국민회의의 권고에도 불구하고 입후보하는 자가 있다면 그러한 후보에 대한 투표를 거부하는 것이다. 일곱째로 외국 상품을 보이콧하는 것이다.[12]

당시 인도의 분위기는 영국과 승패를 다투는 싸움을 원하기보다는 영국정부로부터 더 많은 자치권을 얻어내는 것을 목표로 하고 있었다. 그런데 위와 같은 행동 지침을 담고 있는 결의안은 영국정부와 승부를 겨루겠다는 선언이나 다름없는 것이다. 그러므로 기존의 보수적인 민족주의자들은 이러한 투쟁의 전환을 부정적으로 바라볼 수밖에 없었을 것이다. 1916년 전인도자치연맹(All India Home Rule League)을 창설한 안니 베전트(Annie Besant)는 간디의 비협조운동에 대해 "정부에 비협조함으로써 정부를 마비시키기를 바라며 정부가 그에게 항복하는 것을 바라는 간디의 비협조운동은 원칙적으로 잘못된 것이며, 국가에 재앙을 가져올 것"[13]이라고 비판했다. 안니 베전트가 인도 정치에 참여한 목적은 인도와 영국의 우호를 증진시키기 위한 것이었고, 스스로를 "대영제국의 적이 아니라 인도인으로 하여금 조국을 위해 일하도록 깊은 잠에서 일깨워주는 북[鼓]"[14]이라고 자부하며 전인도자치연맹을 탄생시켰던 것이다. 그런데 간디는 영국 법정, 학교, 의회 등을 전면 보이콧하라고 주장했고, 이것을 국민회의가 기본 강령으로 채택하려 했기 때문에 기존의 온건파 국민회의 당원들에게 거부감을 주었던 것이다.

이러한 거부감 때문에 결의안 채택에 반대하는 인물들이 있었다. 그 가운데 전면적으로 반대를 표명한 인물이 진나였다. 당시 진나가 국민회의를 등지게 된 상황에 대하여 네루는 다음과 같이 말했다.

캘커타 회의 후에 진나를 비롯한 나이 든 지도자들 일부가 국민회의에서 이탈했다. 과거에 무슬림연맹과 국민회의 사이가 좋아지게 된 데는 실제로 진나의 공로가 컸다. 그러나 국민회의의 새로운 변화에 대해 진나는 전면적으로 반대 의견을 표명했다. 진나가 정치적 견해를 달리한 것이지만, 실제로 그가 떠난 것은 정치적 견해 차이만은 아니다. 국민회의 안에는 그보다 훨씬 보수적인 사람들도 많았다. 그러나 진나는 기질적으로 새로운 국민회의와 맞지 않았다. 그는 힌두스탄어로 말하기를 요구하는 카디를 입은 대중 속에서 자신이 설 자리를 찾을 수 없었고, 군중의 열기는 폭도의 히스테리로 느껴졌다.[15]

라즈빠뜨 라이가 의장을 맡았던 이 특별회기에서 간디의 노선에 대한 치열한 논쟁이 전개되었고, 원로들의 반대도 만만치 않았다. 그러나 로울라트 법안 반대 투쟁과 암리차르 대학살 이후 모띨랄 네루를 비롯한 보수파 일부가 간디를 지지하는 방향으로 기울었고, 간디의 제안이 특별회기에서 통과되는 데 이들이 힘을 보탰다. 그리고 1920년 12월 나그뿌르에서 정기 연차대회가 개최되자, 다스(Chittaranjan Das)와 라즈빠뜨 라이 역시 간디를 지지하는 쪽으로 방향을 바꾸었다. 이러한 상황에 대해 시따라마야는 다음과 같이 기술했다.

간디가 나그뿌르에서 얻은 지지는 캘커타에서보다 훨씬 대단한 것이었다. 캘커타에서 간디에게 도움의 손길을 뻗친 사람은 모띨랄 네루뿐이었다. 비협조운동이라는 의자가 당시 한 다리로 지탱하고 있었다면, 나그뿌르에서는 완전히 네 개의 다리를 다 갖추고 서 있었다. 간디, 모띨랄

네루, 다스, 라즈빠뜨 라이가 바로 그것이었다.[16]

사뜨야빨(Satyapal)은 인도국민회의 역사를 서술하면서 "1,582명의 대표가 참석했으며, 참가한 무슬림이 1,050명이 넘는 대단히 성공적인 회기였다. 이 회기는 간디 개인의 승리였다. 간디는 캘커타 대회 때보다 전 인도의 지도자들로부터 훨씬 더 많은 지지를 받았다. 다스와 라즈빠뜨 라이가 간디를 지지함으로써 그들은 간디의 반대자에서 충성스러운 지지자가 되었다"[17]고 서술했다. 사실 캘커타 특별회기 때 비협조 결의안에 반대하는 인사들이 많았기 때문에 나그뿌르에서도 설전이 오갈 것으로 예상되었지만, 의외로 반대의 목소리는 일부뿐이었다. 강경한 태도를 보이던 베전트 역시 온건한 입장으로 물러섰다. 결국 1만 4,000명이 넘는 회원들이 참석한 나그뿌르 대회에서 진나만이 강한 반대의 목소리를 냄으로써 간디가 장악한 국민회의에서 진나는 소외되었고, 결국 국민회의를 떠나는 계기가 되었다.[18] 또한 띨락의 지지자였던 카빠르데(G. S. Khaparde) 역시 비협조운동을 반대하며 국민회의를 떠났는데, 그는 비망록에서 "국민회의의 에너지가 영혼의 힘과 도덕적 우수성을 획득하는 방향으로 우회하여 정치적인 통찰력을 잃어갔다"[19]고 서술했다. 한편 진나는 나그뿌르 회기에서 간디의 비협조운동 계획이 승인되었을 때, "지적이고 이성적이라고 하는 사람들의 헛되고 위험한 종교적 열광이 인도의 정치를 혼란시킬 것"[20]이라며 비웃었다고 한다.

요컨대 진나가 국민회의와 등지게 된 것은 간디의 비협조 결의안이 채택되었기 때문이라고 할 수 있다. 그렇다면 이 비협조 결의안의 어떤 점이 진나의 정치 행보와 충돌하게 된 것일까. 가장 중요한 요인은 대중을 선동하는 정책과의 대립이라고 할 수 있을 것이다. 선동적 저항 활동은 진나의 정치적 궤도를 벗어난 것이었기 때문이다. 진나는 기본적으로 의회민주주의와 입헌주의에 대한 확신을 갖고 있었다. 그렇기 때문에 국민에게 보통교육을 실시하는 의무교육제도의 도입과 공무원에 인도인 채용을 점진적으로 확대하는 것 등을 통하여 자치를 달성하기를 바라고 있었다. 그런데 간디는 대중을 동원하여 소요를 일으키거나 학생들에게 등교를 거부하라고 할 뿐만 아니라 공무원들과 의원들에게 사퇴하라고 강조하고 있었기 때문에 이러한 간디의 정책을 수용할 수 없었던 것이다. 그러나 로울라트 법안 반대 사뜨야그라하와 암리차르 대학살 등에서 드러난 영국의 포악성이 간디가 정계의 전면에 나서는 계기가 되었고, 대중 역시 그러한 간디의 지도력에 따르고 있었기 때문에 진나의 입지는 상대적으로 약화될 수밖에 없었다.

웰(Ian Bryant Well)[21]에 따르면 1919년 무렵부터 진나의 영향력이 약화되었는데, 그 주요 원인은 그의 입헌주의 신조 때문이었다는 것이다. 일반적으로 합헌적 투쟁은 정부와의 관계가 원활할 때는 힘을 발휘할 수 있다. 그러나 정부와의 관계가 악화되어 정부가 공식적인 통로를 폐쇄하는 경우에는 합헌적 투쟁의 통로는 닫히게 된다. 제1차 세계대전에서 인도가 영국에 협조한 공로가 컸음에도 불구하고 영국정부는 로울라트 법안을 만들어 인도에 대한 억압을 강화했다. 이 때문에 전국적으로 간디가 주도하는 로울라트 사뜨야그라하 투쟁이 전개된 것이다. 영국정부와의 통로가 폐쇄되었음에도 간디가 투쟁을 전개할 수 있었던 것은 대중을 동원할 수 있었기 때문이다. 그러나 진나처럼 조직된 단체를 통해 활동하여 대중과의 연계가 없던 인물의 경우 정부가 이들 단체를 불법으로 규정하면 제도권 밖에서 투쟁을 전개할 수 없으므로 영향력은 약화될 수밖에 없다.

결국 진나의 입헌적 투쟁방식은 간디의 대중적 투쟁방식과 대립될 수밖에 없었다. 그런데 영국정부의 강경 정책 하에서는 진나의 투쟁방식보다는 대중을 동원할 수 있는 간디의 방식이 더 효과를 발휘할 수 있었고, 그러한 효과가 로울라트 법안 반대투쟁에서 명백히 드러남으로써 국민회의는 간디의 투쟁방식을 당의 강령으로 채택했고, 진나는 국민회의와 등지게 된 것이다.

또 한편으로 간디가 주도한 킬라파트 운동 역시 진나의 투쟁방식과는 맞지 않았다. 제1차 세계대전에서 이슬람교의 종주국인 오스만 터키는 독일 측에 가담했고 영국은 동맹군의 선두에 섰다. 패전국이 된 오스만 터키는 베르사유 조약에 따라 영토가 유럽 여러 나라에 분할 점령될 위기에 놓였다. 이에 인도의 무슬림은 이슬람교의 종주국인 오스만 터키의 종말을 막기 위한 운동으로 킬라파트 운동을 전개했다. 킬라파트 운동은 알리 형제(Muhammad Ali, Shawkat Ali)에 의해 시작되었지만, 1919년 11월 델리에서 개최된 전인도 킬라파트 회의에서 간디를 의장으로 선출함으로써 이후 킬라파트 운동은 간디가 주도하게 되었다. 외형적으로 킬라파트 운동은 영국에 의해 폐지된 터키의 칼리프 제도를 유지하기 위한 반영운동이었다. 간디는 이것이 백 년 내에는 찾아오기 힘든 힌두-무슬림 단합의 기회라고 생각했다. 힌두인 간디가 무슬림의 문제인 킬라파트 운동의 의장을 맡게 된 것은 힌두-무슬림 단합의 상징성을 가질 수 있기 때문이다.

간디는 1919년 11월 24일 델리에서 개최된 킬라파트 회의에서 힌두로서 무슬림의 킬라파트 운동에 참여하는 것에 대해 다음과 같이 말했다.

힌두가 킬라파트 문제에 관하여 무슬림과 합류해야 한다고 말했을 때, 놀랍다는 말을 하는 사람들이 있습니다. 그러나 나는 다음과 같이 말합니다. 힌두와 무슬림이 형제라면, 다른 사람의 슬픔을 함께 나누는 것이 그들의 의무라고. 문제가 되는 것이 있다면 무슬림이 옳은지 그들의 이유가 정당한지 하는 것입니다. 만약 그것이 합당한 것이라면 이 땅의 모든 자손들은 그들을 동정하는 것을 의무로 여겨야 할 것입니다. 킬라파트 문제가 단순히 무슬림만의 슬픔이라고 말해서는 안 됩니다. 그것은 모든 인도인에게 해당되는 문제입니다.[22]

간디는 이 회의에서 의장으로 선출되었고, 이를 전후하여 인도 무슬림뿐만 아니라 힌두도 킬라파트 운동에 적극 참여했다. 킬라파트 운동에 적극적으로 나서는 간디에 대해 안사리(Ansari)는 "간디야말로 우리 무슬림의 권리를 옹호하는 불굴의 투사"[23]라고 격찬했다. 이렇게 됨으로써 칼리프 폐지에 대한 항의로 시작된 무슬림의 킬라파트 운동은 힌두와 무슬림 단합을 상징하는 운동으로 전환되기 시작했다. 특히 1920년 5월 이후 간디가 킬라파트 운동을 국민회의와 연계시키면서 이러한 성향이 더욱 짙어졌다. 간디가 연계를 추진하자 무슬림이 환영함은 물론 국민회의의 힌두 역시 긍정적으로 받아들였다. 1916년의 러크나우 협정 이후 정치적 목표를 달성하기 위해서는 힌두와 무슬림이 단합해야 한다는 인식이 확산되어 있었기 때문에 힌두와 무슬림이 함께 킬라파트 운동을 추진한다면 더욱 효과적으로 영국에 대항할 수 있을 것이라고 생각했을 것이다.*

그러나 러크나우 협정을 이끌어내며 힌두-무슬림 단합의 사절이라
고 칭송받던 진나는 킬라파트 운동에 동조하지 않았다. 국민회의와 무슬
림연맹을 오가며 힌두와 무슬림이 단합할 수 있는 다리 역할을 하던 진
나였는데, 왜 진나는 그들이 단합할 수 있는 절호의 기회라는 킬라파트
운동에 동조하지 않았던 것일까. 간디는 힌두이면서도 누구보다 적극적
으로 킬라파트 운동을 추진하고 있는데, 무슬림인 진나가 킬라파트 운
동에 동참하지 않았다는 것은 의외라고 생각되지 않는가. 진나는 기본
적으로 정치와 종교를 연계시키는 것은 바람직하지 않다고 생각하는 인
물이었다. 그래서 무슬림만 모아놓은 무슬림연맹의 창립에도 참여하지
않았던 것이다. 그런 진나였기에 간디가 킬라파트 운동으로 정치와 종교
를 연계시키려 하자 냉담한 반응을 보일 수밖에 없었고, 무슬림 울라마
(Ulama)**와 비협조운동가들을 연계시키자 더욱 냉담한 태도를 취하게
된 것이다. 진나는 이렇게 정치와 종교를 연계시키는 간디에 대해 "힌두
와 무슬림 사이뿐만 아니라 힌두와 힌두, 무슬림과 무슬림, 부모와 자식

---

* 간디는 물론이고 당시 킬라파트 운동을 주도한 세력들은 유럽의 상황을 제대로 이해하지 못
하고 감정적으로 접근한 측면이 있다. 마줌다르는 이러한 상황을 다음과 같이 평가했다. "이
때 무슬림의 반영 감정이 대중집회를 통해 고조되었고, 한편으로는 영국이 지배하는 인도에
살기보다는 자유로운 무슬림 나라에서 살고자 하는 욕구로 많은 무슬림이 아프간으로 이동
했다. 이러한 징후가 힌두 정치 지도자들이 킬라파트 운동의 중요성에 과도한 무게를 두도록
오도했다. 힌두 정치 지도자들의 아시아 무슬림 국가들에 대한 지식 부족이 국민회의와 킬라
파트 운동의 연합에 과도한 가치를 부여하게 만든 것이다." Majumdar, R. C.(1996). *History
of the freedom movement in India* vol.III. pp.67~68 참조.
** 이슬람교에는 원래 성직자나 사제라는 존재를 인정하지 않는다. 울라마는 이슬람교의 법학자
를 뜻하는 말이었으나, 이들이 성직자 같은 역할을 함으로써 울라마는 넓은 의미의 이슬람 성
직자를 뜻하는 말로 쓰이고 있다.

사이 그리고 간디가 관여하는 모든 곳에 불화를 일으킬 것이며, 간디의 계획은 인도 정국의 완전한 해체와 혼란을 불러올 것"[24]이라고 비판했다. 요컨대 무자히드(Mujahid)[25]가 지적했듯이 진나는 킬라파트 운동 자체에 대한 거부감보다는 킬라파트 운동이 채택한 방법을 싫어했기 때문에 관여하지 않은 것이다.

진나가 우려한 것처럼 정치와 종교를 뒤섞은 킬라파트 운동이 오히려 힌두와 무슬림의 반목을 빚는 사태가 벌어지기도 했던 것은 사실이다. 1921년 인도 남부의 모쁠라(Moplas)에서 일어난 반란이 바로 그러한 예이다. 모쁠라족은 힌두 지주, 대금업자, 영국에 대한 성전(聖戰)을 결의하며, 킬라파트 왕국을 선포했다. 이 모쁠라 반란으로 힌두 사원과 집들이 유린당하고, 수천 명의 힌두가 이슬람으로 강제 개종당했다. 이에 대한 대응으로 아르야 사마즈(Arya Samaj)***의 슈라다난드(Swami Shraddhanand)는 강제로 개종당한 사람들을 다시 힌두로 재개종하게 하는 슛디(shuddhi)**** 운동을 전개함으로써 힌두와 무슬림의 관계는 더욱 악화되었다. 게다가 1926년 12월 23일 슛디 운동을 주도한 슈라다난드가 피살되는 사태가 발생하자 힌두와 무슬림의 반목은 상호 복수로 이어졌다. 이러한 상황들은 후일 힌두마하사바를 비롯한 극우 힌두단체들이 간디를 비판하는 요인이 되기도 했다.

그러나 1920년 당시 간디는 킬라파트 운동이 힌두와 무슬림의 단합

*** 아르야 사마즈는 다야난다 사라스와띠(Dayananda Saraswati)가 베다를 근간으로 하여 당시의 인도 사회와 종교를 개혁하고자 1875년에 설립한 단체이다.
**** 슛디란 '정화'(purification)를 의미하는 말로, 주로 무슬림과 기독교로 개종한 사람들을 인도의 종교로 돌아오게 하는 정화의례이다.

을 가져올 것으로 확신했다. 그리고 그러한 운동으로 간디는 이미 인도 정계의 중심 인물로 떠올랐고, 그의 비협조 정책은 1920년 인도국민회의의 중심 강령으로 채택되었다. 뿐만 아니라 비협조 정책과 함께 킬라파트 문제를 해결하는 것 역시 국민회의 결의안에 포함된 주요 의제가 되었다. 반면에 비협조운동에 대한 거부감, 정치와 종교를 연계시키는 킬라파트 운동에 대한 거부감이 진나를 국민회의에서 멀어지게 하는 요인이 되었고, 결국 진나는 국민회의를 탈당하게 되었다.

진나는 국민회의 탈당에 앞서 전인도자치연맹에서도 탈당했다. 전인도자치연맹에서 탈당한 계기 역시 간디가 제공했다. 1915년 인도신민협회는 "간디를 회원으로 받아들일 경우 오래지 않아 그가 새로운 규칙들을 제정하고, 새로운 목표를 제시하여 결국 협회 전체에 대한 통제력을 행사할 것"이라고 우려했다. 그러한 우려가 실제로 1920년 전인도자치연맹에서 발생한 것이다. 1920년 4월 28일 전인도자치연맹에 가입하고 의장이 된 간디는 10월 24일 전인도자치연맹의 명칭인 'All India Home Rule League'를 '스와라즈야 사바'(Swarajya Sabha)로 개칭하고 조직을 전면 개편했다. 단체의 명칭을 바꾸고 규정을 개편한다는 것은 사실상 기존 단체의 문을 닫는 것이나 다름없는 일이다. 결국 전인도자치연맹에서도 명칭을 바꾸는 간디의 독단적인 행위가 발생하자 진나를 비롯하여 자야까르(Jayakar), 드와르까다스(Jamnadas Dwarkadas), 빠끄바사(Mangaldas Pakvasa), 문쉬(K. M. Munshi) 등의 회원이 탈퇴했다.[26] 또한 전인도자치연맹을 창설한 베전트는 다음과 같이 간디의 행위를 비판했다.

1920년 비협조운동의 전횡은 증가되었고, 우리의 모임은 붕괴되었다.

많은 언론과 셀 수 없는 집회 형태로 믿을 수 없이 참담한 행진이 신민족주의자들의 당(Neo-Nationalist Party)에 의해 자행되었다. 그 결과 개혁주의자들(Reformers)의 지위가 봉쇄되었다. 자유연맹과 자치연맹은 참사회 안에서 공조체제를 유지해왔으며, 원래의 자치연맹이 지지한 구국민회의(Old Congress)의 영광스러운 전통을 이어, 가능한 한 빠른 시일 내에 책임 정부를 달성하기 위한 진보적인 전선을 구축해왔다. 그러나 신국민회의(New Congress)는 나그뿌르에서 새로운 강령으로 그것을 붕괴시켰다. 자치연맹은 신국민회의의 지지를 받지 못하는 낡은 목표를 가지게 되었고, 원래의 자치연맹은 완전히 새로운 목표를 갖고 간디를 수장으로 하는 스와라즈야 연맹(Swarajya League)이 되어버렸다.[27]

진나를 비롯한 여러 인사들이 탈퇴 의사를 밝히자 간디는 10월 24일 「나바지반」(Navajivan)에 이에 관한 글을 게재하고, 10월 25일에는 진나에게 편지를 보냈다. 두 개의 글에서 밝힌 간디의 견해는 대동소이한데, 요약하면 다음과 같다.

다수결로 전인도자치연맹의 규약을 변경했다. 그런데 저명한 인사들이 사임하겠다는 편지를 보내왔다. 진나가 3/4의 찬성 없이 수정(명칭 개정)은 불가능하다고 주장했다. 진나는 구 규약에 의하면 자치연맹 위원회는 모든 것을 위원 3/4의 찬성으로 변경할 수 있다고 주장한다. 그러나 그러한 제한은 위원회에만 적용되는 것이다. 총회에는 그러한 규정이 적용되지 않는다. 총회는 다수결의 원칙이 적용될 뿐이다. 자야까르 역시 진나의 견해에 동의했다. 그래서 나는 법률가들과 논의해보았다. 법률가들은 나의 견해를 지지했다.

진나와 그의 동료들은 스와라지 달성을 위한 수단을 규정하는 문구가 스와라즈야 사바가 불법적 행위를 수행하도록 하는 것으로 해석될 수 있다는 것을 지적했다. 어떤 점에서는 그 말이 옳다. 규정된 수단은 시민 불복종운동을 뜻한다. 나는 이것을 자유롭게 생각할 필요가 있다고 본다. 어떤 것이 입헌적이고 법률적인지 말하는 것은 늘 쉽지 않다. 어떤 사람들은 비협조운동이 불법적인 것이라고 말한다. 또 다른 사람들은 시민 불복종운동이 불법적인 것이라고 말한다. 수단에 관한 규정은 그러한 논쟁을 피하기 위해 약간의 자유를 준 것이다. 그러나 그 문구가 스와라즈야 사바로 하여금 모든 법률을 위반하라고 부추기는 것은 아니다. 수단에 대한 규정은 무례함이 아니라 반드시 평화적인 것이어야 한다고 규정한 것일 뿐이다.[28]

위와 같은 글을 통해 진나를 비롯한 동료들이 의문을 제기한 총회의 의결 방식과 명칭 개정에는 아무런 문제가 없으며, 스와라즈야 사바 역시 비폭력을 주요 투쟁 수단으로 채택한 것임을 밝혔다. 아울러 진나에게 보낸 편지에서는 "만약 당신이 이 국가에 펼쳐진 새로운 삶에 동참하고자 한다면, 당신의 경험과 안내로 국가를 유익하게 하고자 한다면, 그리고 당신의 양심에 위배되는 것이 있다고 생각하지 않는다면 나는 당신과 당신의 동료들이 사임을 재고해주기를 바랍니다"라고 덧붙였다.

그러나 대중적 투쟁방식, 간디의 독단, 종교와 정치의 연계 등을 받아들일 수 없었던 진나는 결국 1920년 자치연맹과 국민회의를 탈퇴하고 말았다. 앞서 언급한 바 있듯이 진나는 대중적 기반이 약한 인물이었고, 단체를 통해 입헌적 투쟁을 전개하던 인물이다. 대중과의 연계가 약한 상황에서 정부와의 연결 통로라 할 수 있는 주요 단체에서 탈퇴함으로써 진나의 정치적 입지는 약화될 수밖에 없었다.

이러한 상황, 즉 간디의 독단과 진나의 정치단체 탈퇴라는 사건은 간디와 진나를 제어할 수 있는 인물이 없었기 때문에 벌어진 사태일지도 모른다. 간디와 진나 두 인물의 공통 멘토였던 고칼레가 1915년 사망했고, 띨락 역시 국민회의 특별회기가 열리기 전인 1920년 8월에 사망했다. 온건파와 과격파의 중심인물이었던 큰 인물들이 없는 상황에서 간디의 독주를 막을 사람도, 진나를 설득해줄 사람도 없었다. 이러한 상황에서 진나가 선택할 수 있는 것은 변화된 인도 정치계에서 한 발 물러서는 것이었고, 그것이 그로 하여금 무슬림 단체와 연계되게 했지만 그들이 추구하는 방식이나 이슈에 따를 수 없는 자신을 발견할 수밖에 없었던 것이 진나의 입장이었을 것이다.

간디의 등장과 비협조운동이 1920년대부터 인도 민족주의운동에 새바람을 불러일으켰다는 데는 이견이 별로 없을 것이다. 그러나 늘 그렇듯이 새로운 바람에는 그에 따른 얼마간의 혼란과 그로 인해 기존의 질서가 흔들리는 고통이 따르게 마련이다. 간디의 등장은 젊은 층과 새로운 전환을 추구하는 이들에게는 희망의 확신으로 다가왔을 것이지만 보수적인 정치인들에게는 심각한 우려를 안겨주었다. 또한 간디의 등장과 그의 사뜨야그라하의 에너지만큼 그로 인해 투쟁의 전면에서 뒤로 밀려나게 된 인물들과 단체들의 상처도 적지 않았을 것이다. 그러한 우려와 상처는 그들로 하여금 새로운 방향으로의 전환을 모색하게 만들기도 한다. 진나 역시 무슬림이면서도 힌두와 무슬림의 대립을 막고 국민회의와 무슬림연맹이 한 목소리로 영국에 대항하여 인도의 미래를 열어가야 한다고 확신했고, 힌두와 무슬림의 단합을 위해 자신의 열정을 쏟았지만, 결국 국민회의를 떠나고 말았다. 이러한 상황이 1916년 무렵부터 힌두-무슬림 단합의 상징적 역할을 담당했던 진나로 하여금 거목으로 성장하는 간디에게 그 상징의 임무를 넘겨주고, 자신은 무슬림 대표자의 길로 방향을 바꾸게 한 것이다.

같은 무대에서 배역을 맡은 배우들은 각기 자신의 역할에 충실할 수밖에 없을 것이다. 그러나 요즈음은 같은 배역에 2~3명의 배우를 기용하는 더블캐스팅을 하기도 한다. '힌두와 무슬림 단합의 상징'이라는 배역이 진나에서 간디로 교체되는 대신, 이들이 같은 배역에 더블캐스팅으로 활약할 수는 없었을까. 숲을 거닐다 보면 잡목들은 옹기종기 모여서 함께 성장할 수 있지만 거목은 그 그림자가 넓고 짙어서 잡목이 함께 자랄 수 없다. 그래서 거목과 함께 더블캐스팅 되는 배우는 소외감과 절망감을 동시에 느끼게 될지도 모른다. 그러한 절망감이 결국은 진나로 하여금 '힌두-무슬림 단합의 상징'이라는 역할을 간디에게 넘겨주고 자신은 국민회의를 떠나 무슬림연맹에서 또 다른 거목으로 성장하게 했는지도 모른다.*

---

* 진나는 1916년 무슬림연맹 의장으로 선출되었고, 이후 1920년부터 1930년까지, 그리고 1937 년부터 인도와 파키스탄이 분리 독립하는 1947년까지 무슬림연맹의 의장을 맡았다. Ahmed, A.(1997), *Jinnah, Pakistan and Islamic Identity: The Search for Saladin*, p.6 참조.

3장_거짓과 현실

간디의 비협조운동이 국민회의 강령으로 채택될 무렵 대립했던 간디와 진나는 1940년대 초 다시 맞서게 되었다. 1940년 3월 23일 '라호르선언' 이라 부르는 무슬림연맹의 결의안이 통과되었고, 1942년 8월 8일 '인도 철퇴선언'이 국민회의 결의안으로 채택되었다. 이 두 개의 선언은 각기 진 나와 간디가 주도한 것이다. 진나는 '라호르선언'에서 무슬림은 힌두와 별개의 문화와 전통을 가진 집단으로 인도에서의 힌두-무슬림 문제는 국내적 문제가 아닌 국제적 문제로 다루어져야 한다고 선언했다. 요컨대 무슬림은 별개의 국가로 다루어져야 한다고 선언한 것으로, 일명 '파키 스탄선언'이라고도 불린다. 한편 간디는 인도에서 영국은 완전히 철수하 고 인도를 인도인에게 맡기지 않으면 대대적인 투쟁을 전개할 것이라는 '인도철퇴선언'을 했다. 이 두 선언은 '무슬림의 독립'과 '인도의 독립'이라 는 독립 선언의 성격을 지니고 있다는 공통점을 갖고 있다. 제2차 세계대 전이 벌어지고 있던 시기에 간디와 진나가 각기 무슬림과 인도의 독립을 선언하면서 맞서게 된 배경은 무엇일까.

비협조운동이 국민회의 결의안으로 채택된 후 국민회의를 떠난 진나는 1929년에 '1935년 인도 통치법'을 개정하는 과정에서 국민회의의 「네루 보고서」에 맞서는 '진나 14개조'를 제시했다.* 그러나 진나는 1931년 제2차 원탁회의에 참석한 후 영국에 체재하면서 인도의 정치에서는 한 발 물러나 있었다. 1933년 일시 귀국하긴 했으나 완전히 인도 정계로 돌아온 것은 1934년이었다. 인도로 돌아온 진나의 당면과제는 분열되고 거의 붕괴된 무슬림 공동체들을 규합하고, 한편으로는 국민회의 또 다른 한편으로는 영국정부와의 관계를 정립하는 일이었다. '1935년 인도 통치법'에서 규정한 지방자치는 진나에게 선거에 나설 기회를 제공했다. 이 선거는 무슬림 대중에게 단합의 필요성을 일깨우고, 그들의 지위를 공고히 할 의식을 불러일으켜 무슬림연맹의 깃발 아래 모이게 할 수 있는 계기이기도 했다. 지지부진하여 연차총회조차 제때 개최하지 못하던 무슬림연맹은 1936년 4월 11~12일에 봄베이에서 연차총회를 개최했다. 1937년 초에 지방의회 선거가 치러지기로 결정된 상태였기 때문에 1936년에는 거의 모든 정당이 지방의회 선거에 참여하기 위해 매진했다. 무슬림연맹뿐만 아니라 기존의 무슬림 지방정당들도 선거를 준비했고, 신드 지역에서는 무슬림 지도자들에 의해 신드 연합당(Sind United Party), 신드 아자드당(Sind Azad Party), 신드 무슬림 정치당(Sind Muslim Political Party) 등이 창립되었다. 1936년 말부터 1937년 초까지

---

* 이때의 「네루 보고서」는 모딜랄 네루에 의해 작성된 것이다. 진나는 무슬림의 권익을 보장하는 견해를 담은 '진나 14개조'를 제시했다. 이에 대한 자세한 내용은 박금표 외 공저(2006), 『인도의 종파주의』, pp.103~110 참조.

〈표〉1937년 지방의회 선거 의석수와 결과

지방	전체 의석	국민회의 당선 의석	전체 무슬림 의석	무슬림연맹 당선 의석	기타 무슬림 그룹 당선 의석
마드라스	215	159	28	11	17
봄베이	175	86	29	20	9
벵골	250	54	117	40	77
UP	228	134	64	27	37
펀잡	175	18	84	1	83
비하르	152	98	39	0	39
CP	112	70	14	0	14
NWFP	50	19	36	0	36
아쌈	108	33	34	9	25
오릿사	60	36	4	0	4
신드	60	7	36	0	36
합계	1,585	714	485	108	377

자료 출처: Prasad, R.(1947), *India divided*, p.143. 위 표에서 각 지역의 부분 의석수를 합한 것이 전체 의석수와 일치하지 않는 경우가 있으나, 수정 없이 원자료를 그대로 인용하였다.

11개 주(州)[**]에서 실시된 지방의회 선거에는 인도의 모든 정당이 참여했으며 그 결과는 2월에 공표되었다.

선거를 치르기 전에는 무슬림연맹을 비롯한 소수정당이 내각 구성에 참여하게 될 것이라고 전망했다. 소수정당의 지원 없이 정부를 구성

[**] 11개 주는 마드라스(Madras), 중앙주(Central Provinces: CP), 비하르(Bihar), 오릿사(Orissa), 연합주(United Provinces: UP), 봄베이 프레지던시(Bombay Presidency), 아쌈(Assam), 서북변경주(North West Frontier Province: NWFP), 벵골(Bengal), 펀잡(Punjab), 신드(Sindh) 등이다.

할 수 있을 정도로 유력한 정당이 없다고 생각되었기 때문이다. 그러나 선거 결과는 이러한 예상을 빗나갔다. 국민회의가 마드라스, UP, 비하르, CP, 오릿사의 다섯 개 주에서 압승을 거두었기 때문에 다른 정당의 도움 없이도 주정부를 구성할 수 있게 되었다. 이에 국민회의는 1937년 7월, 각료를 구성하면서 주의 장관을 국민회의에서만 임명하는 것을 기본 원칙으로 삼았고, 무슬림연맹이나 다른 소수정당 구성원은 국민회의 강령에 동의하고 합류하지 않으면 정부조직에 참여하는 기대를 버려야 했다. 이에 대한 불만이 생겨났는데, 특히 UP주에서 심각하게 부각되었다.

1937년 선거에서 UP주의 지방의회 의석은 228석이었으며, 그 가운데 64석이 무슬림 분리선거 의석으로 배정되었다. 선거 결과 무슬림연맹 27명, 무소속 무슬림 27명, 국민농민당(National Agricultural Party) 소속 무슬림 9명, 국민회의 소속 무슬림 1명이 분리선거로 당선되었으며, 국민회의는 134석을 차지했다.

UP주의 경우 무슬림은 인구의 16%에 불과하지만, 다른 지역의 무슬림은 물론 UP주의 힌두보다 높은 위치를 차지하고 있었다. 이곳은 무갈 제국시대의 중심지였고, 무슬림들의 각성을 주도한 알리가르 운동의 본거지였기 때문에 무슬림 저명인사와 유력인사들이 많았다. 그렇기 때문에 UP주에서 국민회의가 압승을 거두리라고는 예상하지 못했으나, 예상 밖으로 국민회의가 과반수 의석을 차지했다. 선거 전 국민회의와 무슬림연맹 사이에 각료 두 명 정도를 무슬림연맹에 배정하여 연정을 구성할 것이라는 암묵적 약속이 있었던 것으로 보인다. 그러나 국민회의는 자신들의 내각구성 원칙에 따라 무슬림연맹을 포함한 무슬림들에게 '국민회의 강령에 동의하고 합류'하라는 조건을 제시했다. 이런 요구는 무슬림연맹과 국민회의 사이의 협조를 말살시키는 것[29]이었으며, 실질적으로 무슬림연맹의 해체를 의미하는 것이었기 때문에 무슬림연맹은 국민회의 이름을 달고 내각에 참여하기를 거부했다.[30] 뿐만 아니라 이러한 국민회의의 태도는 이후 무슬림이 힌두와 협상할 때마다 이때의 경험을 좋은 예로 지적하면서 그들이 기대할 수 있는 바의 한계를 인식하게 하는 요인을 제공했다.[31]

결과적으로 네루를 비롯한 국민회의 지도부의 이러한 결정은 현명하지 못한 것이었다. 특히 네루의 "이 나라에는 국민회의와 영국정부라는 오직 두 개의 정치단체가 있을 뿐"이라는 발언과 각료 구성에서 드러낸 편협성이 무슬림연맹으로 하여금 그들에게 정치적 전망이 없다는 것을 인식하게 하는 계기가 되었고, 이것이 파키스탄 건립으로 가는 신호탄이 되었다. 1937년 선거와 내각구성 이후 진나는 "무슬림연맹이 주 정부에 입각하지 못한 좌절감보다는 20여 년 동안 힌두와의 타협을 모색해왔던 신념이 흔들리는 데서 더 큰 충격을 받았다"[32]고 말했다. 이러한 충격이 진나로 하여금 '국민회의는 인도 국민을 대표하는 것이 아니라 단지 힌두집단을 대표하는 것에 불과하다'는 생각을 하게 했다.

1937년 지방선거와 지방정부 구성에서 진나와 대립한 사람은 엄밀히 말하자면 간디가 아니라 네루였다. 이러한 네루와 국민회의에 대한 무슬림연맹의 불만이 '라호르선언'이라는 결과를 낳았고 이후 간디와 진나가 맞서는 발판이 되었다. 1937년 10월 21일 러크나우에서 개최된 무슬림연맹 의장 연설에서 진나는 "국민회의는 힌두-무슬림 단합에 무관심하다. 네루는 인도에 오직 두 개의 정치단체, 즉 영국정부와 국민회의가 있을 뿐이라고 생각한다. 그러나 국민회의가 존재를 인정하지 않는 제

3의 단체인 8,000만 명의 무슬림이 있다. 무슬림연맹은 아무도 무시할 수 없는 제3의 단체라는 것을 입증할 것이다"[33]라고 말했다. 또한 1938년 10월 8일 까라치(Karachi)의 연설에서 진나는 "나는 다양한 단체의 지도자들에게 그들의 카드를 꺼내놓고 문제를 해결하도록 노력하기를 요청한다. 인도는 다른 민족성, 종파, 카스트, 강령들이 있는 나라이다. 우리가 목표를 달성할 유일한 길은 각자의 방식으로 살아가게 하는 정책을 추진하고, 모든 공동체가 안전과 신뢰를 느끼게 하는 것이다"[34]라고 발언했다. 마줌다르(S. K. Majumdar)가 "1937년과 1938년 사이에 진나는 국민회의와 무슬림연맹의 논쟁을 타결하기 위해 개인적인 접촉으로 최선을 다했으나, 간디와 국민회의 수뇌부는 그럴 만한 가치가 없다고 여기고 있었다"[35]고 분석했듯이 이 시기 진나의 발언에서 아직은 국민회의와의 대화의 가능성을 열어놓고 있는 상태라는 것을 느낄 수 있다. 그러나 이러한 상황은 1939년을 지나면서 완전히 달라진다.

1939년 9월 제2차 세계대전이 발발하자 영국정부는 '영국이 전쟁 당사자이기 때문에 인도 역시 당연히 참전 상태'라고 발표했다. 국민회의는 이에 반발하여 전쟁 협조를 거부하는 한편, 8개 주에서 국민회의 내각 총사퇴를 결의했다. 이때 진나는 국민회의 내각이 사퇴함으로써 무슬림은 국민회의의 지배로부터 벗어나게 되었다고 경축하며 1939년 12월 22일을 '구원의 날'로 삼는다고 선포했다. 그리고 1940년 3월 22일부터 24일까지 라호르의 민토 공원(Minto Park)에서 무슬림연맹 연차총회를 개최했다. 총회 첫날 진나는 지난 수개월 동안의 사건들을 열거했다. 특히 1937년 이후 모든 주에 무슬림연맹 지부가 창설되었다는 것, 국민회의가 지배하고 있는 주에서 무슬림이 냉대를 받고 있다는 것 등을 거론하고, '1935년 인도 통치법'의 중앙집권적 연방제에 대한 거부 견해를 밝혔다. 그리고 전쟁이 발발한 후 총독이 무슬림연맹의 지지를 요청했는데, 그동안 간디만 높이 평가하고 진나에 대하여 생각조차 하지 않던 총독이었음을 상기할 때, 무슬림연맹의 세력이 그만큼 강력해진 것을 총독이 인식하게 된 것이라는 견해도 밝혔다. 또한 영국이 자치권을 넘겨주었을 때, 다수 힌두의 지배를 받게 되는 소수집단의 운명을 언급하면서 소수집단에 대한 핍박을 총독이나 간디의 아힘사가 과연 구해줄 수 있을 것인지, 그리고 그들을 믿을 수 있는지에 대해 의문을 제기했다.

라호르 연차대회 연설[36]에서 진나는 간디에 대해 많은 것을 언급했다. 첫째로는 지난 1940년 3월 20일 "나에게는 힌두, 무슬림, 파르시스, 하리잔이 모두 똑같습니다. 나는 진나와 대화할 때 경솔하게 대하지 않습니다. 그는 나의 형제이기 때문입니다"라고 간디가 말했던 것에 대해 "형제인 간디는 3개의 투표권을 갖고 나는 오직 1개의 투표권을 갖는다는 차이"라고 말함으로써 그것이 형제라는 의미의 현주소임을 비판했다. 둘째로 간디가 "힌두-무슬림의 합의 없이 스와라지는 불가능하다"라는 말을 지난 20년 동안 되풀이하고, 제헌의회 구성을 위해 영국과 싸우고 있지만, 간디가 영국과 싸워 쟁취하려고 하는 그 제헌의회는 무슬림이 받아들일 수 없다고 주장하는 제헌의회라는 것을 간디와 국민회의가 인식해야 한다고 비판했다. 셋째로는 간디가 "제헌의회에서 무슬림의 견해가 받아들여지길 원하고 그렇게 되지 않으면 모든 희망이 사라지는 것"이라고 말하면서도 간디 자신조차 무슬림에게 동의하려 한 적이 없다고 비판했다. 아울러 간디의 언행에서 진정으로 무슬림과 합의를 이루겠다는 열망이 드러나지 않고 있다는 것을 비판하면서 다음과 같이 말했다.

국민회의는 힌두의 국민회의라는 것, 간디가 힌두의 단체를 제외한 어떤 단체의 대표도 아니라는 것을 왜 간디는 진정으로 받아들이려 하지 않는가. 왜 간디는 "나는 힌두이며 국민회의는 힌두의 지지를 받는 정당이다"라고 당당하게 말하지 못하는가. 나는 내가 무슬림이라고 말하는 것을 부끄러워하지 않는다. 나는 이제 무슬림연맹이 무슬림의 지지를 받는 정당이라는 것을 비록 장님이라도 확실히 알아야 하며 그러기를 희망한다. 왜 이런 것들을 위장하는가? 왜 이런 것들이 모략인가? 왜 이런 것들이 영국이 무슬림을 압박하게 하는 수단인가? 왜 이것이 비협조 선언인가? 왜 이것이 시민 불복종운동을 위협하는가? 왜 무슬림이 찬성하는지 반대하는지를 규명하고자, 제헌의회를 위한 투쟁을 해야 하는가? 왜 힌두를 대표하는 힌두 지도자로서 당당히 나오지 못하고, 내가 무슬림의 대표로서 여러분을 당당하게 만나게 두지 않는가? 왜 간디는 힌두 대표의 자격으로 와서, 내가 무슬림 대표로서 당당하게 그를 만나게 하지 않는가?

이와 같이 간디와 국민회의에 대한 견해를 밝힘과 아울러 영국정부가 인도의 장래 헌법이나 임시정부 문제를 무슬림의 동의 없이 결정한다면 인도의 무슬림은 그에 저항할 것임을 밝혔다. 그러나 이 연설에서 가장 중요한 문제로 등장한 것은 '무슬림은 소수집단이 아니며 무슬림은 하나의 민족'이라고 주장한 소위 '라호르선언'이라 불리는 것이다. 진나는 영국과 국민회의가 '무슬림은 결국 소수집단'이라는 것을 전제로 하고 있으며 '소수집단으로서 그 밖에 무엇을 더 원하는가?'라는 생각을 갖고 있다고 보았다. 그러나 영국령 인도의 지도를 보면 벵골, 펀잡, 서북변경주(NWFP), 신드, 발루치스탄 등과 같이 무슬림이 다수인 지역이 상당한 영역을 차지하고 있기 때문에 결코 무슬림은 소수집단으로 취급되어서는 안 되는 것이라고 말하며 다음과 같이 주장했다.

인도의 문제는 내부의 종파적 성격을 띤 것이 아니라 명백히 국제적 성격을 띤 문제이기 때문에 국제적 문제로 취급되어야 한다. 이러한 기초적이고 근본적인 진실이 인식되지 않는 한 어떤 체제도 재앙을 낳을 것이며, 무슬림뿐만 아니라 영국과 힌두에게도 파괴적이고 해로운 것임이 드러날 것이다. 영국정부가 진심으로 인도아대륙 사람들의 평화와 행복을 보장하고자 한다면, 인도를 '자치적 민족 국가'로 나누어 우리가 분리된 조국의 다수가 되도록 허용해야 한다.

이러한 진나의 견해는 다수의 힌두와 소수의 무슬림이 공존하는 인도라는 하나의 국가로 독립하는 것이 아니라, 힌두가 다수인 인도와 무슬림이 다수인 국가로 각각 독립하는 것이 바람직하다는 선언이었기 때문에 인도 지도자들을 당혹시켰다.

간디는 1940년 3월 30일 「하리잔」에 '콰이드-이-아잠(진나)에 대한 나의 답변'(My Answer To Quaid-e-Azam)이라는 글에서 자신에 관하여 진나가 비판한 말에 대한 답변을 했다. 요약하자면 "나는 힌두라는 것을 당당하게 말할 수 있지만, 힌두-무슬림 단합을 위한 어떤 모임에도 힌두로서 참가한 적이 없으며 킬라파트 운동을 아무 조건 없이 지지했다. 또한 국민회의가 힌두 단체라면 어떻게 무슬림에게 의장직을 주고, 운영위원회 열다섯 명 가운데 네 명이 무슬림일 수 있는가. 그리고 지금도 힌두-무슬림 단합 없이 스와라지는 불가능하다고 굳게 믿고 있다. 나는 무슬림이 제헌의회 제안을 반대하는 것을 이해할 수 없다. 많은 무슬림이 힌두나 다른 형제들과는 다른 나라(국민)라고 느낀다면 누가 말릴 수 있는가. 그러나 진나의 말을 듣는 5,000명의 무슬림이 8,000만 명의 인도 무슬림의 감정을 대표할 수 있는지는 반박의 여지가 있다"[37]고 답변했다.

그리고 1940년 4월 6일자 「하리잔」에 기고한 '당혹스러운 상황' (A Baffling Situation)[38]이라는 글에서 라호르선언에 대한 자신의 견해를 밝혔다. 간디는 이 글에서 진나가 그의 성명을 '무함마드 알리 진나' (Mohammad Ali Jinnah)라고 말하기 전까지 그가 무슬림인지도 몰랐던 일, 무슬림인 이끄발(Allama Mohammad Iqbal)이 자신은 브라만 가문이라고 자랑스럽게 말했던 일, 벵골에서 힌두와 무슬림을 구분하기 어려운 점 등을 이야기하면서 그렇게 같은 옷, 같은 말, 같은 풍습을 지닌 사람들을 종교가 다르다는 이유만으로 '다른 나라'로 분할하겠다는 선언은 '거짓'(untruth)이라고 비판했다. 사실 진나는 라호르선언 이전에도 힌두와 무슬림은 두 개의 다른 민족 혹은 국가의 개념이라는 말을 거듭했고, 1937년과 1938년의 의장 연설에서도 그러한 언급을 했다. 그런데 라호르선언으로 엄연한 두 개의 국가 혹은 민족으로 보아야 하고, 인도의 힌두와 무슬림 문제는 국내적 성격이 아닌 국제적 성격으로 다루어야 한다는 결의안을 채택함으로써 그 개념을 더욱 확실히 천명한 셈이다. 그러니 간디와 국민회의는 '두 개의 국가'라는 라호르선언의 본론을 다루는 것이 당연하다고 할 수 있을 것이다. 그러나 힌두와 무슬림이 이름이 비슷하고 살고 있는 모습이 비슷하여 구별하기 힘드니 두 개의 나라라고 주장하는 것은 부당하다는 비판을 하기 전에 그들이 두 개의 나라라는 선언까지 하게 된 속내를 읽어줄 필요가 있지 않았는가를 재고할 필요가 있다고 생각한다. 물론 간디나 국민회의 측에서 보자면 무슬림이 분리선 거권을 비롯하여 끝없이 자신들의 권리만 요구하여 인도의 단합을 붕괴 시키는 불편한 집단이었을 수도 있다. 그러나 기존의 두 국가 이론이 심화되어 실체로 등장하고 있는 배경에는 무슬림의 소외감과 우려가 크게 작용하고 있다는 것, 그리고 1937년 선거 이후 그 우려가 점점 확대되고 있음을 인식할 필요가 있었을 것이다. 그러므로 간디는 '힌두와 무슬림이 종교 외에 무엇이 다른가?'라고 반론하며 두 국가 이론이 허구임을 강조하기보다는 '국민회의 중심의 지방정부 구성으로 인해 무슬림의 소외감이 확대되고 있고, 심지어 영국으로부터의 독립이 힌두국가 건설로 이어질 것이라는 두려움이 생기고 있는 것 같다. 국민회의는 실상 힌두국가를 목표로 하지 않고 있으나, 그러한 우려를 주었다면 국민회의가 앞으로 무슬림의 우려와 두려움을 제거하기 위해 어떠한 방식이든 방향을 모색해보겠다'고 발언하는 것이 두 국가 이론을 잠재우는 노력이 되지 않았을까.

많은 연구자들이 두 국가 이론 심화의 분수령을 1937년 선거로 보고 있다. 그만큼 1937년 선거 결과와 그것에 기초한 지방정부 구성에서 보여준 네루와 국민회의의 편협함이 라호르선언의 배경이 되고 있다는 것을 국민회의와 네루 그리고 간디도 인식하지 못했거나, 그러한 것을 인식하고 있음을 드러내지 못했기 때문에 라호르선언이 '파키스탄선언'으로 알려지게 된 것이다.

'당혹스런 상황'이라는 글은 서두에 질문을 붙여 그 질문에 답하는 방식으로 전개되었는데, 그 질문은 "진나가 힌두에게 전쟁을 선언하고 무슬림연맹이 인도를 둘로 생체 해부하려는 결의안을 채택했음에도 불구하고 당신은 대대적인 시민 불복종운동을 시작하려 합니까?"라고 되어 있다. 즉 진나와 무슬림연맹이 인도를 생체 해부하겠다는 이 상황에서 시민 불복종운동이 우선되어야 하는가를 묻는 말이었는데, 간디는 여기서도 무슬림 문제를 진지하게 논의하기보다는 "불복종운동이 해결하지 못할 문제가 없고, 무슬림 문제 역시 불복종운동 말고 무엇으로 해결하겠는가?"라는 요지의 답변을 제시하였다. 그러므로 그의 답변은 무슬림 문제를 중심으로 다루고 있는 것이 아니라 비협조운동의 유용성을 드러내는 데 주안점을 두고 있는 것으로 비칠 수밖에 없다. 또한 간디는 라호르선언을 '거짓'이라고 경고하면서 그렇게 경고하는 것이 자신의 의무라고 강조했다.

진나는 힌두가 나쁘다고 말하는 것이 아니라, 힌두는 무슬림과 공통점이 없다고 말했다. 나는 그와 그처럼 말하는 사람은 이슬람에 봉사하는 것이 아니라고 감히 말할 수 있다. 이런 것을 무슬림연맹의 이름으로 했다는 것에 깊은 상처를 받았기 때문에 이렇게 말하는 것이다. 내가 그들 사이에 퍼져 있는 '거짓'에 대해 경고하지 않는다면 그것은 나의 의무를 다하지 않는 것이다. 이 경고는 의무이다. 나는 충심으로 그들에게 필요한 때에 그들을 위해 일했기 때문이며, 힌두-무슬림 단합은 내 일생의 미션이었기 때문이다.[39]

결국 간디는 진나와 무슬림연맹의 라호르선언에 대해 그것이 잘못되었음을 지적하고 그러한 잘못된 '거짓'에 대해 경고하는 글을 쓴 것이다. 물론 간디의 입장에서 잘못된 길로 가고 있다고 판단되는 무슬림연맹의 결의안에 대해 문제를 지적하고 경고하는 것은 그의 말대로 '의무'일 것이며, 그러한 의무감의 바탕에는 힌두와 무슬림의 단합이 인도 독립의 밑거름이라는 생각과 일생을 그것을 위해 바쳐온 자신의 신념이 있었을 것이다. 그러나 한편으로 잘못된 길을 가는 사람에게 꾸지람만이 능사가 아니듯이 채찍만으로 모든 문제를 해결하기보다는 내면의 고통을 함께하려는 노력과 자세를 보일 필요가 있지 않았을까. 무슬림연맹이 그와 같이 '거짓'을 선언하고 무슬림 사이에 그 '거짓'이 더욱 만연해 가고 있다면 그러한 심리를 달래는 당근도 채찍과 함께 내밀 필요가 있었던 것이다.

더욱이 '두 개의 국가'라는 말이 진나의 입을 통해 처음 표출된 것이 아니라는 것을 간디 역시 알고 있었을 것이다. 두 국가 이론이 부각된 것은 1930년 12월 29일 알라하바드(Allahabad)에서 열린 무슬림연맹 연차대회에서였다. 이 연차대회의 의장 연설에서 이끄발은 "편잡, 서북변경주, 신드, 발루치스탄은 하나의 주(州)로 통합되는 것이 바람직하다고 생각한다. 영국 지배하의 자치령에서든, 대영제국이 물러간 후에든 서북 인도에 무슬림 주를 만드는 것이 무슬림이 할 수 있는 마지막 선택이라고 생각한다"는 견해를 피력했다. 이끄발은 인도에서 통일성이 추구되려면 서로를 부정하는 것이 아니라 조화를 이루어야 한다고 강조하면서 조화를 이루기 위해서는 그 그룹 나름의 문화와 전통에 따라 각 그룹이 발전할 수 있도록 해야 하며, 어느 하나의 문화가 주도하는 문화를 만드는 것으로는 조화를 이룰 수 없음을 강변했다. 물론 이끄발 이전에도 '두 민족' 혹은 '두 개의 국가'라고 하는 말이 등장하기는 했지만 이론 혹은 사상의 단계에 머물러 있었을 뿐이다. 그러나 이끄발의 연설 이후 '두 국가론'은 정치의 장에서 부각되기 시작했다. 그리고 1933년 라흐마트 알리(Choudhary Rahmat Ali)가 중심이 된 케임브리지 대학의 무슬림 유학생들이 발간한 「지금 아니면 결코」(Now or Never)라는 소책자에 처음으로 '파키스탄'이란 용어가 등장했다. 편잡(Punjab), 아프간(Afghan), 카슈미르(Kashmir), 신드(Sindh)의 첫 글자와 발루치스탄(Baluchitan)의 stan을 포함하여 파키스탄(Pakistan)이라는 용어가 만들어진 것이다. 끝에붙은 stan은 발루치스탄을 뜻하기도 하지만 지역 혹은 나라를 뜻하는접미사이기도 해서 파키스탄이라는 용어의 전체적 의미는 '순수한(pak)나라(stan)'를 뜻하기도 한다. 이끄발은 하나의 국가 안에 독립된 형태로무슬림 주를 만들자는 구상을 했던 것이지만, 라흐마트 알리가 구체적으로 완전한 주권을 가진 파키스탄 국가를 상정함으로써 두 국가 이론은좀더 확실한 모습을 띠게 되었다.

이러한 두 국가론이 1930년대 초반부터 등장하여 일부 무슬림들은 이미 그들의 집단을 '국가'라고 칭하고 있었으나,[40] 그것이 무슬림연맹의 결의안으로 채택된 것은 아니었다. 그러나 1940년 라호르선언으로 무슬림연맹이 두 국가 이론을 정식 결의안으로 채택했기 때문에 이에 대한 비판이 쏟아진 것이다. 그러나 진나는 1940년 3월 6일 알리가르의 무슬림 대학 학생들에게 한 연설에서 "나는 우리 무슬림이 하나의 국가라고 수없이 말했다. 그러나 최근 간디에게 보낸 편지에서 내가 이 말을 했을 때, 간디는 힌두-무슬림 단합의 모든 희망이 사라졌다고 말했다. 그가 말하는 힌두-무슬림 단합이라는 것이 무엇을 의미하는가? 간디의 희망은 힌두 지배자가 무슬림을 지배하고 복속시키는 것을 의미한다. 나는

무슬림연맹의 지도자들(1940년). 앞줄 가운데가 진나.

모든 힘을 동원해 그것에 저항해왔다. 그러므로 나는 이 나라에서 최악의 무슬림이라는 비난을 받았다. 누구에게도 의지할 필요가 없다. 우리는 우리 자신에게 의지해야 한다. 나는 여러분에게 무슬림연맹과 어깨를 나란히 하고 동참하라고 요청한다. 강철 같은 단단한 블록을 만들고, 우리 국민을 조직하고 훈련시키고 양성하라. 그들은 우리와 함께할 것이다. 무슬림을 조직해 그들을 훈련시켜 인도가 지금껏 본 적이 없는 가장 훌륭한 정치적 군대를 만들어라. 그러면 우리는 우리의 자유라는 목표에 도달할 것이다"[41]라고 말함으로써 라호르선언의 의미를 더욱 강조했다.

사실 라호르선언에는 '파키스탄'이라는 말이 들어 있지 않았다. 그런데 라호르선언 다음날 발행된 신문들은 라호르선언을 '파키스탄선언'이라고 보도했다. 라호르선언을 파키스탄선언이라는 말로 표현하고 있는 것에 대하여 1941년 2월 18일 델리에서 개최된 무슬림연맹 연차총회 의장 연설에서 진나는 "일부에서 파키스탄이라는 말이 라호르선언이라는 말과 동의어로 사용되고 있는데, 라호르선언을 간결하고 편리하게 설명하고 있기 때문이다. 이 때문에 영국과 인도의 신문들은 라호르선언에서 무슬림이 요구한 것을 설명하는 단어로 파키스탄이라는 단어를 채용하고 있다. 나는 그에 대해 반대할 생각이 없으며, 왜 사람들이 그렇게 요란을 떠는지 이해할 수 없다"[42]고 말했다. 요컨대 진나는 무슬림과 힌두가 다른 '민족' 혹은 '국가'의 개념이라는 요지의 라호르선언을 한 것뿐인데, 뉴스 매체와 영국인이 여기에 '파키스탄'이라는 이름을 붙여준 것이다.

잘랄(Ayesha Jalal)의 평가처럼 진나가 선언한 파키스탄의 목표는 '중앙 집권력이 강하지 않은 중앙정부와 자치성이 보장되는 지방정부로 구성된 연방제 하에서 무슬림 지역을 설정하는 것'[43]이었을지도 모른다. 또한 암베드까르의 지적대로 라호르선언의 내용은 '애매모호한 것'[44]이었기 때문에 라호르선언에서 진나가 진심으로 두 개의 국가로 분립하려는 확고한 의지를 드러낸 것이라고 보기는 어려운 것도 사실이다. 비록 국민회의 의장이었기에 진나와는 다른 입장에 있었던 것을 감안한다 해도 1940년 람가르(Ramgarh) 연차대회에서 인도국민회의 의장 아자드가 한 연설을 보면, 모든 무슬림이 파키스탄이라는 완전히 독립된 국가를 원하고 있었다고 보기는 어려운 점도 있기 때문이다.

나는 무슬림이며 그 사실을 자랑스럽게 생각한다. 1,300년간 빛나는 이슬람의 전통은 내가 물려받은 유산이다. 이슬람의 가르침과 역사, 예술과 문학 그리고 문명은 나의 자산이며 나의 운명이다. 이것을 지키는 것이 나의 의무이다. 그러나 이러한 감정과 더불어 나에게 부과된 삶의 현실과 조건들 또한 갖고 있다. 이슬람의 정신은 이러한 감정에서 나타나는 것이 아니다. 그것은 나를 안내하여 앞으로 나아가도록 도와주는 것이다. 나는 인도인이라는 사실을 자랑스럽게 생각한다. 또한 나는 인도 국민이라는 개체의 일부이다. 그리고 나는 이 숭고한 건축물의 필수 요소이며, 나 없이는 이 인도라는 찬란한 구조물이 완전해질 수 없다. 나는 인도를 건설하는 데 없어서는 안 될 필수 요소이다. 나는 이 꿈을 결코 포기할 수 없다.[45]

국민회의 의장인 아자드의 발언이 무슬림을 대표하는 견해라고 할 수는 없지만 무슬림 대중이 인도라는 하나의 국가 건설에 대한 꿈을 모두 버렸다고 볼 수는 없을 것이다. 다만 하나의 나라에서 소수집단으로서의 정체성 확립 여부가 불투명해지면서 무슬림 정치 지도자들은 그들의 꿈을 실현할 '또 다른 국가'를 꿈꾸게 되었을 것이다. 1937년의 선거와 내각 구성에서 보여준 국민회의의 편협성이 그러한 꿈을 키우는 밑거름이 되어 무슬림연맹으로 하여금 더 이상 하나의 나라에서 서로 다른 성격을 가진 두 개의 집단으로 존재할 가능성을 버리게 했고, 이끄발의 주장과 라흐마트 알리의 '파키스탄' 운동을 현실화하는 계기가 되었다.

인도의 정치계가 라호르선언으로 갑론을박하고 있는 동안 세계대전은 점점 더 영국에게 불리한 방향으로 흘러가고 있었다. 1941년 봄, 히틀러가 유럽의 대부분 국가를 점령했고, 1941년 말 일본의 진주만 공격과 미국의 개입, 일본의 버마 점령으로 제2차 세계대전이 아시아로 확대되었다. 이처럼 전쟁이 연합군 측에 불리하게 전개되자, 인도가 전쟁에 협조하기를 희망하는 연합국의 압력이 거세졌다. 이에 처칠은 1942년

3월 크립스를 인도에 파견하여 전쟁이 종료되면 지방선거를 실시하고 인도 자치국으로 독립시키는 방안을 제시했다. 그러나 '크립스 제안'에 대해 무슬림연맹이나 국민회의 모두 반대했다. 무슬림연맹에서는 이 제안에 파키스탄 문제가 구체화되지 않았다는 이유로 반대했고, 국민회의에서는 영국이 인도에서 물러나고, 인도인에 의한 헌법을 바탕으로 정부를 구성하여 일본의 침략에 맞서는 것이 온당하다고 생각하여 반대했다. 국민회의는 '크립스 제안'에 대한 반대의사를 분명히 하고 독립을 쟁취하기 위한 대대적인 비협조운동을 전개하려 했다. 이것이 간디가 발의한 인도철퇴선언*이다.

라젠드라 쁘라사드가 "영국이 우리에게 자치권을 넘겨준다면 이러한 모든(종파적) 차이는 사라질 것이다"라고 말한 것처럼 간디를 비롯한 국민회의 지도자들은 인도 내의 종파 문제, 특히 라호르선언의 문제는 인도가 독립하면 해결할 수 있는 문제라고 생각했던 것 같다. 그렇기 때문에 진나와 무슬림연맹에 대한 논의보다는 독립을 더 강력히 요구하는 쪽으로 방향을 잡았던 것으로 보인다.

인도철퇴선언이 통과된 1942년 8월 8일 전인도국민회의 운영위원회에서 한 간디의 연설[46] 중 절반 정도는 진나와 무슬림에 대한 이야기였다. 인도철퇴선언의 핵심은 '영국은 이제 인도에서 완전히 철수하라'는 것이었는데, 그 결의안이 의결되는 회의에서 긴 시간 무슬림에 대한 이야기를 해야 했던 이유는 무엇이었을까. 무슬림에 대한 이야기의 서두는 킬라파트 운동을 하던 시기에 힌두와 무슬림이 얼마나 단합했으며, 얼마나

---

* 인도철퇴선언에 대한 내용은 II부의 '5장_줄다리기와 총공격' 참조.

형제 같은 우의를 나누었는가 하는 것이었다. 그리고 그러한 시절이 있었음에도 불구하고 왜 진나와 무슬림연맹이 '서로 다른 나라'라는 선언을 하는 사태가 발생하게 되었는가를 되짚었다. 그러면서 그 핵심에 '진나의 의심이라는 병'이 있음을 언급했다.

무슬림은 다른 종교의 감정을 존중했고 그렇게 하는 것이 그들의 권리라고 생각했다. 누구의 마음에도 의심의 흔적을 찾아볼 수 없었다. 그런데 그런 위엄과 존경의 정신은 이제 어디로 사라졌는가? 나는 진나를 포함한 모든 무슬림에게 그 영광스럽던 날들을 돌아보고 무엇이 현재 우리를 곤경에 처하게 했는가를 살펴보라고 요청하지 않을 수 없다. 진나 역시 한때는 국민회의 회원이었다. 오늘날 국민회의가 그에게 분노를 일으켰다면, 그것은 의심이라는 병이 그의 마음에 들어갔기 때문이다. 신께서 그의 만수무강을 축원할 것이다. 그러나 내가 사라졌을 때 그는 내가 무슬림에 대해 어떤 구상도 갖고 있지 않았고, 나는 결코 그들의 이익을 저버린 적이 없다는 것을 알고 인정하게 될 것이다.
진나에게 다음과 같이 말하고 싶다. 파키스탄 요구에 진실하고 타당한 무엇이 있든 간에 그것은 이미 당신의 손에 달렸다. 그릇되고 이루어질 수 없는 것은 누구에게도 선물이 아니다. 비록 누군가가 다른 사람에게서 거짓을 이끌어내는 데 성공한다 해도 그는 그런 강요된 열매를 오래 즐길 수 없을 것이다. 신은 자만심을 싫어하고 그것과 거리가 멀다. 신은 거짓된 것을 강제로 부과하는 것을 용납하지 않을 것이다.[47]

간디의 말대로 진나가 의심이란 병을 갖게 되었다면, 그 병의 원인이 무엇이었는지를 검토할 필요도 있지 않았을까. 간디의 판단대로 진나가 이미 의심의 병에 걸렸다면 그에 대한 처방은 무엇인가. 간디가 그 연설에서 과거에 힌두와 무슬림이 얼마나 단합했던가를 밝힘과 동시에 그 화합에 진나가 얼마나 진력했던가를 치하하고, 1937년 각료 구성에서 보여준 국민회의의 편협함이 의심병의 요인을 제공했다는 것을 고백하고, 앞으로 어떻게 상호 의심을 제거해나가는 노력을 해야 하는지를 밝히면서 함께 손을 잡고 인도철퇴선언을 지지하여 조국의 독립을 향해 매진하자고 회유하는 발언을 했다면 상황이 달라질 여지도 있지 않았을까.

사실 간디의 동료들 가운데 이러한 충고를 해준 사람이 없지 않았음을 간디는 전인도국민회의 운영위원회 연설에서 밝혔다.

라자지(라자고빨라차리)는 다음과 같이 말했다. "나는 파키스탄을 믿지 않는다. 그러나 무슬림이 그것을 요구하고 진나가 그것을 요구한다. 그리고 그들은 그것에 집착하고 있다. 왜 그들에게 지금 '예스'라고 말하면 안 되는가? 진나는 나중에 파키스탄의 불이익을 인식할 것이며, 그러면 그 요구를 철회할 것이다." 나는 다음과 같이 말한다. "내가 거짓이라고 믿는 것을 진실이라고 받아들이는 것, 그리고 마침내 그것이 타협될 때가 되면 (그들이) 그 요구를 계속 우길 수 없을 것이라는 생각으로 다른 사람들에게 그렇게 하라고 요구하는 것은 올바른 것이 아니다. 만약 내가 그 요구가 정당한 것이라고 생각한다면, 나는 당장 그것을 받아들일 것이다. 하지만 나는 단지 진나를 달래기 위해 그것에 동의할 수는 없다. 많은 동료들이 나에게 와서 당분간 진나를 달래기 위해, 그리고 그의 의심을 풀기 위해 그것에 동의하고, 그가 어떻게 반응하는지 보라고 요청했다. 그러나 거짓 약속으로 행동의 추이를 지켜볼 수는 없다. 어쨌든 그것은 나의 방식이 아니다."[48]

일단 진나의 견해를 수용하라는 동료들의 충고가 있었음에도 불구하고 간디는 그것을 받아들이지 않았고, 국민회의가 진나의 의심병에 미친 부정적 영향을 언급하지도 않았다. 즉 현재의 불신에 대한 상호 책임을 언급하지 않고, 거짓된 길로 무슬림을 인도하고 있는 진나의 문제만 부각시키는 것은 대립된 상황을 푸는 해법이 되지 못한다.

1940년 무렵 "간디의 내부에 일종의 완고함이 생겨났으며, 이전과 같은 포용력도 그다지 보이지 않게 되었다"[49]는 네루의 말처럼 전인도 국민회의 운영위원회 연설에서 간디가 진나에 대해 언급한 것은 간디의 완고함과 현실 파악 부족이 결합하여 만들어낸 것이라는 비판을 받기에 족하다고 생각된다. 특히 간디가 '이것은 나의 방식이 아니다' 혹은 '이 자리에서 당장 받아들일 것이다'와 같은 표현으로 자신의 방식을 고집하면 할수록 상대방도 그에 맞서는 고집을 부릴 수밖에 없다. 또한 '내가 옳고 상대가 잘못된 것이니 받아들일 수 없다'는 확신은 타협의 여지를 잘라버리는 격이 될 수밖에 없다. 이것은 영국을 상대로 한 투쟁에서 때로 간디의 힘을 발휘하게 해주는 '단호함'일 수 있지만, 간디의 말대로 '국내의 갈등 단체'로 본다면 이러한 단호함보다는 화합을 위한 유화적 발언이 필요했을 것이다.

그럼에도 불구하고 간디는 독립을 위해 비협조운동이 최상의 투쟁 방식이며, 인도의 현재는 물론 미래에도 국민회의가 중요한 중심 단체여야 한다는 자신의 신념을 다음과 같이 드러냈다.

이 제안이 가장 공정한 제안임에도 받아들여지지 않는다면 남은 것은 칼, 폭력의 길뿐이다. 어떻게 내가 그런 불가능한 일에 동의할 수 있는 가? 살아 있는 생물을 생체 해부하자는 요구는 그의 목숨을 요구하는 것이다. 그것은 전쟁을 불러온다. 국민회의는 그 같은 형제 살해의 전쟁에 참여할 수 없다. 문제(Moonje)와 사바르까르 같은 힌두는 무슬림을 힌두의 지배하에 둘 수 있는 칼의 이론을 믿는다. 나는 그런 당파의 대표가 아니다. 나는 국민회의의 대표이다. 당신은 황금알을 낳는 거위인 국민회의를 죽이고자 한다. 만약 당신이 국민회의를 믿지 못한다면, 힌두와 무슬림 사이에 끝없는 전쟁이 벌어질 것이고, 이 나라가 전쟁과 피로 물들 것임을 보증하는 것이다. 그러한 전쟁이 우리의 운명이라면 나는 그런 것을 목격하면서 살고 싶지 않다.[50]

왜 간디는 영국에게 인도에서 완전히 물러나라고 요구하는 인도철퇴선언을 결의하는 전인도국민회의 운영위원회 연설에서 그렇게 많은 시간을 무슬림 문제를 언급하는 데 할애했을까. 핵심은 진나와 무슬림의 파키스탄 요구는 잘못된 것이니 그에 따르지 말고 '당신은 황금알을 낳는 거위인 국민회의가 추진하는 인도철퇴 같은 투쟁에 동참하라'는 의도였을 것이다. 그러나 간디의 발언은 국민회의는 황금알을 낳는 거위처럼 소중한 존재이고, 사바르까르를 비롯한 힌두 극우단체(힌두마하사바)와 파키스탄을 요구하는 무슬림연맹은 잘못된 믿음을 가진 집단이라고 규정한 것이다. 이러한 발언이 과연 사바르까르를 비롯한 극우파 힌두와 진나를 비롯한 무슬림연맹을 인도철퇴운동에 동참시킬 수 있는 효과를 가져올 발언이었을까? 결과적으로 진나는 간디의 인도철퇴선언을 반대할 수밖에 없었을 것이다. 진나는 국민회의 운영위원회에서 결의안이 통과되자, 즉각 다음과 같은 성명을 발표했다.

1942년 7월 14일 국민회의 운영위원회의 '영국정부가 인도에서 물러나지 않으면 대중운동을 전개하겠다'는 결의안은 영국을 협박하는 간디와 그의 힌두 국민회의당의 정책과 프로그램의 최고봉이다. 이것은 즉각 수립될 힌두 라즈(왕국) 정부에게 권력을 이양하고, 무슬림과 다른 소수집단의 이해관계를 국민회의 라즈의 처분에 맡기게 하라고 영국에게 강요하는 것이다.[51]

또한 진나는 인도철퇴운동을 '분노와 절망적 정신상태의 표출'이라고 표현하면서 "이것이 황혼녘의 간디가 인도에 해줄 수 있는 최선의 기여냐?"고 물었으며, 무슬림연맹 운영위원회를 소집하여 간디가 영국정부와 인도 무슬림에게 도전장을 내밀어 형성된 '가장 위험하고 심각한 상황'에 대하여 논의하겠다고 선언했다.[52]

사뿌르(Tej Bahadur Sapur)와 사스뜨리(Srinivas Sastri)가 국가의 이익에 배치된다는 이유로 결의안을 비난하고,[53] 사바르까르와 힌두마하사바 지도자들이 국민회의의 정책에 협조하지 말 것을 천명했음에도 불구하고[54] 간디는 강력한 의지를 가지고 7월 14일 운영위원회에서 결의안을 통과시켰으며, 8월 8일 전인도국민회의 위원회에서 이 결의안을 최종 승인했다. 그러나 간디는 인도철퇴선언이 발표된 8월 9일 아침에 체포되어 구금되었다. 네루를 비롯한 국민회의 지도자들 역시 체포되었으며, 이후 인도 철퇴운동은 젊은이들과 격정적인 사람들의 손에 넘겨졌다. 삼색기가 게양되었으며, 지하운동, 태업 등이 벌어졌고, 어린 신문팔이들조차 신문을 팔면서 "타임스 오브 인디아, 인도철퇴!"라고 외치기도 했다. 이후 몇 주 동안 시위대와 경찰의 충돌이 발생하지 않는 날이 없었으나 당국은 탄압으로 일관했다. 수많은 비무장 시민 사상자가 속출했고, 민족주의 신문들은 검열을 당하고 폐간되었다. 인도철퇴운동은 국민적 자각을 일깨우는 북소리였지만 결과적으로는 더 강력한 탄압을 불러왔다.

간디는 구속된 상태에서 영국정부와 폭력 사태의 책임 문제로 지루한 논쟁을 계속했지만 커다란 성과 없이 1944년 5월 6일 석방될 때까지 2년 동안 감옥에 있었다. 이러한 상황에 대해 네루는 "인도철퇴운동이 국민회의를 나라 일에서 배제시킨 것 외에 거의 이룬 게 없는 헛일이 되면서 내각 총사퇴라는 애초의 실책이 더 뼈아픈 상황이 되었다. 그로 인해 무슬림연맹은 자유롭게 활동할 공간을 얻었고, 전쟁이 끝난 뒤 힘과 위상에서 엄청나게 향상된 세력으로 등장했다. 1944년 5월 건강상의 이유로 출소한 후 간디와 진나 회담은 마치 나라 안에서 국민회의를 대체하는 권력 중심이 된 진나의 위상을 확인시켜주는 것 같았다"[55]고 한탄했다.

지금까지 라호르선언과 인도철퇴선언을 중심으로 진나와 간디가 대립했던 내용들을 검토해보았다. 여러 연구자들과 마찬가지로 필자 역시 라호르선언과 인도철퇴선언이 이루어질 무렵, 진나에 대한 간디의 태도가 조금 달랐더라면 1944년의 간디와 진나의 대립된 모습은 다른 모양새가 되었을 수도 있었다고 생각한다. 즉, 간디가 지적한 진나의 의심에 대해 간디가 "내 탓이오"라고 했다면 상황이 달라졌을 수도 있다는 것이다. 로울라트 법안 반대 사뜨야그라하가 전개되던 1919년, 나디아드

(Nadiad)에서 폭력 사태가 발생하여 많은 사람들이 체포된 것을 알게 된 간디는 자서전에 다음과 같이 썼다.

> 나디아드에 와서 사태의 진상을 직접 내 눈으로 보고, 케다 지방에서 많은 사람들이 체포되었다는 소식을 듣고서 케다 지방과 그 외의 지역에서 사람들을 성급하게 시민 불복종운동에 참여하게 하는 큰 잘못을 저질렀다는 생각이 번뜩 들었다. 나는 대중집회에서 연설하면서 그 잘못을 고백하여 적지 않은 비웃음을 샀다. 그러나 나는 그렇게 고백한 것을 후회하지 않는다. 사람들이 자신의 잘못은 돋보기로 보고 다른 사람의 경우는 정반대로 보아야만 둘을 비교적 공정하게 평가할 수 있다는 생각을 가져왔기 때문이다. 나아가 나는 사뜨야그라하를 시행하고자 하는 사람들에게는 이 규칙을 충실히 양심적으로 준수하는 것이 필요하다고 믿는다.[56]

간디의 이러한 신념을 1940년대에 기대하기는 어려운 것이었을까? 국민회의와 자신이 무슬림연맹과 진나의 의심을 만든 요인이 된 것은 아닌가에 대해 돋보기로 보고, 진나의 의심병은 그 반대의 시각으로 보았다면 '네 탓'보다는 '내 탓'의 태도를 보일 수도 있지 않았을까. 또 한편으로 진나 역시 1916년의 초심으로 돌아갈 수는 없었을까. 러크나우 협정으로 힌두와 무슬림의 협조체제가 형성되긴 했지만, 여전히 '자치라는 것은 영국 왕이 힌두 왕으로 바뀌는 것'이라는 불신이 존재했을 때 진나가 했던 다음과 같은 말을 상기해보자.

나는 무슬림 동료들에게 두려워할 것이 없다고 말하고 싶다. 이것은 여러분에게 겁을 주어 자치 정부 수립의 핵심인 힌두와의 협력을 분쇄시키기 위해 적들이 만들어낸 유령일 뿐이다.[57]

이러한 믿음을 가졌던 진나는 힌두와 무슬림 단합의 사절이었던 시절처럼 힌두에 대한 확고한 믿음을 갖고 의심병을 자신의 힘으로 치료할수는 없었을까. 이 시대나 간디의 시대나, 위대한 사람이나 평범한 사람이나 늘 '네 탓이오'로 합의점을 붕괴시킨다. 비폭력·비협조 투쟁만이 옳은 길이라는 간디의 주장은 그 누구도 거역하거나 부정할 수 없었다. 간디는 비폭력에 관한 한 한 치의 양보나 타협도 허용하지 않았다. 비폭력이 아니라면 어떤 것도 안 되는 것이다. 왜냐하면 그것이 절대적으로 옳은 것이고 진리이기 때문이다. 그런데 '이런 옳음을 두고 내가 그름을 택해야 하는가?'라고 묻는다면 그 반대편에 서 있는 사람 역시 같은 입장이라는 것을 이해할 필요가 있다. 맞서는 사람들은 '당신이 맞고 내가 틀리지만 난 고집스레 당신과 맞선다'라고 생각할까? 불가능한 일이다. 진나 역시 '무슬림에 대한 박해가 불을 보듯 뻔하다'고 생각하기에 간디의주장이나 힌두의 주장, 힌두 주도의 인도 독립을 옳다고 볼 수 없었던 것이다. 여기서 누가 옳고 누가 그른가는 판단하는 기준에 따라 달라질 수있다. 분리된 인도를 안타깝게 바라보는 시각에서는 간디가 옳다. 그러나파키스탄에서 그들의 종교적 자유를 만끽할 수 있게 되었다고 보는 시각에서는 진나가 그들의 위대한 지도자 '콰이드-이-아잠'인 것이다. 우리는여기서 누구의 손을 들어줄 수 있을까. 다른 사람의 문제보다는 자신에게 돋보기를 들이대고 '내 탓이오'라고 하는 정신이 결여된 상태에서 자신의 확고한 신념만 강하게 내세운 것이 결국 역사의 획을 그은 분립으로 가는 지름길을 닦은 셈이다. 결국 파키스탄선언에서 힌두와 무슬림은 '다른 국가와 민족'이라고 주장한 것에 대해 간디는 '거짓'이라고 항변했지만, 인도와 파키스탄이 분리 독립함으로써 그것은 현실이 되고 말았다.

4장_동상이몽의 대화

1944년 9월 9일부터 27일까지 간디와 진나는 14회에 걸친 대화를 나누었다. 그들이 나눈 대화의 주제는 힌두-무슬림의 두 국가론이었다. 간디와 진나가 직접 만나서 현안 문제를 논의하자는 시도는 1943년 봄부터 형성되었다고 할 수 있을 것이다. 진나는 1943년 4월 24일 무슬림 연차대회 의장 연설에서 다음과 같이 말했다.

> 간디가 파키스탄 원칙에 근거하여 무슬림연맹과 타협하고자 한다면 그것을 나보다 더 환영할 사람은 없을 것이다. 그것은 힌두와 무슬림 모두에게 아주 좋은 날이 될 것이다.[58]

이 시점은 간디가 옥중에서 폭력에 대한 책임 운운하며 21일간의 단식(1943년 2월 10일부터 3월 3일까지)을 마친 한 달쯤 후의 일이다. 진나의 연설 내용을 신문에서 접한 간디는 5월 4일 두 통의 편지를 썼다. 그 하나는 진나에게 만나서 이야기를 하자는 다음과 같은 내용의 편지였다.

내가 구속된 후에 정부에서는 나에게 보고 싶은 신문의 목록을 제출하라고 했습니다. 그 목록에 나는 「새벽」(Dawn)*을 포함시켰습니다. 정기적으로 받아보았는데, 도착할 때마다 세심히 읽었습니다. 「새벽」의 칼럼에 게재된 무슬림연맹에 관한 글을 읽었고, 거기서 내가 당신에게 편지를 써야 한다는 요청을 보았습니다. 그래서 이 편지를 씁니다. 나는 당신의 요청을 환영합니다. 나는 서신을 통한 대화보다는 얼굴을 맞대고 만나기를 제안합니다. 그러나 나는 전적으로 당신께 의지해야 합니다. 나는 이 편지가 당신께 전해지고, 당신이 나의 제안에 동의한다면 정부가 당신이 나를 방문할 수 있게 해주기를 희망합니다.

내가 언급해두고자 하는 것은 당신의 요청에 들어 있는 '만약'(if)에 관한 것입니다. 내 마음이 바뀌었을 때에만 편지를 쓰라고 하신 것입니까? 인간의 마음은 신께서만 아십니다. 나는 당신이 나의 있는 그대로를 보아주시기를 바랍니다. 공동의 해결책을 찾기 위해 노력하고 있는 사람으로서 그리고 그것에 관련된 혹은 관심을 갖고 있는 모든 사람들에게 받아들여질 만한 해법을 함께 찾는 사람으로서 왜 나와 당신이 함께 종파적 단합이라는 엄청난 문제를 다루어서는 안 되는 것입니까?[59]

그리고 또 한 통의 편지는 인도정부 내무부 장관에게 보내는 편지로 "이 편지를 진나에게 송부해주시겠습니까?"[60]라고 요청한 편지였다.

간디는 이렇게 진나에게 두 통의 편지를 보냈지만 결국 전달되지 않

---

* 진나가 1942년 10월에 창간한, 영어로 발행된 신문.

았다. 정부는 5월 26일 "인도정부는 간디가 진나에게 그를 만나고자 하는 짧은 편지를 송부해달라는 요청을 받았다. 간디와 관련된 인터뷰와 서신 교환에 관한 규정에 따라 정부는 이 서신을 보낼 수 없다고 결정했고 그것을 간디와 진나에게 알렸다. 긴박한 시기에 전쟁 노력에 참여하지 못하게 하는 불법적 대중운동을 추진하여 구속된 사람에게 정치적 서신 교환이나 면담을 위한 편의를 제공할 수 없다. 국가를 위해 대중적인 일을 다시 할 수 있게 허락받을 수 있도록 정부를 만족시키는 것은 간디 자신에게 달렸다. 언제까지 그가 받고 있는 무능력상태(구금)가 지속될지는 그의 선택에 달린 것이다"라고 보도했다.

정부의 보도는 나라 전체의 비난을 불러일으켰다. 이에 대해 진나는 왜 간디가 자신에게 직접 편지를 보내지 않고 정부에게 편지를 송신해달라고 하여 문제를 일으키는가에 대해 의문을 제기했다. 정부 보도와 함께 게재된 글에서 진나는 "만약 간디가 마음만 먹는다면, 나에게 직접 편지를 쓰는 것을 무엇으로 막겠습니까? 그는 총독에게 편지를 쓰고 있습니다. 왜 그는 나에게 직접 쓰지 않을까요? 그가 그렇게 하는 것을 누가 막을 수 있을까요? 편지를 총독에게 보내서 서신 교환에 대한 문제를 일으킬 필요가 있습니까? 오늘날 누가 간디를 막을 수 있습니까? 이 나라에서 정부가 아무리 강하다 해도 간디는 정부에 대항하는 말을 하고 싶은 대로 할 수 있습니다. 그런 정부가 당신이 나에게 직접 쓴 편지의 발송을 감히 막았을 리 없습니다. 만약 정부가 그렇게 했다면 그것은 심각한 일입니다. 그러나 간디와 국민회의 혹은 힌두 지도자들에 대한 정부의 정책이 바뀌었다는 어떤 증거도 나는 보지 못했습니다"라고 말했다.

결국 간디가 진나에게 보내는 편지는 전체 내용이 공개되지 않은 채로 공방전이 벌어졌다. 5월 28일 진나는 다음과 같은 요지의 발표를 했다.

간디의 편지는 영국정부와 충돌하도록 무슬림연맹을 혼란시켜 자신을 석방시킬 목적으로 한 것이라고밖에는 설명할 수 없을 것이다. 실로 간디 측의 정책은 바뀐 것이 없고, 델리 무슬림연맹 연차대회에서 내가 말했던 제안과 마주하려는 진지한 열망이 없다. 나는 간디 혹은 다른 어떤 힌두 지도자와도 기꺼이 만날 용의가 있다. 그러나 단순히 그가 나를 만나고자 한다는 뜻만을 적었다면 그것은 편지가 아니다. 나는 내 연설에서 간디가 편지를 써야 한다고 제시했다. 그런데 그것이 정부에 의해 저지되었고, 인도정부 관리로부터 5월 24일에 서신을 받았다. 간디의 편지는 단순히 나를 만나고자 한다는 내용이었으며, 그 편지는 정부가 나에게 전해줄 수 없다는 것이었다. 최근에 총독과 간디 사이에 오간 서신에 의하면 간디의 주장은 1942년 8월 8일의 그의 주장과 바뀐 것이 없다. 그럼에도 불구하고 일부 힌두 지도자들은 간디가 자신이 실수했다는 것과 재고할 여지가 있다는 것, 파키스탄에 대한 그의 태도를 바꿀 수 있다는 것, 파키스탄을 근거로 협의할 용의가 있다는 것, 정부가 힌두-무슬림 협의를 방해한다는 것 등을 나에게 표명했다. 그래서 나는 제안한다. 만약 간디가 자신의 행보를 되돌아보고 전인도국민회의 운영위원회의 8월 8일의 정책과 프로그램을 포기한다는 내용을 담은, 그리고 파키스탄에 근거하여 무슬림연맹과 타협할 것이라는 편지를 나에게 보낸다면, 우리는 기꺼이 과거의 것들을 묻고 잊어버리겠다. 나는 지금도 정부가 간디의 편지를 저지할 것이라고 믿지 않는다. 나는 국민회의의 보도에 대해 유감을 표한다. 국민회의는 나의 중요한 말은 생략

하고 하찮은 문구들로 채워진 보도를 했다. 그것은 오도하고 적개심을 일으키는 것이지 우호적 분위기를 조성하는 것이 아니다.[61]

한편으로 라자고빨라차리는 편지를 송달하지 않고 성명을 발표한 데서 정부의 의도가 백일하에 드러난 것이라고 비판하는 발언을 했다. 즉 간디의 편지를 전달하지 않은 것은 수감 규정의 문제가 아니라, 협의 안 논의를 열망하는 간디가 진나와 만나는 것을 막은 죄를 범한 것이며, 영국은 인도의 민족지도자들을 연합국의 적처럼 다룰 권리가 없다는 것이다.[62] 이렇게 정부를 비난한 라자고빨라차리는 1943년 5월 30일 진나를 질책하는 다음과 같은 내용의 기사를 냈다.

만약 그(진나)가 받지 못한 편지에 답을 하려고 노력하는 대신에 장애물(협약으로 가는 길을 모색하는 것에 대한 정부의 방해)이 극복되어야 한다고 생각하는 인도의 모든 지도자들의 회합을 소집하여 합류한다면, 무슬림연맹의 위신이 올라갈 것이며 그의 목표는 가까워질 것이다. 그 회합에서 진나는 자신의 불만을 모두 토로할 수 있을 것이고, 그들이 하고자 하는 제안을 제시할 수 있을 것이며, 자신이 원하는 바를 자유롭게 선택할 수 있을 것이다.[63]

과연 간디는 진심으로 진나를 만나고자 한 것일까? 정부는 왜 이 서신 송달을 거부한 것일까? 정부의 전쟁 수행을 방해하는 운동으로 구속된 사람의 정치적 성격을 띤 서신 교환에 편의를 봐줄 수 없다는 정부의 발표를 액면 그대로 믿어도 되는 것일까? 이런 의구심에 대해 진나와 라자고빨라차리 등이 각기 다른 답을 내놓음으로써 결과적으로 간디의 편지 한 통이 소동을 일으킨 것이다.* 그러나 "간디가 진나에게 보내는 편지를 정부가 거부한 것은 종파 갈등문제 해결에 도움을 주지 않고자 함이다. 내가 생각하기에는 이 시기에 간디와 진나의 만남은 전쟁 노력을 난처하게 만들 뿐만 아니라 분란을 증진시키는 것이다"라고 조시(N. M. Joshi)가 말한 것처럼 간디와 진나의 만남을 영국정부가 도울 이유가 없었기 때문일 수도 있다.

어쨌든 이런 소동이 벌어졌지만 정부는 옥중 단식 때와 마찬가지로 간디를 석방할 생각이 없었다. 간디가 석방된 것은 편지 한 통이 만들어낸 소동이 있은 1년 후인 1944년 5월 6일이었다. 그리고 석방되고 두 달 후인 1944년 7월 17일 간디는 진나에게 편지를 보냈다. 이 편지는 '형제 진나(Bhai Jinnah)에게'로 시작하여 '당신의 형제 간디(Your brother, Gandhi)'로 끝맺었다. Bhai는 '형제(brother)'라는 뜻의 인도어이다.

나는 당신께 우리의 모국어로 이야기했으면 좋겠다는 말을 한 적이 있습니다. 오늘 나는 그런 방식으로 쓰고자 합니다. 내가 감옥에 있을 때 이미 당신을 초대한 적이 있습니다. 출옥한 후에 당신께 편지를 쓰지 못했습니다. 그러나 오늘 나는 편지를 씁니다. 당신이 원하는 날에 만납시

---

* 1943년 5월 진나에게 보내는 편지 송달 거부와 관련하여 정부와 주고받은 서신 그리고 그에 관련된 견해 등은 Gandhi & Great Britain Home Office(1945), *Gandhi's Correspondence with the government, 1942~44*, pp.89~95와 Gandhi, Devadas(1944), *India Unreconciled, a Documentary History of Indian Political Events from the Crisis of August 1942 to February 1944*, pp.257~265 참조.

다. 나를 이슬람과 무슬림의 적으로 생각하지 말아주시기 바랍니다. 나는 늘 당신과 세상의 친구였고 봉사자였습니다. 내 뜻을 저버리지 마십시오. 나는 이 편지를 우르드어로 번역하여 동봉합니다.[64]

간디는 이 편지의 추신으로 "우르드어로 편지를 써주십시오. 카누가 예쁜 손으로 구자라뜨어로 썼습니다"라고 덧붙였다. 간디의 이런 고집스러움은 그의 장점이기도 하지만, 때로는 자신의 의도와는 달리 상대를 곤경에 빠뜨리거나 썩 유쾌하지 않은 기분을 느끼게 할 수도 있다. 이미 언급했다시피 간디와 진나는 모두 구자라뜨어 사용자이지만, 진나는 학창시절 이후 인도어보다 영어에 더 능통했다. 힌디어나 우르드어를 잘 구사하지 못했기 때문에 대중 선동적 연설가가 될 수 없었다는 평을 받기도 한다. 1939년 진나가 국민회의 지배 지역에서 힌디어를 강요하지 말라고 간디에게 말한 적이 있고, 진나는 "우르드어가 우리(무슬림)의 민족 언어이며, 우리는 그 언어가 오염되거나 해를 입지 않도록 노력을 기울이고 적들의 공격으로부터 그것을 지켜야 한다"[65]고 말한 적이 있기는 하지만, 진나는 우르드어나 구자라뜨어를 능숙하게 구사하지는 못했다.

그럼에도 불구하고 간디는 진나에게 구자라뜨어로 쓴 편지와 우르드어로 번역한 편지를 보내 직접 만나서 인도의 힌두-무슬림의 문제에 대해 논의하자고 한 것이다. 만약 이 두 사람이 만나서 인도어로 대화하자고 하면 어떤 언어로 해야 했을까. 물론 이미 언급한 바와 같이 간디와 진나는 둘 다 구자라뜨인이다. 그러므로 구자라뜨어로 대화를 할 수는 있겠지만, 굳이 구자라뜨어로 쓴 편지를 우르드어로 번역까지 해서 동봉한 간디이고 보면 간디는 구자라뜨어로, 진나는 우르드어로 말을 하고

통역을 붙여야 하는 것은 아니었을까? 또한 이후 진나와 간디가 나눈 대화 내용을 서신으로 주고받아 확인했는데, 이때도 일일이 구자라뜨어를 우르드어로 번역해서 보내고, 우르드어를 다시 구자라뜨어로 번역한 편지를 받아야 하는가?

이렇게 고집스러움이 드러난 편지이기는 했지만, 어쨌든 간디는 진나에게 자신이 할 수 있는 한 우정을 담으려고 노력했던 것은 사실이다. 간디는 서신의 끝맺음 말로 보통 그의 자식들이나 가까운 사람들에게는 'Blessings From Bapu' 'Yours Bapu'라고 쓰고, 공식적인 서신에는 'Yours Sincerely M. K. Gandhi', 'Your Sincere Friend, M. K. Gandhi' 등을 썼다. 그러나 7월 17일의 편지에는 'Your Brother, Gandhi'라는 말을 썼다. 간디의 편지에서 이런 표현으로 마무리하는 경우는 극히 드물다. 이처럼 편지의 시작과 끝에 '형제'라는 말을 붙임으로써 우호적인 분위기로 만남을 청하는 마음을 표현한 것으로 볼 수 있다.

한편 간디가 진나와 인도의 상황을 논의하겠다는 각오를 밝히자 거센 비판이 몰아쳤다. 힌두마하사바 소속 젊은이들은 간디의 기도회에서 반국민회의와 반파키스탄 구호를 외쳤다. 심지어 아메드나가르 요새에 갇혀 있던 운영위원회의 위원 몇 사람도 간디의 태도에 분개했다. 간디와 만나는 과정을 통해 진나가 자신의 위치를 더욱 공고히 할 것이라고 내다보았기 때문이다.[66] 우여곡절 끝에 마침내 만남의 장을 마련한 진나와 간디. 이들의 만남과 대화는 이후 인도 정국에 적지 않은 영향을 남겼다. 이들이 나눈 대화 내용이나 논의의 결렬보다는 협상 그 자체가 더 큰 영향을 남긴 것이 사실이지만, 그들의 논의 내용을 잠시 검토해보기로 하자.

1944년 9월 9일 진나의 집 계단에서 포즈를 취하고 있는 진나와 간디

1944년 9월 9일 오후, 봄베이 말라바르 힐(Malabar Hill)에 있는 진나의 저택에서 간디와 진나의 첫 대화가 시작되었다. 그리고 그들은 18일 동안 대화를 계속하면서 나눈 내용을 확인하고, 다음 만남의 질문을 덧붙인 서신을 주고받았다.

간디와 진나가 대화하는 데 있어서 간디가 근거로 삼은 것은 일명 '라자지 방안'(Rajaji Formula 혹은 C. R. Formula)이라는 것이었고, 진나는 라호르선언에 담긴 내용을 보증받고자 했기 때문에 관건은 상호 라호르선언의 내용을 어떻게 받아들여 '라자지 방안'과의 합의점을 도출해내는가 하는 것이었다.

'라자지 방안'은 라자고빨라차리(라자지)가 1944년 7월 10일에[*] 작성

---

[*] Sharma, B. K. (2007), *Introduction to the Constitution of India*, p.15. 라자지 방안은 실제로 1942년 인도철퇴선언에 반대할 무렵 그가 밝힌 견해를 바탕으로 만들어진 것인데, 그 방안이 진나와 간디의 대화에 제시된 형태로 작성된 것이 1944년 7월 10일이다.

한 것이다. 라자지는 종파 갈등 문제에 대해 고심했던 인물로 인도의 독립이 국민회의와 무슬림연맹의 대립으로 지체되고 있다고 생각했으며, 만약 국민회의가 무슬림연맹의 요구를 받아들인다면 인도 독립의 걸림돌이 제거될 수 있다고 공개적으로 발언하기도 했다. 또한 간디가 추진한 인도철퇴선언에 반대하여 동참하지 않았기 때문에 그는 구속되지 않았고 간디를 면회할 수 있었다. 간디가 수감 중에 단식을 시작했을 무렵, 간디를 찾아가 무슬림 문제를 논의하고 자신이 만든 방안을 제시하자 간디는 곧바로 이를 승인했으며, 이에 힘입은 라자지는 진나와 접촉했다고 한다.[67] 6개 항으로 되어 있는 라자지 방안의 내용은 다음과 같다.

① 독립 인도를 위한 헌법과 관련하여 아래 명시된 조건에 따라 무슬림연맹은 인도의 독립 요구에 배서하고 전환기 임시정부 구성에 국민회의와 협조한다.

② 전쟁 종결 후 무슬림 인구가 절대 다수인 북인도와 인도의 서북지역과 동부지역에 인접한 지역의 경계를 정하기 위한 위원회가 임명될 것이다. 이러한 경계지역에서 보통선거권 혹은 다른 실행 가능한 선거권에 근거한 거주자 모두의 투표로 힌두스탄의 분리 문제를 결정한다. 만약 다수가 힌두스탄으로부터 분리된 주권국가 형성을 결정한다면, 다른 국가에 합류하기로 선택한 국경 지방의 권리를 침해함 없이 그러한 결정은 효력을 갖게 될 것이다.

③ 국민투표를 실시하기 전에 그들의 견해를 주장하는 것이 모든 정당에게 개방될 것이다.

④ 결국 분리하는 경우 보호적 방어, 상업, 통신을 위해 그리고 다른 중요

한 목적을 위해 상호 협의가 체결될 것이다.

⑤ 인구의 이동은 절대적으로 자발적인 견해에 따른다.

⑥ 이러한 조항들은 영국이 인도정부에 전권을 넘겨주는 경우에만 발효될 것이다.[68]

간디와 진나는 회담 내용을 담은 20여 통의 서신을 주고받았는데, 첫날 주고받은 서신을 통해 대화의 장에 임한 그들의 자세를 엿볼 수 있다. 9월 9일 간디에게 보낸 첫 편지에서 진나는 다음과 같이 말했다.

> 귀하는 힌두, 국민회의 혹은 그 외의 어떤 단체의 대표로 온 것이 아니라 개인 자격으로 힌두-무슬림 협의를 위해 나와 토론하러 왔다는 것을 귀하로부터 들었습니다. 내가 협상할 수 있는 대표적 지위를 가진 권위 있는 상대여야 한다는 것과 만약 힌두-무슬림 문제에 대한 협의가 이루어진다 해도 당신이 가진 입지와 그러한 전례가 없기 때문에 이것이 나에게도 커다란 문제를 일으킨다는 것을 나는 당연히 귀하게 지적했습니다.
>
> 당신이 아시다시피 나는 내가 대표하고 있는 조직의 의장으로서 그리고 당규와 규칙과 규정에 따르는 사람으로서, 인도 무슬림과 무슬림연맹을 대신해서 말할 수 있을 뿐입니다. 나는 귀하께서 힌두-무슬림 문제의 타협이 상당히 어려운 문제라는 것을 알고 있다고 생각합니다. 그런데 이들 두 민족의 대표들이 그들의 머리를 맞대지 않으면, 한쪽만으로 무슨 진전을 이룰 수 있겠습니까?[69]

위에 인용한 것처럼 진나는 우선 간디의 대표성을 지적했다. 힌두와 무슬림의 문제를 타협하려면 책임 있는 쌍방대표가 만나 회담을 해야 그 회담의 결과가 무엇이든 협상의 결실을 볼 수 있는 것이다. 그럼에도 불구하고 종파 갈등의 난제를 풀기 위한 회담에서 한 사람은 무슬림연맹의 대표인 의장의 자격으로 임하고 다른 한편은 순수한 개인 자격이라고 한다면, 이러한 회담은 회담으로서의 기본을 갖추지 못한 것이 된다는 것이다. 이러한 진나의 지적은 온당한 것이다.

이처럼 회담 당사자의 대표성을 지적한 후에 '대표성의 문제가 있음에도 불구하고' 진나는 간디에게 라호르선언의 근본 원칙을 설명하고 간디가 그것을 받아들이도록 설득하고자 했으나 간디는 이에 반대를 표명하면서 "귀하와 나 사이에는 대양이 가로놓여 있다"고 말했다. 그래서 진나는 간디가 생각하는 대안이 무엇이냐고 물었고, 이에 간디는 라자지 방안을 제시했다. 간디와 진나는 그것에 대해 논의했으나 진나가 보기에 "여러 문제들은 모호하고 희미했으며, 일부는 설명을 요하는 것"이었다. 그래서 다음 회의 전에 자신이 제시한 애매모호한 사항들에 대한 설명을 요청했다. 진나가 설명을 요구한 내용들을 정리하면 다음과 같다.

① 당신과 나 사이에 협약이 이루어진다면 당(국민회의)의 동의를 얻어 낼 수 있는가?
② 라자지 방안 1항에 대하여: '독립 인도 헌법'은 어떤 것이며, 누가 그 틀을 만들고 언제 그것이 성립될 것인가? '인도 독립 요구에 동의'라는 것은 인도철퇴에서 말하는 독립 요구인가? 무슬림연맹은 파키스탄과 힌두스탄의 독립을 당의 결의안으로 채택했다. 그렇다면 이 조건은 무슨

의미가 있는 것인가? '정권 이양 시기에 임시정부 구성에 국민회의와 협조할 것'에서 임시정부가 구성될 노선이나 기초에 대해 알고자 한다. 그 계획이 완성되면 그것을 보여주어야 한다.

③ 라자지 방안 2항에 대하여: 이 항에 언급된 대표는 누가 임명하며, 누가 그런 결론에 영향을 미칠 수 있을 것인가? 그 안에 언급된 '절대 다수'는 무슨 의미인가? 국민투표로 주(州)를 선택할 것인가 아니면 무엇에 근거할 것인가? 그런 국민투표가 보통선거에 근거할 것인지, 다른 선거권에 근거할 것인지는 누가 결정하는가? 누가 언급된 투표의 결정과 평결을 실시할 것인가? 경계 지역에만 합류 여부의 선택권이 있는 것인가?

④ 라자지 방안 3항에 대하여: '모든 정당'은 누구를 의미하는가?

⑤ 라자지 방안 4항에 대하여: '상호 협의'는 누구와 어떤 기구, 대표를 통해 이루어지는가? 보호적 방어, 상업, 교통, 다른 중요한 목적은 무엇을 의미하는가? '보호적'은 누구에 대한 것인가?

⑥ 라자지 방안 6항에 대하여: "이러한 조항들은 영국이 인도정부에 전권을 넘겨주는 경우에만 발효될 것이다"에서 이 권력을 누구에게 이양하는 것이며 어떤 기구를 통해 언제 이양하는 것인가?[70]

위와 같은 설명을 요구하는 이유에 대해 진나는 "귀하의 제안을 잘 이해하고 판단할 수 있게 하기 위해서"라고 덧붙였다. 이러한 진나의 질문에 대해 간디는 9월 11일의 서신에서 개인의 자격으로 만나는 것임을 다시 강조함과 아울러 힌두-무슬림 단합은 자신의 삶의 미션임을 밝히면서 다음과 같이 말했다.

내가 대표성을 받아들이기를 거부했음에도 귀하가 우리의 대화를 깨지 않은 것에 감사한다. 물론 나는 귀하와 합의한 내용을 국민회의가 인준하도록 모든 노력을 기울일 것을 약속한다. 그리고 라자지의 제안은 귀하와 무슬림연맹이 수락하고 동의할 예로서 고안된 것임을 귀하께 상기시키고 싶다.

외견상 귀하와 내가 바다처럼 멀리 떨어져 있다고 말한 것은 사실이다. 그러나 그것이 라호르선언에 대해 언급한 것은 아니다. 라호르선언은 애매하다. 라자지는 거기서 요체를 취하여 모양을 만든 것이다.[71]

위와 같은 일종의 서문을 달고 나서 간디는 진나의 질문에 대하여 각 항목별로 다음과 같이 답했다.

① 헌법은 제안에 설명되어 있는 임시정부가 틀을 만들거나 영국이 철수한 후에 특별 기구가 설치될 것이다.
② 위원회는 임시정부에 의해 임명될 것이다. '절대다수'라는 의미는 신드, 발루치스탄, 서북변경지방처럼 무슬림이 확실히 다수인 것을 의미한다. 국민투표와 유권자를 구성하는 것은 논의가 필요한 문제이다.
③ 모든 정당은 관련된 당을 의미하는 것이다.
④ '상호 협의'라는 것은 관련 당사자 사이의 동의를 의미한다. '보호적 방어' 등은 제어할 중앙 혹은 공동 위원회를 의미한다. 보호라는 것은 공통의 관심을 위험에 빠뜨리려는 모든 사람에게 대항하는 것이다.
⑤ 권력은 국가, 즉 임시정부에 이양될 것이다. '제안'은 영국에 의해 평화적인 이양을 고려한 것이다. 나는 정권 이양이 가능한 한 빨리 이루어지기

를 바란다.

9월 9일에 첫 회담을 하고 나서 10일과 11일에 진나와 간디가 각기 주고받은 편지에서는 라자지 방안과 라호르선언 내용을 전제로 상호 이해를 위한 용어 정의에 대해 토론한 모습을 볼 수 있다. 그러나 이렇게 서로의 견해를 알아가기 위한 대화는 예상대로 난항을 겪게 된다. 사실 이들의 대화에서 어떠한 협상안이 나올 것이라고 기대한 사람은 별로 없었을지도 모른다. 이들의 대화 내용을 관전하는 것은 그것을 바라보는 사람들의 관점에 따라, 즉 무슬림연맹 측의 사람들에게는 '과연 간디가 분리에 합의할까?' 하는 것이었을 것이고, 국민회의 측의 사람들은 '과연 진나가 분리를 포기할까?' 하는 것이 아니었을까. 그러나 두 사람 모두 양보할 수 없는 선, 넘을 수 없는 선이 '분리'에 걸려 있었기 때문에 합의 도출을 기대하기는 어려웠다.

'언제쯤 이들의 회담이 결렬될까?' 하는 마음으로 지켜보는 이들에게 그 조짐이 보이기 시작한 것은 9월 15일 간디가 보낸 서신이었지 않을까. 라자지 방안으로 논의하던 간디는 이날 편지에서 라호르선언으로 돌아가 되짚어보기 시작했다.

귀하는 라호르선언 자체가 두 국가 이론을 언급한 것이 아님을 인정해야 할 것입니다. 우리가 논의하는 과정에서 귀하는 인도에 두 개의 민족, 즉 힌두와 무슬림이 있으며 힌두가 그런 것처럼 무슬림도 인도를 모국으로 가지고 있다는 것을 열정적으로 주장했습니다. 우리의 논의가 진행되면 될수록 더욱 놀라운 귀하의 모습이 내게 다가옵니다. 그것이 진리라면 매혹적이겠으나 그것이 완전히 비현실적이라는 데 나의 두려움은 커져만 갑니다. 개종한 집단과 그의 후손들이 그 근원으로부터 떨어져나가 하나의 국가를 이루겠다고 요구하는 것은 역사적 유례가 없는 것입니다. 이슬람이 들어오기 전에 인도가 하나의 민족이었다면, 그 후손들의 상당수가 신앙을 바꾸었다고 하더라도 하나의 민족으로 남아 있어야 합니다. 귀하는 정복이라는 이유가 아니라 이슬람을 받아들였다는 이유로 분리된 민족이 되어야 한다고 요구하는 것입니다. 만약 인도 전체가 이슬람을 받아들인다면 두 민족이 하나의 민족이 됩니까? 만약 그들이 이슬람으로 개종한다면 벵골, 오릿사, 안드라, 따밀, 마하라슈뜨라, 구자라뜨 사람들이 그들의 특성을 더 이상 갖지 않게 되는 것입니까?[72]

위와 같이 간디는 라자지 방안을 접어두고 라호르선언이 2개 국가의 분리를 주장한 것은 아니라고 역설하기 시작했다. 사실 라호르선언이 두 개 국가의 분리를 주장하는 것으로 받아들여졌기 때문에 간디가 그 선언을 '거짓'[73]이라고 강하게 비판했던 것이 아닌가. 그럼에도 불구하고 여기서는 라호르선언이 두 개 국가를 주장한 것은 아니라고 반박하고 있다. 아울러 이슬람이 들어오기 전에 인도는 하나였다는 주장을 들고 나오는 것은 이 협상 테이블에 왜 앉게 되었는지 의구심을 갖게 하는 대목이 아닐 수 없다. 분리를 주장하는 진나에게 적어도 하나의 국가로 남으면서 분권적 연방제를 대안으로 제시하는 회유적인 태도를 취하든지 아니면 힌두와 무슬림이 두 개의 국가로 분리된다고 했을 때 방식과 절차 혹은 두 나라의 관계 등을 협상할 태도를 보여야 함에도 불구하고 원천적으로 힌두와 무슬림은 하나의 국가여야 한다는 것만 강변한다면 더 이상의 대화가 진행되기 어려운 것이다.

간디는 라호르선언이 담고 있는 의미가 두 개 국가를 의미하는 것이 아니라는 전제로 시작하여 파키스탄이 의미하는 바, 파키스탄의 목표가 범이슬람주의인가, 파키스탄이라는 것이 종교가 아닌 무엇으로 인도와 구분되는가, 논의에서 나오고 있는 무슬림의 의미는 무엇인가, 분할이 영국 지배하에 이루어지는 것인가, 실제로 분할되어 조각이 난다면 그것에 스스로 만족할 수 있는가, 그러한 선언을 받아들이면 인도의 안녕이 지켜질 수 있는가, 소수집단의 정의는 무엇인가, 라호르선언이 목표만 언급하고 실행방법과 그 결과에 대한 견해를 제시한 것은 아님을 인식하고 있는가 등을 포함한 열다섯 개의 질문을 던졌다. 그리고 다음과 같은 간절한 마음을 담은 말을 전했다.

이 편지에 쓴 것처럼 실질적으로 결의안 작업을 상상하면 인도 전체의 파멸밖에 아무것도 볼 수 없습니다. 나를 믿어주시오. 나는 간청자로서 귀하를 대하고 있습니다. 비록 내가 나 자신 외에 누구를 대표하는 것이 아니라 해도 인도에 거주하는 모든 사람을 대표하고자 열망합니다. 나는 계급과 카스트 그리고 신앙과 관계없이 그들의 공동 운명이 될, 그들의 불행과 몰락을 나의 것처럼 느끼기 때문입니다. 나는 귀하가 무슬림 대중에 대해 독보적인 통솔권을 갖고 있다는 것을 압니다. 그들 전체의 복지를 위해 당신의 영향력을 발휘해주기를 바랍니다. 그것은 또한 나머지 모두를 포함해야 합니다.[74]

진나는 이미 9월 11일의 편지에서 "인도 문제 해결의 유일한 길은 인도가 파키스탄과 힌두스탄으로 분할되는 것을 수락하는 것"이라고 강조했는데, 9월 15일 간디의 편지에는 위와 같이 종교가 다르다고 나라를 분리해야 하는지를 묻고 라호르선언은 두 개 국가의 분리를 담고 있는 것이 아니라는 반론을 제기하고 있는 것이니 간디가 아무리 통합을 위해서 간절한 열망을 담아 말한다고 해도 이미 이들의 대화에서 무엇인가 바람직한 타협안이 나오기를 바랄 수 없음이 확연하게 드러나고 있는 셈이다.

진나는 25일 서신에서 "귀하는 인도의 무슬림이 하나의 민족이라는 것을 받아들이지 않습니다. 귀하는 무슬림이 생득적 자결권을 갖고 있다는 것을 받아들이지 않습니다. 귀하는 파키스탄이 서북인도와 동북인도 두 개의 구역으로 구성되어 있다는 것을 받아들이지 않습니다. 귀하는 라호르선언에 구현되어 있는 소수집단 보호를 위한 조항을 받아들이지 않습니다"라고 비판하면서 다음과 같이 덧붙였다.

우리의 대화와 토론의 결과, 파키스탄과 힌두스탄으로서의 인도 분할 문제는 오직 귀하의 입에만 있고 귀하의 마음으로부터 나온 것은 아니라는 것을 알게 되었습니다. 그리고 갑자기 귀하는 9월 22일의 편지에서 "나는 타개책을 제시합니다. 꼭 분할해야 한다면 두 형제로서 분할합시다"라고 말했습니다. 이 새로운 제안이 의미하는 바가 무엇인지 묻고 싶습니다. 언제 어떻게 분할이 이루어지며, 라호르선언에서 제시한 분할과는 어떻게 다른지 귀하의 새로운 아이디어의 윤곽을 대충이라도 알려주시기 바랍니다.[75]

이에 대해 간디는 25일 편지에서 다음과 같이 답변한다.

어제의 내 제안은 라호르 결의안의 필수 요구 사항을 충족시키기 위해 진지하게 노력한 제안입니다. 귀하께서는 종파 화합의 목적에 봉사한다는 정신으로 만들어진 제안을 던져버리기 전에 50번쯤 생각해보시기를 바랍니다. 청컨대 제안을 거부하지 말고 그것을 귀하의 위원회에 회부하십시오. 그들에게 발언할 기회를 내게 주십시오. 만약 그들이 그것을 거부하고자 한다면 무슬림연맹 회기에서 그것을 다루도록 귀하께서 위원회에 조언해주시기를 바랍니다. 만약 귀하가 나의 충고를 받아들이고 허락한다면 나는 연맹 회의에 참석하여 그것을 설명할 것입니다.[76]

이쯤 되면 이들의 대화는 이제 무엇을 위한 대화이며, 어디를 향한 대화인가를 의심하지 않을 수 없게 된다. 이러한 간디와 진나의 대화는 한마디로 남의 다리 긁기라고 하지 않을 수 없다. 진나는 간디가 마음으로 분할을 받아들이지 않으면서 입으로만 분할을 이야기하고 있다고 비난하고 있는데, 간디는 반대하기 전에 50번쯤 생각해보고 결정하라는 충고와 더불어 자신의 견해에 진나가 동의할 수 없다면 자신의 견해를 무슬림연맹 회의에서 발의할 수 있도록 위원회를 설득해달라고 진나에게 충고하고 있는 것이니 말이다. 만약 진나는 간디의 견해에 동의하지만 무슬림연맹에서 반대하고 있는 상황이었다면, 간디가 직접 가서 그들에게 설명하고 동의를 구하겠다고 제안하는 것이 논리적으로 타당한 것이다. 그러나 간디의 견해에 반대하고 있는 진나에게 "너는 나에게 반대하겠지만 무슬림연맹에 가서 내가 설득하면 무슬림연맹에서는 내 주장을 받아들일 것이니 그들을 설득할 기회를 달라"고 말하는 것은 말이 안 되는 주장이다.

9월 26일의 편지에서도 간디는 자신이 제시한 방안과 라자지 방안 은 모두 라호르선언을 구체화한 것인데, 이것을 진나가 인정하지 않는 이 유를 알 수 없다고 반복해서 말하면서 또 다른 제안을 했다. 즉 "그 문제 에 대해 접근하는 방식이 서로 다른 우리에게 가장 좋은 길은 라호르선 언에 근거한 것을 요구할 단체를 만들어 그 단체로 하여금 상호 만족할 수 있게 작용하게 하는 것이라고 생각한다"[77]는 것이다. 요컨대 간디와 진나의 생각이 일치할 수 없으니 이것을 중재할 단체를 만들어 협상의 다리가 되게 하자는 것이다. 이것은 결국 '나와 너는 더 이상 대화를 해 도 답이 나오지 않는다'는 말이나 다름없는 것이다.

간디는 자신의 제안이 라호르선언을 구체화한 것이라고 주장하고 있지만 진나는 "내 판단으로 그것들은 실체를 접하지도, 라호르선언의 본질을 접하지도 못했다. 반대로 둘 다 인도 무슬림의 파키스탄 요구를 어뢰로 공격하기 위해 고안된 것이다"라고 말하면서 "유감스럽게도 나는 반복할 수밖에 없다. 그러나 나는 그렇게 하지 않을 수 없다. 나는 귀하에 게 동의할 수 없다는 것을"이라고 말하여 분명히 반대의 뜻을 밝혔다. 그 리고 다시 대표성 문제와 회담이 결렬되었을 때의 결과에 대해 언급했다.

귀하께서는 귀하와 내가 방안에 동의만 한다면, 국민회의와 국가가 그 것을 받아들이도록 귀하가 가진 모든 영향력을 행사할 것이라는 말만 되풀이합니다. 처음부터 제가 말했다시피 그것으로는 충분치 않습니다. 당신의 능력은 (나의 방안과) 반대되는 결과를 도출했을 때에나 발휘될 수 있는 것입니다. (중략) 만약 대화가 결렬된다면 그것은 당신께서 내가 제안한 라호르선언의 본질을 납득하지 못한 데 기인하는 것입니다. 어떤 사람이 당신과는 다른 견해를 가졌거나 당신에게 동의하지 않는 경우 언제나 당신은 옳고 상대는 잘못된 것이라고 합니다. 그리고 당신 측 사람들 상당수는 (결렬되었다는) 말이 나오자마자 나를 조롱하려고 기다리고 있습니다. 그러나 나는 그 모든 위협과 결과에 맞설 것이며, 오직 나의 판단과 양심에 따라 행동할 것입니다.[78)]

이렇게 이들의 대화는 같은 단어를 사용하면서도 전혀 다른 의미로 받아들이고, 왜 상대방이 자신을 이해하지 못하는지 알 수 없다고 항변하고 있다. 결국 간디는 진나와의 타협이 불가능하다는 것을 인식하고 무슬림연맹에 직접 가서 설명하겠다거나, 아니면 중재 가능한 단체를 만들어서 중재를 맡긴다거나 하는 제안을 거듭할 수밖에 없었으며, 한편으로 진나는 처음부터 끝까지 간디의 대표성을 문제 삼으면서 회담이 결렬되었을 때 그 책임을 모두 자신이 떠안게 되리라는 우려를 표하면서도 결국 '동의할 수 없음'으로 대화를 마무리했다.

간디-진나 대립의 최고봉을 구경할 수 있는 논점의 공방을 예상했다면 너무 싱겁게 끝난 예상 그대로의 결렬이 아니었을까. 그러나 사람들은 그들이 얻거나 잃은 것은 회담의 내용이 아니라 회담 그 자체였다고 보고 있다.

간디와 국민회의에게는 아무런 소득이 없는 회담이었지만 진나는 얻은 것이 많은 승리의 회담이었다. 국민회의의 '성스러운 영웅'과 동등한 지위를 인정받았고, 국민회의와 무슬림연맹의 의제에 파키스탄 문제를 거론한 것 자체가 진나에게는 큰 승리였다. 처음부터 진나는 협약이 이루어지더라도 영국정부의 지지를 받을 수도 없고, 국민회의와 무슬림연맹이 환영할 리 없다는 것을 알면서도 회담에 임하였다. 진나는 간디를 만나 협상을 진행함으로써 무슬림연맹의 지위를 고양시키고 자신의 위치도 격상시킬 수 있을 것이라고 생각한 것이다.[79)]

간디-진나 대화를 평가할 때, 위와 같이 그들의 대화 내용보다는 대화 그 자체를 문제 삼는 경우가 많다. 아자드 역시 간디가 진나와의 대화를 시도한 것 자체가 실책이라고 보았고, 나아가 간디로 인해 진나는 무슬림의 위대한 지도자가 되었다고 평가했다.

이 경우 간디가 진나에게 접근한 것은 대단한 정치적 실책이다. 간디가 진나와 만남으로써 새삼 진나의 중요성을 부각시켰고, 진나는 후일 이것을 충분히 활용했다. 사실 간디는 처음부터 진나에게 특별한 태도를 취했다. 진나는 1920년대에 국민회의를 떠난 후 정치적 영향력을 상당히 상실했다. 사실 간디가 아니었으면 진나가 지배권을 장악할 수 있었을지는 의문이다. 인도 무슬림 상당수는 진나와 그의 정책에 대해 의심했으나, 간디가 지속적으로 진나를 쫓아다니자 진나에 대한 존경심을 갖게 되었으며, 진나가 종파적 협상에서 유리한 조건을 거머쥘 최적임자로 여기게 되었다.
또한 '콰이드-이-아잠'(Quaid-e-Azam: '위대한 지도자')이라는 호칭을 널리 알린 사람이 간디였다. 간디가 진나에게 인터뷰를 요청하는 편지를 쓰려 할 때, 살람(Amtus Salam)*이라는 여자가 우르드어 신문에서 진나를 '콰이드-이-아잠'이라 칭하고 있으니 그렇게 쓰라고 말했다. 그 래서 간디는 진나를 '콰이드-이-아잠'이라고 칭했고 이 신문이 보도된 후 인도의 무슬림도 진나를 그렇게 칭했으며, 진나를 그렇게 '위대한 지 도자'라고 생각하기 시작했다. 1944년 7월에 간디가 진나와 대화하기 위 해 봄베이로 간다는 보도를 접하고, 동료들에게 간디가 실수를 하는 것 이며, 그의 행동은 인도 정치 상황을 해결하는 것이 아니라 반대로 악화 시킬 것이라고 말했다. 나중에 나의 우려가 들어맞았다는 것이 입증되 었다. 진나는 상황을 완벽히 활용하여 자신의 위신을 세웠으나, 인도의 독립을 돕겠다는 어떤 말이나 행동도 하지 않았다.[80]

진나와 간디의 대화에 대한 아자드의 평가에 상당수의 사람들이 동 의한다. 또한 간디로 인해 진나가 위대한 지도자로 인식된 것도 사실이 며, 소동을 일으켰던 1943년 5월 4일에 쓴 편지, 즉 간디가 진나에게 보 내려 했으나 송달되지 않았던 편지에 'Dear Quaid-e-Azam'이라고 칭했 던 것도 사실이다. 첨언하자면 간디가 진나를 '콰이드-이-아잠'이라고 칭 한 것은 이보다 앞선 편지에서도 볼 수 있다. 1940년 1월 16일 간디가 진 나에게 보낸 편지의 서두 역시 'Dear Quaid-e-Azam'이라고 되어 있는 데, 이 편지에서 처음으로 이런 호칭을 사용했음을 알 수 있다. 편지에서

---

* 아자드의 책에는 Amtus Salam으로, 『간디 전집』에는 Amtul Salaam으로 되어 있다. 또한 진나에 대한 호칭도 아자드는 Quaid-i-Azam 간디는 Quaid-e-Azam으로 쓰고 있다. 이 책 에서는 참고문헌에 표기된 Quaid-i-Azam을 제외하고는 모두 Quaid-e-Azam으로 통일하여 표기했다.

간디는 "나는 인도인의 이름 앞에 미스터(Mr.)라고 쓰기 싫다. 그것은 자연스럽지 않다. 하킴이 나에게 가르쳐준 대로 자나브 진나 사힙(Janab Jinnah Sahib)이라고 써왔으나, 무슬림 사이에서는 '콰이드-이-아잠'이라고 쓰고 있다고 살람이 알려주었다"[81]라고 쓰고 있기 때문이다. 어쨌든 간디가 진나를 '콰이드-이-아잠'이라고 칭한 것은 그의 위상을 고려한 것이라기보다는 영어가 아닌 인도어로 편지를 주고받자는 권유의 연장선상에서 영국식의 미스터(Mr.)라는 표기를 꺼려함에서 비롯된 것이라고 볼 수 있을 것이다. 그러나 간디가 1940년 초부터 '콰이드-이-아잠'이라고 칭해왔더라도 1943년 5월 4일에 '콰이드-이-아잠'이라는 호칭이 들어 있는 편지를 진나에게 보냈고, 이 편지가 소동을 일으키며 보도됨으로써 이 호칭이 널리 통용되었을 수는 있다.

어쨌든 아자드의 평가대로 진나는 간디와의 대화에서 얻을 것을 충분히 얻은 셈이고, 간디는 종파 갈등을 해결하지 못하고 진나의 위상만 높여놓았다는 비난을 면하기 어려웠다. 요게시 차다[82] 역시 아자드와 대동소이한 시각으로 간디와 진나의 회담을 평가했다. 그에 따르면 진나는 간디와 이야기할 때 유리한 입장에서 하게 될 것임을 잘 알고 있었으며, 이 게임에서 영국인의 축복을 받고 있었다는 것이다. 영국이 진나의 입장을 지지하는 것은 영국이 진나의 주장에서 타당한 것을 발견했기 때문이 아니라 그가 국민회의에 대한 '쓸모 있는 역풍'이 되어가고 있었기 때문이었으나 국민회의는 정부가 진나를 떠받드는 이유를 잘 몰랐던 것 같다는 것이다. 또한 린리스고는 "힌두 정치인들은 파키스탄과 관련하여 진나를 심각하게 받아들이는 실수를 저질렀다. 그럼으로써 그들은 그림자에게 실체를 내주고 말았다"고 말했다고 한다.

이처럼 간디-진나 회담이 결렬된 후는 물론이고 간디-진나 회담이 거론되었을 때부터 회담 자체에 대해 긍정적으로 보는 사람은 별로 없었던 것 같다. 그럼에도 불구하고 간디는 왜 석방되자마자 진나와의 회담을 추진한 것일까. 1942년의 인도철퇴선언으로 간디와 국민회의 운영위원 대부분이 구속된 상태였다. 간디는 1944년 5월 건강 악화를 이유로 석방되었지만, 네루를 비롯한 국민회의 지도부는 1945년 6월에 석방되었다. 국민회의 운영위원들이 수감되어 있는 상태에서 간디가 할 수 있는 일이 무엇이었을까. 간디는 우선 전쟁 상태에 있는 정부, 악화 일로의 종파 갈등의 중심에 있는 무슬림연맹, 이 두 집단과의 화합적 분위기를 조성하고자 했던 것으로 보인다. 간디는 우선 7월 17일 진나에게 회담을 청하는 편지를 보냈고, 7월 26일에는 와벨 총독에게 다음과 같은 편지를 보냈다.

나는 운영위원회에 다음과 같은 것을 선언하도록 권고하겠습니다. 변화된 상황을 감안할 때, 1942년 선언에 의해 구상된 대규모 시민 불복종 운동은 전개될 수 없습니다. 그리고 전쟁 중에 군사작전은 현재와 같은 상황으로 전개되어야 하나 인도에 대한 어떤 재정 부담도 없어야 한다는 전제하에 즉각 인도의 독립을 선언하고, 중앙의회를 근간으로 하는 국민정부가 수립된다면 전쟁에 전적으로 협조하겠습니다.[83]

이것은 인도철퇴선언에서 결의한 대규모 시민 불복종운동을 일단 중단하겠다는 의지이며, 단서가 붙어 있기는 하지만 전쟁에 협조하겠다는 의지를 표명한 것이다. 이것은 1942년에 '행동 아니면 죽음'(do or die)

이라는 결의를 보인 영국정부에 대한 간디의 입장이 변화되었음을 나타내는 것이며, '라자지 방안'을 받아들인 것은 라호르선언이 인도를 생체해부하는 것으로 절대 용인할 수 없는 것이라는 입장을 보이던 간디의 견해가 다소 변화된 것임을 뜻하는 것이다. 라자지는 인도철퇴선언에 반대하여 이에 참여하지 않았기 때문에 구속되지 않았고, 간디가 구속되어 있는 동안 면담이 가능했으므로 대처 방안을 마련할 수 있었는데, 이 방안은 영국이 물러난 후에 가능하다는 단서가 있기는 하지만 인도에서 분리된 파키스탄의 존재를 인정한 것이다. 이에 국민회의 인사들은 반대했지만, 간디는 진나와 충분히 협상이 가능할 것이라고 생각했을 수도 있다. 그러나 진나는 기본적으로 국민회의와 간디에 대한 믿음이 없었다. 어떠한 조건이라도 독립보다 파키스탄의 탄생이 우선되어야 한다는 것이 진나의 입장이었다. 라자지 방안에서뿐만 아니라 협상 과정에서도 간디는 '인도가 독립한 후에 투표를 통해 다수가 원한다면'이라는 전제하에서만 파키스탄 문제를 논의하려 했다. 그러나 독립 후에 투표로 결정한다면 과연 파키스탄 문제를 해결할 수 있었을까. 1937년 선거에서 압승을 거둔 국민회의가 무슬림연맹과의 무언의 약속을 지키지 않았던 것을 보더라도 독립 후 투표를 통한 파키스탄 문제 해결이라는 약속을 진나는 신뢰할 수 없었을 것이다. 한편으로 파키스탄을 거론하는 것조차 경악하던 간디가 '독립 후 다수가 원한다면'이라는 전제를 달았더라도 파키스탄의 존재를 인정하는 것을 기본으로 대화를 시도했으므로 간디는 이 대화를 통해 어느 정도의 협상이 가능하리라 믿었는지도 모른다. 그러나 진나는 간디를 믿을 수 없었고, 간디와 어떤 합의를 이루더라도 그것이 국민회의에서 받아들여질 것으로 믿지 않았다. 또한 간디가 '순수한 개인 자격' 운운하는 것은 협상을 통해 이루어질 성과는 없다는 것을 밝히는 것과 다름없는 것이었기에 처음부터 끝까지 간디의 대표성을 거론할 수밖에 없었던 것이다. 그러므로 간디가 아무리 조목조목 열거하여 질문하고 답을 한다 해도 그들의 대화는 처음부터 동상이몽의 대화일 수밖에 없었다. 사람들은 이들이 언제쯤 동상이몽의 대화를 하고 있다는 것을 깨닫게 될지, 더 정확히는 진나가 언제쯤 간디를 동상이몽의 꿈에서 깨어나게 할지를 기다리며 지켜보고 있었던 것이 아닐까. 결국 간디와 진나 사이에 오간 동상이몽의 대화는 3년 후 파키스탄의 실체가 만들어지는 데 적지 않은 역할을 했다고 볼 수도 있을 것이다.

5장_인도와 파키스탄의 아버지

1947년 8월 15일, 인도와 파키스탄이 분리 독립했다. 무슬림의 '위대한 지도자'(Quaid-e-Azam) 진나는 1947년 8월 11일 소집된 제헌의회에서 초대 대통령으로 선출되었다. 그리하여 힌두-무슬림 단합의 상징이었던 진나는 무슬림의 나라 파키스탄의 아버지로 불리게 되었다.

사실 파키스탄과 인도라는 두 개의 나라를 탄생시키기 위한 진통은 짧지 않았다. 한국을 비롯하여 제2차 세계대전의 패전국 식민지였던 국가들은 1945년에 독립을 맞이했다. 그러나 승전국인 영국이 지배하던 대영제국의 식민지들은 독립을 맞이하기까지 2~3년의 시간을 더 견뎌야 했다. 1945년 8월 15일 제2차 세계대전이 막을 내릴 무렵부터 인도와 파키스탄이라는 이란성 쌍둥이가 태어나기 위한 진통이 시작되었다.

종전 직전인 1945년 6월 5일 일명 '와벨 계획안'(Wavell Plan)이 발표되었고, 6월 25일에는 심라에서 각 정치단체에서 지명하는 사람들로 총독집행위원회를 재구성하기 위한 회합이 열렸다. 이 회합에서도 걸림돌은 국민회의가 힌두 대표인가 무슬림을 포함하는 대표인가였다. 국민회의는 무슬림인 아자드를 대표로 파견하여 국민회의에도 무슬림 대표 석을 배정해야 한다고 주장함으로써 협상은 교착 상태에 빠졌다. 이렇게 심라회의에서 뚜렷한 결과를 도출하지 못하자 와벨 총독은 1945년과 1946년에 중앙과 지방의회 의원 선거를 실시하여 이를 기초로 헌법 제정을 위한 단체를 구성하고, 인도 주요 정당이 참여하는 총독행정집행위원회를 구성할 것이라고 발표했다.

사실 이 시기에는 어떤 정책을 내놓는다 해도 국민회의와 무슬림연맹이 단번에 받아들일 만한 상황이 아니었다. 쌍방이 타협할 마음을 가지고 있다고 해도 넘어야 할 산이 한둘이 아니었는데, 이들은 타협할 마음 자체를 내지 않고 있었다. 1945년과 1946년에 치러진 영국 지배하의 마지막 선거에서 국민회의는 무슬림이 주장하는 것처럼 힌두를 대표하는가, 아니면 인도 전체를 대표하는가를 평가받는다고 생각했다. 또한 무슬림연맹은 명실상부한 인도 무슬림의 대표집단임을 확인해야 했다.

선거 결과, 무슬림연맹이 지방의회 선거에서 무슬림 의석 441석 가운데 425석을 확보했고, 중앙의회의 무슬림 의석 전부를 차지함으로써 명실상부한 무슬림 대표기구로 부각되었다. 영국에게 국민회의만큼 중요한 집단으로 다루어져야 한다는 것을 입증시키기에 충분한 의석을 차지한 것이다. 그러나 선거를 통해 힌두와 무슬림의 종파 갈등은 훨씬 증폭되었다. 이후부터 이란성 쌍둥이 탄생의 산고는 막바지로 치닫는다. 영국 정부는 1946년 3월 24일 인도에 각료사절단(Cabinet Mission)을 파견하여 5월 16일에 제안서를 내놓았다. 그 주요 내용은 다음과 같다. 첫째, 인도는 주(州)들로 이루어진 인도연방이 될 것이며 연방정부는 외교, 국방, 통신 업무를 담당하고 연방에는 행정부와 입법부를 둔다. 둘째, 잔류 권한은 각 주에 귀속되고 모든 주는 세 개의 권역으로 나눈다. 각 주에서는 보통선거를 실시한 후에 어느 권역에 소속될 것인지를 선택할 수 있다. 셋째, 주요 정치단체들이 지지하는 임시정부를 구성한다.

이 정도의 연방제라면 진나가 파키스탄을 요구하는 정도의 지방자치가 충분히 보증될 수 있는 것이었다. 그래서 무슬림연맹에서는 각료사절단 결의안을 받아들였다. 그럼에도 불구하고 또다시 걸림돌이 등장한다. 1946년 6월 16일 총독은 국민회의의 힌두 6명, 무슬림연맹의 무슬림 5명, 시크교도 3명, 파르시교도와 인도의 기독교인 각 1명으로 임시정부를 구성할 것이라고 발표했다. 이때 또다시 국민회의가 무슬림 대표를 모두 무슬림연맹에 배정하는 것은 부당하다고 주장함으로써 임시정부 수립 논의가 중단되었다. 이에 진나는 8월 16일을 직접행동일로 선포했다.

이런 상황에서 힌두와 무슬림의 종교적 폭동이 증폭되었으나, 영국이 1948년 6월 30일 인도에서 철수할 것이라는 발표가 나오면서 폭동은 일단 소강 상태를 맞이했다. 마지막 총독으로 부임한 마운트배튼 주재 하에 진나와 국민회의 지도부가 분리 독립에 합의했고, 이러한 내용은 영국정부의 승인을 거쳐 1947년 6월 3일 정식으로 발표되었다. 독립 안이 발표되자 국민회의와 무슬림연맹은 각각 분리 독립을 위한 임시정부를 구성하여 독립 준비를 시작했다. 영국정부가 제시한 1948년 6월 30일보다 10개월 앞당겨진 1947년 8월 15일 0시를 기해 영국의 200년 지배에서 벗어난 인도아대륙에는 두 개의 나라 인도와 파키스탄이 탄생했다.

결국 분리 독립하게 된 파키스탄과 인도. 파키스탄의 아버지 진나와 인도의 국부로 불리는 간디. 이들의 행보는 어떤 것이었을까. 진나는 1947년 8월 11일 제헌의회에서 희망과 가슴 벅찬 감회를 담은 연설을 했

1947년 8월 11일 파키스탄 제헌의회에서 서명을 하고 있는 진나

다.[84] 먼저 자신을 초대 대통령으로 선출해준 것과 자신이 봉사할 수 있도록 인정해준 지도자들에게 감사의 인사를 전했다. 그리고 제헌의회가 수행해야 할 두 가지 중요한 기능으로 "첫째는 파키스탄의 장래 헌법을 초안하는 매우 중요한 일이고, 둘째는 파키스탄의 연방 입법부로서 온전하고도 완전한 주권을 가진 단체로서 기능하는 것"이라고 밝혔다. 아울러 파키스탄처럼 지도자들의 노력에 의해 평화적으로 독립 주권국가를 수립한 것은 역사적 전례가 없는 경이로운 것이라고 치하해 마지않았다. 이 연설에서 진나는 파키스탄이 나아갈 길을 여러 가지 제시했는데, 그중에서도 가장 눈에 띄는 대목은 다음과 같은 것이다.

여러분이 이제 주권적 입법기관이며, 모든 권력을 갖고 있다는 것을 기억하라.

인도의 분할, 펀잡과 벵골의 분할에 동의하지 않는 사람들이 있다는 것을 안다. 그러나 어쨌든 이제 분할은 이루어졌다. 힌두스탄에도 파키스탄에도 그것에 동의하지 않고 싫어하는 사람들이 있다. 그러나 내 생각에는 다른 해결책이 없다. 미래의 역사에서 정당하다고 기록될 것을 확신한다.

합류한다면 어떤 종파에 속하는가는 문제가 되지 않는다. 피부색, 카스트, 강령에 상관없이 모두 동등한 권리와 의무를 갖는다. 이것은 아무리 강조해도 지나치지 않다. 우리는 그런 정신으로 시작해야 한다. 시간이 지남에 따라 다수와 소수, 힌두와 무슬림의 대립각은 사라질 것이다. (중략) 여러분이 여러분의 사원에 가는 것은 자유이다. 모스크를 가든 다른 장소에 가든 자유이다. 여러분이 어떤 종교, 어떤 카스트, 어떤 이념에 속할지라도 국가는 상관하지 않는다. (중략) 시간이 지나면 힌두가 힌두이기를 그만두고 무슬림이 무슬림이기를 그만두게 되는 것을 깨닫게 될 것이다. 그것은 종교적 차원이 아니라 신앙은 개인적인 것이기 때문에 국가 시민으로서의 정치적 측면에서 그렇다는 것이다. (중략) 나는 정의와 완전한 공정함의 원칙에 따를 것이다. 나는 파키스탄이 세계의 위대한 국가의 하나가 되리라 생각한다.

이렇게 진나가 분리 독립된 주권국가로서의 자부심을 강조하고 미래에 대한 비전을 밝혀 파키스탄의 아버지로서의 역할을 충실히 이행하고 있을 때, 간디는 무엇을 하고 있었을까.

간디는 우선 분리 독립을 논의하여 기정사실화하고 있는 총독, 국민회의, 무슬림연맹의 안중에 '국민'이 없다는 것이 언짢았다. 1947년 7월 27일 기도회에서 간디는 이런 심정을 드러냈다.[85] 간디는 마운트배튼 총독의 연설을 언급하면서 "총독은 긴 연설에서 단 한 번도 인도 국민을 언급하지 않았다"고 지적했다. 또한 "정권과 정권이 교체되고 인도가 해방을 맞이하면 그때 국민은 어떤 다짐을 해야 하는가? 국민은 해방된다는 생각에 행복해할까? 국민은 독립일을 경축할까?"라고 물으면서 "나에 대해 말하자면 나는 그날 금식을 할 것이다. 그리고 나는 '신이시여, 이제 인도가 해방됩니다. 인도를 파괴하지 마소서!'라고 기도할 것이다"라고 말했다.

결국 간디는 인도가 해방되는 경축행사에 참석하지 않았다. 독립을 맞이하는 시각에 네루는 "온 세상이 고요히 잠들어 있을 자정이 되면 인도는 생명과 자유로 깨어날 것입니다. (중략) 한 시대를 마감하고 오랫동안 억눌려온 국가의 혼이 되살아날 것입니다"라고 말하고 이어 참석하지 않은 간디에 대한 감사를 전했다.

다행스럽게도 간디님께서 우리를 인도하고, 우리를 고무시켰고, 숭고한 노력을 하도록 일러주셨습니다. 그는 오래전에 이상과 목적은 그것을 실현시킬 방법과 분리시킬 수 없다는 것, 가치 있는 목적은 가치 있는 수단을 통해서만 얻을 수 있다고 가르쳐주셨습니다. 우리가 삶의 원대한 목표를 세우고, 평화와 자유의 메시지를 세계에 전하는 위대한 나라 인도를 꿈꾼다면, 우리 스스로 위대해져야 하고 모국 인도의 가치 있는 자식이 되어야 합니다.[86]

그렇게 온 나라가 해방을 경축하며 간디에게 감사를 전하고 있었지만, 간디는 7월 27일에 했던 말 그대로 캘커타에서 물레를 돌리며 기도를 하기로 했다. 먼저 8월 14일 기도 모임에서 "내일은 외국의 굴레로부터 해방되는 날입니다. 그러니 아주 대단한 날입니다. 그들은 경축을 할 것입니다. 그러나 그날은 두 개의 국가가 무거운 짐을 지는 날이기도 합니다. 모든 사람이 24시간 금식하고, 낮 동안에 인도의 안녕을 비는 기도를 하고, 가능하면 종일 물레를 돌리기를 요청합니다. 가난한 자나 부자나 같이할 수 있는 것이고, 직업이 없는 수많은 남녀에게 직업을 준 것, 그것이 손으로 물레를 돌리는 일입니다"[87]라고 말했다. 그리고 8월 15일에는 아가타 해리슨(Agatha Harrison) 기자에게 "나는 기도를 하며 이 편지를 받아쓰게 하고 있습니다. 나는 물레를 돌리고 있습니다. 아시다시피 이것이 오늘 같은 날을 경축하는 나의 방식이며 신께 감사하며 기도하는 중입니다. 이런 기도에는 금식도 함께해야 합니다"[88]라고 편지를 썼다. 한편으로 벵골의 장관에게 "오늘부터 당신은 면류관을 써야 합니다. 쉼 없이 진리와 비폭력을 이루기 위해 노력해야 합니다. 겸손하고 관대하며 화려함의 덫에 걸리지 않게 하십시오. 당신은 인도 촌락의 가난한 사람들에게 봉사할 자리에 있는 것임을 기억하십시오. 신의 축복을 기원합니다"[89]라는 충고를 아끼지 않았다. 또한 그 지방의 새로운 주지사가 된 라자고빨라차리는 간디를 예방하여 '간디가 만들어낸 기적'에 대해 이야기하고 축하했다. 그러나 간디는 "힌두와 무슬림이 원래 살던 집으로 돌아가서도 안전하다고 느낄 때까지 만족할 수 없다"[90]고 말했다. 온 세상이 경축으로 떠들썩한 가운데 간디는 자신이 경축할 수 있는 방법인 금식, 물레 돌리기, 기도로 하루를 보냈다. 그리고 9월에 접어들어 다시 폭동이 발생하자 또다시 폭동을 잠재우기 위한 단식을 시작했다.

1920년대 초부터 독립을 획득하는 방식, 대중을 바라보는 시선, 종파 갈등의 해결책 등을 달리하여 맞섰던 간디와 진나는 각기 인도의 아버지, 파키스탄의 아버지로 불리지만 그들은 독립한 자신들의 나라에서 그리 오랜 시간을 보내지는 못했다. 간디는 힌두와 무슬림의 충돌로 많은 사람이 살상되고 있는 것을 통탄하며 델리에 평화가 찾아올 때까지 단식을 한다고 선언했다. 1948년 1월 13일에 단식을 시작한 간디의 건강이 급격히 쇠약해지자 정부는 1월 16일 간디가 거론한 파키스탄에 지급하기로 되어 있던 5억 5,000만 루피를 즉시 지급할 것이라고 발표했다. 이를 지켜본 사람들 중에는 간디의 단식이 델리의 평화 회복보다는 파키스탄을 위한 단식이었다고 생각하는 사람들이 있었다. 간디는 1월 17일 단식을 마쳤고, 운명의 날인 1월 30일 세 발의 총탄을 맞고 숨을 거두었다. 간디의 갑작스러운 암살 소식을 접한 진나는 다음과 같이 조의를 표했다.

가장 비열한 공격으로 간디의 생명을 노렸고, 그로 인해 그가 사망했다는 소식을 접하고 충격을 받았습니다. 죽음을 앞에 두고 논쟁을 벌일 수는 없습니다. 우리의 정치적 견해가 아무리 달랐다 해도 그는 힌두교 사회가 만들어낸 가장 위대한 인물 가운데 한 사람이며, 보편적 신뢰와 존경을 받은 지도자입니다. 나는 깊은 슬픔을 표하며 힌두스탄과 파키스탄이 해방된 직후의 중대하고 역사적이며 긴박한 상황에 그와 사별하게 된 힌두사회와 그의 가족들에게 깊은 조의를 표합니다. 인도에게 그의 상실은 돌이킬 수 없는 것이며, 이 순간에 그렇게 위대한 인물이 떠난 빈자리를 채우는 것은 매우 어려울 것입니다.[91]

진나의 짧은 조문에는 '위대한'이라는 말이 3번이나 반복되고 있었지만, 인도에서는 '힌두의 위대한 인물'이라는 부분에 대해 매우 언짢아했다. 간디를 암살한 고드세의 변론에 따르면 그들이 간디를 죽인 것은 친무슬림

파키스탄 까라치에 있는 진나의 무덤

정책으로 무슬림에게 끝없이 양보하고 끌려 다니는 간디의 태도를 참을 수 없기 때문이었다고 한다. 그런데 진나에게는 간디가 여전히 힌두의 대표일 뿐이었던가. 그런 회한이 진나의 조문에 나타난 슬픔과 조의를 읽기보다 딱 한 구절, '힌두의 위대한 인물'에 시선을 모으게 했을 것이다.

인도의 아버지 마하트마 간디는 그렇게 생을 마감했다. 그리고 진나 역시 파키스탄의 아버지 자리를 오래 지키지 못했다. 1948년 9월 11일 지병인 결핵과 폐렴이 겹쳐 사망했다. 진나는 간디의 죽음에 조의를 표할 수 있었지만, 이미 세상을 떠난 간디는 진나의 죽음에 조의를 표할 수 없었다. 만약 간디가 살아 있었다면, 인도의 아버지로서 파키스탄의 아버지 진나에게 어떤 조문을 보냈을까. 어쩌면 조용히 물레를 돌리며 금식 기도로 진나의 마지막 길을 배웅했을지도 모른다.

간디 vs. 사바르까르 :
람 라즈야와 힌두뜨와

1장_아힘사와 암살

간디가 행한 모든 활동의 근간에는 아힘사(ahimsa) 정신이 있었으며, 간디에게 아힘사는 진리 추구의 근간이었다. 그는 폭력을 내면적 나약함에서 비롯된 공포의 표현이라고 보았고, 그러한 폭력은 또 다른 폭력을 불러일으킬 뿐이어서 폭력과 압제에 대항하여 폭력으로 맞서는 것은 개인과 사회를 더욱 악화시키는 일일 뿐이라고 주장했다. 반면에 아힘사를 실천하면 인간 내면에 잠재해 있는 자비를 일깨울 수 있으며, 그렇게 함으로써 자비를 바탕으로 한 진리가 구현될 수 있고, 그렇게 되면 증오와 폭력은 사라질 것이라고 믿었다.

그러나 이러한 간디의 아힘사 정신이 과연 폭력을 제거하는 길이 될 수 있을까. 예를 들어 시내 한복판에서 총을 쏘며 무차별 살상을 하고 있는 사람이 있다고 가정해보자. 이럴 때 무엇이 아힘사의 정신일까. 간디가 『힌두 스와라지』 '16장: 폭력'에서 예로 든 '무장한 강도의 경우'라는 해법을 도입한다면, 이 사람이 왜 살상을 시작했는지, 우리에게 그로 하여금 총을 발사하게 한 요인은 없는지를 살피고, 그러한 요인들과 상황을 제거하여 그가 다시 총을 난사하지 않도록 해야 한다는 것이다. 하지만 이것이 과연 가능할까라는 의문을 품지 않을 수 없다. 이런 상황에서는 차라리 총을 들고 있는 사람을 사살함으로써 더 이상의 살상을 막아야 한다고 생각하는 사람들이 있을 것이다. 그러한 생각을 바탕으로 투쟁정신을 발휘한 인물이 바로 사바르까르이다.

사바르까르는 학창시절부터 혁명 활동을 했다. 그리고 23세가 되던 해인 1906년에 런던으로 갔다. 이때는 벵골 분할*로 인해 영국에 대한 반감과 저항의식이 확대되던 시기였다. 벵골 문제로 발생한 소요는 벵골 문제를 넘어 인도의 정치적 해방이라는 근본적 문제로 확대되었으며, 영국이 행하는 인도에 대한 압제를 정치적 청원만으로는 해결할 수 없다는 의식이 팽배하여 폭력파들의 활동이 확대되던 시기였다. 또 한편으로는 '피의 일요일'(Bloody Sunday)이라 부르는 상트페테르부르크(Saint Petersburg)의 겨울궁전(Winter Palace) 광장에서 벌어진 노동자 학살 사건(1905년 1월 22일)을 계기로 제1차 러시아 혁명이 일어남으로써 혁명의 물결이 유럽을 휩쓸고 있을 때였다. 또한 러일전쟁에서의 일본의 승리는 서양의 강대국과 싸워 동양의 작은 나라가 승리한 예로서 인도의 혁명주의자들을 고무시키고 있었다.

이러한 상황에서 영국에 도착한 사바르까르는 영국에서 인도 혁명

---

* 1904년에 거론되기 시작한 벵골 분할이 1905년 10월 16일에 공포되었다. 이것은 외형적으로 광대한 벵골을 분할하여 행정적 편의를 추구한다는 것이었지만, 힌두가 많은 서벵골과 무슬림이 많은 동벵골로 분할하는 것이었다. 이로 인해 분할에 찬성하는 무슬림과 반대하는 힌두 사이에 많은 갈등이 빚어졌다. 그러나 영국정부는 1911년 벵골 분할을 취소했고, 이로 인한 무슬림의 반발이 확대되어 대영 투쟁이 고조되는 계기가 되었다.

의 본거지 역할을 하고 있던 인디아 하우스(India House)에 들어갔다. 사바르까르가 영국에 간 것은 혁명을 조직화하고 외국의 투쟁 방법을 배우기 위해서였다. 영국의 지배가 인도의 경제적·정치적 불행을 초래하고 있다고 생각한 사바르까르는 어떤 수단과 방법을 동원해서라도 인도에 대한 영국 지배를 종식시켜야 한다고 생각했다. 그러한 생각을 가진 사바르까르는 이탈리아 혁명이나 러시아 혁명에서 배울 것이 많았다. 사바르까르는 러시아 혁명가들이 사용한 테러와 암살에 주목했는데, 특히 고급관리의 암살은 관리들의 사기를 저하시킴은 물론이고 정부기관을 마비시킬 수 있을 것이라고 생각했다. 이때 사바르까르는 러시아의 지명수배를 받고 있던 망명자로부터 폭탄 제조법과 사용법이 적힌 책자를 입수했다. 인디아 하우스에 머물던 사바르까르와 그의 동료들은 50페이지가 넘는 폭탄 제조 설명서를 등사기로 인쇄하여 보급하고 인도에도 보냈다. 이후 이 설명서는 런던은 물론 캘커타, 알라하바드, 나시끄를 비롯한 인도의 여러 곳에서 발견되었다. 경찰 보고에 의하면 사바르까르는 인디아 하우스에서 폭탄을 제조함은 물론 그들이 활동하던 단체인 '청년인도'(Abhinava Bharat) 소속의 회원들에게 비밀리에 폭탄 제조 방법을 가르치기도 했다고 한다.

이 무렵 사바르까르와 연계된 저격 사건이 발생했다. 1909년 7월 1일 인도 유학생인 마단 랄 딩그라(Madan Lal Dhingra)가 영국에서 커즌 윌리(Cuzon Wyllie)를 사살하는 사건이 발생한 것이다. 커즌 윌리는 영국의 인도 담당 장관(Lord George Hamilton)의 정치담당 전속부관으로서 인도에 대한 영국 정책에 영향력을 미치고 있던 인물이다. 이 암살 사건은 영국과 인도에 커다란 충격을 안겨주었다. 그러나 8월 16일 교수형을 당하기에 앞서 딩그라가 남긴 말은 애국심으로 가득 차 있었기 때문에 반영 투쟁을 하고 있던 아일랜드의 투쟁가들은 물론이고 영국의 일부 인사들도 딩그라의 애국심을 높이 평가했다고 한다. 사바르까르는 이 암살 사건에 대해 "청년인도는 다시 한 번 그 수완을 보여주었고 세계는 경이와 찬탄으로 가득 찼다. 행동무대는 벵골에서 영국으로 이동하였으며, 청년인도의 영웅적 행동은 폭력으로 영국의 심장을 강타했다"[1]고 찬양했다.

이 암살 사건의 배후자로 지목된 사바르까르는 얼마 후 인도에서 발생한 잭슨(Jackson) 저격 사건에도 연루되었다는 혐의를 받게 되었다. 1909년 12월 21일 나시끄의 치안판사였던 잭슨을 향해 권총이 발사되었는데, 이 총은 런던에서 사바르까르가 보낸 것이었다.[2] 결국 사바르까르는 커즌 윌리 암살과 인도 내에서 발생한 암살 사건에 연루되었다는 혐의로 1910년 구속되어 종신 유배형을 선고받고 안다만 섬에 유배되었다. 이로 인해서 사바르까르의 혁명적 투쟁은 중단되었고, 1924년까지 안다만과 인도의 감옥에서 수감생활을 했다. 그러다가 1924년에 정치적 활동을 하지 않겠다는 서약과 라뜨나기리(Ratnagiri)를 벗어나지 않는다는 조건으로 석방되어 지역 연금되었고, 1937년에야 완전한 자유의 몸이 되었다.

사바르까르는 석방된 후 1937년부터 1942년까지 아킬 바라뜨 힌두 마하사바(Akhil Bharat Hindu Mahasabha)의 의장으로서 힌두민족주의 사상을 고취시키는 활동을 했다. 그러던 그가 다시 암살 사건에 연루되어 구속된 것은 1948년 2월 5일이다. 1948년 1월 30일 발생한 간디 암살 사건의 배후자로 지목되었기 때문이다. 물론 암살 사건과 직접적인

사바르까르(중앙 오른쪽)가 라뜨나기리에서 완전히
석방되도록 노력한 지도자들과 함께(1938년 2월)

관련이 없다는 판결을 받아 석방되기는 했으나, 사바르까르의 정치 활동은 간디의 암살 이후 1966년 죽음을 맞이할 때까지 거의 중단되다시피 했다.

이처럼 일생 동안 사바르까르는 암살을 주동하거나 암살에 연루되어 있던 인물이다. 사바르까르는 영국인 몇 명을 암살하고 테러를 감행한 뒤에 소수 무장한 사람이 공개적으로 싸우면서 게릴라전을 전개하면 영국을 무찌르고 인도 땅을 되찾을 수 있다고 믿었다. 이러한 사바르까르 식의 독립 투쟁방식에 대해 간디는 "암살로 인도를 해방시킨다는 생각이 두렵지 않습니까?"[3]라고 물으며 "우리가 해야 할 일은 우리를 죽이는 일입니다. 다른 사람을 죽이려는 생각은 겁쟁이들이 하는 짓입니다. 살인으로 권력을 잡은 사람들은 국가를 행복하게 하지 못할 것입니다"라고 강변하며 폭력으로 독립을 쟁취하는 것은 인도의 미래를 위한 일이 못 된다는 견해를 밝혔다.

간디는 암살되기 하루 전날인 1948년 1월 29일 자신을 찾아온 「라이프」 잡지의 마거릿 버크 화이트(Margaret Bourke White) 기자와 인터뷰를 했다. 이때 기자가 원자폭탄에 대해 질문을 했다. "만일 비행기가 한 도시에 원자폭탄을 떨어뜨린다면 아힘사를 믿는 사람들은 어떻게 해야 합니까?" 이에 대해 간디는 "아힘사의 병사들은 원자폭탄 투하를 두려워해서는 안 된다. 그들은 대피소를 찾아 뛰지 말아야 한다. 아힘사는 무엇으로도 깰 수 없다는 믿음을 가져야 하기 때문이다. 만일 히로시마에서 죽은 수천 명의 사람들이 밖으로 나와 굳건하게 서서 두려움 없이 하늘을 올려다보며 조종사를 위해 기도했다면 그들의 희생은 헛되지 않았을 것이다"라고 말했다. 비슷한 질문을 안다만에 수감되기 전의 사바르까르에게 했다면 어떤 대답을 했을까. 아마도 "원자폭탄을 투하하라고 결정하는 자리에 있는 인물을 암살함으로써 원자폭탄 투하를 막아야 한다"라고 답하지 않았을까.

그러면 아힘사에 근거한 간디의 행보는 폭력과는 무관한 것일까. 비폭력으로 번역되고 있는 아힘사(ahimsa)는 살생을 의미하는 힘사(himsa)라는 단어 앞에 부정어를 만드는 'a'를 붙인 것으로 불살생, 불상해 등을 의미하는 것이다. 그런데 간디와 관련된 경우 아힘사는 비폭력으로 번역되어 간디의 투쟁을 비폭력 투쟁이라 부르고 있다. 2012년에 국내에서 번역 출간된 『간디의 물음』에는 아힘사에 관한 흥미로운 이야기가 등장한다. 저자 나카지마와 승려 미나미의 대화 부분에서 미나미는 아힘사가 왜 불살생으로 번역되지 않고 비폭력으로 번역되었는지에 대해 의문을 제기하면서 다음과 같이 말했다.

비(非)라는 것은 반(反)이나 불(不)이나 무(無)와는 결정적인 차이가 있습니다. (중략) 비폭력이란 폭력과 싸우는 것도, 폭력에 대항하는 것도 아니고, 폭력을 일으키는 구조 자체를 해체한다는 뜻이라고 봅니다. 폭력을 거스르는 것이 아니죠. 그것을 정당화하는 관념을 무효화해버립니다. 바로 그렇기 때문에 간디가 말하는 비폭력이 애초부터 비폭력이었는지 의심스러웠던 것입니다. 하지만 이 단어가 일본적 번역의 소산이고 원래는 불살생이니 반폭력이니 하는 것이었다고 한다면 그건 다른 이야기가 됩니다. 그렇다고 한다면 역시 간디의 비폭력이라는 것은 일단 폭력을 부정하는 것이면서도 결과적으로는 폭력을 불러들이고 마는 그런 토양을 내포하고 있었을지도 모릅니다.[5]

이에 대해 나카지마는 타고르 역시 간디가 하는 행위는 결국 증오와 대립을 낳게 될 위험이 있다고 지적했다는 것을 언급했다. 간디가 민중을 동원하여 수입 섬유 제품 보이콧운동을 전개하면서 수입 의류들을 불태웠을 때 타고르는 "그런 행동을 한다면 폭력을 불러오는 빌미가 된다. 그 옷을 불태워버리기보다는 가난한 자들에게 나눠주는 것이 이치에 합당하다"고 말하며 크게 반발했다는 것이다. 이처럼 간디의 아힘사는 폭력을 없애는 것이 아니라 또 다른 폭력을 불러들일 위험성을 내포하고 있기 때문에 간디의 아힘사가 폭력으로부터 완전히 자유로운 개념이라고 보기 어려운 측면이 있다는 것이다.

한편으로 폭력을 사용했다는 이유만으로 그 사람을 폭력주의자라고 평가할 수 있는지도 생각해볼 필요가 있다. 독립을 달성하기 위해서는 암살을 포함한 어떠한 무력 투쟁도 용인될 수 있다고 생각한 사바르까르 같은 사람들을 폭력파라고 부른다. 인도 독립 투쟁 과정에서 폭력파로 분류된 사람들은 힘과 파괴의 여신인 깔리(Kali)에 대한 숭배로 자신들의 폭력에 대한 정당성을 찾기도 했다. 특히 자신들의 폭력 투쟁을 종교와 연계시키면서 인도의 종교와 문화를 파괴하고 있는 영국을 몰아내는 것은 인도의 종교를 지키는 숭고한 일이고, 그러한 일에 암살과 폭력을 사용하는 것은 정당하다고 생각했다. 그런데 앞에서도 예를 들었다시피 더 많은 폭력과 살상을 막기 위한 폭력, 어떤 사람이 그러한 폭력을 사용했다고 해서 그를 폭력 찬양자로 평가할 수만은 없는 경우도 있다. 그렇기 때문에 아힘사이든 폭력이든 그 외형과 내용 모두를 살펴서 그것이 갖는 진정한 의미와 후대에 미친 영향을 음미해볼 필요가 있을 것이다.

아힘사 정신을 바탕으로 살았던 간디와 암살을 고무시키거나 암살에 연루되어 있었던 사바르까르. 이들은 어떤 시각으로 역사를 바라보았고, 어떻게 민족을 이해했으며, 어떤 방법으로 그들의 목적을 실현시키려 했는지 살펴보기로 하자.

2장_ 돋보기로 읽는 역사

돋보기를 들고 역사를 돌아보면 과거를 더 잘 볼 수도 있다. 그러나 때로
는 그 돋보기가 역사 전체를 잘 볼 수 있게 해주는 역할을 하기보다는 돋
보기를 들이댄 부분만 크게 보이게 함으로써 그 주변의 것은 묻혀버리게
하는 역할을 하기도 한다. 그런데 과거를 돌아보면서 자신의 주관 없이
완전히 객관적인 시각으로 본다는 것이 가능한 것일까. 그것은 거의 불
가능한 일이다. 크건 작건 누구나 자신만의 돋보기를 만들어 특정 방향
에 들이대는 경향이 있기 때문이다. 그렇다면 간디와 사바르까르의 돋보
기는 어디를 향하고 있었을까.

사바르까르는 영국으로 건너간 1906년부터 인도의 유학생들에게
영국 지배를 종식시키기 위해서는 무장 투쟁을 전개해야 한다고 강조
하면서 "우리는 영국 관리 혹은 이러저러한 법에 대한 불평을 멈춰야 한
다. 그런 것은 끝이 없을 것이다. 우리의 투쟁은 어떤 특정한 법 조항에
반대하는 데 한정되는 것이 아니라, 법 자체를 만들 권한을 획득하는 것
이어야 한다. 다시 말해 우리는 완전한 독립을 원한다"[6]는 연설을 했다.

이러한 그의 혁명 정신은 1857년 항쟁 50주년을 기념하여 순교자들에게 바친 글인 '오, 순교자들이여'(Oh Martyrs)*에서 더욱 강력히 표출되었다.

> 5월 10일 오늘! 영원히 기억해야 할 1857년. 오, 순교자들이여! 당신들이 인도의 전쟁터에서 최초의 독립전쟁을 시작한 바로 그날입니다. 모욕적인 노예 상태에서 깨어난 모국이 칼을 빼어들고 족쇄를 박차고 모국의 자유와 명예를 위해 최초의 일격을 가한 날입니다. "외국인들을 죽여라!"(Maro Feringhee Ko!)라는 함성이 수천 명의 목에서 터져 나온 것도 바로 이날이었습니다.[7]

기존의 여러 기록에서 1857년의 사건을 '세포이 항쟁', '세포이 폭동', '반란' 등으로 표현한 것과는 달리 이 연설문에서 사바르까르는 '1857, 최초의 독립전쟁'이라고 표현한 것이다. 그리고 『1857년 인도 독립전쟁』(*The Indian War of Independence of 1857*)이라는 책을 세상에 내놓음으로써 혁명 정신에 불을 붙였다.

---

* 사바르까르의 공식 홈페이지(http://www.savarkar.org/en/armed-revolution/oh-martyrs)의 설명에 의하면, 사바르까르가 '1857년 항쟁' 50주년을 기념하여 순교자들에게 바치는 글을 작성했고, 그 글은 1908년 5월 10일 영국에서 개최된 50주년 기념행사에서 '오, 순교자들이여'(Oh Martyrs)라는 제목으로 인쇄 배포된 것으로 되어 있다. 그러나 마줌다르에 따르면, 1907년에 사바르까르는 개인적으로 세포이 항쟁 50주년 행사를 거행했고, 1908년 51주년 기념식에서 '오, 순교자들이여'라는 리플릿을 배포했으며, 이 리플릿은 인도에도 대량으로 보내졌다고 한다. Majumdar, R. C.(1996), *History of the freedom movement in India*, vol. III, p.303 참조. 이러한 정황으로 미루어보건대 '오, 순교자들이여'는 50주년을 기념하여 사바르까르가 작성하고, 51주년 행사장에서 배포된 리플릿인 듯하다.

사바르까르는 인도 독립운동은 항쟁의 역사에서 출발해야 한다고 보고, 인도의 역사에서 독립을 쟁취하고자 하는 명백한 목표가 드러난 사건들을 찾아내려는 시각으로 역사를 돌아보았다. 그러한 시각에서 사바르까르는 1857년의 항쟁을 중대한 사건으로 보았고, 거기서 단순한 반란이 아닌 독립을 쟁취하고자 하는 민중의 욕구를 읽어내어 『1857년 인도 독립전쟁』이라는 책을 집필했다.

『1857년 인도 독립전쟁』은 네 개의 파트로 되어 있다. 첫째 파트인 '화산'(The Volcano)에서는 동인도회사가 무역의 수준을 넘어 인도에서 영국 영토를 확장했으며, 플라시 전투로 인도를 식민지화했고, 이어 달하우지 총독(Lord Dalhousie)은 여러 왕국들을 다양한 이유, 즉 후계자가 없거나 후계자를 입양한 경우 그리고 행정개혁을 제대로 하지 않았다는 등의 이유를 들어 영국 식민지에 강제 병합시켰는데, 이러한 불만이 누적되어 있는 상태에서 인도의 종교에 대한 모욕과 기독교 선교 정책을 편 것 등이 독립전쟁이 발생하게 되는 배경이 되었음을 서술했다. 둘째 파트인 '폭발'(Eruption)에서는 소총에 쓰이는 카트리지에 소기름과 돼지기름을 발라 보급했다는 소문이 유포되었고, 종교적인 신념* 때문에 소기름과 돼지기름을 바른 카트리지 사용을 거부한 병사들에 대해 가혹한 처벌을 함으로써 미루뜨(Meerut)에서 봉기가 일어났고, 그것이 독립전쟁의 도화선이 되었음을 설명했다. 셋째 파트인 '돌발'(Conflagration)에서는 원래 5월 31일에 거사를 일으키기로 되어 있었으나 미루뜨에서

---

* 종교적 금기와 신념 때문에 인도의 힌두는 소고기를 먹지 않으며 무슬림은 돼지고기를 먹지 않는다. 당시의 카트리지는 입으로 물어 뜯는 형태였다고 한다.

돌발적 상황이 벌어져 5월 10일 도화선에 불이 붙었고, 이로 인해 계획에 차질이 생겼으며, 한편으로 북에서는 시크가, 남쪽에서는 마라타 왕국 등이 배반함으로써 독립전쟁이 완성되지 못했다고 서술했다. 그리고 마지막인 4장의 '잠정적 평온'(Temporary Pacification)에서는 많은 독립 운동 투사들이 항쟁하며 순교했음에도 불구하고 마지막 순간까지

1957년 5월, 델리에서 개최된 1857년 독립 투쟁 100주년 기념식에 참석한 사바르까르(오른쪽 끝)

배반자들이 등장함으로써 투사들의 투쟁은 성공하지 못하고 순교로 끝나고 말았으며, 이후 독립 투쟁의 열기가 식은 상태로 잠정적인 평온을 유지하고 있다고 서술했다.

이렇게 네 개의 파트로 구성된 『1857년 인도 독립전쟁』을 서술하면서 사바르까르가 돋보기를 들이댄 곳은 어디일까. 1947년에 재발행된 『1857년 인도 독립전쟁』의 서문에서 조시(G. M. Joshi)가 "사바르까르는 이 책이 단순히 과거의 연보로서가 아니라 미래를 위한 영감을 주고 안내하는 자료가 되게 하려 했다"[85]고 평가한 것처럼 사바르까르가 돋보기를 들이대고자 한 곳은 미래의 영감을 줄 수 있는 역사, 혁명 정신을 되살려낼 수 있는 역사였다.

사바르까르는 우선 역사가의 임무에 주목했다. 역사가는 단순히 사건만을 기술하는 것이 아니라 그 사건 밑에 작용하고 있는 원리를 설명

해야 하며, 모든 사건의 직접적·간접적·일반적·특수적·우연적·필연적 원인을 분석하여 사건에 작용한 원리를 설명해야 한다는 것이다. 특히 혁명에 관한 것을 기술할 때에는 단순한 설명이나 우연적 요인을 추적하는 것만으로는 진정한 의미를 파악할 수 없으므로 제대로 된 공정한 역사가라면 혁명적 체제가 발생하게 된 근본 요인을 찾아내어 논의하려고 노력하지 않으면 안 된다는 것이다. 역사가가 이러한 임무를 인식하고 역사를 서술할 때, 편파적이고 편견을 가진 역사가들에 의해 희미해지고 애매해진 역사적 사건의 빛과 그림자를 분명히 보여주는 망원경이 될 것이며, 모순된 것처럼 보이는 사건들 속에 질서가 나타나고, 구부러진 선들이 곧게 펴지며, 곧은 선들이 구부러지게 드러나기도 하고, 어둠이 있는 곳에 빛이 드러나거나 혹은 어둠이 빛을 덮게 되거나 추한 것들이 공정하게 되며, 아름답게 보였던 것들이 일그러진 것으로 드러남으로써 기대했던 대로 혹은 기대와 달리, 그러나 분명한 형태로 혁명이 생생한 역사의 빛으로 나오게 된다는 것이다.[9]

역사가가 이러한 임무를 제대로 인식하고, 1857년의 역사적 사건을 본다면 무엇을 읽어낼 수 있을까. 사바르까르는 여기에 돋보기를 들이 댄 것이다. 즉, 제대로 된 역사 인식을 갖지 않고 1857년의 사건에 대해 기술했기 때문에 영국에서 발행된 저술은 물론이고 인도에서 발행된 저술 역시 혁명의 근본 정신을 읽어내지 못했을 뿐만 아니라 1857년 사건의 정신을 읽어내려 하지 않았거나 심지어 일부러 왜곡시킨 것이라고 보았다.

제정신인 사람이 그것을 일으킨 원칙도 없이 모두가 연루된 혁명이 발생할 수 있다고 주장할 수 있을까? (중략) 델리 점령, 카운포르 (Cawnpore) 대학살, 황제의 깃발, 그를 위해 죽어간 영웅들의 고귀하고 감동적인 행위가 고귀하고 고무적인 목적 없이 일어날 수 있는가? (중략) 비록 작은 마을의 시장도 목적 없이 생겨나지 않는다. 영국 역사가들은 이것을 확인하기 어려워서가 아니라 진실을 받아들이는 것이 그들의 이익에 위배되기 때문에 늘 이런 점을 무시한다. (중략) 이러한 무관심보다 훨씬 기만적인 것은 한편으로는 1857년의 혁명 정신을 바꾸거나 왜곡시키는 것이고, 다른 한편으로는 영국 역사가의 고안물이 인도인 아첨꾼들에 의해 복제된 것이다.[10]

사바르까르에 의하면 한 인도인 저자는 "어리석은 사람들이 카트리지에 소기름과 돼지기름이 칠해졌다는 루머 때문에 미쳐버렸다. 그런 보고가 진실인지 조사한 사람이 있는가? 한 사람은 말하고 다른 사람은 믿었다. 두 번째 사람은 불만을 갖게 되고, 세 번째 사람은 그와 합류하고, 그렇게 눈먼 사람들의 행렬처럼 성급하고 어리석은 사람들이 봉기했고, 반란이 일어났다"라고 썼다는 것이다. 사바르까르는 여기서 의문을 제기한다. "정말 카트리지 때문에 혁명이 일어났다면 나나 사힙(Nana Sahib), 델리의 황제, 잔시(Jhansi)의 여왕, 로힐칸드(Rohilkhand)의 바하두르 칸 (Bahadur Khan)이 왜 거기에 합류했을까?"[11]라고 말이다. 그리고 "탄약통 카트리지의 소기름, 돼지기름 때문이었다면 군대와 직·간접적으로 아무 관련이 없는 사람들이 가담할 이유가 없지 않은가. 그러므로 우발적인 카트리지 사건이 세포이, 시민, 빈민, 힌두, 무슬림의 정신을 깨우친 것이 아니라는 것은 분명하다"[12]는 것이다.

이렇게 단순한 루머가 1857년 사건의 원인이라고 기술한 여러 문헌들의 오류를 바로잡는 것, 즉 일련의 사건의 심연에 흐르고 있던 다양한 요인과 원리를 찾아내어 제대로 된 역사를 기술하는 것. 그것이 사바르까르의 돋보기가 1857년 사건으로 향하게 된 이유라는 것을 『1857년 인도 독립전쟁』의 서문에 해당되는 '화산'에서 밝히고 있다.

그리고 이어서 1857년 사건들의 진행과정을 설명하면서 마라타(Maratha)의 황제였던 시바지(Shivaji), 펀잡의 시크 그리고 델리의 황제를 통해 드러난 혁명의 에너지와 어떤 희생을 치르고라도 적을 물리쳐야 한다는 정신에 돋보기를 들이댔다.

사바르까르는 "신의 명령은 스와라지(Swaraj)를 획득하라는 것이다. 그 주요 열쇠는 다르마를 지키는 것이다. 스와라지를 얻으려 하지 않는 자, 노예 상태에서 침묵하는 자는 신을 믿지 않는 자이며 종교를 혐오하는 자이다. 그러므로 일어나라! 스와다르마(Swadharma)와 스와라지를 얻기 위해!"라고 혁명의 정당성을 강조하면서 마라타 왕국의 시바지가 "여러분의 다르마를 위해 죽으라. 여러분의 다르마의 적을 죽이라. 이렇게 싸우고 죽이고 그리고 여러분의 왕국을 되찾으라"* 고 했던 말을 인용했다.

또한 동인도회사가 인도의 관습을 붕괴시키고자 했던 것에 대하여 "동인도회사가 이런 법을 도입한 것이 선의냐 악의냐는 문제가 아니

---

* Savarkar, V. D. and G. M. Joshi(1947), *The Indian war of independence, 1857*, p.11. 1649년 람다스(Samartha Ramdas Swami, 1608~1681)와 시바지가 만났을 때 시바지가 했던 말인데, 사바르까르는 이 말을 인용하여 스와라지와 스와다르마를 위해 혁명을 일으켜야 하는 정당성을 강조한다.

다. 여기서 말하고자 하는 것은 영국이 이런 법을 통과시키고는 사람들의 종교관습에 강제로 관여하는 위험한 버릇이 시작되는 것을 보면서도 자신들의 종교관습에 대한 공격을 멈추라고 할 수 있는 힌두도 무슬림도 없었다는 것이다"[13]라고 말하면서 "하나의 부당함은 또 다른 부당함을 낳는다. 외국인들에 의해 만들어진 법이 종교에 관여하는 체제가 지속되게 하는 것은 아우랑제브**가 들어 올린 칼을 받아들이는 것이다. 그리고 영국이 아우랑제브의 역할을 맡기 시작했을 때, 인도는 시바지(Shivaji)*** 혹은 구루 고빈드를 만드는 것 외에 다른 치유책이 없다"[14]고 강조했다. 이것은 아우랑제브에 반기를 들었던 마라타 왕국의 시바지 그리고 아우랑제브의 종교 강압으로 인해 시크교의 9대 구루인 테그 바하두르(Tegh Bahadur)가 순교한 후 시크교의 강력한 통치권의 기반을 닦고 무장체제를 갖추었던 고빈드 싱(Gobind Singh)처럼 부당한 지배에 대해서는 적을 죽이는 혁명을 일으켜서라도 자신의 왕국과 종교적 정당성을 지켜야 한다는 것을 강조한 것이다.

한편 세포이들이 델리에 입성하여 바하두르 샤 2세(Bahadur Shah II)를 옹립했을 때에 대하여 사바르까르는 다음과 같이 기술하고 있다.

** 아우랑제브(Aurangzeb, 1658~1707)는 무슬림 왕조인 무갈제국의 6대 왕으로, 이슬람 위주의 정책을 폄으로써 힌두를 박해했다고 평가받고 있는 왕이다. 또한 여러 힌두 왕국들과 마라타 왕국과의 정복전쟁을 치렀을 뿐만 아니라 시크교의 9대 구루 바하두르를 처형하기도 했다. 바하두르가 처형된 후 10대 구루인 고빈드 싱은 칼사단(Khalsa)을 조직하고 시크교를 군사 집단화하여 무갈제국에 저항했다.

*** 시바지(Shivaji, 1630~1680)는 남인도에 마라타 왕국을 건설한 왕이며, 억압 받던 힌두를 모아 아우랑제브에 맞서 싸운 왕이다.

델리의 황제 바하두르 샤는 세포이 지도자들 앞에서 스와라지를 위해 싸우겠다고 공개적으로 말했다. 힌두와 무슬림 지도자들은 어떤 적대 감도 없이 황제가 뜨거운 열기를 담아 하는 말을 듣고 감동을 받았다. 바하두르 샤는 아끄바르와 샤 자한 황제를 떠올리면서 '노예 상태로 있는 것보다 우리나라의 자유를 얻기 위해 죽음을 택하리라'고 마음먹었다. 그리고 세포이들을 향해 "내게 국고가 없어서 여러분은 봉급을 받을 수 없을 것이다"라고 말하자 세포이들은 "영국의 국고를 약탈하여 폐하의 발밑에 바치겠습니다!"라고 답했다. 그리고 황제가 혁명의 지도권을 수락한다고 선언하자 모여 있던 모든 사람들이 우레와 같은 박수를 보냈다.[15]

사바르까르는 여기서 아끄바르와 샤 자한*을 떠올리는 바하두르 샤를 언급한다. 사바르까르는 이렇게 사건들을 기술하면서 감동을 불러일으키거나 애국심과 인도의 영광을 떠올릴 곳에 돋보기를 들이대어 확대시킴으로써 읽는 사람들로 하여금 인도의 영광을 되찾을 의지를 불태우게 하고, 혁명의 에너지를 끌어내려 했던 것이다. 그러나 사바르까르가 1857년의 투쟁을 통해 끌어내려 했던 혁명의 에너지는 과거의 것만이 아니다. 혁명의 에너지는 그가 『1857년 인도 독립전쟁』을 쓰고 있던 현

---

* 아끄바르(Akbar, 1556~1603)는 무갈제국의 3대 왕으로 힌두와 무슬림의 융화를 위해 노력했던 왕이며, 샤 자한(Shah Jahan, 1627~1658)은 타지마할을 건설한 왕이다. 이 시기는 무갈제국의 전성기였다. 세포이 항쟁이 일어났던 1857년 무갈 제국인 바하두르 샤는 영국이 인도를 지배하고 있던 시기에 명목상의 황제였을 뿐이다. 그러므로 영광스러운 역사를 되살리고자 하는 의지를 담아 무갈제국의 황금기 황제들을 떠올리는 장면을 서술한 것으로 볼 수 있다.

재, 즉 1857년에서 50년이 지난 시점에서 되살려내야 하는 혁명의 에너지였다. 그래서 그는 마지막 파트의 제목을 '잠정적 평온'으로 설정했다.

1857년 투쟁에서 마지막 항전자였던 따띠아 또뻬(Tatia Tope)는 1858년 10월 나르마다 강을 건너 나그뿌르에 도착했다. 혁명의 불길이 거의 꺼져가던 시기에 온 세상을 놀라게 했던 또뻬는 거의 6개월 동안 쫓고 쫓기는 게릴라 전투를 벌이다가 1859년 4월 7일 체포되었으며 4월 18일 교수형을 당했다. 이 교수형의 장면을 사바르까르는 다음과 같이 기술했다.

> 따띠아 또뻬, 뻬슈와의 충신, 1857년의 영웅, 나라를 위한 순교자, 종교의 수호자, 당당하고 애정이 넘치고 관대한 따띠아 또뻬는 영국의 교수대 위에서 목숨을 잃었다! 교수대는 피로 물들었고, 온 나라는 눈물에 젖었다. 그의 잘못은 나라의 독립을 위해 수없이 많은 고난을 겪은 것뿐이다. 배반자의 이중 거래의 야비함이 그가 받은 보상이다. 그게 끝인가? 그는 죄인처럼 영국의 교수대에 매달렸다. 따띠아! 오, 따띠아! 왜 그대는 우리의 불운한 나라에 태어났는가! 왜 그대는 사악하고 어리석고 배반하는 사람들을 위해 싸웠는가! 따띠아, 그대를 위해 우리가 흘리는 눈물이 보이는가? 당신의 피에 대한 나약함의 눈물을! 너무도 하찮은! 1857년 독립전쟁의 무시무시한 호마(Homa)의 성화 속에서 이것이 최후의 완전한 제물이었다.[16]

마지막까지 영국에 대항하며 혁명의 불을 지피려 했던 또뻬의 희생을 끝으로 1857년 투쟁은 끝났다. 사바르까르는 이 혁명에 참여한 사람들이 이중적 태도를 갖고 있었던 것이 실패의 주요 요인이라고 분석했다. 즉 대부분의 지역에서 혁명이 성공할 수도 있다는 생각에서 자유의 깃발을 높이 들고자 했고 영국에 협조하지 않았는데, 그것은 혁명의 실패에 일조하고 싶지 않았기 때문이라는 것이다. 그러면서도 다른 한편으로는 만약 영국이 혁명을 진압했을 때, 영국이 자신들의 영지를 몰수할 구실을 제공하고 싶지 않았기 때문에 혁명을 실질적으로 돕기를 원하지는 않았다. 그들은 '혁명에 가담한다면 영국이 성공할 기회는 절대 없는 반면에 그들이 중립 상태에 있다면 혁명이 성공할 가능성은 훨씬 줄어든다는 것을 알지 못한 어리석은 사람들'[17]이었고, 결국 그러한 어리석음이 배반을 낳아 독립전쟁은 성공하지 못했다는 것이다. 이 대목을 읽으면서 가슴에 뜨거운 불길이 솟아오르는 것을 느끼지 못할 혁명가가 있을까. 사바르까르는 혁명의 에너지가 분출될 수 있는 곳에 돋보기를 들이대는 한편 특유의 뜨거운 글쓰기로 혁명가들에게 그 에너지를 전했던 것 같다.

1858년 4월 이후에는 더 이상 혁명의 불길이 타오르지 않았기 때문에 잠정적인 평온의 시기를 맞이했다. 그러나 이러한 잠정적 평온을 언제까지 이어갈 것인가? 이제 그 불꽃을 다시 피워야 하는 시기가 되지 않았는가? 이런 의문을 제기하고 그에 대한 적극적인 해답을 만들어가기 위해 사바르까르는 『1857년 인도 독립전쟁』을 저술한 셈이다.

사바르까르는 플라시 전투 이후 100년 동안 전개된 많은 투쟁들은 1857년의 독립 투쟁을 위한 리허설이었다고 말한다. 여러 차례의 리허설을 거쳐 이제 본격적인 무대, 즉 본 공연이 시작된 것이 1857년이었는데, 결과적으로는 1857년의 무대 역시 언젠가 다시 전개될 독립 투쟁의 완성된 무대를 위한 리허설이 되고 말았다. 1857년에 행한 리허설의 본 무대는 언제 시작될 것인가? 1857년으로부터 50년이 흐른 1907년이 되었지만 아직도 인도는 영국의 압제 아래 있으니 이제 리허설과 잠정적 평온을 깨고 본격적인 독립 투쟁의 무대를 만들어야 한다는 것이다.

사바르까르는 이렇게 혁명 정신을 고취시킬 수 있는 역사적 자료들을 추적하여 '반란' 또는 '폭동'으로 인식된 1857년의 사건을 다시 혁명을 일으킬 수 있는 생생한 에너지로 되살려냈다. 사바르까르가 찾아낸 자료들은 실상 영국인과 인도인이 그동안 1857년에 대해 기술해놓은 책들이었다.

사바르까르는 "만약 애국적인 역사가가 북인도에 가서 독립전쟁에 참여했거나 목격한 사람들의 입을 통해 자료를 수집하려 했다면 정확한 이야기를 알 수 있는 기회가 되었을 것이다. 하지만 불행하게도 그들이 전쟁에 참여한 10~20년 사이에 모두 세상을 떠났기에 불가능할 것이다.[*] 전쟁에 참여한 사람들을 만날 수 없을 것이며 그들의 행동에 대한 역사도 불완전한 채 남아 있을 수밖에 없다"[18]고 안타까움을 표했다. 즉, 구술의 역사 자료를 채집하여 당시의 상황을 정확히 기술할 수 있다면 기존의 영국의 시각으로 기술된 역사 혹은 영국의 시각을 답습한 인도 역사가들이 기술한 1857년에 대한 역사를 다시 쓸 수 있을 것이라는 것이다. 그러나 이러한 구술 자료를 접할 수 없는 상황에서 사바르까르는 새로운 사료를 찾아낸 것이 아니라 식민주의자들의 문헌을 그대로 사용하면서 그 행간을 읽어 혁명의 정신을 찾아낸 것이다. 사바르까르의 이러한

---

[*] 이 책을 기술한 시점은 1857년으로부터 50년이 지난 때였기 때문이다.

자료 읽기는 비나약 차뚜르베디(Vinayak Chaturvedi)가 말한 '결을 거슬러 읽기'*이다. 그러므로 같은 자료를 가지고 어떤 역사가는 반란이나 폭동을 보았고, 사바르까르는 혁명의 에너지를 발견할 수 있는 곳에 돋보기를 들이댔기에 '1857년의 독립전쟁'을 본 것이다.

이렇게 사바르까르가 기록된 자료들의 결을 거슬러 읽으며 자신에게 필요한 역사적 '의미'를 찾아내려 했던 것과는 달리 간디는 기록된 역사보다는 기록되지 않은 것이 역사적으로 더 중요한 의미가 있다고 보았다. 『힌두 스와라지』**에서 간디는 "역사란 자연스러운 삶의 과정이 차단되었을 때를 기록한 것이며, 영혼의 힘은 자연스러운 것이기 때문에 역사에 기록되지 않은 것"[19]이라고 보아 기록된 역사보다는 기록되지 않은 역사 속에 담긴 영혼의 힘과 사랑의 힘이 더욱 중요한 것이라고 강조했다.

『힌두 스와라지』는 독자와 편집자의 대화체 형식으로 되어 있다. 요게시 차다[20]와 파렐(Anthony J. Parel)[21]을 비롯하여 간디의 『힌두 스와라지』에 대해 언급하는 연구자들에 따르면, 간디의 『힌두 스와라지』의

---

* 사바르까르의 역사서술 방식인 결을 거슬러 읽기에 대하여는 비나약 차투르베디(2009), 「제국주의 시대의 항쟁을 기리며―V. D. 사바르카르(Savarkar)와 민족주의적 역사 쓰기」, p.115 참조.

** 간디는 1909년 7월부터 11월까지 런던에 머물렀다. 남아프리카에 있는 인도인들의 권익을 대변하기 위해 트란스발(Transvaal)의 대표단으로 런던에 간 것이다. 딩그라가 커즌 윌리를 암살한 바로 그 시기였다. 이때 간디는 인도의 독립을 위해 영국에서 활동하고 있던 인도인들을 만났다. 그리고 킬도난 캐슬호(Kildonan Castle)를 타고 남아프리카로 돌아가던 1909년 11월 13일부터 22일 사이에 구자라뜨어로 '힌두 스와라지'라는 칼럼을 써서 「인디언 오피니언」에 2회에 걸쳐 연재했다. 그리고 1910년 1월 『힌두 스와라지』 구자라뜨어본, 그리고 3월 20일에 영어본이 출간되었다.

질문자, 즉 독자는 사바르까르 혹은 사바르까르와 같이 폭력적 혁명을 주장하는 이들이다. 즉, 이들을 모델로 삼아 가상 질문을 하고 그에 대해 편집자인 간디가 답변하는 형식을 띠고 있는 것이 간디의 『힌두 스와라지』인 셈이다. 이 책에서 간디가 역사의 어떤 부분에 돋보기를 들이대고 있는가를 집중적으로 볼 수 있는 곳은 '수동적 저항'이라는 항목이다. 간디가 수동적 저항에 대한 견해를 제시했을 때, 독자는 "당신이 영혼의 힘, 진리의 힘이라 부르는 것이 역사적으로 성공한 사례가 있습니까?"라고 물었다. 이에 편집자는 역사적 증거를 이야기하자면 먼저 역사란 무엇인지를 알아야 한다고 전제하고, 다음과 같이 역사에 대해 설명했다.

구자라뜨 말로 역사란 '그것이 그렇게 일어났다'는 뜻입니다. 역사를 그런 의미로 이해한다면 증거를 풍부하게 제시할 수 있습니다. 그러나 역사를 왕과 황제의 행위로 이해한다면 그런 역사에서는 영혼의 힘이나 수동적 저항에 대한 증거는 찾을 수 없습니다. 우리가 알고 있듯이 역사는 전쟁의 기록입니다. 왕이 어떤 역할을 했고, 누구의 적이 되었으며, 다른 왕을 어떻게 죽였는가 하는 것은 역사에 정확하게 기록되어 있습니다. 이런 것이 세상에서 일어났던 일의 전부라면 세계는 오래전에 종말을 고했을 것입니다. 세계의 역사가 전쟁으로 시작되었다면 오늘날 살아 있는 사람은 한 사람도 없을 것입니다. 아직 이 세상에 수많은 사람들이 살아 있다는 것은 이 세계가 무기의 힘이 아니라 진리의 힘이나 사랑의 힘을 바탕으로 하고 있다는 것을 보여주는 것입니다. 따라서 진리의 힘이나 사랑의 힘이 성공한다는 가장 위대하면서도 결코 비난할 수 없는 증거는 세상에 갖가지 전쟁이 일어났는데도 불구하고 인간이

여전히 살아 있다는 사실에서 찾을 수 있습니다.[22]

이러한 간디의 역사에 대한 시각에 대하여 나카지마는 "간디에게 역사란 과거에 일어난 특이한 사건의 나열이 아니라, 우리가 지금 여기서 이렇게 살아가는 상황을 암묵적으로 이끌어온 바로 그것이고, 우리의 언어와 사고 양식, 전통 등 일상생활을 떠받치고 있는 것들은 바로 그 '역사'가 관습을 매개로 옮겨온 것"[23]이라고 설명했다. 그러므로 역사의 기록은 자연스러운 삶의 과정이 차단되었던 때를 기록한 것일 뿐이며, 자연스러운 삶이나 영혼의 힘은 기록되지 않은 것이므로 현재의 우리에게 의미가 있는 것은 기록된 것이 아니라 기록된 그 내면에 담겨 있는 영혼의 힘이라는 것이다.

간디식으로 설명하자면 부부가 함께 살면서 서로 사랑하고 아끼며 행복하게 살았던 것은 기록에 남지 않는다. 또한 수십 년 동안 수없이 많이 다투고 화해하기를 반복했지만 그럭저럭 잘살았다고 하면 이것 역시 기록에 남지 않는다. 그러나 부부가 다투고 끝내 이혼을 했거나 다른 한쪽에 폭행을 가했거나 해서 법정에서 시시비비를 가렸다면 이것은 기록으로 남는다. 이 세상의 상당수 부부가 첫째와 둘째 유형에 속할 것이다. 그리고 일부는 셋째 유형에 속한다. 그러나 기록에 남는 것은 셋째 유형뿐이다. 이런 기록을 바탕으로 해석하면 부부는 모두 이혼하거나 폭행을 가한다는 어이없는 결과를 도출할 수 있다는 것이다. 그래서 기록된 역사보다는 기록되지 않은 것이 더 보편성을 갖는 인류의 역사라는 것이다.

요컨대 간디와 사바르까르는 모두 기록된 그대로의 역사보다 기록의 행간 혹은 기록되지 않은 곳에서 중요한 의미를 찾아내야 한다고 생각했다. 그러나 이들이 찾아내고자 했던 '중요한 의미'는 서로 달랐다. 간디에게는 보편적 삶의 진리였고, 사바르까르에게는 혁명의 에너지였기 때문이다. 이러한 차이는 당시의 시대를 바라보는 시각과 문제 해결을 위한 방법론에 대한 인식 차이와 연계되어 있다. 그렇기 때문에 그들의 역사에 대한 인식의 차이는 당시의 주된 담론이었던 스와라지의 개념과 스와라지를 달성하는 방법론의 차이로 나타나게 된다. 우선 간디가 생각하는 스와라지에 대해 검토해보자.

일반적으로 제국주의 국가들이 세력을 확장하면서 아시아의 힘없는 나라들을 정복하여 식민지로 삼고 착취했다고 생각한다. 그런데 간디는 좀 다르게 해석했다. 간디는 기본적으로 인도가 식민지가 된 원인을 영국에서 찾기보다는 인도에서 찾아야 한다고 보았다. 동인도회사가 상업적 목적으로 인도에 왔을 때, 인도인의 협조로 그들이 세력을 확장할 수 있었고, 동인도회사를 발판으로 영국이 인도를 지배하고 계속 머물 수 있었던 것도 인도인이 협조했기 때문이라는 것이다. 『힌두 스와라지』의 '인도는 왜 식민지가 되었는가?'라는 장에서 말한 간디의 해석을 보자.

참된 인도인이라면 문제의 근원을 파고 들어가야 합니다. 과식을 해서 체했을 때 물을 탓한다고 체하는 것을 피할 수는 없을 것입니다. 병의 원인을 엄밀히 조사하는 사람이 진짜 의사입니다. 그리고 당신 스스로 인도의 병을 고칠 의사라고 생각한다면 병의 원인을 찾아내야 합니다.[24]
인도의 군주들은 서로 싸움을 벌이면서 동인도회사에 도움을 청했습니다. 동인도회사는 상업과 전쟁에 모두 정통했습니다. 그 회사는 도덕성이라는 문제 때문에 방해받지 않습니다. 그 회사의 목적은 상업 활동을 증진시켜 돈을 버는 것이었습니다. 그 회사는 우리의 도움을 받아들였고 창고를 늘려갔습니다. 창고를 지키기 위해 인도인으로 구성된 군인(세포이)을 고용했습니다. 당시 우리가 행한 일에 대해 영국인을 비난하는 것은 쓸데없는 일이 아닐까요? 힌두교도와 이슬람교도는 서로 노려보며 대립했습니다. 이런 대립도 동인도회사에게 기회를 제공했습니다. 이렇게 하여 우리는 그 회사에게 인도를 지배할 수 있는 환경을 만들어주었습니다. 따라서 인도는 영국인에 의해 식민지가 된 것이 아니라 우리 인도인 스스로 영국인에게 인도를 넘겨주었다고 하는 것이 더 정확한 표현일 것입니다.[25]

영국이 인도를 지배하고 있기 때문에 어떤 방법을 써서라도 영국을 몰아내야 한다고 생각하는 사람들이 있다. 그러나 간디는 영국 지배는 인도인들이 만들어낸 것이나 다름없기 때문에 무조건 영국을 몰아낸다고 해서 스와라지가 달성되는 것은 아니라고 보는 것이다. 그러므로 스와라지를 달성하기 위해서는 스와라지를 상실한 원인을 파악해야 하고, 그것은 영국이 인도에 왔기 때문이 아니라 '우리가 영국을 불러들인 것이나 마찬가지'이기 때문에 인도의 내부 혹은 인도인 개개인의 내면적 변화 없이는 스와라지 달성이 무의미하다고 보는 것이다. 그렇다면 간디는 어떻게 해야 스와라지를 달성할 수 있다고 본 것일까.

인도인에게 지혜가 부족했기 때문에 인도 문명은 위태로운 지경에 놓이게 되었습니다. 그러나 인도 문명은 그런 충격에도 살아남을 만한 힘이 있습니다. 더구나 인도 전체가 그런 충격에 노출된 것은 아닙니다. 서양 문명에 감염된 사람들만이 노예 상태에 빠졌습니다. (중략) 우리가 해방된다면 인도 또한 해방되리라는 것을 알 수 있습니다. 이런 생각을 바탕으로 스와라지를 정의할 수 있습니다. 우리 자신을 다스리는 것이 스와라지입니다. 따라서 그것은 우리의 손에 달려 있습니다. (중략) 물에 빠진 사람이 다른 사람을 구할 수는 없습니다. 우리 자신이 노예인 주제에 다른 사람을 해방시키겠다고 생각하는 것은 가식에 불과합니다. 그러니 영국인의 축출을 우리의 목표로 삼을 필요가 없다는 것을 알게 되었을 것입니다.[26]

요컨대 간디가 말하는 스와라지라는 것은 개개인이 노예 상태에서 해방되는 것이고, 개개인이 노예 상태에서 해방된다면 인도 역시 해방되는 것이기에 굳이 영국을 독립 투쟁의 대상으로 삼을 필요가 없다고 주장하고 있는 것이다. 식민지 국가에서 그 나라를 식민지로 삼고 있는 제국주의 국가를 몰아내는 것이 아니라 국민 한 사람 한 사람이 자주적이 되는 것이 진정한 독립이라고 주장한 유례는 역사상 찾아보기 어려울 것이다.

이처럼 스와라지 상실의 이유와 스와라지 달성의 방법을 내면에서 찾아야 한다고 본 간디와는 달리 사바르까르는 영국의 지배가 스와라지를 상실하게 했기 때문에 영국을 몰아내는 것만이 스와라지를 달성할 수 있는 길이라고 보았다. 그래서 1857년의 혁명이 일어나야 했던 이유, 나아가 그 글을 쓰고 있던 1908년의 시점에서 또다시 혁명이 일어나야 하는 당위성을 다음과 같이 서술했다.

신성한 시대에 누군가가 반란을 일으키고, 피를 흘리게 하고, 복수라는 말을 한다면 그 죄인은 자신의 행동과 말로 인해 영원히 저주받을 것이다. 모든 사람의 마음을 진리가 지배하고 있는 때, 반란은 가증스러운 죄이며, 모든 사람이 살인을 혐오할 때, 피를 흘리게 하는 것은 죄임이 분명하다. 확실한 정의의 시기에 불경스런 말을 했다는 이유로 처벌받는 것은 당연한 것이다. 그러나 그런 신성한 시대가 오지 않는 한, 고귀한 목표가 성자들의 시구와 신의 영감을 받은 예언에나 있는 한 보편적 정의를 실현 가능케 하기 위해 인간의 마음은 사악하고 공격적인 성향을 제거하는 데 써야 한다. 그러한 반란, 유혈, 복수를 순전히 죄라 할 수는 없다.[27)

요컨대 진리가 지배하고 있는 시대가 아니라면 진리의 시대로 나아가기 위해서는 진리의 세계를 뒤덮고 있는 사악한 세력을 제거하기 위해 공격적 성향을 띠는 것은 결코 죄가 아니라는 것이다. 그래서 사악한 세력인 영국을 물리치고 인도인이 지배하는 인도를 만드는 것이 사바르까르의 목표였고, 그러기 위해 '역사'에서 그 당위성을 찾아내어 부각시키려 했으며, 무력 투쟁은 불가피한 것이라고 인식했던 것이다.

우리의 정치적 독립을 되찾기 위해, 조상의 유골들의 명예를 지키기 위해, 우리 신들의 사원을 지키기 위해 우리는 칼을 들고 맹렬히 투쟁에 임해야 한다. 뿌라나(Purana)에 언급되어 있듯이, 인드라가 전쟁에 나가기 전에 희생제의 불을 들고 나타날 무적의 전차를 확보하기 위해 했던 것처럼 우리는 먼저 서둘러서 창조주와 전쟁의 신에게 빌어야 한다.[28)]

사바르까르의 주장처럼 영국을 몰아내는 것이 스와라지를 이룩하는 길이라면 칼을 들고 나가는 것이 잘못된 길이라고 말할 수는 없을 것이다. 그러나 간디는 그러한 무력 투쟁방식과 무조건 영국을 몰아내고 인도인의 지배를 확립하는 것에 대해 부정적으로 생각했다. 간디는 이탈리아의 경우를 예로 들었다. 마치니는 모든 인간이 자치의 방법을 배워야 한다고 말한 바 있지만, 이탈리아에서 이러한 자치는 아직 이루어지지 않았다는 것이다.

가리발디(Garibaldi)는 단순히 이탈리아가 오스트리아의 굴레에서 벗어나 자유로워지기를 원했습니다. 그러나 카보우르(Cavour) 수상의 음모는 이탈리아 역사를 더럽혔습니다. 그리고 그 결과는 어떠했습니까? 이탈리아인이 이탈리아를 통치하기 때문에 이탈리아 민족이 행복해졌다고 믿는다면 그것은 어둠 속을 더듬는 것과 마찬가지입니다. 마치니는 이탈리아는 해방되지 않았다고 단호하게 말했습니다. 에마누엘레 2세(Vittorio Emanuele II)에게 이탈리아의 해방이라는 의미와 마치니에게 해방이라는 의미는 다른 것이었습니다. 가리발디와 에마누엘레 2세, 카보우르에게 이탈리아는 왕과 그의 추종자를 의미하는 것이었지만 마치니에게 이탈리아는 전체 민중, 즉 농민을 의미했습니다. 마치니의 이탈리아는 여전히 노예 상태에 놓여 있습니다. 이른바 민족전쟁이라는 것도 이탈리아 민중을 인질로 삼은 채 경쟁하는 두 왕이 벌인 체

스게임이었을 뿐입니다.[29]

결국 오스트리아의 지배에서 벗어나기 위해 이탈리아의 독립 투쟁이 전개되었고 그 결과 이탈리아는 오스트리아의 지배를 벗어났지만 실질적으로 얻은 것이 무엇인가에 의문을 갖지 않을 수 없다는 것이다. 독립이라는 것이 실질적으로 이탈리아 민중에게 아무런 의미를 주지 못하는 것이라면 그 성과는 명목상의 것일 뿐이며, 전쟁을 일으켜서라도 획득해야 한다고 외친 진정한 독립과 자유를 얻었다고 보기 어렵다는 것이다. 사바르까르를 비롯한 혁명주의자들이 인도의 해방, 인도의 스와라지를 얻고자 한다고 하지만 실질적으로 영국이 물러간 다음의 인도를 생각해보면 그리 희망적이 아니란 것이다. 그러므로 진정으로 인도인의 행복을 위한 독립 투쟁인지 단지 자신들이 정권을 잡기 위한 투쟁인지 돌아보아야 하며, 인도에서 영국을 몰아낸 후에 민중이 행복해지지 않는다면 그것은 저항해야 할 또 하나의 상황을 만드는 것이므로 진정한 스와라지를 얻었다고 할 수 없다는 것이 간디의 생각이었다. 그렇기 때문에 간디는 스와라지를 위해서 민중, 즉 농민에게 돋보기를 들이댄 셈이고, 사바르까르는 스와라지를 위해서 투쟁의 중심인물, 즉 영웅들에게 돋보기를 들이댄 것이다. 따라서 간디와 사바르까르는 스와라지를 위한 수단도 달리할 수밖에 없었던 것이다. 그래서 간디는 스와라지를 위해 사뜨야그라하를 정치공간으로 끌고 들어왔고, 그 수단으로 수동적 저항을 강조했다.

수동적 저항은 개인의 고통을 통해 권리를 지키는 방법입니다 그것은 무기의 힘으로 저항하는 것과는 반대입니다. 양심이 용납하지 않는 일을 거부할 때 나는 영혼의 힘을 사용합니다. 예를 들어 현재의 정부가 내게 적용 가능한 어떤 법률로 판결을 내렸습니다. 그런데 나는 그 법률이 마음에 들지 않습니다. 만약 폭력을 사용하여 정부로 하여금 그 법률을 폐지하도록 강제한다면 그것은 육체의 힘이라고 부를 만한 힘을 쓰고 있는 것입니다. 반대로 만약 그 법에 복종하지 않으면서 기꺼이 벌을 받는다면, 그것은 영혼의 힘을 사용하는 것입니다. 거기에는 자기희생이 포함되어 있습니다.[30]

어떤 법률이 마음에 들지 않는다고 해서 우리는 입법자의 머리를 베어버리지는 않습니다. 대신에 우리는 고통을 당할지언정 그 법에 굴종하지는 않습니다. 좋은 법이든 나쁜 법이든 법을 지켜야 한다는 생각은 최근에 새롭게 유행하는 생각입니다. 옛날에는 그런 일이 없었습니다. 민중은 마음에 들지 않는 법을 무시했고, 법률 위반에 대해 형벌을 받았습니다. 양심에 어긋나는 법에 복종하는 것은 우리의 인간성에 위배되며, 종교에 위배되며, 노예 상태를 의미합니다.[31]

위와 같은 것이 간디가 주장하는 수동적 저항의 요체이다. 간디가 말하는 수동적 저항은 현상의 단절을 가져오지 않을 것이기에 역사에 기록되지 않는 형태의 저항일지도 모른다. 그래서 특별한 삶이 아니라 대중의 일반적이고 자연스러운 삶을 중시하고, 그에 기초하여 진리의 힘과 영혼의 힘 위에 개개인이 자신을 지배하게 되는 스와라지의 달성은 '역사에 유례'가 없는 독특한 것일 수도 있다. 그러나 한편으로 힌두 스와라지의 질문자가 "역사에 그런 예는 없습니다"라고 한 것에 대한 반론을 제기할 수 있는 것, 즉 '역사에 기록될 만한 독특한 것이 아닌 대중이 살아오는 방식'이었기에 역사에 기록될 필요도 없는 당위성을 갖는 방법일지도 모른다.

그런데 현실적으로 간디의 스와라지는 달성될 수 있을까? 또 사바르까르의 스와라지는 달성될 수 있을까? 간디가 말하는 스와라지 달성의 기초는 개인이다. 개인이 각기 악을 물리쳐야 하고, 그 악을 물리치는 수단으로 폭력을 사용해서는 안 되며, 자기희생을 감수하는 수동적 저항으로 개인의 스와라지가 달성될 수 있다. 그러면 개인이 물리쳐야 할 악은 무엇인가. 그것은 부당한 법일 수도 있고, 개인의 욕망을 위해 악한 편에 동조하는 것, 나아가 악에 맞서지 않고 외면하는 것 등 모든 것이 포함된다. 그러므로 한 개인의 스와라지조차 달성하기 쉽지 않다. 그런데 개개인 모두가 스와라지를 달성함에 이르러서야 사회와 국가의 스와라지 달성이 가능해지는 것이라면 그러한 스와라지의 달성이 가능하기는 한 것일까에 의문을 품지 않을 수 없다. 이에 비해 사바르까르의 스와라지는 내면을 향하는 것이 아니라 밖으로 드러난 적을 설정하고 그 적을 붕괴시킴으로써 획득 가능한 것이다. 또한 그 붕괴 방법은 자기 수양이나 진리의 힘을 빌리는 것이 아니라 동원할 수 있는 모든 수단을 사용하는 것이다. 요컨대 간디는 '나'를 대상으로 해결책을 찾아야 한다고 보는 반면에 사바르까르는 '너'를 대상으로 삼아 '너', 즉 영국을 몰아내는 것이 해결책이라고 보는 것이다. 그렇다면 단선적으로 판단했을 때, 식민지 인도에서 어떤 스와라지의 달성 가능성이 더 높은 것인지, 대중이 어떤 쪽으로 쉽게 끌릴지는 자명한 것이 아닐까.

그래서 사바르까르는 간디의 수동적 저항에 쉽게 동의하기 어려웠을 것이다. 간디는 『힌두 스와라지』의 결론 부분에서 유럽 문명의 영향을 받고 자치를 이루고자 하는 대중을 향해 "청원으로는 아무것도 얻지 못할 것입니다. 우리는 자신이 원하는 것을 획득해야 하고 이런 노력을 기울이기 위해서는 힘이 필요합니다. 그러한 힘은 다음과 같은 사람들에게서만 이용 가능한 것입니다"라고 말하고 19개 항목에 걸쳐 사뜨야그라하의 실천 항목을 나열했다. 이에 대해 독자(사바르까르 같은 사람들)는 "그건 너무 무리한 주문입니다. 언제 모든 사람이 그것을 수행할 수 있을까요?"라고 말한다. 즉, 간디 역시 자신이 주장하는 사뜨야그라하의 실천이 받아들이기 쉽지 않다는 것을 전제로 이런 질문을 넣었을지도 모른다. 아무튼 이러한 질문에 대해 간디는 "잘못 생각한 것이다. 다른 사람에게 상관할 필요가 없다. 자신의 의무만 수행하면 된다"고 전제하고 "진정한 자치(home-rule)는 자기 자신에 대한 자치(self rule, self-control)입니다. 자치를 이루기 위해서는 수동적 저항을 전개해야 합니다. 수동적 저항은 영혼의 힘이며, 사랑의 힘입니다"[32]라고 강조했다.

그러나 사바르까르는 이런 간디의 견해에 동의할 수 없었다. 사바르까르의 스와라지는 부당하게 인도를 지배하고 있는 영국을 몰아내야 달성될 수 있는 것이었다. 그러기 위해 역사적으로 압제를 몰아냈던, 혹은 몰아내려고 노력했던 영웅들을 부각시켜 그들을 통해 혁명의 에너지를 부활시켜야 했다.

스와다르마(Swadharma)의 이상과 스와라지의 이상은 모순되지 않는다. 이 둘은 수단과 목표로 연결되어 있다. 스와다르마 없는 스와라지는 하찮은 것이며, 스와라지 없는 스와다르마는 무력한 것이다. 물질적 힘인 검, 즉 스와라지는 항상 우리의 목표인 스와다르마를 위해 휘두를 준비가 되어 있어야 한다. 이러한 동양적인 생각의 경향은 역사에서 종종 발견되는 것이다. 동양에서는 모든 혁명이 종교적 형태를 띠고 있고, 나아가 동양 혁명의 역사는 종교와 관련되지 않은 것이 없으며, '다르마'라는 의미를 가진 것이었다. 인도 역사에서 항상 볼 수 있었던 스와다르마와 스와라지라는 두 개의 신조가 1857년 혁명에서도 드러났다는 것은 놀랄 만한 일이 아니다.[33]

요컨대 역사에 기록되지 않은 자연스러운 삶 속에서 진리의 에너지와 비폭력의 에너지를 찾아내고자 했던 간디는 보편적 삶을 살았던 대중에게 돋보기를 들이댄 셈이고, 사바르까르는 역사에 기록된 영웅들에게서 혁명의 에너지를 끌어내어 영국의 지배로부터 벗어나야 했기에 혁명의 에너지를 분출할 수 있는 1857년의 그날에 돋보기를 들이댈 수밖에 없었다.

3장_더하기와 나누기

영국 지배 시기의 인도에서 대립되는 개념으로 '나'와 '너'가 형성된다면 '나'는 인도이고 '너'는 영국이었을 것이다. 그러나 독립이라는 이념과 그 주체로서의 국가와 민족이라는 개념이 구체화되면서 '나'와 '너'의 개념은 좀더 다각화되기 시작했다. 이러한 개념의 다각화는 민족과 종교가 불가분의 관계에 있다고 믿는 사람들에 의해 더욱 심화되기에 이른다. 골왈까르(M. S. Golwalkar)는 1938년에 저술한 그의 책 『정의된 우리 혹은 우리의 국민성』(We or Our Nationhood Defined) 서문에서 "우리가 원하는 것은 스와라지(swaraj)이다. 여기서 우리는 swa가 의미하는 것이 무엇인지를 정의해야 한다. '우리의 왕국'(our kingdom)이라고 했을 때 누가 '우리'인가? 우리가 답하고자 하는 것은 바로 이 문제이다"[34]라고 밝히고 있다. 1920년대부터 수면 위로 떠오르기 시작한 '우리' 찾기는 1947년 분리 독립할 때까지 계속되었고, 어쩌면 그 행보는 아직 끝나지 않은 것인지도 모른다. 사바르까르와 간디가 생각하는 우리의 범주는 어떤 것이었을까. 1910년 무렵 세상에 나온 간디의 『힌두 스와라지』와 사바르까르의 『1857년 인도 독립전쟁』에서 두 사람 모두 힌두와 무슬림은 형제와 같다고 표현했다. 『힌두 스와라지』에서 간디는 "서로 다른 종교에 속한 사람들이 인도에 살고 있다고 해서 인도가 하나의 민족이 아니라고 할 수는 없습니다. 이방인이 들어온다고 해서 민족이 반드시 분열되는 것은 아니며, 이방인이 그 민족에 흡수되기도 합니다. 그렇게 흡수될 때만 그 나라는 하나의 민족을 이룹니다. 그런 나라는 반드시 서로 동화될 수 있는 능력을 지니고 있습니다. 인도는 그런 나라였습니다"[35]라는 말로 인도에서 힌두와 무슬림은 이방인이 아니라 서로 동화된 것이며, 인도는 그런 두 종교를 가진 사람을 동화시켜 어우러지게 할 능력을 가진 나라라고 보았다. 또한 "힌두교도가 인도에서는 힌두교도만 살 수 있다고 믿는다면 그들은 꿈속에서 살고 있는 것입니다. 인도를 자신의 조국으로 생각하는 힌두교도, 이슬람교도, 파시교도, 기독교도는 같은 민족이며, 자신들의 이익을 위해서라도 사이좋게 살아야 합니다. 하나의 민족성이 하나의 종교와 동일시되는 곳은 세계 어디에도 없습니다"[36]라는 말로 종교가 민족을 나누는 기준이 될 수 없음을 강조했다. 뿐만 아니라 "힌두교도와 이슬람교도가 싸우지 않을 거라는 말은 아닙니다. 함께 사는 형제도 가끔은 싸웁니다. 때로는 머리가 깨어지도록 심하게 싸우기도 합니다. 그런 싸움이 꼭 필요하지는 않지만, 모든 사람의 마음이 똑같을 수는 없는 일입니다. 사람은 화를 낼 때 어리석은 일을 많이 저지릅니다. 우리는 이런 일을 겪어내야 합니다"[37]라는 말로 힌두와 무슬림 사이에 다툼이 있다 하더라도 이것은 형제들 사이의 다툼 정도로 이해해야 한다는 생각을 드러냈다. 요컨대 힌두와 무슬림은 '나'와 '너'로 나누어진 별개의 민족 집단이 아니라 모두 '우리'에 속하는 다른 종교인일 뿐이라는 것이

『힌두 스와라지』에 드러난 간디의 생각이라 할 수 있을 것이다.

『1857년 인도 독립전쟁』에서 드러난 사바르까르의 생각도 간디의 이러한 생각과 크게 다르지 않다. 사바르까르의 초기 활동, 즉 그가 영국에 건너간 1906년부터 안다만 수용소에 구속되어 있던 시기까지 그의 주요 관심은 민족의식의 고취였다. 그래서 그는 『1857년 인도 독립전쟁』을 통해 영국과 대항할 수 있는 민족정신을 찾아내려 했다. 적어도 『1857년 인도 독립전쟁』을 통해 사바르까르가 찾아내고자 했던 것은 힌두, 무슬림, 시크 등의 종파적 대립을 넘어서서 하나의 민족으로서 영국과 대항하고자 했던 민족정신이었다. 그러한 사바르까르의 정신은 다음과 같은 서술에서 잘 드러나고 있다.

> 이슬람 지배자들이 인도왕국을 무너뜨리고 지배했지만, 힌두와 무슬림의 반감은 이제 과거의 것이 되어야 한다. 그들의 현재 관계는 지배자와 피지배자, 외래자와 토착인의 관계가 아니라 단지 종교가 다른 형제일 뿐이다. 그들은 힌두스탄 땅의 후손들이기 때문이다. 그들의 이름은 다르지만 같은 어머니의 자손이다. 그러므로 인도는 이들 둘의 어머니이며 그들은 피를 나눈 형제이다. 나나 사힙, 델리의 바하두르 샤, 아흐메드 샤(Moulvi Ahmad Shah), 바하두르 칸, 그리고 1857년의 다른 지도자들도 이렇게 느꼈다.[38]

이 5일 동안은 또 다른 이유로 힌두스탄의 역사에 기억되어야 할 것이다. 5일 동안 처음으로 힌두와 무슬림은 지배와 피지배의 라이벌이 아니라 형제로 선언되었다. 그래서 바라따마따(Bharatamata: 어머니 인도)는 그날 신성한 권한을 부여했다. "지금부터 너희들은 똑같은 형제이다.

나는 너희들 모두의 어머니이다." 인도는 그들의 조국이며 그들은 모두 형제라고 선언한 5일 동안 힌두와 무슬림은 델리에서 국가의 자유 깃발을 만장일치로 들어 올렸다. 그 위대한 날들을 힌두스탄의 역사에 영원히 기억하라![39]

이처럼 사바르까르는 '우리'라는 범주 안에 힌두와 무슬림을 포함시키고, 간디와 마찬가지로 힌두와 무슬림을 같은 어머니에게서 태어난 형제라고 외치며 영국에 대항할 민족정신을 고취시키고자 했다. 그러나 『힌두뜨와의 본질』(Essentials of Hindutva) 그리고 1937년 이후 힌두마하사바 의장 연설 등에서는 사바르까르가 '우리'의 범주에서 무슬림을 배제시키고 있음을 볼 수 있다.

1937년 12월 아흐메다바드에서 개최된 힌두마하사바 연차대회 의장 연설에서 사바르까르는 인도 독립이 의미하는 바가 무엇인가를 물으며, "독립의 진정한 의미는 단순히 인도라 불리는 땅덩어리의 지리적 독립을 의미하는 것이 아니다. 힌두에게 힌두스탄의 독립은 그들의 힌두뜨와(Hindutva),* 즉 그들의 종교적·인종적·문화적·정체성이 확보되어야 가치가 있는 것이다. 우리의 힌두뜨와 그 자체를 희생해야 얻을 수 있는 독립을 위해 죽도록 싸우는 것이 아니다"** 라고 강조하고 현재 인도에서

---

* 힌두뜨와(Hindutva)는 힌두(Hindu)와 따뜨와(Tattva)가 결합된 것이다. 따뜨와는 본질, 원리, 주의 등을 뜻하는 말이다. 그러므로 힌두뜨와는 힌두 원리, 힌두성 등으로 해석될 수 있는 말이며 때로는 힌두민족주의 혹은 힌두근본주의와 동의어로 사용되기도 한다.

** 사바르까르의 *Hindu Rashtra Darshan*은 1937년부터 1942년까지 사바르까르의 힌두마하사바 의장 연설을 담은 책이다. 이 책 전문이 Bakshi, S. R.(1993), *V. D. Savarkar*, pp.143~403에 게재되어 있다. 여기서는 이것을 자료로 활용했다. Bakshi, S. R.(1993), *V. D. Savarkar*, p.156

발생한 "불운의 진정한 원인은 다름 아닌 힌두-무슬림의 단합이라는 도깨비에 대한 힌두의 열망이라는 것을 기억해야 한다"[40]고 말했다.

사바르까르는 이 연설을 통해 영국 지배의 종식과 더불어 힌두가 힌두스탄의 중심이 되었을 때 진정한 독립을 이룰 수 있는 것이며, 힌두가 중심이 되지 못하는 상태 혹은 힌두가 무슬림에게 많은 것을 양보하면서 얻는 독립은 진정한 독립으로서의 가치를 지니지 못하는 것이라고 역설한 것이다.

그렇다면 사바르까르가 인도의 중심이 되어야 한다고 강조하는 힌두란 무엇을 의미하는 것인가. 그것은 1923년 그가 세상에 내놓은 책 『힌두뜨와의 본질』에서 찾을 수 있을 것이다.

『힌두뜨와: 누가 힌두인가?』(*Hindutva: who is a Hindu?*)라는 제목으로 재발행된 책의 편집자(S. S. Savarkar & G. M. Joshi) 서문에 의하면 사바르까르는 영국에 머물고 있던 시기부터 힌두를 어떻게 정의해야 하는가라는 문제에 관심을 가졌다고 한다. 당시 인도에서는 종파적·정치적 대표성과 관련하여 '힌두'를 어떻게 정의해야 하는가에 대한 많은 논쟁이 있었기 때문이다. 아르야 사마즈(Ārya Samāj), 브라흐모 사마즈(Brāhmo Samāj)를 비롯한 힌두와 관련되는 것으로 여겨지는 여러 주요 단체들은 정책과 이익에 따라 힌두와 비힌두의 구분을 달리하고 있었으며 시크교도, 자이나교도, 불교도 등은 때로는 힌두, 때로는 비힌두로 간주되고 있었다. 그래서 인도와 영국의 저명한 학자들은 '힌두'의 개념을 정의하고자 노력했으나 그들이 더 정확히 규정하고자 하면 할수록 혼란이 가중되어 50개가 넘는 개념이 등장했으며, 결론적으로 '힌두'라는 말은 단순히 규정될 수 없는 것이라는 결론을 내리게 되었다는 것이다.[41]

그런데 사바르까르는 이렇게 힌두라는 개념이 혼란스러워지고 정확한 정의를 내리는 데 실패하게 된 것은 힌두를 종교적 개념으로만 보고 힌두라는 말에 내포되어 있는 민족적 측면을 파악하지 못했기 때문이라고 보았다. 따라서 사바르까르는 힌두라는 개념을 규정하기 위해서는 역사적 측면에서 접근해야 하며, 베다시대 이래 힌두의 인종과 종교 그리고 통치조직이 어떻게 연계되어 있었는지를 추적함으로써 힌두라는 단어의 연원을 밝힐 수 있다고 생각했다. 이러한 그의 생각이 구체화되어 정리된 것이 『힌두뜨와의 본질』이다.

『힌두뜨와의 본질』에서 사바르까르는 먼저 힌두교(Hinduism)와 힌두뜨와는 다른 개념이라는 것을 전제한다. "힌두교와 힌두뜨와를 구별하지 못하는 것이 힌두 문명의 귀중한 자산을 공유하고 있는 자매 공동체 간에 상호 의심과 오해를 불러일으키고 있다. 힌두뜨와는 힌두교가 의미하는 것과는 다른 것이며, 힌두 인종의 모든 사상과 행위를 포용하는 것이다. 그러므로 힌두뜨와의 중요한 개념을 이해하기 위해서는 먼저 힌두라는 말의 본질적 의미를 이해하고 그것이 어떻게 발현되어왔는가를 인식해야 한다"[42]는 것이다.

그리고 사바르까르는 힌두, 힌두스탄 등의 명칭에 대한 언어적·역사적 연원을 검토했다. 그는 어떤 것에 대한 명칭은 자신이 그렇게 불리기를 바라는 것보다 다른 사람들이 그렇게 부름으로써 결정되는 성향이 강한데, "처음으로 힌두라는 단어를 선택했던 베다시대의 조상들의 바람대로 오늘날까지 온 세상이 우리를 힌두라 부르고 우리나라를 힌두스탄이라고 부르고 있다"[43]고 강조하면서 "세상 사람들이 우리의 영광스러운 초기 역사의 애정들을 상기시켜주는 단어로 우리를 부르고 있다면, 다른 모든 이름을 압도하고 살아남을 명칭인 것은 확실하다"[44]고 보고 있다. 또한 "오늘날 수많은 사람들이 역사적으로 사용되었던 명칭인 아르야와르따(Aryawarta)와 바라뜨와르샤(Bharatwarsha)의 정확한 의미를 알지는 못하지만, 힌두와 힌두스탄이 자신과 자신들의 땅에 붙여진 이름이라는 것은 알고 있을 것"[45]이라는 것이다. 그러므로 예부터 힌두와 힌두스탄은 어떤 특정 이념이나 강령에 한정된 개념이 아닌 인도인, 인도라는 나라를 의미하는 단어로 사용되어왔고 실제로 외부세계에서도 그렇게 사용하고 있는 명칭이라는 것이다. 요컨대 지금도 힌두스탄(Hindustan)을 사전에서 찾아보면 'Indostan을 의미하며 말 그대로 인더스의 땅(land of the Indus)을 가리키는 것으로 인도아대륙을 뜻한다'고 되어 있다. 이러한 사전적 의미로 본다면 힌두스탄은 인도스탄(Indostan), 즉 인디아(India)가 되는 것이다.

그렇다면 힌두스탄에 살고 있는 사람들은 모두 힌두일 수 있는가. 그렇지 않다는 것이 사바르까르의 견해이다. 구체적으로 다음과 같은 요소들을 갖추어야 힌두라고 규정할 수 있다는 것이 사바르까르의 생각이다. 첫째, 힌두스탄을 모국으로 여기며 같은 피를 가져야 한다는 것이다. 물론 그것이 순수한 단일 혈통이어야 한다는 것은 아니라고 사바르까르는 말한다. "모든 힌두는 자신의 핏줄 속에 베다시대의 조상들과 결합된 강인한 인종의 피가 흐르고 있어야 한다. 그런데 '너희들이 정말 하나의 인종이며 같은 피를 가졌다고 말할 수 있는가?'라는 트집 잡는 반대에 부딪히게 될 것을 안다. 그렇다면 나는 '당신들은 영국인종인가? 이 세상에 영국의 피, 프랑스의 피, 독일의 피, 중국의 피라고 할 수 있는 것이 있는가?'라고 반문할 것이다"[46]라고 말했다. 요컨대 인도에는 많은 인종이 있으며 그들이 모두 동질성을 갖고 있다고 할 수는 없을 것이다. 그러나 그 많은 사람들 가운데 때로는 통혼으로, 때로는 신념의 변화에 따라 그들의 카스트를 잃고 종파에서 배척되기도 하지만 그렇다고 그들이 자신의 '힌두뜨와'를 상실하는 것은 아니라는 것[47]이다. 그러므로 인더스 강에서 바다까지를 자신이 사랑하는 모국으로 여기며 조상들의 피를 이어받았다고 여기는 사람들은 힌두라고 규정할 수 있다는 것이다. 둘째로는 같은 문화를 공유해야 한다는 것이다. 힌두스탄에 면면히 내려오는 문명과 문화에 대한 애정을 갖고 있으며 공통의 언어, 관습, 민속, 의례, 역사 등으로 묶인 문화적 공유점이 있어야 한다는 것이다. 셋째로는 힌두스탄을 종교적 성소로 여기는 사람들이어야 한다는 것이다.

원래 강제로 비힌두의 종교로 개종했고, 지속적으로 힌두와 함께 공통된 조국과 문화유산을 물려받았지만, 무슬림과 기독교인은 힌두로 인식될 수 없다. 힌두스탄이 다른 힌두와 마찬가지로 그들의 조국이지만 그들에게는 성스러운 땅이 아니며, 그들에게 성스러운 땅은 아라비아와 팔레스타인에 있기 때문이다.[48]

사바르까르가 정의하고 있는 힌두의 본질적 요소는 '인도를 조국으로, 종교적 성지로 여기는 사람'이라 할 수 있을 것이다. 힌두스탄에 살면서 인종과 문화적 공유점을 갖고 있는 사람들이 힌두라면 여기에 포함되지 않을 사람이 누가 있겠는가. 그런데 힌두스탄을 그들의 종교적 성소로 여겨야 한다는 규정을 포함시키면 배제될 사람은 누구인가. 그것은 바로 외래 종교인, 즉 힌두스탄 이외의 곳을 종교적 성소로 여기는 사람들이다. 대표적으로 기독교도와 이슬람교도가 힌두에서 제외된다. 따라서 이에 근거한 사바르까르의 민족주의라는 것은 인도 전체를 하나로 묶는 민족주의가 아니라 힌두에 근거하여 무슬림과 기독교인 등을 비롯한 외래 종교를 신봉하는 자들을 배척하는 힌두민족주의라고 할 수 있다.

요컨대 『힌두뜨와의 본질』과 1937년 의장 연설을 통해 사바르까르는 '우리'의 범주에서 무슬림을 배제시킨 것이다. 1909년 무렵 영국을 몰아내는 것이 독립이며, 힌두와 무슬림은 같은 어머니에게서 태어난 형제라고 외치던 사바르까르의 생각이 이렇게 달라진 계기는 무엇이었을까. 혹자는 안다만과 라뜨나기리에서의 20여 년에 걸친 투옥과 유폐생활이 사바르까르의 사상에 근본적 변화를 가져와서 반영 혁명지사였던 사바르까르가 영국정부에 대해 순응적으로 협력하고, 인도인에게 허용된 관직을 가능한 한 힌두가 차지하는 것을 목표로 하게 되었다고 해석한다.[49] 그리고 꾸루바치라(Kuruvachira)는 이에 더 나아가 안다만에서의 힘든 구금생활 속에서 사바르까르가 영국정부에 석방을 호소했고, 그 과정에서 영국정부에 협력하여 '분리통치'의 조력자가 되어 힌두와 무슬림의 대립을 야기한 것이라고 보기도 한다.[50] 어떠한 시각으로 평가하든 구속되기 전에는 대영 투쟁의 선봉에 선 혁명가였던 사바르까르가 1921년 인도로 이감된 이후부터는 투쟁의 방향을 무슬림 쪽으로 바꾸었으며, 1937년 완전히 석방되어 힌두마하사바의 의장이 된 후에는 더욱 강하게 반무슬림 성향을 드러냈다는 사실이다. 그렇기 때문에 그의 사상적 변화가 20여 년에 걸친 수감생활과 무관하다고 할 수 없을 것이다. 그러나 그것만이 주요 요인이었다고 할 수는 없을 것이다.

인도 내에서 벌어지고 있던 힌두와 무슬림의 관계 변화 역시 사바르까르의 사상적 변화에 한 몫을 담당했을 것이기 때문이다. 즉 1909년, 1919년 그리고 1935년에 개정된 인도 통치법과 무관하지 않았을 가능성이 있다는 것이다. 인도의 통치법이 개정될 때마다 무슬림은 자신들이 힌두와 형제가 아니라 소수 종파의 보호라는 이름으로 특별대우를 받아야 하는 '별개의 집단'이라고 강조하면서 분리선거권 확대를 요구했다. 그로 인해 인도의 종파적 집단, 즉 힌두, 무슬림, 시크 등은 '우리는 누구인가?' 혹은 '누가 우리인가?'라는 자기 정체성을 확립해야 하는 상황에 직면하게 된 것이다. 또한 1800년대 말부터 시작하여 점차 확대된 슛디(shuddhi)의 확산 역시 사바르까르의 사상적 변화에 영향을 미쳤을 것이다. 외래 종교로 개종한 사람들을 인도의 종교로 재개종시키는 슛디 운동은 분리선거제로 인해 인구 비례의 중요성이 부각되면서 더욱 확대되었고, 개종의 대상이 인도에서 탄생한 종교인 시크교도에게까지 확대되면서 '힌두'의 개념 정립에 대한 필요성이 부각되었기 때문이다. 뿐만 아니라 1930년대를 전후하여 이끄발, 라흐마트 알리 등의 두 국가 이론이 급부상함으로써 힌두-무슬림 관계가 급속히 냉각되고 있었던 것과 더불어 '1935년 통치법'을 바탕으로 치러진 1937년의 지방의회 선거도 사바르까르의 독립에 대한 정의를 변화시키는 데 한 몫 했을 것이다. 이러한 시대적 배경 속에서 사바르까르는 단순히 '영국으로부터의 해방'이 아니라 힌두의 정체성을 바탕으로 한 '힌두국가'가 건설되어야 진정한 의미의 독립을 얻게 되는 것이라고 역설했던 것으로 볼 수 있을 것이다.

이와 같은 힌두와 무슬림 관계에 대한 사바르까르의 인식 변화는 광의의 '인도'라는 개념을 협의의 '힌두'로 변화시킨 결과를 낳았다. 이러한 협의의 개념을 근거로 '나'와 '너'를 나눈다면 '나(인도) : 너(영국)'라는 단

1940년 봄베이의 든얀 만디르(Dnyan Mandir)에서 개최된 슛디(힌두로 재개종하는 의식)에 참석한 사바르까르(앞에서 셋째 줄 중앙에 모자와 안경을 쓰고 있는 사람)

순 대립 구조가 '나(힌두) : 너(무슬림 + 영국)' 혹은 '나(무슬림 과 힌두)' 등으로 나뉘는 복잡한 대립 구조로 변화된다. 따라서 민족의 개념에 종교를 포함시킴으로써 '나'의 범주를 줄이고, 대립하는 '너'의 범주를 확대시키게 된 것이다. 또한 '나'의 정체성을 확립하기 위해 '너'에 해당되는 집단들을 분류하여 나누기를 계속함으로써 복합적 갈등 구조를 만들 뿐만 아니라 해방을 위해 영국과 싸우는 에너지를 분산시키는 결과를 낳았다.

간디는 이러한 에너지 분산이 인도의 분열을 낳을 것이고 그것은 인도의 비극이라고 우려했다. 간디는 스스로 힌두-무슬림 단합을 일생의 미션으로 삼았다고 말한 바 있다. 1919년과 1920년, 즉 킬라파트 운동과 비협조운동을 국민회의 강령으로 채택할 무렵의 『간디 전집』을 보면 거의 모든 페이지에 한 번 이상 '힌두-무슬림 단합을 위해'라는 표현이 등장하고 있고, 1940년대에는 기도회에서 힌두-무슬림 단합을 위해 꾸란 (Quran: 이슬람교 성전으로 Koran으로 표기하기도 함)의 구절과 힌두 성전의 구절을 함께 암송하기도 했던 것 등을 미루어보면 힌두-무슬림 단합을 위해 얼마나 많은 노력을 했는지 알 수 있다. 그렇다면 간디는 힌두-무슬림 합치기에만 영향을 미쳤고, 힌두-무슬림 나누기에는 전혀 영향을 미치지 않았다고 할 수 있을까.

힌두와 무슬림 나누기가 시작된 것은 정치와 종교가 연계되었기 때문이라고 할 수 있을 것이고, 그 중심에는 인도 민족주의 운동과 종교부흥주의가 있었다는 것은 재론의 여지가 없을 것이다. 힌두교 부흥운동이 본격화된 것은 1900년대 초부터이다. 특히 국민회의 내의 과격파였던 띨락과 오르빈도(S. Aurobindo) 등이 인도의 영광스러운 과거를 부각시키기 위해 추진했던 힌두교 부흥운동들, 즉 영어 대신 각 지방 언어 사용을 권장하고, 가네쉬(Ganesh) 축제와 쉬바지(Shivaji) 축제를 부활시키고, 두르가와 깔리 여신에 대한 숭배를 드러내고, 신성한 어머니(Bharat Mata) 개념을 도입하는 등의 운동이 힌두교의 상징성을 부각시킨 한편 종교와 정치를 연계시킴으로써 종교민족주의가 등장하는 계기를 만들었다.[51] 그러나 종교부흥주의자들만 정치와 종교를 연계시킨 것은 아니다. 간디 역시 종교와 정치를 연계시키는 데 적지 않은 역할을 했다고 평가되고 있기 때문이다.

비록 이 시기의 힌두부흥주의자들이 힌두만을 위한, 즉 힌두근본주의를 주장한 것은 아니라 할지라도 힌두민족주의는 인도의 단합을 붕괴시키고 독립을 저해할 것이라는 것이 간디의 생각이었다. 따라서 간디는 자신의 종교만큼 다른 사람들의 종교도 존중해야 한다고 역설했다. 그럼에도 불구하고 간디는 자신이 힌두라는 것을 외형적으로 짙게 드러냈으며, 결과적으로 이것이 간디 자신이 의도했든 의도하지 않았든 간디를 힌두의 상징으로 인식시키는 역할을 했다.

간디는 자신이 꿈꾸는 이상적인 사회를 '람 라즈야'(Ram Rajya)라고 표현하면서 이 용어를 인도의 독립을 뜻하는 스와라지와 동의어로 사용했다. 1921년 5월 간디는 "람 라즈야 스와라지(Ramrajya swaraj)는 다르마(dharma) 통치이며 국민에 의한 통치로서, 그러한 통치는 국민 스스로 다르마를 추구하고 용감해질 때 수립될 수 있는 것이며, 국민회의의 비협조운동이 바로 국민을 그렇게 되도록 하려는 것"[52]이라고 말했다.

람 라즈야는 종교적으로는 지상에 건설된 신의 왕국으로 번역될 수 있으나, 정치적으로는 완전한 민주주의로 번역될 수 있으며,[53] 빈부의 격차나 상하의 차별이 없는 평등과 진리가 구현된 나라를 의미하기도 한다. 그렇기 때문에 간디의 람 라즈야가 힌두왕국을 목표로 한 것이 아님은 분명하다. 그렇다 하더라도 대중은 그 말이 의미하는 깊은 뜻을 이해하기보다는 그것이 갖고 있거나 그것으로 인해 드러나는 상징성을 더 쉽게 받아들이는 경향이 있다.

2002년 2월 아요디야 람 사원 재건 문제를 둘러싸고 구자라뜨에서 힌두-무슬림이 충돌하여 700여 명의 사상자를 낸 사건이 발생했다. 이때 일부에서는 간디의 람 라즈야 사상이 당시 벌어진 혼란의 요인을 제공한 것이라고 주장하기도 했다. 이에 대해 2002년 5월 자이데브 자나(Jaydev Jana)는 "간디의 인도와 인도 국민에 대한 지식은 심오한 것이다. 그는 인도의 역사적 근원을 잘 이해하고 있었다. 그는 문맹이나 반문맹인 대중의 가슴에 닿을 말로, 자신의 이상인 스와라지를 고취시키기 위해 '람'이라는 말을 사용했다. (중략) 칼럼에서 지적한 것과는 반대로 현재 우리의 상황은 간디의 길에서 벗어났기 때문에 생겨난 것이다"[54]라고 반론을 제기했다. 자이데브 자나의 주장처럼 간디가 람 라즈야라는 말을 사용한 것은 대중에게 스와라지 개념을 쉽게 전달하기 위한 것이었다고 하더라도 람 라즈야가 힌두왕국 부활이라는 이미지로 연결될 가능성이 있었고, 일부에서는 그렇게 이해하기도 했던 것이 사실이다.

그렇기 때문에 "간디는 아힘사, 스와라지, 람 라즈야 등의 힌두교 단어와 상징들을 반복적으로 사용했으며, (중략) 간디의 이상적 국가에 대한 비전은 람 라즈야였다. (중략) 간디는 자신의 아침 기도회에서 성경, 꾸란, 우빠니샤드에서 뽑은 문구들을 인용했다. (중략) 어떤 면에서 그는 종교를 정치와 훨씬 더 성공적으로 융합시킨 인물이었다"[55]는 평을 받게 되는 것이다. 한편 간디가 힌두교 부활에 영향력을 발휘했다는 평을 받을 수밖에 없는 요인으로, 힌두 용어는 반복적으로 사용하면서도 무슬림의 용어를 구호나 상징으로 사용하는 경우는 보기 어려웠다는 점을 들 수 있을 것이다. 즉, 힌두 용어인 람 라즈야와 동의어로 이슬람교도가 사용하는 쿠다라즈야(Khudarajya)라는 용어를 사용하는 예는 찾아보기 어렵다는 것이다. 이 용어는 간디의 전집을 통틀어 1921년 6월 1일 연설문에 한 번 등장했을 뿐이다.[56]

이처럼 간디는 힌두-무슬림 합치기를 자신의 미션으로 삼았지만, 종교와 정치를 결합시키는 데 한 몫을 함으로써 나누기의 요인을 제공했음도 부정할 수 없을 것이다. 헤레디아(Rudolf C. Heredia)는 간디의 힌두교와 사바르까르의 힌두뜨와를 비교하면서 "간디는 종교를 정치로부터 분리시키지 않았다. 정치적 호전성을 종교적 커뮤니티에 적용시킨 것이 아니라, 종교적 윤리를 정치에 적용시킨 것이다. 그와는 대조적으로 사바르까르의 이데올로기는 모국(janma bhoomi)과 성스러운 땅(punya bhoomi)을 융합시킨 좁고 배타적인 것이었다"고 평가했다. 아울러 "간디는 자신을 힌두라고 표현했지만, 전통적인 힌두와 힌두부활주의자들은 간디가 지나치게 다른 집단에 관대하기 때문에 힌두라 하기에 충분하지 않다고 보았다. 동시에 많은 비힌두 근본주의자들과 민족주의자들은 간디를 심한 힌두이며 보편적이지 않다고 비판한다. 간디가 힌두와 무슬림 사이의 가교 역할에 실패한 것은 달리뜨와 다른 카스트 사이의 카스트 장벽을 깨는 데 실패한 것과 일맥상통한다"고 분석했다. 그리고 사바르까르를 비베까난다와 비교하면서 "비베까난다는 정치적 쇼비스트나 종교적 종파주의자가 아니다. 인도를 힌두화하고 힌두교를 세계화하려 했던 그의 프로젝트는 정치적 프로그램이 아닌 정신적 시도였다. 비록 그가 힌두화된 국제주의를 시도한 것처럼 보인다 해도 그것은 사바르까르의 좁고 편협한 '힌두화된 정치와 군사화된 힌두국가'라는 슬로건과는 아무런 연관이 없는 것이다"라고 주장했다.[57] 요컨대 간디는 종교를 정치화하려 하기보다는 종교의 윤리적 측면을 정치에 대입시키려 했으나 힌두와 무슬림을 합치는 가교 역할은 충분히 하지 못했으며, 사바르까르는 힌두교를 국제화하려 했던 비베까난다와는 달리 편협한 관념의 쇼비니즘적 종파주의자였다고 평가한 것이다.

간디와 사바르까르를 비교하는 경우 대부분 간디의 윤리적 순수성과 사바르까르의 편협한 근본주의를 대조시키는 경향이 있다. 그러나 차오 렌(Chao Ren)처럼 간디의 정치적 능력과 정신적 능력의 부조화를 비판하는 사람도 있다. 차오 렌은 간디가 종교를 종파와 윤리라는 두 가지

개념으로 혼용했으며, 간디가 '종교들은 같은 지점으로 모이는 다른 길'
이라고 설명했지만 이것은 당시의 대중이 그렇게 이해하고 받아들인 것
이라기보다는 그 자신의 생각일 뿐이었다고 설명한다. 또한 '모든 종교의
궁극적 목표는 모두 같은 것이고, 진리·신·다르마의 개념은 같은 것'이라
고 보았지만 이러한 믿음 역시 간디 자신의 것일 뿐 대중은 그렇게 생각
하지 않았으며, 특히 힌두와 무슬림의 유사성보다는 차이점을 드러내고
자 하는 광신자들에게는 그렇게 인식되지 않았기 때문에 결국 간디는 성
인으로서는 위대한 인물이지만 정치가로서는 비현실적인 인물이었다고
비평했다.[58]

　　차오 렌의 비판처럼 사바르까르 역시 간디가 비현실적인 사고를 가
졌다고 생각했던 것 같다. 빈두 뿌리(Bindu Puri)는 "민족주의라는 말 자
체가 편협한 것이고 종파적인 것이다. 민족주의라는 말은 다른 것과 구
분하여 특별한 민족의 권리를 주장하는 것이다. 인도에서 태어난 영국인
이 인도인이 될 수도 있다. 그렇다면 이들 앵글로 인디언(Anglo-Indians)
의 지배권이 수립된다면 그것이 힌두에게 스와라지가 될 수 있는가?"[59]
라고 반문했다. 이처럼 이미 영국에 대항하여 인도의 민족주의를 주장
하는 것, 독립을 주장하는 것 자체가 '분리'를 강조하는 것이기 때문에
사바르까르는 간디가 보편주의를 바탕으로 인도의 단합을 주장하는 것
자체가 모순되는 것이라고 생각했다는 것이다. 또한 사바르까르는 자신
의 민족을 방어하기 위해 어떤 수단도 정당화될 수 있다고 믿었는데, 그
와 같은 차원에서 힌두 민족을 방어하기 위해 사용되는 폭력을 포함한
모든 수단이 정당화될 수 있다고 믿었다는 것이다.

　　그러나 사바르까르는 자신이 정의한 '힌두' 역시 동질의 집단이 아님

을 간과하고 있었던 것 같다. 북인도의 힌두와 남인도의 힌두가 동질이라 볼 수 없으며, 힌두교 내부에도 비슈누파와 쉬바파 등의 세부적 종파가 있다. 뿐만 아니라 사바르까르가 힌두를 '인도를 모국으로, 인도를 종교적 성지로 여기는 사람'이라고 정의했기 때문에 힌두에는 시크교, 불교, 자이나교 등 인도에서 발생한 종교를 믿는 모든 사람이 포함되는 것이다. 만약 힌두의 민족성을 지키기 위해 사용되는 모든 수단이 정당화될 수 있다면, 내부의 세부 종파 특히 시크교, 불교, 자이나교 등의 인도 종교 역시 자신들의 종교적 방어를 위해 모든 수단을 동원하는 것이 정당화될 수 있음을 인식하지 못했던 것이다.

마줌다르에 따르면 간디가 무조건 무슬림을 끌어안는 정책을 폄으로써 무슬림광신주의 성장에 일조를 하고 있다고 생각한 사바르까르는 그에 저항하기 위해 『힌두뜨와』를 저술했다고 한다.[60] 사바르까르의 눈에는 간디가 현실성 없는 보편주의를 주장한 것으로 보였고, 간디의 민족주의 운동 역시 다른 민족, 즉 영국에 대한 배타성을 갖고 있는 것이라 여겨졌을 것이다. 그러나 간디는 영국 지배자와 영국인을 구분하고 있었기 때문에 간디의 민족주의 운동이 타 민족에 대한 배타성이었다고 비판하는 것은 무리가 있다. 설혹 간디의 민족주의가 영국 민족에 대한 대항적 요소가 있었다 하더라도 그것이 곧 인도에서 힌두와 무슬림을 적대적으로 보는 민족주의를 정당화하는 요인으로 응용될 수는 없다. 만약 간디가 민족을 구분했다고 한다면 그것은 가능하면 큰 단위로의 구분을 지향했다고 평가하는 것이 옳을지도 모른다. 그는 적어도 인도에 있는 모든 사람은 하나의 민족 혹은 하나의 단위로 인식하려는 노력을 했기 때문이다. 그러한 예는 그의 기도회에서도 찾아볼 수 있다. 간디가 이끄는 기도회에서는 힌두 성전의 구절뿐만 아니라 조로아스터교 경전, 꾸란 등에서 발췌한 기도문을 함께 낭송하기도 했다.[61] 물론 기도회에서 꾸란을 낭송하는 것이 종파적 갈등을 부추긴 요인이 되었고, 일부에서는 간디를 '무슬림 간디'라고 부르기도 했지만, 간디는 인도의 모든 종교와 종파를 아우르는 합치기의 에너지를 만들기 위해 노력했다. 또한 힌두와 무슬림의 상호 학살을 막기 위해 목숨을 건 단식을 하기도 했다. 인도가 독립한 후인 1947년 9월 1일 간디는 캘커타에서 단식을 시작했다. 그가 단식을 행한 곳은 무슬림인 수하르와르디(H. S. Suharwardy)의 집이었다. 그가 단식을 시작한 이유는 펀잡의 동부, 즉 인도에 속한 펀잡 지역에서 힌두와 시크가 무슬림에게 가혹행위를 하고, 파키스탄에 속한 펀잡의 서부에서는 무슬림이 힌두와 시크에게 가혹행위를 일삼았다는 소식이 전해지면서 캘커타의 힌두가 무슬림에게 폭력을 행사하여 수십 명이 사망했기 때문이다. 이러한 폭행을 막기 위해 간디가 단식을 시작한 3일 후, 캘커타는 평온을 되찾았다.

결론적으로 말하자면 간디는 늘 합치기를 시도했고, 일생 동안 힌두-무슬림 단합을 자신의 미션으로 삼았던 셈이다. 그러나 한편으로 간디 자신이 힌두임을 드러내고 종교와 정치를 연계시키는 역할을 함으로써 종파적 갈등의 요인을 제공했다는 것도 부인할 수 없을 것이다. 다양한 종교가 공존하는 곳에서 각자 자신의 종교색을 드러내면서 상대를 포용하고 이해한다는 것은 쉬운 일이 아니다. 그러므로 진정한 합치기를 위해서는 아쇼카왕*이 종파의 화합을 위해 "이유 없이 자신의 종파에 대한 존경을 표하거나 다른 종파를 헐뜯어서는 안 된다. 이렇게 하면 자신의 종파를 고양시키는 것임과 동시에 다른 사람들의 종파를 위하는 것이 된다. 그 반대로 행동하면 자신의 종파에게 해를 끼칠 뿐만 아니라 다른 종파의 박해를 가져온다"[62]고 했던 말을 되새겨볼 필요가 있지 않았을까.

영국에 대한 투쟁의 불길이 솟고 있던 시기의 사바르까르는 나누기보다 합치기의 에너지를 믿었다. 그래서 힌두와 무슬림은 같은 어머니의 자식이라는 합치기를 강조했다. 그러나 1920년대 이후 인도를 힌두국가, 즉 '인도를 모국으로 여김과 동시에 종교적 성지로 생각하는 사람들의 나라'로 만들기 위해 나누기를 강조하며 굵은 선을 그었다. 1940년 진나가 라호르선언으로 파키스탄의 분리를 강조한 이후에는 합치기의 에너지보다 나누기의 에너지가 더욱 강성해졌다. 이런 상황에서 합치기의 에너지를 되살리기 위해 애쓴 간디는 무슬림에게 양보와 양보를 거듭하는 인물로 비쳤다. 이러한 양상은 사바르까르와 극우 힌두에게 나누기의 에너지를 보강하게 하는 요인이 되기도 했다. 단합을 위한 간디의 행보를 양보로만 본 사람들은 간디가 뿜어내고 있는 양보의 에너지를 결국 암살로 제거하여 합치기의 에너지를 분쇄시켰다. 간디의 암살로 합치기의 에너지뿐만 아니라 그를 암살했던 나누기의 에너지도 한동안 힘을 잃은 듯 보였다. 그러나 이들 나누기의 에너지들은 1980년대 힌두근본주의라는 이름으로 다시 인도 정치의 전면에 등장하게 된다.

---

* 기원전 3세기 마우리아제국의 왕으로, 불교를 바탕으로 다르마 정책을 추진하면서 종파의 화합을 강조한 왕이다. 아쇼카왕이 남긴 비문(암벽비문 12장)에 그의 종파 화합에 대한 사상이 잘 드러나 있다.

4장_미래를 위한 산실: 감옥과 군대

간디와 사바르까르가 생각하는 인도의 미래, 그 미래를 위한 에너지를 만들 곳은 어디였을까. 그들의 투쟁방식이 달랐던 만큼 에너지를 만들어내야 할 곳 역시 달랐을 것이다. 그들이 생각한 혹은 실천한 에너지의 산실이 어디였는지 살펴보자.

간디가 처음으로 사뜨야그라하를 실천한 곳은 남아프리카의 요하네스버그였다. 1906년 9월 11일, 간디는 아시아인 등록법(Registrar of Asiatics) 거부를 위한 최초의 사뜨야그라하 투쟁을 전개하면서 다음과 같은 연설을 했다.

서약을 한 사람 가운데 일부 혹은 상당수가 최초의 시련 앞에서 약해질지도 모릅니다. 우리는 감옥에 가야 할 것입니다. 거기서 우리는 모욕을 당할 수도 있습니다. 우리는 굶주려야 하고 더위와 추위의 극심한 고통을 받게 될지도 모릅니다. 중노동이 부과될 수도 있습니다. 잔인한 간수들에게 채찍질을 당할지도 모릅니다. 만약 몇 명의 저항자만 남는다면 우리에게 벌금이 부과될 수도 있고, 재산이 몰수되어 경매에 부쳐질 수도 있습니다. 오늘 부유한 우리가 내일 궁핍한 사람이 될지도 모릅니다. 우리는 추방될지도 모릅니다. 감옥에서 굶주림 같은 고통을 받으면서 우리 중 일부는 병에 걸리거나 죽을 수도 있습니다. (중략) 누군가 나에게 이 투쟁이 언제 어떻게 끝날 것이냐고 묻는다면 나는 이렇게 대답할 것입니다. 만약 우리 모두가 이 시련을 견뎌낸다면 그 끝은 가까이에 있습니다. 그러나 우리 대부분이 그러한 고통으로 주저앉는다면 투쟁은 길어질 것입니다. 단언하건대 그들의 서약을 지킬 단 몇 명이라도 있다면 투쟁의 끝이 다가올 것이고 승리할 것입니다.[63]

1907년 7월 1일부터 아시아인 등록법이 시행되자 간디는 12월 14일과 21일 「인디언 오피니언」에 다음과 같은 글을 실었다.

우리는 소송을 제기하여 싸우지 않고 감옥에 감으로써 우리의 힘을 입증할 것입니다. 우리 자신의 힘만큼 효과적인 것은 없습니다. 만약 우리가 소송을 제기한다면 우리의 투쟁은 대중에게로 퍼져갈 것이고 그렇게 되면 비웃음을 사게 될 수도 있습니다. 백인들은 즉각 "감옥에 가겠다던 사람들이 어떻게 된 것이냐?"라고 말할 것입니다. 소송을 제기하는 것은 나약함을 드러내는 것입니다.[64]
만약 체포되어 벌금형에 처해진다면 벌금을 내지 말고 대신 감옥에 가야 합니다. 감옥에 가는 것(gaol-going)이 확실한 해결책입니다. (중략) 우리 가운데 수많은 사람이 투옥의 고초를 겪어야 진정한 용기를 얻게 될 것입니다.[65]

이렇게 16개월 동안 '감옥 가기' 투쟁을 전개한 후인 1908년 2월 8일, 간디는 「인디언 오피니언」에 '진리의 승리'(Triumph Of Truth)라는 제목의 글을 게재했다.

우리는 트란스발(Transvaal)의 인도인들이 완벽하게 승리했다고 믿습니다. 그들은 16개월 동안 투쟁했습니다. 모든 인도인 단체는 하나가 되었고, 남아프리카에 있는 전체 인도인이 떨쳐 일어났습니다. 그들은 감옥에 가겠다는 자신들의 맹세를 지켰습니다. 그리고 타협안은 기대 이상으로 빠르게 진행되었습니다. 투옥기간이 끝나기 전에 감옥 문이 열린다는 것은 기적과도 같은 일이었습니다.[66]

이처럼 간디의 사뜨야그라하 정신을 따르는 사람들이 기꺼이 가야 할 곳은 감옥이었고, 그들이 감옥에 가야 하는 이유는 "영국인이 아프리카에 있는 인도인을 천한 사람들로만 여겼으나 기꺼이 감옥에 들어가 갇혀 있는 200명의 인도인을 보고 나서는 자신들의 생각을 바꾸지 않을 수 없었고, 그들의 생각이 바뀌는 것을 본 인도인은 그것이 기적과도 같은 진리의 힘이라고 믿게 되었기 때문"[67]이다. 그러한 효과에 자신감을 갖게 된 간디는 "설령 우리가 등록지를 불태워버린다 해도 영국정부는 우리를 핍박할 수 없을 것입니다. 영국정부는 우리를 감옥으로 보내기를 원치 않습니다. 그럴수록 우리는 감옥에 가기를 원해야 합니다"[68]라고 역설했다.

간디는 아프리카에서 '감옥 가기'를 사뜨야그라하 실천의 주요 덕목으로 채택했을 뿐만 아니라 감옥을 '궁전'이라고 표현하기도 하고, '투옥의 기쁨'이라는 표현을 덧붙이기도 했다. 간디는 1907년 12월 31일자 「인디언 오피니언」의 요하네스버그 편지 코너에 '누가 신이 보호하는 자를 해칠 수 있는가?'(Who Can Harm Those Whom God Protects?)라는 소제목 아래 다음과 같은 내용을 실었다.

> 스뫼츠(Smuts) 장군은 인도인에게 그물을 던졌다. 오늘 아침 나이두(Naidoo), 삘라이(Pillay), 이스턴(Easton), 까르와(Karwa) 그리고 간디를 감옥 궁전(gaol-palace)에 가두었다. 그러나 그들에게 별도의 지시가 있을 때까지 법정에 출두할 필요가 없다는 내용의 전화 통보가 왔다. 그래서 지금은 그들 용감한 인도인이 투옥의 기쁨을 맛볼 수 없을 것이다. 물론 이에 대해 기뻐할 이유는 없다. 모든 인도인은 이것이 힘든 싸움이 되리라는 것을 인식해야 한다. 투옥으로부터 벗어날 수는 없다. 이것은 확실하다. 지금 체포되지 않은 사람은 나중에 체포될 것이다.[69]

요컨대 불의에 맞서는 간디의 사뜨야그라하 투쟁에 동참하는 사람은 기꺼이 고통을 감내하면서 감옥에 갈 각오를 해야 하고, 그러한 사뜨야그라히들이 머물게 되는 감옥은 단순한 감옥이 아니라 투쟁의 궁전 같은 곳이며, 그러한 궁전은 사뜨야그라하의 에너지를 생성하는 산실 같은 것이므로 투옥을 기쁜 마음으로 받아들여야 한다는 것이다.

간디의 투쟁으로 1914년 6월 30일 간디와 스뫼츠 사이에 협의안이 작성되었고, 그 문서는 인도인 구제 법안에 포함되어 연방의회에 제출되었다. 이 협의안이 남아프리카에 있는 인도인의 권리를 완전히 보장해주는 것은 아니었지만, 간디는 실질적인 성공을 거두었다고 생각했다. 간디는 인도인 사이에 영웅이 되었고, 유럽인에게는 상대하기 힘든 대상이 되었다. 총독인 글래드스턴(Herbert John Gladstone)은 "간디에게는 신비주의와 빈틈없는 지략이 묘하게 뒤섞인 면이 있습니다. 그런 태도는 일반적인 사고를 하는 사람들에게는 당혹감을 불러일으킵니다"라고 말했고 하딩(Lord Harding)의 사절이었던 로버트슨(Robertson)은 "간디는 크나큰 양심을 지닌 사람이며 매우 다루기 힘든 인물"이라고 했다. 또한 스뭐츠도 간디에게 "나는 당신들이 영국의 파업 노동자들처럼 폭력을 택하길 바랄 때가 많습니다. 그렇게만 된다면 우리는 당신들을 처리할 방법을 금방 찾게 될 것입니다. 그러나 당신들은 적에게 상처를 주려 하지 않고, 당신들 스스로 고난을 겪는 것을 통해서만 승리를 바라고 있습니다. 스스로 규정한 예절과 기사도 정신의 한계를 절대로 넘어서지 않습니다. 바로 그 점 때문에 우리가 무력해지는 것입니다"라고 말한 적이 있다.[70] 간디의 독특한 투쟁방식은 남아프리카의 인도인에게는 간디를 영웅으로 만들어주었지만 유럽인에게는 매우 당혹스러운 투쟁방식이었다고 할 수 있을 것이다. 이렇게 독특한 간디의 투쟁방식의 중심에는 '감옥 가기'가 있었고, 이후 감옥은 비폭력 진리 투쟁의 산실처럼 여겨졌다.

아프리카에서 귀국한 간디가 인도 정치계의 전면에 나서서 본격적으로 비협조운동을 전개한 것은 1920년대부터이다. 그러나 간디는 인도에서 시작한 자신의 소작쟁의 운동에서도 이미 감옥 가기를 기꺼이 감내하라고 강조한 바 있다. 케다 사뜨야그라하(Kheda Satyagraha)로 케다 지방의 소작쟁의를 지도하던 때인 1918년 4월 5일, 바다탈(Vadathal) 촌락 연설[71]에서 간디는 투쟁이 자기희생임을 강조하며 "누군가가 바다탈의 감옥에 있다면 그 감옥은 신성한 곳이 될 것입니다. 그러므로 특히 여자들은 남편이 감옥에 간다면 잔치를 열어야 할 것입니다. 강제 몰수 통지를 받더라도 우리는 우리 땅의 주인으로 남을 것입니다"라고 말하며 기꺼이 감옥에 갈 것이며, 자신의 의무를 다하기 위해 감옥에 가는 것은 오히려 잔치를 열어 환영할 일이라고 역설했다. 이로써 아프리카에서 만든 감옥 가기의 에너지는 인도에서도 만들어지기 시작했다.

간디가 전개한 비협조운동 과정에서 감옥 가기의 하이라이트가 된 것은 소금행진과 인도철퇴선언이라고 할 수 있을 것이다. 1930년 3월 12일부터 4월 6일까지 사바르마띠 아슈람에서 댄디 해변까지 행진했고, 이후 여러 지역에서 불법으로 소금을 채취하는 불복종운동을 전개했다. 마줌다르에 따르면 소금행진 이후 공식 집계로는 5만 명이 구속되었다고 하지만, 국민회의 운영위원회의 집계에 의하면 그 수는 7만 5천 명에 달했으며, 네루를 포함한 국민회의 지도부 대부분이 구속되었고, 간디가 1930년 5월 4일 구속됨으로써 나라 전체가 감옥 안에 있는 것 같았다고 한다.[72]

또한 간디가 제안한 인도철퇴선언이 발표된 다음날인 1942년 8월 9일 간디가 체포되었다. 이때에도 소금행진에 맞먹는 사람들이 체포되어 감옥에 수감되었다. 인도 철퇴운동으로 간디는 물론 국민회의 지도부의 대부분이 구속되었는데, 인도철퇴선언 다음날인 1942년 8월 9일부터 1942년 말까지 체포된 자는 6만 명, 기소된 자는 2만 6천 명, 유죄판결을 받은 사람은 1만 8천 명이었다.[73]

세계적으로 이목을 끌었던 소금행진으로 구속된 사람들은 1931년의 간디-어윈 협정으로 대부분 석방되었기 때문에 이들이 수감되어 있던 기간은 1년 정도이다. 그러나 인도철퇴선언으로 구속된 간디는

1944년 5월 6일 석방되었고, 네루는 1945년 6월 15일 석방되었다. 인도 철퇴선언으로 간디와 인도국민회의 지도부는 독립투쟁 막바지의 3년 가까운 시간을 모두 감옥에서 보냈다. 아힘사를 바탕으로 진리를 실천하는 기초가 되었던 간디의 감옥 가기는 대부분 긍정적 효과를 냈고, 인도의 강인한 자기희생 정신이 전 세계에 알려지는 계기가 되기도 했다. 그러나 인도철퇴선언으로 인한 대대적인 감옥 가기가 이전의 다른 경우처럼 투쟁의 에너지를 만들어내는 역할을 했는지에 대해서는 부정적 평가가 적지 않다. 네루는 인도와 파키스탄의 분리 독립에 관한 인터뷰에서 "사실 우리는 오랜 세월을 버티는 동안 너무 지쳤습니다. 우리 가운데 다시 감옥살이를 감당할 수 있는 사람은 거의 없습니다. 통일 인도를 지지한다면 우리는 분명히 다시 감옥에 가야 할 것입니다. 우리는 편잡에서 불길이 솟아오르는 것을 보았고, 매일같이 살육 소식을 들었습니다. 그러나 분할 계획은 우리에게 탈출구를 제공했고 우리는 그것을 붙잡았습니다. 그래도 간디님이 우리에게 그러지 말라고 했다면 우리는 계속 싸우면서 기다렸을 것입니다"[74]라고 말했다. 이처럼 결국 장기간의 수감생활은 국민회의 지도부를 육체적으로나 정신적으로 지치게 하는 결과를 가져왔고, 힘든 투쟁을 이제 멈추고 싶은 상태에서 간디도 더 이상은 감옥 가기를 고집하지 못하고 손을 든 것이다.

이처럼 간디의 감옥 가기가 만들어낸 부정적인 영향도 없지 않으나, 아힘사 정신을 바탕으로 비협조·불복종운동을 전개한 간디와 그의 지지자들이 휘두른 가장 강력한 무기는 기꺼이 감옥에 가는 정신이었다. 감옥에 가는 것과 기꺼이 고통을 감내하는 정신이 없었다면, 간디의 투쟁은 성공하기는 고사하고 시작하지도 못했을 것이다. 간디는 대중에게 고통을 감내하는 강인한 투쟁정신을 심어주었고, 간디가 이끈 투쟁은 대부분 이러한 에너지로 성공을 이끌어낸 것이다.

간디가 인도의 독립과 사뜨야그라하의 실천을 위해 '기꺼이 감옥 가기'를 강조한 것과는 달리 사바르까르는 인도인에게 기꺼이 군대에 입대하기를 강조했다. 간디가 인도 독립운동의 전면에 나선 1920년대 이후 비폭력이 독립운동의 기본 강령이 되었기 때문에 폭력의 상징인 군대 문제를 적극적으로 거론한 사람은 거의 없었다. 인도에서 군사교육의 중요성을 역설하는 데 선구적 역할을 했던 인물은 문제(B. S. Moonje)였다.[75] 그는 1935년 나시끄에서 중앙힌두군사교육협회(Central Hindu Military Education Society)를 설립하고 1937년에는 군대의 인도화와 인도의 방위를 위해 본살라 군사학교(Bhonsala Military School)를 설립했다. 이와 같이 군사 문제, 특히 당시 인도군에서 인도인 비율을 높여 인도의 자체 방어력을 갖추어야 한다고 역설했던 문제는 1923년부터 1937년까지 힌두마하사바의 의장을 지냈다. 그의 뒤를 이어 의장을 맡은 사바르까르 역시 군사력의 중요성을 강조했다.

영국 지배하에서 '국가의 힘'을 이야기할 때 인도는 나약한 민족이며 군사력이 결여된 나라로 인식되었고, 영국은 인도인을 육체적으로는 허약하고 도덕적으로는 관대하며 연약하고 남성다움이 결여되어 있다고 비난했다.[76] 이러한 이미지를 극복해야 한다고 인식한 띨락을 비롯한 지도자들은 인도의 강한 이미지를 부각시키기 위해 애국심 고취와 군사훈련의 중요성을 강조했다. 소위 급진파 혹은 폭력파로 분류되는 띨락, 문제 등은 역동적이고 강력한 인도의 이미지를 만들기 위해 무슬림과 영국 지배에 항거했던 영웅들을 부각시키고 끄샤뜨리야의 상무정신을 강조했다. 사바르까르 역시 인도의 독립과 강한 힌두의 재건을 역설했다. 1938년 12월 말에 개최된 힌두마하사바 의장 연설에서 "무슬림은 소수이지만 군대의 60%를 차지하고 있으며, 영국 지배가 붕괴되면 권력을 넘겨받아 무슬림왕국을 재건하게 될 것이다"[77]라는 우려를 표명하며 힌두의 군 입대를 강조했다. 특히 1939년 9월 제2차 세계대전이 발발하자, 사바르까르는 이 전쟁이 인도와 힌두의 군사력을 확대할 절호의 기회라고 생각했다. 그래서 1939년 힌두마하사바 의장 연설에서는 "모든 대학과 학교에서 학생들에게 군사교육을 하도록 규정해야 하고, 모든 방법을 동원하여 청년들이 해군, 공군, 육군 등의 군대에 입대할 방법을 강구해야 한다"[78]고 강조했다.

또한 전쟁이 깊어가던 1940년의 의장 연설에서는 전쟁이 가져다준 기회를 활용하여 인도의 군사력을 확충하고 산업화에 힘써야 한다고 강조했다. 사바르까르의 연설 내용에 따르면 간디주의자들이 20년 동안 군사력 증강을 도외시했기 때문에 군사력 문제에 관한 한 아무런 진척이 없었고, 그동안 무슬림은 군대와 경찰 등에서 독점적 위치를 점하게 되었다는 것이다. 이러한 상황 개선을 위해 문제를 필두로 힌두마하사바에서는 순회강연을 비롯한 다각적 노력으로 젊은이들에게 군사적 자각을 촉구해왔지만, 어떻게 그들을 모집하고 훈련할 수 있을지 적극적인 방법을 찾지 못하고 있었다는 것이다.[79] 그런데 50년 동안 애를 썼으나 찾을 수 없었던 기회가 1년 동안의 전쟁으로 인해 주어졌다는 것이 사바르까르의 생각이었다. 즉 전쟁이 발발하자 영국정부는 자신들의 필요에 의해 대규모로 군대를 증강하게 되었고, 이에 따라 힌두마하사바에서는 영국의 전쟁 대응에 적극 동참해야 한다고 결정하지 않을 수 없었다는 것이다. 영국정부가 군대를 확대하려고 하는 것은 인도를 위한 것이 아니라 자국의 방위를 위한 이기적 결정이지만, 힌두마하사바가 영국을 돕는 것 역시 영국을 위해서가 아니라 인도와 힌두를 위한 것임을 잊지 말아야 한다고 역설했다. 사바르까르는 일반적으로 영국의 이익에 반대하는 것이 인도의 이익이라는 생각 때문에 영국과 손을 잡는 것은 항복이자 반국가적이며 비애국적이라고 비난받을 만한 것이지만, 힌두마하사바의 전쟁 협조 결정은 힌두의 군사력 강화를 위한 것임을 강조하고 "지난해 육군에 1만 명의 군인이 새로 충원되었는데 기존 육군의 무슬림 비율이 75%에 육박했던 반면 새로 충원된 신병들 중 6천 명 정도가 힌두이고 무슬림은 3천 명 정도"라는 것을 상기시키면서 영국에 협조하여 인도 군인이 증가하고, 특히 힌두 군인이 증가되는 것은 상당히 고무적이라고 주장했다.

또한 힌두마하사바는 해변이 있는 꼰깐(Konkan)지역에서 많은 회합을 열어 적극적으로 군 입대를 홍보함으로써 수천 명의 힌두가 해군에 입대하겠다는 서명을 하게 되었으며, 꼰깐에 조선소와 해군기지가 구축되었음을 강조하면서 다음과 같이 말했다.

나는 여러분에게 고작 1년 동안 우리의 자원으로 그렇게 빠르게 군사화하고 산업화할 수 있었을지 묻고 싶다. 힌두마하사바, 국민회의 또는 어떤 다른 단체가 군사를 모집하고 훈련하여 50만 군대에 장비를 갖추게 할 수 있는 단체가 있었는가? 그렇게 하려 했다 해도 영국이 그렇게 하도록 내버려두었겠는가? 작년만 해도 반 다스(6개) 정도의 단체도 군사교육에 참여할 수 없었으며, 단 몇백 명이라도 군사훈련을 시킬 수 있었는가? 그런데 전쟁이 우리에게 이런 좋은 기회를 주어서 수만 명의 힌두를 육군, 해군, 공군에 보내 군인과 장교로서 훈련을 받고 최신의 장비를 갖추었다. (중략) 그런데 일부 어리석은 사람들은 그것을 영국정부와 협력하는 것이라고 하고 폭력행위라고까지 하는데, 그렇게 곡해해야 하겠는가? 그런 식으로 비난만 한다면 우리는 영원히 멍청이로 남아 있게 될 것이다.[80]

사바르까르는 제2차 세계대전이 발발하여 영국이 인도의 군사력을 강화할 필요성을 느낀 지금이야말로 인도의 군사력을 강화시킬 절호의 기회라고 믿었기 때문에 인도의 미래를 위해, 나아가 힌두의 미래를 위해 '군대 가기'를 강조한 것이다. 사바르까르의 '군대 가기' 권유는 1942년에도 계속되었다. 그는 1942년 4월 23일 '총명한 힌두 청년은 해군에 입대해야 한다'(Smart Hindu Youths Should Join The Navy)라는 제목의 연설에서 "정부 당국의 해군 충원 방침에 적극 협조하여 똑똑한 힌두 젊은이들을 보내 해군 훈련을 받도록 할 것"[81]을 요청했다. 뿐만 아니라 인도가 독립한 후인 1950년 1월에도 사바르까르는 "우리는 우리의 공화국을 내부의 혼란과 모든 외부의 침략으로부터 지켜야 한다. 그것은 오직 강력한 육·해·공군을 육성함으로써만 가능하다"라고 강조하면서 "젊은이들이 모국에 대한 애국적인 의무를 다하는 길은 국가의 군대에 입대하는 것"[83]이라고 역설했다.

한편, 기꺼이 감옥 가기와 아힘사를 강조한 간디도 한때 군 입대를 독려한 적이 있었다. 간디가 인도에 돌아왔을 즈음, 제1차 세계대전의 막바지에 영국을 위해 인도인 모병을 독려했던 것이다. 이때의 모병에 대해서는 간디의 아힘사 정신과 위배되는 것이었다는 비판을 많이 받았다. 일부에서는 간디의 모병 독려와 영국에 대한 협조가 이후 국민회의의 입지를 강화시킨 것이라고 옹호하기도 했지만, 일부에서는 간디가 아힘사를 강조하면서 자신의 필요에 따라서는 기꺼이 아힘사를 포기했다고 비판하기도 했다. 당시 간디가 어떤 동기로 모병에 임했는지를 잠시 살펴보자.

제1차 세계대전이 발발한 후 간디가 영국에 도착했을 때, 나이두 부인이 환영회를 열었다. 여기서 간디는 감사 인사로 연설을 하게 되었다. 간디는 당시까지만 해도 영국의 도움과 협조로 인도인의 지위가 개선되기를 희망하던 때였기에 "영국이 필요로 할 때 그들을 지지해주고 영국의 도움을 얻어내는 것'이 인도인의 의무라는 결론을 내리게 되었다"는 연설을 하고 의무부대를 결성해서 영국을 돕겠다고 자원했다는 것이다.[83] 또한 간디의 자서전에서도 대영제국에 협조하여 인도인의 지위를 향상시키는 것이 모병이나 참전에 동의한 이유였다는 것을 엿볼 수 있다.

나는 대영제국을 통해 나와 내 동포의 지위를 향상시키려고 했다. 나는 영국에 있을 때 영국 함대의 보호를 받았고 그 무력 밑에 실제로 몸을 숨겼으니 직접적으로 잠재적 폭력에 가담한 것이다. 그러므로 내가 만일 제국과의 관계를 유지하며 그 깃발 아래 살기를 원한다면 세 가지 중 하나를 택할 수밖에 없다. 나는 공공연히 전쟁에 반대를 선포하고 사뜨야그라하 법칙에 따라 제국이 그들의 군사 정책을 변경할 때까지 협조를 거부할 수 있다. 다른 하나는 법률에 복종하지 않고 불복종을 행함으로써 투옥당하는 길이다. 마지막 하나는 제국 편에 서서 전쟁에 참가함으로써 전쟁의 포악성에 맞설 수 있는 역량과 자격을 획득하는 것이다. 그래서 나는 전쟁에 종군하는 길밖에 없다고 생각했다.[84]

위와 같은 것을 근거로 추론해보자면 제1차 세계대전 무렵까지 간디는 영국을 신뢰하고 있었다. 그렇기 때문에 대영제국의 신민으로서 영국과의 협조는 의무라는 생각이 그 바탕에 있었을 것이다. 또한 영국의 신민으로서 영국인에게 주는 권리를 인도인에게도 달라고 강변하려면 영국인과 같이 의무를 분담하는 것이 마땅하다고 생각했던 것 같다. 이러한 것들이 1918년 4월에 간디가 모병활동을 한 동기이며, 군대나 무력투쟁에 동의한 것은 아니었다고 보는 것이 타당하지 않을까 생각한다.

그러나 로울라트 법안 반대 투쟁을 시작할 무렵부터 간디의 생각은 바뀌기 시작한다. 영국에 대한 신뢰는 줄어들었고, 영국의 신민이라는 생각에서도 벗어나기 시작했다. 그래서 1919년부터 본격적인 비협조운동을 전개했다. 그 이후부터 간디의 투쟁에는 아힘사를 바탕으로 한 비폭력·비협조운동이 확실히 자리 잡았기 때문에 군대에 대한 긍정적 견해를 밝힌 적이 없다.

개인이나 국가의 힘은 물리적인 데 있는 것이 아니라 진리의 실천력에 있다고 본 간디였기에 군대보다는 기꺼이 고통을 감내하는 감옥이야말로 인도의 미래를 밝힐 에너지의 산실이라 여겼을 것이다. 군대가 인도의 미래를 담보해주지 않는다는 간디의 생각은 독립이 다가오고 있던 1947년 7월 27일 '장교들에게 보내는 메시지'(Message To Army Officers)에서 더욱 선명하게 드러난다.

여러분은 총이나 기관총을 들고 사람과 생명을 죽이는 일에 능숙합니다. 그런 것 대신에 여러분은 낫과 쟁기로 땅을 일구고 사람들과 생명들에게 필요한 음식을 생산하는 기술을 배워야 합니다. 폭력을 버리고 비폭력에 숙달되어야 합니다. 이렇게 말하면 당신들은 내가 미쳤다고 생각할 것입니다. 그러나 샤나와즈(Shahnawaz) 대장과 지완싱(Jiwansingh) 대령이 지금 무엇을 하면서 살고 있는지 보십시오. 그들은 장교를 그만두고 공무원과 농부가 되었습니다. 이렇게 해서 그들은 더욱 힘을 가졌습니다. 그들 자신도 행복하고 다른 사람도 행복하게 만듭니다. 한 명은 무슬림인데 비하르에서 일하고 있습니다. 한 명은 편잡의 정통 시크교도임에도 불구하고 노아칼리의 무슬림과 똑같이 살고 있습니다. 이들 두 사람 이름이 기억나서 말한 것이지만, 그 외의 다른 많은 사람들이 나를 찾아옵니다. 그들은 자신들의 삶의 방식을 바꾸어 행복해졌습니다. (중략) 행복해지기 위한 올바른 방법은 비폭력, 재산을 축적하지 않는 것, 금욕, 도둑질하지 않는 것, 육체적 노동입니다. 이것은 만고의 진리입니다. 만약 우리 군대가 폭력 대신 비폭력을 채택한다면 우리 군대는 세계를 이끌게 될 것입니다.[85]

이처럼 간디는 군인들에게 이제 더 이상 군대에 있지 말고 군대를 떠나 농사를 짓고 식량을 생산하는 것으로 국민에게 봉사하라고 강조했다. 그러나 이러한 간디의 견해는 메시지에서도 밝혔듯이 '미쳤다'는 비평을 받을 수 있는 부분이다. 인도에서 영국이 떠나고, 인도와 파키스탄으로 분리 독립이 확실해진 시점에서 이제 더 이상 군대가 필요 없다고 한다면 국가의 방위문제는 어떻게 해결해야 할 것인지 우려하지 않을 수 없다. 물론 간디는 인도와 파키스탄이 분리하더라도 국방은 분리되지 않는 것이 좋다는 생각을 했다.[86] 그러나 분리된 국가가 하나의 군대에 국가의 방위를 맡긴다는 것은 결코 가능한 일이 아니다.

결국 분리 독립하는 시점에서 인도와 파키스탄은 자산과 군대를 모두 분할하기로 결정했다. 이러한 결정에 따라 식민지의 군대를 어떻게 인도와 파키스탄으로 분할할 것인가를 논의한 과정에 대한 다음과 같은 연구를 주목할 필요가 있다.

> 인도와 파키스탄으로 분립하기 직전 영국령 인도군은 46만 1,800명이었고, 무슬림 비율은 육군 30% 해군 40% 공군 20% 정도였다. 이 가운데 인도인 장교는 1만 1,800명으로 힌두가 48%인 데 비하여 무슬림 장교는 24%였다. 분할이 난제였는데 인도는 14개 기갑연대, 40개 포병연대, 21개 보병연대를 배분 받았고, 파키스탄은 6개 기갑연대, 8개 포병연대, 8개의 보병연대를 배분 받았으며, 해군과 공군도 비슷한 비율로 배분되었다. (중략) 인도는 정치적 흥정과 지연작전으로 큰 몫을 차지했다. 1947년 6월 분립조정위원회에서는 군대 병력과 함께 이동할 수 있는 비품 및 장비를 균분하도록 규정했다. 그러나 소위원회에서 분립 이전의 영령 인도군의 종파적 분포를 반영한다면서 파키스탄에 36%, 인도에 64%를 배분해야 한다고 주장했다. 이 안이 연방국방위원회에 보내졌고, 지지부진하게 토의하다가 결국 그대로 결정되고 말았다.[87]

위와 같은 군대 배분의 과정을 볼 때, 사바르까르가 제2차 세계대전 발발 이후 지속적으로 힌두의 군대 가기를 역설한 결과 군대 내의 힌두

비율이 증가함으로써 분립 조정과정에서 인도에게 훨씬 유리하게 작용한 것은 부정할 수 없을 것이다.

한편으로 '군대 가기'를 역설했던 사바르까르 역시 간디를 비롯한 국민회의의 주요 인사들만큼이나 오랜 감옥생활을 했다. 간디와 그의 지지자들은 투쟁을 전개하고, 감옥에 가고, 다시 풀려나고, 투쟁하고, 감옥에 가기를 되풀이했다. 그러나 사바르까르는 1910년부터 1924년까지 장기간 투옥되어 있었고, 1924년부터 1937년까지는 지역 연금 상태에 있었다. 물론 간디처럼 기꺼이 감옥에 가기를 신조로 삼은 것은 아니었지만 장기간의 구속생활을 한 것이다. 사바르까르는 어쩌면 감옥과 연금 상태가 가져다준 무능력 상태에 대해 깊이 인식했을지도 모른다. 국민회의 당원들과 지도부는 1942년 이후 반복되는 감옥생활에 지쳐가고 있었다. 이 시기에 무슬림연맹은 급성장한 반면 국민회의 세력은 약화되고 있었다. 결국 감옥살이에 지친 국민회의 지도부가 당면 사태의 빠른 종식을 위해 분리 독립을 받아들인 점 등으로 미루어본다면, 사바르까르가 감옥이라는 무능력 상태를 피하고자 한 것도 그리 무리는 아니다. 그렇기 때문에 영국과 다시 맞서서 구속된다면 할 수 있는 일이 아무것도 없다는 것을 인식한 사바르까르는 보다 적극적인 투쟁, 즉 영국을 이용해야 한다는 교훈을 얻었을지도 모른다. 그래서 제2차 세계대전 중에 영국 군대에 적극적으로 자원입대하여 비록 영국 군대라는 외형을 갖추고 있더라도 그 안에 인도인이 다수를 차지하게 된다면 그 군대는 언젠가 인도의 군대가 될 것이고, 그것이 궁극적으로 인도의 힘이 될 것이라고 믿었던 것 같다.

요컨대 간디와 사바르까르에게 인도의 미래를 위한 투쟁의 산실은 감옥과 군대였던 셈이다. 독립을 앞두고 장교들에게 군대를 떠나 생산적인 일에 종사하라고 강조한 간디, 인도의 국방을 위해서는 자발적으로 군대에 가야 한다고 강조한 사바르까르. 이러한 대립된 견해는 그들의 상반된 인생 여정을 여실히 드러낸 것이라 할 수 있을 것이다.

5장_비폭력주의자와 혁명주의자의 역설적 죽음

1929년 국민회의와 간디는 영국으로부터의 완전 독립을 목표로 한다고 선언했고, 1930년 1월 26일 독립 서약이 낭독되었다. 그로부터 17년하고도 반년이 훌쩍 지난 1947년 8월 15일 인도는 드디어 독립을 맞이했다. 1947년 8월 14일 밤 제헌의회(Constituent Assembly)에서 네루는 '운명과의 밀회'(A Tryst With Destiny)라는 제목의 연설을 했다.

오래전 우리는 운명과 약속을 했습니다. 그런데 이제 우리의 맹세를 이행할 순간이 다가오고 있습니다. 비록 우리가 원하던 바를 다 이룬 것은 아니지만 만족할 만한 수준입니다. 온 세상이 고요히 잠들어 있을 자정이 되면 인도는 생명과 자유로 깨어날 것입니다. 역사적으로 유례가 없는 그 순간이 오면 우리는 낡은 것에서 벗어나 새로운 것을 향한 발걸음을 내딛을 것이며, 한 시대를 마감하고 오랫동안 억눌려온 국가의 혼이 되살아날 것입니다. 이 엄숙한 순간이야말로 우리가 인도와 인도인 그리고 인류를 위해 봉사할 것을 맹세해야 하는 바로 그 순간인 것입니다.[88]

이렇게 인도는 오랫동안 억눌려온 식민지의 굴레를 벗고 독립했지만, 하나의 인도가 아닌 인도와 파키스탄이라는 두 개의 나라로 분단되는 가슴 아픈 독립을 맞이하게 되었다. 분단이라는 슬픔은 분노로 변했고, 그 분노는 종파적 폭동과 대량 살상으로 이어졌다. 간디는 분단이라는 현실도 받아들이기 어려운 데다가 그로 인해 발생하는 수많은 폭력 사태에 충격을 받지 않을 수 없었을 것이다. 그래서 간디는 독립을 앞둔 시점에서 벌어지고 있는 인도와 파키스탄 혹은 힌두와 무슬림의 종파적 갈등과 폭력이 증폭되는 것을 막기 위해 많은 노력을 했고, 분리 독립 후에도 힌두와 무슬림의 적개심을 줄이고 평화를 되찾을 길을 모색하는 노력을 멈추지 않았다.

그러나 그 운명의 날 1948년 1월 30일, 간디는 세 발의 총알을 맞고 "오, 신이시여!"라는 마지막 말을 남기고 숨을 거두었다. 평생을 비폭력과 불살생을 주장하며 진리를 신으로 삼고 살아온 간디의 생애. 그 마지막은 그렇게 폭력의 상징인 총성으로 끝났다. 500명이나 모인 기도회에서 간디에게 총을 쏜 나투람 고드세(Nathuram Godse)는 총을 쏜 후에 도망가지 않고 현장에서 체포되었다. 고드세가 힌두 극우파인 국가자원봉사단(RSS)의 조직원이었으며 힌두마하사바에서 일한 적도 있었다는 사실 때문에 고드세의 이름과 함께 사바르까르가 거론되었다. 고드세가 간디를 암살하기 전에 사바르까르의 사무실에 들렀다는 사실, 그리고 사바르까르가 고드세의 멘토였다는 사실 등 여러 정황들이 사바르까르가 암살사건에 공모자로 지목받기에 충분했다. 그러나 재판에서는 결국 무죄 선고를 받았다. 많은 연구자들의 연구 결과와 정황들을 종합하면 '심증적 유죄와 법률적 무죄' 사이에 놓여 있었다고 할 수 있을 것이다.

1948년 11월 8일 법정에서 고드세에게 자신의 견해를 밝힐 기회가 주어졌다. 고드세는 5시간 동안 서서 90페이지가 넘는 150개 문단으로 된 타이핑 원고를 낭독했다고 한다. 고드세의 변론에서 간디를 비판한 내용들은 사실 사바르까르의 간디 비판, 힌두 극우파의 간

간디 살해범으로 기소된 사람들. 앞줄 왼쪽부터 압떼, 사바르까르, 고드세, 까르까레

디 비판과 일맥상통하는 것이다. 여기서 고드세 변론의 주요 대목을 통해 그가 문제 삼은 간디의 문제점들을 검토해보자.*

고드세는 먼저 자신이 다양한 서적을 탐독했으며 그 가운데 "사바르까르와 간디의 저술들은 아주 꼼꼼히 읽었는데, 그 이유는 인도인의 사고와 행동의 틀 형성에 이 두 사람의 저술이 가장 큰 영향을 미쳤다고 생각했기 때문"[39]이라고 밝혔다. 그리고 "모든 독서와 사고를 통해 애국자이자 세계 시민으로서 힌두국가(Hindudom)와 힌두에게 봉사하는 것이 나의 첫째 의무라고 믿게 되었다. (중략) 이런 신념으로 나는 힌두 상가스탄의 이데올로기와 프로그램에 헌신했으며, 그러는 것이 나의 조국

---

* 필자는 고드세 변론이 수록되어 있는 책을 구할 수 없었다. 따라서 본서에서는 웹사이트에서 제공한 150개 문단으로 되어 있는 E-book(*Why I Assassinated Mahatma Gandhi?*)을 고드세의 변론 자료로 활용하며, 인용문에 표시한 출처 번호는 pdf 파일에 표시되어 있는 150개의 문단 번호임을 밝힌다.

힌두스탄의 국가적 독립을 이루고 지킬 수 있는 유일한 것이라고 믿게 되었고, 인도가 진정 인류에 봉사할 수 있게 하는 길이라고 믿게 되었으며, (중략) RSS와 힌두마하사바에 가담하여 활동하게 되었다"[90]고 밝혔다. 그리고 여러 사항에 대한 간디의 문제점을 지적했다.

우선 "띨락의 사망 이후 국민회의에서 간디의 영향력이 확대되었으며, 대중계몽을 위한 그의 활동은 놀랄 만한 것이었고, 진리와 비폭력이라는 슬로건은 지각 있는 사람이라면 그 누구도 반대할 사람이 없는 것이었다. 그러나 대중이 이 고상한 원칙을 그들의 일상생활에서 날마다 고수하거나 할 수 있는 능력을 갖게 된다고 생각하는 것은 꿈일 뿐"[91]이며, "역설적으로 들릴지 몰라도 간디는 진리와 비폭력이라는 이름으로 이 나라에 헤아릴 수 없이 많은 재난을 초래한 난폭한 평화주의자였다"[92]고 비판했다. 이후 고드세는 다양한 형태로 간디의 활동을 비판했다. 그 가운데 간디 암살의 직접적 요인을 밝힌 것은 다음과 같은 진술이었다.

나는 간디의 지난 32년간의 행적 때문에 점점 자극을 받아오다가 마침내 그의 마지막 친이슬람 단식이 계기가 되어 간디라는 존재를 즉시 없애야겠다고 결론을 내리게 되었습니다.[93]

고드세가 언급한 친이슬람 단식은 간디의 마지막 단식을 일컫는다. 간디는 1948년 1월 12일 기도회에서 "날마다 나를 찾아와 어떻게 해야 하느냐고 묻는 무슬림 친구들에게 들려줄 답이 없습니다. 최근 나의 무능함이 나를 괴롭혀왔습니다. 단식을 시작하면 그것은 곧 사라질 것입니다. 나는 지난 3일 동안 그것에 대해 깊이 생각했습니다. 최종적인 결정이 떠올랐고 그것이 나를 행복하게 했습니다. (중략) 단식은 내일 아침부터 시작할 것입니다. (중략) 외압 없이 의무를 자각하여 모든 종교집단의 마음이 재결합되었다고 느낄 때 단식을 끝낼 것입니다"[94]라고 밝히고 1월 13일 단식을 시작했다. 간디가 기도회에서 밝힌 단식의 이유는 힌두와 무슬림을 비롯한 종파집단의 화합을 위해서라는 것이었다. 그러나 고드세는 그렇게 보지 않았다. "간디는 인도 내의 힌두-무슬림 단합이 보증되기를 바라는 것이 단식의 이유라고 밝혔다. 그러나 나와 다른 모든 사람들은 단식을 하는 진짜 이유가 단순히 힌두-무슬림의 단합이 아니라 파키스탄에 5억 5,000만 루피를 지급하라는 것임을 쉽게 알 수 있었다"[95]고 발언했다.

5억 5,000만 루피의 지급은 인도와 파키스탄의 분리 협정(Partition Agreement)의 재정 부분 타결에 관한 것이다. 분리 협정에 따르면, 분리 이전의 현금 잔고(cash balances)는 두 국가의 상호 협정에 의해 분배될 것이라고 되어 있었으며, 권력 이양의 날 인도는 당시 현금 잔고인 37억 5,000만 루피 가운데 2억 루피를 지급했고, 11월 말 인도와 파키스탄의 대표는 5억 5,000만 루피를 파키스탄 몫으로 지급하기로 최종 합의했다.[96] 그러나 독립 직후 카슈미르 문제로 제1차 인도-파키스탄 전쟁이 발발하자 내각에서 지급 보류를 결정했다. 그런데 간디가 1월 13일 단식을 시작하자 빠뗄은 간디가 원하는 일은 무엇이든 하겠다는 의사를 밝혔다. 이때 간디는 파키스탄에 지급하기로 한 현금자산 문제를 거론했다. 간디는 지급하기로 한 약속을 어기고 전쟁을 이유로 지급 보류를 결정한 것은 부도덕한 것이라고 비난하고 빠뗄에게 현금자산을 지급하라고 강변했다. 요게시 차다에 따르면 간디는 "설사 파키스탄이 그 돈으로 카슈미르를 공격한다 해도 인도의 도덕적 의무는 반드시 이행해야 한다"[97]고 말했다고 한다. 정부에서는 간디의 이러한 요구를 받아들여 "현금자산에 관한 파키스탄과의 재정 협정을 즉각 이행하기로 결정했다. 정부가 이와 같이 결정한 것은 간디의 비폭력적이고 고귀한 노력에 의한 것이다"[98]라는 성명을 1월 16일 발표했다. 그러므로 실제로 간디가 힌두와 무슬림의 단합을 위해 단식을 시작했다고 발표했더라도 결과적으로는 힌두-무슬림 단합을 위한 단식이 아니라 파키스탄에 대한 현금자산 분할 시행을 강행시키기 위해 단식을 했다고 생각될 여지가 있다. 물론 고드세의 주장은 간디가 행한 단식의 효과 가운데 일부 단면만을 본 것이다. 1월 18일 국민회의 의장인 라젠드라 쁘라사드가 모든 종교집단의 대표들을 모아 '중앙평화위원회'를 구성하고 100명이 넘는 사람들을 이끌고 간디가 머물고 있던 비를라 하우스를 찾아와 "힌두교도, 이슬람교도, 시크교도, 그 밖의 공동체 구성원들이 델리에서 완전한 친목을 이루어 다시 형제처럼 살아가는 것이 우리의 진심어린 희망임을 밝히고자 합니다. 우리는 이슬람교도의 생명, 재산, 신앙을 보호할 것이며, 델리에서 일어났던 일들이 다시는 일어나지 않도록 하겠다고 약속합니다"라는 다짐을 했고 간디는 그 문건에 힌두교도, 이슬람교도, 시크교도, 기독교도, 유대교도 그리고 심지어는 RSS의 구성원까지 서명했다는 것을 알고 기뻐하며 단식을 끝내기로 했다. 그러므로 고드세가 주장하는 파키스탄을 위한 단식이었다는 단면만 강조할 수는 없다. 그러나 어떠한 목표를 세웠든 인도에서 종파 간의 갈등 중지를 위한다는 것은 인도 내에서 무슬림에 대한 힌두의 폭력적 위험을 종식시키려는 것이기 때문에 한편으로는 평화 회복의 노력으로 보일 것이지만, 극우 힌두에게는 무슬림을 위한 단식으로 보일 수 있었을 것이다.

또 한편으로 고드세는 간디의 독선 역시 그를 암살하게 된 이유의 하나였다고 언급했다. 간디가 남아프리카에서 훌륭한 활동을 하고 그곳 인도인의 권익을 높이는 일을 했지만, 인도에 돌아와서는 독선적 성향이 강해져서 다른 사람들의 견해를 받아들이지 않았다고 비난하면서 다음 과 같이 주장했다.

> 오직 그만이 모든 사람과 모든 사물의 재판관이었습니다. 그는 시민 불복종운동을 인도하는 우두머리였습니다. 다른 사람은 누구도 그 운동의 전술을 알 수 없었습니다. 오직 그만이 언제 시작하고 언제 물러날지를 알았습니다. 이 운동은 성공하기도 하고 실패하기도 하고 헤아릴 수 없이 많은 참사와 정치적 실패를 초래하기도 했지만, 그래도 마하트마의 무오류성은 달라지지 않았습니다. 사뜨야그라하는 결코 실패할 수 없다는 것이 자신의 무오류성을 표명하는 공식이었지만, 그 자신을 제외한 누구도 사뜨야그라하가 무엇인지 알지 못했습니다. 이렇게 해서 간디는 자신의 대의에 대한 재판장이자 배심원이 되었습니다. 이런 유치한 광기와 고집에 아주 엄격한 금욕적인 삶, 부지런함, 고상한 성격이 보태져서 간디는 저항할 수 없는 엄청난 존재가 되었습니다.[99]

사실 간디가 독선적이었고, 그의 뜻에 따르지 않으면 국민회의에서 물러나겠다거나 단식을 하겠다며 고상하게 '협박'한 것을 부정할 수는 없다. 그리고 간디의 완고함이 국민회의 지도부를 압박했던 것 역시 부정할 수 없는 부분이기도 하다. "간디의 내면에 일종의 완고함이 생겨났으며, 이전과 같은 포용력도 그리 보이지 않게 되었음을 알고 있었다. 그러나 과거에 걸어둔 마법의 주문은 아직도 유효하고, 과거의 매력 역시 톡톡히 한 몫을 해내고 있으며, 그의 인격과 위대함은 다른 사람들을 제압하고 있다"[100]는 네루의 말처럼 말이다.

그러나 힌두와 무슬림의 우호적 관계수립을 위한 간디의 노력을 친무슬림이라거나 무슬림 간디로 몰아붙이는 것은 편협한 시각일 것이다. 그럼에도 불구하고 간디는 극우 힌두뿐만 아니라 일반인이 보기에도 무리한 행보를 한 것은 사실이다. 특히 인도와 파키스탄의 분리 독립이 확실해질 무렵 그리고 분리 독립한 이후 간디에게는 파키스탄이나 무슬림이 한 집에 살고 있는 형제가 아니라 마치 작고 초라한 집으로 딴 살림을 차려 나간 이복동생을 보는 것 같은 안타까운 모습으로 다가왔는지도 모른다.

형제 가운데 하나는 잘나고 하나는 조금 못난 상황일 때, 잘난 형만 두둔하고 자랑스러워하면 못난 동생은 열등감으로 비뚤어진 심성을 갖고 성장하게 될 것이다. 그러나 부족해 보이는 동생만 감싸려 들면 잘난 형 역시 동생에 대한 증오심을 갖고 자라게 된다. 마찬가지로 간디에게 인도의 무슬림이 아무리 안타까운 모습으로 느껴졌다 하더라도 지나치게 무슬림을 위한 노력만 일삼으면 힌두의 반발을 살 수밖에 없을 것이다.

독립을 전후한 시기에 힌두-무슬림 갈등을 완화시키려 노력했던 간디의 모습을 잠시 살펴보자. 1946년 11월 10일 서벵골의 다따빠라 (Dattapara)에서 열린 기도회[101]에서 간디는 자신이 힌두와 무슬림 모두를 위해 일하고 있다는 것을 밝히며, 인도의 분할이 결정된다면 그것은 자신이 막을 수 없지만, 무슬림이 하나의 나라에서 함께 살건 두 개의 나라에서 나뉘어 살건 그들은 늘 힌두와 친구로 살아야 하며, 그렇지 못한 다면 간디 자신이 패배했음을 인정하지 않을 수 없다고 말했다. 또한 피난민 문제에 대해 동벵골에서 모든 힌두가 도망친다 해도 자신은 동벵골에 남을 것이라고 강조하면서 1,000명의 힌두가 100명의 무슬림을 포위하거나 1,000명의 무슬림이 100명의 힌두를 포위하고 억압하는 것은 용기가 아니라 겁먹은 행동일 뿐이라고 강조했다. 힌두와 무슬림은 친구나 협조자로 함께 살 수 없다고 말하지만, 그런 상황이라면 힌두는 모두 동벵골을 떠나야 할 것이고 그렇게 되는 것은 힌두와 무슬림 모두 부끄러워해야 할 일이라는 것이다. 그러므로 힌두가 그대로 머물고자 한다면, 자신들의 보호를 위해 군대로 달려가기보다는 무슬림 형제에게 달려갈 수 있게 해야 한다고 강조했다.

힌두와 무슬림이 분리 독립을 하든 그렇지 않든 형제로서 함께 살아가야 한다고 이렇게 수시로 강조하던 간디는 1947년 4월부터 기도문에 꾸란의 구절을 포함시켰다. 간디가 예라브다 감옥에 수감되어 있던 1932년 5월부터 7월 11일 사이에 쓴 글인 '사뜨야그라하의 역사'(History Of The Satyagraha Ashram)[102]에서는 아슈람에서의 기도 때 낭송되는 것들에 대해 다음과 같이 설명하고 있다.

우리는 아침 기도에서 아슈람 바자나발리(Ashram Bhajanavali: 찬송집)에 인쇄된 슐로까(운문 구절)를 낭송하고, 바잔(bhajan: 찬가) 하나를 부르고, 그런 다음 람둔(Ramdhun: 람신의 이름을 반복하는 것)을 하고, 기따빠트(Gitapath: 바가바드 기따의 낭송)를 한다. 저녁에는 바가바드 기따 제2장의 마지막 17개 슐로까를 낭송하고, 바잔 하나를 부르고,

람둔을 하며, 신성한 경전의 일정 부분을 읽는다.

이들 운문의 낭송은 시간을 절약하자는 이유, 그리고 힌두가 아닌 사람이나 진리를 따르는 자들이 낭송하기 어렵다는 이유로 종종 반대에 부딪혔다. 이 운문들이 힌두사회에서만 낭송된다는 것은 의심할 여지가 없다. 그러나 왜 힌두가 아닌 사람이 그런 낭송에 함께하거나 참여할 수 없는지 이해할 수 없다. 이 운문 낭송을 들은 무슬림이나 기독교인 친구들은 어떤 반대도 하지 않았다. 사실 다른 사람의 신앙을 자신의 것처럼 존중하는 사람에게 그러한 운문들은 어떤 불편도 불러일으키지 않는다. 아슈람에 힌두가 압도적으로 많기 때문에 운문을 힌두의 성전에서 선택할 수밖에 없었다. 비힌두 문헌에 찬송하거나 낭송할 것이 없다는 것은 아니다. 사실, 이맘(Imam: 이슬람교 성직자)이 꾸란의 구절을 낭송할 때도 있었다. 무슬림이나 기독교의 찬송가를 노래하기도 한다.[103]

위에 인용한 규정을 근거로 볼 때, 1932년 당시 아침과 저녁의 기도 시간에 낭송되던 운문들은 대부분 힌두 경전에서 가져온 것들이었다고 볼 수 있다. 그런데 1946년 11월 28일 슈리람뿌르(Srirampur)에서 행한 연설[104]에서 간디는 그 당시의 형태로 기도문이 만들어지게 된 연원에 대해 "뜨라방코르(Travancore)에서 하리잔 투어를 할 때(1934년 1월) 여기에 이샤 우빠니샤드(Isha Upanishad)의 한 구절을 포함시켰으며, 음악적 재능을 가진 띠야브제(Raihana Tyabjee)가 꾸란의 한 구절을 넣자고 제안하여 포함시켰으며, (간디의) 아내 까스뜨루바이(Kasturbai)의 장례식(1944년 2월) 때 길더(Dr. Gilder)가 조로아스터 경전 구절을 읊었는데 이것도 이후 기도문에 포함되었다'라고 밝히며 이러한 형태를 갖춘 기도문은 어느 단일 커뮤니티나 종교에 귀속된다고 할 수 없는 보편적 기도문이고, 어떤 교파에 속하는 사람이건 이 기도문을 공유하는 데 주저할 사람은 아무도 없을 것이라고 역설했다. 그러므로 1932년 기도문은 주로 힌두 경전의 구절로 이루어져 있었지만, 그 이후 꾸란의 구절과 조로아스터교 경전의 구절이 포함되어 1946년 당시에는 초종교적 성격을 띤 기도문을 낭송하고 있다는 것을 밝힌 셈이다. 그런데 간디의 아슈람이 아닌 대중이 모이는 기도회에서 간디는 물론 기도회에 참석한 모든 사람이 꾸란을 낭송하는 것은 문제가 있는 것이었다. 대중적 기도회에서 꾸란을 낭송하게 함으로써 소란이 빚어졌다는 기록은 1947년 4월 이후부터 자주 등장한다.

1947년 4월 1일 뉴델리의 기도회에서 마누 간디(간디의 조카딸)가 꾸란의 구절을 낭송하자마자 한 젊은이가 간디가 앉아 있던 단상으로 뛰어올라가서 "당신은 여기서 나가시오. 여기는 무슬림 기도를 허용하지 않는 힌두 사원입니다. 당신은 우리에게 이런 것을 반복해서 말해왔지만 우리의 어머니와 자매들은 계속 살해되었습니다. 우리는 더 이상 참을 수 없습니다"라고 외쳤다. 그러자 간디는 "가고 싶으면 당신이 나가시오. 당신이 그렇게 기도하고 싶지 않더라도 다른 사람은 기도하게 두시오. 이곳은 당신 소유가 아닙니다. 이것은 옳은 방법이 아닙니다"[105]라고 말했다고 한다. 다음날의 기도회에서 간디는 이런 소동을 일으켜 기도를 방해할 사람이 있다면 기도회를 하지 않겠다고 미리 예고하자, 두 명이 일어나서 "당신이 기도를 하고 싶다면 기도하는 사람들을 데리고 힌두 사원 밖으로 나가시오"[106]라고 외쳤다고 한다.

이런 소동은 1947년 4월 이후 간디가 주관하는 기도회에서 꾸란이 낭송될 때마다 벌어졌다. 1947년 6월 7일 간디는 부적절한 방법으로 기도를 방해하는 것은 모욕이라고 말하고, "나는 기도를 멈추지 않고 계속할 것이다. 그러나 여기저기에서 날마다 불평을 접하게 된다. 그것이 나를 매우 고통스럽게 한다"[107]고 토로했다.

간디의 기도회에서 꾸란 구절을 낭송하여 소동이 벌어지던 시기는 분리 독립이 확실시되어가던 시점이었다. 그러니 인도와 파키스탄의 분리 독립이라는 가슴 아픈 현실을 막는 것은 역부족이라고 하더라도 분리 독립 후에 형제애를 갖고 화합을 이룰 수 있도록 하고 싶다는 열망과 필요성은 어느 때보다 강한 시기였을 것이다. 그러나 이러한 간디의 노력은 별로 큰 효력을 발휘하지는 못했다. 그래서 "인도는 마침내 마하트마가 평생 쟁취하고자 했던 자유와 독립을 얻게 되었습니다. 그런데 이 시점에서 인도가 더 이상 마하트마의 길을 따르지 않는다는 사실을 어떻게 보십니까?"라는 스웨덴 기자 바르브로 알빙(Barbro Alving)의 질문에 대해 간디는 "마담, 마담의 신문에 인도는 한 번도 내 길을 따른 적이 없다고 써도 좋습니다"[108]라고 답했다. 또한 이러한 실망감으로 간디는 독립 기념식에 참석하지 않고 캘커타에서 단식과 물레질 그리고 기도로 역사적인 날을 보냈다.

간디는 독립 후에도 힌두와 무슬림의 단합과 폭력 사태를 막기 위해 혼신의 힘을 다했지만, 결국 "오, 신이시여!"라는 마지막 말을 남긴 채 세상을 떠났다. 물론 간디의 죽음은 고드세라는 극우 힌두교도에 의한 암살로 일어난 일이다. 그러나 난디(Ashis Nandy)[109]는 "간디의 죽음에 대한 책임은 고드세에게 있는 것이 아니라 증오의 정치라는 상황을 제공한 엘리트들에게 있다"고 말했으며, "간디를 죽인 사람이 어디 고드세뿐이겠는가?"라고 말하는 사람들도 있다. 또한 헤레디아[110]가 말한 것처럼 그 당시 상층 카스트의 힌두 엘리트들은 간디의 행보에 위기감을 느낀 나머지 간디의 행위에 대해 극렬한 반대를 표명하기도 했다. 그러므로 대립과 증오를 낳는 데 일조한 엘리트들 그리고 독립 후 간디가 걸림돌이 되고 있다고 여기던 정치인들 역시 간디를 직접 죽인 것은 아니라 해도 간디를 죽음으로 몰아 넣은 방관자였다고 볼 수 있을 것이다.

그러나 한편으로 생각해보면 자신을 죽음으로 내몬 가장 큰 책임은 간디에게 있는 것은 아닐까. 브라만의 반발에도 불구하고 힌두 사원에서 개최된 기도회에서 꾸란을 암송하게 한 것은 힌두와 무슬림의 대립을 막고, 인도를 종파적으로 분열시키지 않으려는 간디의 필사적인 노력이었을 것이다. 그러나 상식적으로는 이해하기 힘든 행보가 아닐 수 없다. 우리나라의 절에서 주기도문을 낭송하고 나서 불교 집회를 한다면 받아들일 사람이 있을까? 교회에서 반야심경을 독송하고 나서 기도를 시작하자고 하면 받아들일 사람이 있을까? 두 종교집단이 모여서 특별한 이벤트로 하는 것은 가능하지만, 날마다 그렇게 하며 소동을 벌이는 것이 과연 종교 갈등을 해소하는 방안이 될 수 있을지 생각해보지 않을 수 없다. 아마도 전 세계를 통틀어 이렇게 할 수 있는 사람도 간디뿐이었을 것이다. 그러나 결과적으로 힌두를 자극하여 마침내는 자신을 향해 총을 쏘게 하는 사태를 불러온 것은 아닐까라는 생각도 해볼 수 있다.

간디의 암살에 사바르까르는 직접적인 공모자였는가? 이 문제는 많은 검토 끝에 무죄로 판결이 났다. 간디 암살 재판에서 사바르까르는 자신을 변호하기 위해 52페이지에 달하는 진술을 했다. 이 진술에서 사바르까르는 자신에게 혐의가 있다고 주장되는 것들에 대해 모든 법률적 지식을 동원하여 자신과는 전혀 무관한 것임을 입증했다. 비록 사바르까르가 고드세를 비롯한 많은 힌두의 마음을 전투적으로 만들고, 간디와 국민회의를 강력하게 반대했다는 것에 대해서는 뚜렷한 증거가 있다고 해도 그것은 정황의 심증적 증거가 될 수 있을 뿐 간디를 죽이는 일에 직접적으로 관여했다는 법률적 증거가 되지는 못했다. 그래서 재판관은 다음과 같은 평결을 했다.

사바르까르는 자신의 변론에서 공모에 연관되지 않았으며, 고드세나 압떼에게 어떠한 압력도 가하지 않았다고 주장했다. 이미 언급한 바와 같이 사바르까르에 대한 기소는 고발자의 증거와 고발자에게 달려 있다. 하지만 사바르까르에 대한 고발자의 증거는 불충분하다. 그러므로 사바르까르는 1948년 1월 20일과 1948년 1월 30일 델리에서 발생한 사건에 어떤 관련이 있다고 평결할 이유가 없다.[111]

직접적으로 고드세에게 총을 쥐어주었다거나 간디를 쏘라고 명령했다는 증거가 없기 때문에 1948년 2월 5일 구속된 사바르까르는 1949년 2월 10일 무죄 방면되었다. 하지만 사바르까르가 무죄 방면된 후에도 사바르까르가 간디 암살과 무관하지 않다고 보는 사람들이 많았다. 경찰 감찰감을 지내고 퇴직한 나가르발라는 "나는 죽는 날까지 사바르까르가 간디의 암살을 공모한 사람이라고 믿을 것"[112]이라고 주장하기도 했다.

어쨌든 간디의 사망을 알리는 1월 30일 라디오 방송에서 "동포 여러분, 우리 삶에서 빛이 사라졌습니다. 사방에 어둠뿐입니다. 나는 여러분에게 무슨 말을 할지, 어떻게 말을 해야 할지 모르겠습니다. 우리가 사랑하는 지도자, 우리가 바푸라고 부르던 분, 우리나라의 아버지는 이제 더 이상 계시지 않습니다"[113]라고 네루가 말한 것처럼 인도의 빛이었고, 비폭력을 평생의 강령으로 삼고 살던 간디는 총소리와 함께 영면에 들었다. 그리고 간디를 살해한 고드세와 압떼 역시 1949년 11월 15일 교수형에 처해짐으로써 비폭력을 주장한 간디의 삶의 마지막 장면은 폭력으로 얼룩지고 말았다.

사바르까르는 무죄로 석방되었지만 이후 그의 정치적 활동은 거의 중단되었다. 간디 암살 이후 사바르까르의 활동을 간단히 살펴보기로 하자.

힌두마하사바는 간디가 암살된 후인 1948년 2월 정치활동이 중지되었다. 게다가 힌두마하사바의 핵심 지도자였던 빠라마난다(Bhai Parmananda)가 1947년 12월 8일, 문제가 1948년 3월 4일 세상을 떠났기 때문에 사실상 힌두마하사바를 이끌 지도자가 없는 상태였다. 이러한 상황에서 사바르까르가 석방되어 1949년 12월 21일 캘커타에서 개최된 힌두마하사바 연차대회에 참석하자 자신들을 이끌 지도자가 돌아왔음을 환영하며 "사바르까르 만세!"를 외치는 사람들도 있었다. 여기서 사바르까르는 "독립은 우리의 승리이며 영국이 준 정치적 선물이 아니다. 독립은 국민회의만으로 이룩한 것도, 혁명가들의 힘만으로 이루어진 것도 아니다. 1857년부터 1947년까지 국내외에서 수천의 애국자들의 투쟁과 희생 그리고 고통의 합작으로 이루어낸 것이다"[114]라고 강조했다. 또한 파키스탄이 인도를 대하는 태도에 상응하는 정책을 취해야 한다는 것을 강조하고, "먼저 우리의 지위를 공고히 하는 것이 우리 국민의 의무이다.

그러면 10년 안에 찢어진 영토를 회복할 수 있을 것이다"라고 말했다. 사바르까르의 연설은 파키스탄에 대해 '이에는 이'로 대응해야 함을 주장한 것이고, 나아가 분단된 조국을 통일할 수 있도록 모든 노력을 아끼지 않아야 한다고 강조한 것이다.

분리 독립한 인도와 파키스탄 쌍방의 종파적 충돌은 그치지 않았고, 충돌과 살상의 비극이 이어졌다. 1950년 3월 동벵골에서 소요가 발생한 후 쌍방 국가의 소수집단 보호 문제를 해결하기 위해 1950년 4월 인도의 수상 네루와 파키스탄의 수상 리아깟 알리(Liaqat Ali)가 회담을 개최하여 1950년 4월 8일 네루-리아깟 알리 협정(Nehru-Liaqat Ali Pact)이 체결되었다. 이 회담의 안전한 개최를 위해 인도정부는 예방구류법(Preventive Detention Act)에 근거하여 1950년 4월 4일 힌두마하사바의 지도자들, RSS의 지도자들 그리고 사바르까르를 구속했다. 이러한 예방 구류에 대해 언론에서는 "힌두마하사바와 RSS 지도자들을 구속한 것은 네루가 파키스탄을 달래기 위한 것임과 동시에 인도의 독립성과 고결성을 위협하는 것"[115]이라고 비판했다. 리아깟 알리 수상이 까라치 의회에서 1950년 3월 발생한 벵골사태는 힌두마하사바의 선전 때문에 발생한 것이라고 비난한 바 있기 때문에 4월에 회담을 개최하면서 파키스탄을 달래기 위해 사바르까르와 힌두마하사바 지도자들을 구속했을 것이라는 것이다.

어쨌든 파키스탄과의 협상을 위해 사바르까르를 구속했던 정부는 일체의 정치활동을 하지 않고 봄베이의 집에만 머물러야 한다는 조건을 붙여 1950년 7월 13일 사바르까르를 석방했다. 이후 사바르까르는 정치활동 대신 사회 문제로 시선을 돌렸다. 그리고 1951년 7월 정치활동 금지

제한이 풀렸으나 힌두마하사바는 1952년 선거에서 489석 가운데 겨우 3석만 차지하는 참패를 겪을 정도로 세력이 약화되고 있었고, 한편으로 사바르까르의 건강도 악화되었다. 그래서 사바르까르는 혁명가들을 기념하는 행사를 주관하거나 혁명가들에 대한 글을 기고하는 일을 주로 하며 정치 전면에 나서지 않았다. 그리고 1966년 2월 26일 83년의 삶을 마감했다.

사바르까르는 세상을 떠나기 1년 반쯤 전인 1964년 7월 마라티어로 된 월간지 「사햐드리」(*Sahyadri*)에 '자살과 자기희생'(Suicide and self-sacrifice)이라는 글을 기고했다. 이 글에서 사바르까르는 "영혼과 생명 사이의 이론적 구별을 하지 않고 사실상 자신의 생명을 빼앗는 행위, 그것을 자살이라고 한다. 그러나 자살로 규정될 수도 있는 '자신의 생명을 빼앗는 자발적인 행위'가 그렇게 생각되지 않는 경우도 있다. 그것을 산스끄리뜨어로 '아뜨마르빤'(atmarpan: self sacrifice), '아뜨마비사르잔'(atmavisarjan: self immersion)이라고 하며 고대로부터 극찬되어왔다"[116]고 설명했다. 즉, 자신의 생명을 스스로 죽이는 것이 자살이지만 그 자살 행위가 모두 동질의 것은 아니라는 것이다. 그렇게 자살에 대해 설명한 후 자신들의 삶의 미션을 완수했다고 생각했을 때 스스로 목숨을 버렸던 여섯 명의 성인들의 죽음에 대해서 이야기하고 다음과 같이 마무리했다.

그들은 삶의 미션을 완성했다는 만족감을 가지고, 그리고 자신의 육신이 자기 자신과 사회에 짐이 된다는 생각으로 동굴에 들어가거나 죽을 때까지 굶거나 불이나 물속에 들어가거나 선정에 들어감으로써 자신들의 육신을 버렸다. 비록 그들의 행위가 언어적으로는 '삶의 고의적 종료'라고 할지라도 그것은 '자기희생'으로 찬양되어야 마땅하다.[117]

사바르까르는 이처럼 성인들이 자신의 삶을 고의적으로 종료시킨 것은 자살과 구별되는 존경스러운 것이라고 말했다. 이것은 결과적으로 사바르까르가 자신의 삶을 고의적으로 종료할 것이라는 예고 같은 것이었다. 사바르까르는 요가적 전통에 따라 금식으로 죽음에 이르기로 결심하고 1966년 2월 10일부터 금식에 들어갔다. 물과 음식을 모두 끊는 완전 금식을 시작한 보름 후인 1966년 2월 26일, 마침내 사바르까르는 '삶의 미션과 목적을 다했다는 축복된 생각을 갖고 행복하게 자신의 삶을 끝내는 마지막 미션'을 완수하고 영면에 들었다.

요인 암살에 연루되어 20여 년의 수감생활을 했던 사바르까르였다. 그리고 혁명가로서 무력의 중요성을 강조하고, 인도의 군사력 강화를 위해 청년들에게 군대에 입대할 것을 종용했던 사바르까르였다. 뿐만 아니라 인도의 위대한 영혼인 간디의 암살에도 연루되었다는 혐의로 재판을 받았던 사바르까르였다. 그럼에도 불구하고 그의 삶의 마지막 장면은 마치 요가 수행자 같은 것이었다. 사바르까르는 과연 자신의 삶의 미션이 모두 완성되었다고 믿을 수 있었을까. 믿었다면 완성되었다는 그의 삶의 미션은 어떤 것이었을까. 이런 것들이 의문으로 남기는 하지만, 금식으로 삶을 마감한 그의 마지막 장면과 그의 글은 그가 살아온 삶의 여정과는 다른 여운을 남겼다.

일생 동안 비폭력을 외치던 마하트마 간디는 폭력으로 삶을 마감하였고, 폭력 사용을 불사하며 무력의 중요성을 외치던 사바르까르의 삶은

요가행으로 마무리되었으니 대립하고 맞섰던 두 인물의 죽음은 아이러니가 아닐 수 없다. 간디가 세상에 남긴 마지막 말은 "오, 신이시여!"였다. 그리고 사바르까르가 마지막으로 남기고자 했던 말은 그가 기고했던 글의 한 대목인 "비록 변화하고 바뀌는 세상에서 완전을 획득했다고 말할 수는 없으나, 축복된 영혼은 스스로 더 이상 성취할 일이 남아 있지 않다는 것을 인식하고 그들의 삶을 끝낸다. 그들은 자신의 인간적인 삶을 불멸의 우주적 삶에 합체시킨다"는 것이었다면, 그들의 삶의 여정이 완전히 양극단에 서 있었다 하더라도 그들의 마음은 그리 멀지 않은 곳에 머물고 있었다고 할 수 있을지도 모르겠다.

6장_ 람 라즈야와 힌두뜨와

인도의 민족주의자들은 인도의 자치 또는 독립이라는 공통의 목적을 가지고 있었다. 그러나 목적을 달성하기 위한 방법론이나 지향하는 이념들이 동일했던 것은 아니다. 사바르까르는 영국으로부터의 독립과 함께 힌두가 중심이 되는 민족주의를 지향했고, 간디는 하나의 틀 안에 다양한 종교와 문화가 공존하는 민족주의를 지향했다. 그렇기 때문에 사바르까르와 간디의 민족과 인도에 대한 정의는 대립적 요소를 내포하고 있다. 그러한 대립의 양상을 상징하는 용어가 '람 라즈야'와 '힌두뜨와'일 것이다.

람 라즈야와 힌두뜨와는 모두 힌두적인 상징성을 갖고 있다. 그러나 간디의 람 라즈야는 힌두왕국을 뜻하는 좁은 의미로 쓰인 것이 아니라 인도인들에게는 익숙지 않은 민주주의라는 용어를 대신할 수 있는 인도식 표현이었다. 간디가 말하는 람 라즈야가 힌두왕국을 의미하는 것이 아닌가 하는 의혹에 대해 간디는 다음과 같이 람 라즈야의 의미를 설명했다.

람 라즈야(Ram Rajya)는 종교적으로 '지상에 있는 신의 왕국'으로 번역될 수 있다. 정치적으로는 '완전한 민주주의'로 번역될 수 있다. 그곳에서는 소유와 무소유, 인종, 강령, 성별에 따른 불평등이 사라지고, 땅과 국가는 국민에게 귀속되며, 정의가 완전하게 구현되어 예배, 발언, 출판의 자유가 있고, 도덕적 자제라는 자신이 부과한 법에 의해 지배된다.

그러한 국가는 진리와 비폭력에 기초를 두어야 하며 번영, 행복, 자급자족의 촌락과 촌락 공동체로 구성되어야 한다. 그것은 결코 실현될 수 없을 꿈이다. 나는 그러한 꿈의 나라에 살아 있는 행복을 발견하고 그것을 가장 빠른 방법으로 실현시키기 위해 노력하고 있다.[118]

위와 같이 비록 람 라즈야가 힌두교적인 뉘앙스를 갖고 있는 용어이기는 하지만, 그것이 지향하는 바는 완전한 민주주의 체제를 의미한다. 민주주의라는 말을 모르는 인도인이라 하더라도 「라마야나」*의 주인공인 람을 모르는 사람은 없을 것이며, 인도인들은 람이 지배하던 왕국을 가장 이상적인 왕국으로 여기고 있다. 그러므로 빈부, 카스트, 신념에 상관없이 모든 사람이 행복을 누릴 수 있는 나라를 만들고 싶은 간디의 신념이 람 라즈야로 표현된 것은 당연한 것인지도 모른다.

한편 사바르까르는 '힌두뜨와'라는 용어를 내세워 인도는 힌두의 나라라고 규정하고, 힌두는 '인도를 모국으로 여기며 인도를 종교적 성지로 받아들이고 있는 사람'이라고 규정했다. 사바르까르는 힌두라는 의미를 이렇게 규정함으로써 무슬림과 기독교인은 배제시켰다. 그러므로 당시

---

* 인도의 대표적인 대서사시 가운데 하나이다.

인도에 살고 있던 8천만 무슬림을 제외시키는 편협한 민족주의라는 비판을 면하기 어려웠던 것이다.

그러나 사바르까르의 입장에서 보면, 인도의 무슬림은 소수임을 내세우며 끝없이 자신들을 보호할 수 있는 정책을 요구하는 종파적 집단이었다. 무슬림이 자신들은 소수이기 때문에 인도에 민주주의 체제가 갖추어진다면 그에 상응하는 소수를 위한 보호책이 마련되어야 한다고 주장했고, 이러한 주장에 영국과 국민회의가 끌려 다니고 있다는 것이다. 1909년 무슬림에게 분리선거권이 주어진 이래, 인도의 무슬림은 통치법이 개정될 때마다 자신들의 '소수로서의 특별한 권리'를 확대하라고 요청했고, 이에 영향을 받은 시크교 역시 분리선거권을 요구함으로써 인도를 더욱 분열시켰다. 그럼에도 불구하고 간디가 힌두-무슬림 단합을 위한다는 미명하에 끝없이 양보하는 태도를 취하고 있는 것은 잘못된 것이라고 사바르까르는 생각했다.

사바르까르는 1940년 6월 30일 개최된 헤드게와르(K. B. Hedgewar)* 추모 모임 연설에서 "오늘날 민족주의라는 이름으로 국민회의 지도자들이 우리를 붕괴시키려 하고 있다. 헤드게와르의 힌두 조직 미션을 수행하는 것이 젊은이들의 의무이다. 군사훈련을 받고, 힌두의 자부심을 갖고, 힌두국가에 대한 믿음을 가져라. 그렇게 하는 것만이 여러분이 헤드게와르의 조직을 발전시킬 수 있는 길이다. 여러분의 군사훈련을 거부했던 영국이 이제 여러분에게 그것을 의무화하고 있다는 것을 상기하라. 이

---

* 1925년에 오늘날 힌두근본주의의 중심단체인 국가자원봉사단(RSS: Rashtriya Swayamsevak Sangh)을 창설한 인물로, 1940년 6월 21일 사망했다.

것을 상기하고 헤드게와르의 가르침의 장점을 취하라"[119]고 역설했다. 요컨대 간디를 비롯한 국민회의 지도자들이 진나의 파키스탄선언이 등장한 배경에는 사바르까르와 힌두마하사바 등의 극우파 힌두들이 있다고 지적했던 것처럼 힌두국가 건설을 확고한 신념으로 삼아야 한다는 점을 강조한 것이다.

이처럼 사바르까르의 힌두뜨와는 힌두국가 건설의 이론적 토대를 제공하고, 무슬림을 배척하는 편협한 민족주의적 성격을 띠고 있었다. 그러나 한편으로 간디의 람 라즈야가 평등과 민주주의를 지향했듯이 사바르까르의 힌두뜨와 역시 평등과 민주주의를 지향했다. 사바르까르는 누구나 평등하게 1인 1투표권을 갖는 서구적 민주주의 국가를 목표로 삼았다.[120] 이러한 민주주의 형태는 재산이나 신분에 상관없이 자신의 능력을 바탕으로 평등하게 살아가는 자치적 촌락 공동체 형태의 민주주의를 주장한 간디의 람 라즈야와는 다른 것이었다. 사바르까르가 주장하는 서구적 민주주의 그리고 그것의 근본이 되는 1인 1투표권의 평등성 주장은 소수 종파인 무슬림이 특별한 권리를 보장받는 분리선거권을 배제시키려는 것이었고, 절대다수인 힌두를 중심으로 한 강력한 중앙집권 국가를 형성하려는 것이었다.

결국 간디의 람 라즈야와 사바르까르의 힌두뜨와는 외형적으로는 종교와 정치를 연계시킨 유사성을 드러냈다고 하더라도 그들이 지향한 이상적인 국가의 모델이 달랐고, 종교와 정치를 연계시키는 의도 역시 달랐기 때문에 간디와 사바르까르의 람 라즈야와 힌두뜨와는 대립적 양상을 띤 것이다. 요컨대 간디는 외형적으로는 힌두이며 힌두교의 상징성들을 정치 현장에 표출시켰지만, 그러한 상징을 통해 인도를 하나로 단합시키려는 의도를 갖고 있었다. 이에 비해 사바르까르는 무슬림 민족주의의 성장과 그들의 두 국가 이론 등이 인도에 매우 위험한 상황을 초래할 것이라는 인식을 가졌기 때문에 더욱 좁은 의미의 힌두국가를 주장한 것이다.

1980년대 힌두근본주의가 부활하면서 라마야나 선풍을 불러일으켰고, 국영 텔레비전 두르다르샨(Dūrdarshan)은 1987년부터 1988년 사이에 78회에 걸쳐 드라마 「라마야나」를 방영했다. 이로써 인도인의 삶의 지침서였던 라마야나는 힌두근본주의의 대중적 텍스트가 되어버렸다.[121] 그러므로 간디가 주장했던 람 라즈야가 힌두왕국의 부활을 주장하는 것은 아니었다 하더라도 람이 다스리는 나라라는 의미의 '람 라즈야'라는 용어 자체가 힌두근본주의 발흥에 이용될 여지를 갖고 있었다. 또한 사바르까르의 힌두뜨와 역시 인도 내의 또 다른 종파 갈등이 발흥하는 빌미를 제공한 셈이다. 인도에서 탄생한 다양한 종교가 있고 그 종교들 내부에도 다양한 종파가 존재한다. 힌두와 무슬림을 분리시킨다면 이러한 종교와 종파들 모두 힌두뜨와와 같은 논리로 분리를 선언할 수 있다. 결국 이러한 힌두뜨와 논리는 시크교와 남인도의 따밀에 적용되어 그들의 나라 칼리스탄(Khalistan: 시크교의 나라)과 드라비스탄(Dravistan: 드라비다인의 나라)을 주장하는 근거를 제공한 셈이다. 따라서 종교적 상징성을 갖는 용어는 아무리 대중의 이해와 단합을 위한 의도로 사용되었더라도 다른 의미로 전용될 가능성이 있다는 것, 그리고 하나의 분리주의를 택하면 그 이론에 근거한 또 다른 분리주의가 등장할 수 있다는 것을 간디와 사바르까르가 좀더 숙고했어야 하지 않을까.

맞선 사람들의 이야기를 마치며

간디와 맞선 사람들의 공통점은 '투쟁과 쟁취'를 목표로 설정하고 있었다는 것이다. '교육하고, 투쟁하고, 쟁취하라!'는 구호에서 드러나듯이 암베드까르는 힌두와 투쟁하여 불가촉천민의 인간다운 권리를 쟁취하려 했다. 보세는 수단과 방법을 가리지 않고 영국과 투쟁하여 '인도의 독립'을 쟁취하려 했다. 진나는 무슬림의 권리를 위해 국민회의와 영국을 대상으로 투쟁하여 '파키스탄'을 쟁취하려 했다. 사바르까르는 무슬림과 영국을 대상으로 투쟁하여 '힌두국가'를 쟁취하려 했다. 그렇다면 간디는 무엇을 위해 투쟁하고 무엇을 쟁취하려 했을까. 간디와 맞선 사람들은 모두 그 '적'을 외부에 두고 있었다. 힌두, 영국, 국민회의, 무슬림 등을 투쟁의 대상으로 삼아 그 대상으로부터 자신이 목적하는 바를 얻어내려 했던 것이다. 그러나 간디는 영국을 대상으로 독립 투쟁을 했지만 정작 그가 얻고자 한 것은 독립만은 아니었다. 그는 물리쳐야 할 적을 외부에 두기보다는 인간의 내면 혹은 진리에 어긋나는 모든 악으로 설정한 것인지도 모른다.

투쟁해야 할 대상을 인간의 내면에 두고, 그의 삶 자체가 진리의 실험이었던 간디의 위대함은 그를 마하트마로 부르기에 부족함이 없다. 또한 식민지에서 독립을 위해 투쟁하면서 어떤 순간에도 비폭력 정신을 잃지 않은 그에 대해 어떠한 찬사를 한다 해도 결코 지나치다 할 수 없을 것이다. 그의 비폭력을 통한 진리 실험 정신은 간디가 살았던 당대는 물론 오늘의 우리에게도 절실히 필요한 것이다.

그러나 한편으로 그러한 비폭력의 실천이 때로는 우유부단하게, 때로는 너무 느리게 진행되었고, 완고한 직선 행보는 다양한 인물들의 다양한 방법론을 무색하게 만들어버렸다. 그러한 과정에서 불가촉천민의 울음이 가득했고, 느림의 미학만으로 아름다움을 생산할 수 없을 때 생기는 급진적 주장을 누그러뜨리지 못했으며, 타협정신을 제대로 발휘하지 못함으로써 등을 돌리는 인물들을 만들었다. 그 결과 파키스탄이 탄생했고, 불가촉천민을 비롯한 하층민을 보호하기 위한 보호차별 조항이 헌법에 명시되었음에도 아직도 인도의 불가촉천민은 사라지지 않고 있으며, 또 다른 한편에서는 힌두근본주의가 성장하여 종파갈등이 끊임없이 벌어지고 있다고 한다면 너무 가혹한 평가일까.

세상의 모든 사람들은 어디에서는, 어떠한 형태로든 1인자가 되려는 욕망을 안고 있다. 절대로 넘을 수 없는 벽 앞에 서 있는 2인자들은 절망하거나 극단적 성향을 갖게 된다. 간디는 마하트마였기에 그 곁에서 급진적 성향을 드러내며 라이벌이 되지도 못하고 적으로 돌아선 인물들이 생기는 것은 어쩔 수 없는 세상의 이치라고 외면해도 되는 것일까.

불가촉천민의 분리선거권을 인정하면서 암베드까르를 앞세워 불가촉천민 문제 해결을 위해 동행했다면 어떠했을까. 보세 같은 급진적 세력들도 인정해주면서 보세가 국민회의를 이끌도록 두고 그를 조절하려는 노력을 기울였다면 어떠했을까. 힌두와 무슬림의 조화를 위해 진나를 꾸짖고 몰아세우기보다는 한때 힌두-무슬림 단합의 상징적 존재이기도 했던 그를 칭송하여 간디라는 큰 그늘에 가려져 있다는 절망감보다 간디의 햇살을 받고 있다는 심리적 안정감을 주었다면 어떠했을까. 힌두사원에서 꾸란을 낭송하기보다는 오늘은 힌두사원에서 힌두식 기도회를 열고, 내일은 모스크에서 무슬림식 기도회를 열어 힌두와 무슬림이 모두 참석하게 했다면 사바르까르를 비롯한 극우파 힌두의 마음을 조금은 움직일 수 있지 않았을까. 그러나 만약 간디가 이들 모두를 끌어안았다면 어떻게 되었을까. 정말 그랬다면 간디의 정신이 올곧이 살아남을 수 없었을지도 모른다.

간디의 올곧은 정신은 『힌두 스와라지』에서 드러난다고 할 수 있을 것이다. 『힌두 스와라지』에 간디의 영혼의 힘이 담겨 있고, 그러한 영혼의 힘은 아프리카에서 형성되어 인도로 이어졌다. 이러한 영혼의 힘을 바탕으로 활동하던 간디가 정치가로 인식되기 시작한 시점은 언제일까. 필자는 1928년 무렵부터라고 생각한다. 인도의 완전 독립을 추구하기 시작하면서 간디의 행보는 정치가의 행보와 다르지 않았다. 그러나 정치가로의 변신은 완벽하지 않았다. 독립선언, 소금행진, 원탁회의로 이어진 간디의 행보는 『힌두 스와라지』에서 드러냈던 자신의 신념과는 거리를 보였다. 그렇게 생긴 틈, 말하자면 자신의 신념이나 영혼의 힘보다는 정치적 행보에 더 가까워진 그가 행로를 바꾸어 『힌두 스와라지』의 정신으로 되돌아온 것이 어쩌면 하리잔 운동이었는지도 모른다. 그러나 소금행진으로 이미 정치적 행보에 더 힘을 실어 움직이던 간디가 『힌두 스와라지』 정신으로 되돌아감으로써 많은 문제를 낳았다고 생각된다. 정치적 힘과 영혼의 힘 사이를 오락가락하는 것이 간디 같은 영혼의 에너지를 가진 사람에게는 가능한 일이겠지만, 간디와 함께 활동한 사람들 가운데 간디처럼 영혼의 힘을 가진 사람은 그리 많지 않았다. 그렇기 때문에 간디의 이미지가 '갈팡질팡'이라는 양상으로 비친 것이다. 『힌두 스와라지』 정신으로 돌아와 하리잔 운동을 하던 간디가 1942년 인도철퇴선언을 함으로써 다시 정치적 행보로 방향을 바꾼 듯 보였을 것이다. 그러나 영국을 향해 강경한 정치 선언을 한 간디는 구속된 후 다시 영혼의 힘으로 돌아갔다. 감옥에서 '영국은 물러가라'는 주장으로 단식을 한 것이 아니라 '폭력의 책임이 나에게 있는가?'를 문제 삼아 생명을 건 단식을 시작하고, 건강법에 관한 글*을 쓰고 있는 모습을 인도의 정치인들, 투쟁가들은 어떻게 이해할 수 있었을까. 이렇게 간디가 영혼의 힘과 정치적 힘 사이를 오가는 동안 정치적 힘만 가진 많은 사람들은 간디의 영혼의 힘을 이해하기보다는 그런 그의 행적으로 소외감을 느끼거나 당혹해하며 절망하기도 했다. 그러한 소외감, 당혹감, 절망감은 간디와 맞서는 사람들의 몫이었다.

영혼의 힘, 수동적 저항은 21세기의 갈등을 해결하고 평화를 찾는 열쇠일지도 모른다. 그러나 그 힘이 정치에서는 발현되기 어렵고, 정치 지도자가 그런 힘으로 세상을 이끄는 것은 불가능에 가깝다. 정치란 진리의 길보다는 협상과 타협의 길을 선택해야 할 때가 더 많은 것이다. 옳은일이 아니라 필요한 일을 해야 할 때가 있다는 것이다. 그러므로 간디처

---

* 1942년 8월 29일부터 12월 18일까지 시리즈로 된 "Key To Health"라는 제목의 글을 썼다 (*CWMG*, vol. 83, pp.224~262).

럼 영혼의 힘만으로 정치를 한다는 것은 불가능한 것이며, 그렇기 때문에 간디는 정치가로서는 실패했다고 평가하는 것이 지나치다고 할 수는 없는 것이다.

아름다운 계곡의 맑은 물은 무균 상태가 아니다. 시원하게 불어오는 바람에도 온갖 세균이 들끓는다. 그러나 그런 모습 그대로 아름다운 것 아닌가. 마찬가지로 오탁악세(五濁惡世) 그대로 세상은 아름다운 것이다. 그렇기에 욕망으로 가득 찬 사람들이 있고, 그러한 욕망을 거두어들이지 않고서는 행복해질 수 없음을 가르치는 영혼의 힘을 가진 자도 있는 세상이 아름다운 것 아닐까. 간디의 영혼은 20세기의 청량제였을 것이고, 21세기, 22세기 아니 수없이 많은 시간이 흘러도 간디의 정신은 우리의 삶을 이끄는 지침서가 되어줄 것이다.

그러나 한편으로 그러한 지침서를 우리에게 내준 사람이 그 지침서대로만 살았다거나 그 지침서대로 완전무결한 사람이어야 한다고 주장하는 것은 간디의 정신에 맞지 않는 것은 아닐까. 간혹 간디의 결점만 들추는 사람이 등장하고, 때로는 간디가 절대 그랬을 리 없다고 맞서는 사람이 등장한다. 간디의 진실은 포장에 불과하다고 주장하는 사람이나 간디는 절대 무결점의 인물이라고 믿는 사람은 똑같은 잘못을 저지르고 있는 것인지도 모른다. 간디가 완전무결한 인물이기에 존경하는 것이 아니라 그가 내놓은 이념과 사상이 미래의 지침서가 되고, 흐트러지려는 인간의 마음을 정화시키는 에너지를 갖고 있기에 존경하고 따르는 것이다.

세상에 발자취를 남긴 사람은 누구나 긍정적·부정적 영향을 동시에 남기는 것이 아닐까. 어느 한 사람에 대해서는 긍정적 영향만 보려 하고, 다른 사람에게서는 부정적 영향만 보려 하는 것이 세상 사람들의 눈이 아닌가. 이 책에서 살펴본 인물들에 대한 각각의 웹사이트가 운영되고 있다. 그런데 각 사이트마다 '간디 키자이(만세)!', '사바르까르 키자이!' 등과 같은 문구를 외치며 해당 인물의 긍정적 영향만 드높이는 경향이 있다. 또한 그와 맞섰던 인물에 대해 폄하하는 것은 물론 부정적 영향만 한껏 들춰내려 애쓰고 있기도 하다. 이 책에서는 그러한 인물들의 대립과 갈등을 비교 서술했지만, '너도 옳고 너도 옳다'는 식의 평가를 하려는 것은 아니다. '누구는 이것이 긍정적이었고 저것이 부정적이었으며, 그에 맞서는 인물에게서는 이런 긍정적인 면과 저런 부정적 측면이 있었음'을 함께 입체적으로 보았으면 한다.

간디의 물레가 그의 정신, 스와라지, 사뜨야그라하를 상징하듯이 '1857'이라는 글자는 사바르까르의 스와라지, 애국심, 동포애를 상징하는 것이라 해도 과언이 아닐 것이다. 물레를 통해 간디의 정신을 이해하지 못하고 촌스럽고 우스꽝스러운 장면으로 치부한다면, 그 이미지에 담긴 진정한 의미를 제대로 파악하지 못한 것이라 할 것이다. 마찬가지로 독립전쟁이라는 단어만으로 폭력을 조장한 사바르까르로 치부하는 것은 『1857년 인도 독립전쟁』에 담긴 사바르까르의 조국애를 읽지 못한 것이나 마찬가지이다. 『1857년 인도 독립전쟁』을 읽으면서 그 글자 하나하나를 마음에 새기고 싶은 사람도 적지 않을 것이다. 나라를 잃었던 인도에서 어떤 역사가가 나라를 되찾아야 한다는 글을 사바르까르보다 더 뜨겁고 절절하게 쓸 수 있을까 하는 의구심이 들기도 한다. 또한 보세에게서 전범으로 취급되는 독일의 히틀러, 일본의 도조 수상 등과 손을 잡으려 했던 모습만 집중해서 보고 "청원만으로는 절대 독립할 수 없다. 힘으로 싸워 이겨야 한다"고 주장한 그의 정신을 보지 못한다면 그 또한 식민지의 속성을 제대로 이해하지 못한 편협한 견해라 하지 않을 수 없을 것이다. 뿐만 아니라 불가촉천민의 생활개선이 문제가 아니라 불가촉천민을 존재하게 한 카스트제도 자체를 철폐해야 한다고 강변했던 암베드까르를 '인도의 독립이라는 큰 틀을 보지 못하고 자신들의 작은 집단만 본 이기심 가득한 인물'로 평가한다면 그 또한 가혹한 평가가 아닐까. 파키스탄의 진나 역시 한편에서는 나라를 토막 낸 원흉일 것이나, 한편에서는 무슬림을 해방시킨 인물로 볼 수도 있는 것이다.

간디 그리고 그와 맞선 인물들이 인도의 독립과 인도의 미래에 대해 서로 다른 생각을 하며 함께 살았던 기간은 50년 정도이다. 이 책에서는 그 반세기 동안 그들과 그 주변에서 벌어진 모든 일들을 샅샅이 살펴보지 못했다. 또한 그들의 이야기를 쓰면서 새로운 자료를 구할 때마다 '내가 역사를 왜곡하고 있지는 않은가?'라는 두려움이 생기기도 했다. 그들이 그렇게 할 수밖에 없었던 배경을 제대로 이해하고 그 배경이 되는 자료들을 제대로 이해하고 글을 쓰고 있는 것인지 의구심이 들었고, 글을 마치는 이 순간 그 의구심은 두려움으로 다가온다. 그 두려움의 핵심은 활용 가능한 자료에서 '내가 필요로 하는 부분만' 혹은 '내 눈에 유난히 크게 다가온 부분만' 확대해석한 것은 아닌가 하는 것이다.

내가 다룬 다섯 명 모두 각각의 웹사이트가 있고 소셜네트워크인 페이스북에도 그들의 페이지가 있다. 앞서도 언급했다시피 그들 사이트는 각기 자신들이 따르는 인물만을 정당한 인물로 평가하고 있기 때문에 공유점이 없다. 암베드까르 관련 사이트에는 암베드까르와 달리뜨의 입장만, 간디의 사이트에는 간디의 이야기만 있을 뿐이다. 이 글은 그 어디에 속할 수 있을까? 아마 제6의 사이트가 될 것이고, 이 책 역시 다섯 명

인물들 사이의 다리가 되기는 어려울 것이다. 어쩌면 다섯 명의 사이트 어디에도 실릴 수 없는 글일 것이며, 모든 사이트에서 돌을 맞을 수도 있는 글이 될지 모른다. 그러나 가능하다면, 이 책이 그들이 남긴 긍정적 영향들을 마음에 담을 수 있는 한 바가지의 샘물 역할이라도 해주기를 희망한다.

등장인물 연표

| 간디 연표 |

Mohandas Karamchand Gandhi(1869년 10월 2일~1948년 1월 30일)

연도	주요 사항
1869	10월 2일: 구자라뜨의 뽀르반다르(Porbandar)에서 출생
1881	10월: 까스뚜르바이(Kasturbai Makhanji)와 결혼
1888	9월 4일: 영국 유학 출발
1891	6월 10일: 변호사 자격 취득, 6월 12일: 영국에서 귀국
1893	4월: 남아프리카 더반으로 향함
1894	5월: 나탈에서 인도인 시민권 박탈 법안에 대한 반대투쟁 개시
1895	5월: 인도 이민법의 독소조항에 대해 나탈 의회에 호소
1896	6월: 일시 귀국 11월: 가족과 함께 아프리카로 떠남
1897	1월 13일: 더반에 도착
1899	10월: 보어전쟁에 영국을 돕기로 결정 12월 14일: 위생대 조직하여 참전 12월 19일: 위생대 일시 해산
1901	10월 16일: 남아프리카 출발, 인도로 향함 12월 17일: 캘커타 국민회의 연차대회에 참석, 남아프리카에 대한 결의안 발의
1902	12월 25일: 남아프리카 더반에 도착함
1903	2월 16일: 요하네스버그에 정착하기로 결정, 트란스발 대법원에 변호사로 등록 6월 4일: 「인디언 오피니언」(Indian Opinion) 창간 6월 10일: 인도인을 원주민으로 분류하는 지방시민법 기안의 수정을 요구하는 청원서 제출 6월 23일: 이민제한법 수정을 요구하는 청원서 제출

1904	12월: 피닉스 정착지 건립
1905	8월 9일: 나탈 의회에서 인두세 법안이 통과됨 11월 1일: 벵골 분할 반대투쟁 강화를 위한 종파 화합 요청 11월 25일: 인두세법 개정 요구
1906	9월 11일: 요하네스버그에서 아시아인 등록법 철회 요청 대중집회 개최. 법안을 통과시키면 인도인은 저항운동을 시작할 것임을 경고함
1907	1월 3일: 더반의 무슬림협회에서 연설, 단합 강조 3월 22일: 트란스발 의회에서 아시아인 등록법 통과됨 7월 14일: 요하네스버그 이슬람협회 모임에서 인도인은 강제 등록에 복종하지 말 것을 요청 7월 28일: 트란스발에서 하르탈 실시 7월 31일: 프레토리아 대중집회에서 법률에 저항할 것을 역설. 수동적 저항의 중요성 설명. 등록법을 따랐을 때의 위험성 경고 8월 8일: 스뫼츠 장군에게 아시아인 등록법 수정안 제시 11월 30일: 아시아인 등록법 거부투쟁을 최초의 사뜨야그라하로 명명
1908	8월 16일: 요하네스버그 대중집회에서 등록증 소각 9월 2일: 정부가 아시아인 등록법 수정안을 공포함
1909	6월 23일: 남아프리카 인도인 상황 설명을 위해 영국으로 떠남 11월: 킬도난 캐슬호(Kildonan Castle)에서 『힌두 스와라지』 집필
1910	5월 30일: 요하네스버그 교외에 톨스토이 농장 건립
1913	11월: 인도인 탄광노동자 행진, 탄광노동자 사뜨야그라하 시작
1914	1월 22일: 간디-스뫼츠 장군 협상 타결. 사뜨야그라하 투쟁 중지 6월 30일: 1906년 9월에 시작된 수동적 저항운동이 종결됨 7월 14일: 남아프리카를 떠나 영국에 들름
1915	1월 9일: 22년 만에 귀국 5월: 아흐메다바드에 아슈람 세움(1917년 사바르마띠로 옮김) 인도방위법 제정
1916	인도 여러 지역 여행 12월 26일: 국민회의 러크나우 회의 참석
1917	4~10월: 참파란 인디고 소작인 쟁의 지도
1918	2월 22일: 아흐메다바드 섬유노동자 사뜨야그라하 지도 3월 22일: 케다 농민 소작쟁의 사뜨야그라하 지도 4월 29일: 델리에서 개최된 총독 전쟁협의회에 참석, 전쟁 협조 동의 발언, 이후 케다 지방에서 모병 11월 11일: 제1차 세계대전 종결

1919	3월: 로울라트 법안 반대 비협조운동 전개 4월 6일: 로울라트법 반대 전인도 하르탈 4월 13일: 암리차르 대학살사건 발생 11월 24일: 델리에서 개최된 전인도 킬라파트 회의 주재
1920	4월 31일: 아흐메다바드에서 물레대회 개회 6월: 봄베이와 나디아드에서 스와데시운동 개시 8월 1일: 킬라파트 데이에 비협조운동 개시 9월 8일: 국민회의 특별회기에서 비협조 강령 채택 12월: 나그뿌르 연차대회에서 비협조 강령 채택 승인
1921	4월 18일: 수라뜨에서 물레 도입과 불가촉성 폐지의 중요성 강조 7월 31일: 봄베이에서 스와데시 장려, 외국 직물 소각 대회 거행 8월 21일: 모쁠라의 반란 10월: 간디와 타고르 간의 논쟁 12월: 대규모 시민 불복종운동 전개, 네루 부자를 비롯한 국민회의 지도부 　　　인사 구속됨
1922	2월 16일: 차우리 차우라 사건을 계기로 시민 불복종운동 중지 3월 10일: 체포되어 6년형 선고 받음, 예라브다 감옥에 수감됨
1924	2월 5일: 병으로 석방됨 9월 17일~10월 8일: 힌두-무슬림 종파폭동에 대한 참회로 단식
1925	11월 24~30일: 사바르마띠 아슈람 거주자들의 비행에 대한 참회 단식
1926	1월 3일: 「나바지반」을 통해 1년간 공적인 활동 중지 선언
1927	1~11월: 카디 장려를 위해 전국 순회
1928	2월: 모띨랄 네루의 「네루 보고서」 작성됨 11월: 자와할랄 네루, 보세 등이 독립연맹 결성 12월: 캘커타 국민회의 연차대회에서 1년 이내의 완전 독립 요구
1929	12월 29일: 국민회의 라호르 연차대회에서 간디의 추천으로 자와할랄 네루가 　　　의장이 됨. 이 대회에서 '완전 독립' 결의. 1930년 1월 26일을 독립일로 선포
1930	1월 30일: 어윈 총독에게 11개 조항 요구 3월 12일~4월 6일: 소금행진 4월 9일: 불복종운동 개시 5월 5일: 체포되어 예라브다에 수감됨 5월 12일: 다라사나 제염소 점거 사건 발생 11월: 제1차 원탁회의 개최. 국민회의 불참

1931	1월 26일: 석방됨 2월 16일: 국민회의 운영위원회에서 간디에게 어윈과 협상할 전권 부여 3월 4일: 간디-어윈 협정 체결 9월 7일: 국민회의 단독 대표로 2차 원탁회의 참석 12월 14일: 스위스에서 로맹 롤랑을 만남 12월 28일: 귀국
1932	1월 4일: 체포됨 9월 20일: 불가촉천민 분리선거권 반대를 위한 '죽음에 이르는 단식' 시작 9월 24일: 뿌나 협정 체결. 옥중에서 하리잔 운동 전개
1933	2월: 「영 인디아」를 「하리잔」으로 재창간 5월 8일: 자신과 동료들의 정화를 위한 단식 시작, 석방됨 5월 8~29일: 21일 동안 단식 5월 9일: 6주 동안 사뜨야그라하 운동 중지 선언 7월 23일: 아흐메다바드 아슈람 해산 선언 8월 1일: 체포됨. 1년 금고형 8월 16일: 하리잔을 위한 활동이 중지되자 옥중에서 단식 시작 8월 20일: 병원으로 이송됨 8월 23일: 석방됨 11월: 하리잔 운동을 위한 전국 순회
1934	5월: 시민 불복종운동 중지 선언 9월 17일: '건설적 프로그램' 활동을 위해 국민회의 은퇴 선언
1935	1월 2일: 하리잔 콘퍼런스 개최 '1935년 인도통치법' 공포
1936	4월 30일: 세바그람에 정착
1937	2월: 지방의회 선거에서 국민회의가 압승을 거둠 10월: 와르다교육 플랜 발표
1938	보세를 국민회의 의장으로 천거 보세의 국가계획위원회 설치로 간디와 대립
1939	2~3월: 보세와 의장 재선 문제로 대립 7월 23일: 히틀러에게 편지를 씀(이 편지는 전달되지 않음) 9월: 제2차 세계대전 발발 12월: 국민회의 지방 내각 총사퇴
1940	10월 17일: 참전에 반대하는 개인적 불복종운동 전개 12월 24일: 히틀러에게 두 번째 편지를 씀
1941	12월: 국민회의에서 은퇴

1942	3월: 크립스 사절단 인도 방문 3월 27일: 크립스와 인터뷰 7월 16일: 인도철퇴 결의안을 운영위원회에 제출 8월 8일: 인도철퇴선언 8월 9일: 체포되어 아가칸 궁에 수감됨
1943	2월 10일: 폭력에 대한 책임 문제로 단식 5월 4일: 진나와 총독에게 편지
1944	2월 22일: 부인 까스뚜르바이 옥중 사망 5월 6일: 건강 악화로 석방됨 9월 9~27일: 진나와 회담
1945	8월: 제2차 세계대전 종결
1946	2월: 인도 해병 반란 3월: 각료사절단 파견 6월: 각료사절단을 만남. 총독이 제안하는 임시정부 수립에 참여하지 말 것을 　　국민회의에 권고 7월 7일: 국민회의 봄베이 회의에서 연설 11월 7일: 힌두-무슬림 화해를 위해 노아칼리 순례 개시
1947	6월 3일: 총독이 분할 발표 8월 15일: 인도-파키스탄 분리 독립 9월 1일: 캘커타 폭동을 가라앉히기 위해 목숨을 건 단식 감행. 평화 회복이 　　확인된 후 단식 중지
1948	1월 13일: 뉴델리 비를라 하우스에서 힌두-무슬림 화합을 위한 단식 1월 30일: 고드세가 쏜 총에 맞아 사망

| 암베드까르 연표 |

Bhimrao Ramji Ambedkar(1891년 4월 13일~1956년 10월 6일)

연도	주요 사항
1891	4월 14일: 마드야쁘라데시(Madhya Pradesh) 모우(Mhow)에서 출생
1896	다뽈리(Dapoli)에서 초등교육을 받기 시작
1904	엘핀스톤 고등학교에 입학
1909	엘핀스톤 대학에 입학
1912	학사 학위 취득
1913	미국 컬럼비아 대학 대학원 정치학과에 입학
1915	석사 학위 논문 「고대 인도의 상업」(Ancient Indian Commerce) 제출
1916	5월: 세미나에서 「인도의 카스트: 그 구조와 기원 그리고 전개」(Castes in India: Their Mechanism, Genesis, and Development) 발표 6월: 박사(Ph.D) 논문으로 「인도의 국가 배당금―역사적·분석적 연구」(The National Dividend of India―A Historical and Analytical Study) 제출(이 논문은 1925년 「영국령 인도에서 지방재정의 발달」[*The Evolution of Provincial Finance in British India*]이라는 책으로 출간됨) 10월: 그레이즈 인 법학원(Gray's Inn)과 런던정경대학 입학
1917	귀국하여 바로다 왕국 군사담당 비서관으로 재직 불가촉천민에 대한 차별이 심하여 고초를 겪고 바로다 왕국을 떠남
1918	봄베이의 시든햄 경상대학(Sydenham College of Commerce & Economics) 정치교수로 임용됨
1920	3월: 피억압계층 지위 향상 도모를 위한 주간지 「무끄나야끄」(Mooknayak) 창간, 시든햄 교수 사임 5월: 차뜨라빠띠 샤후(Chatrapati Shahu Maharaj)가 의장을 맡고 있는 전인도피억압급회의(All India Depressed Classes Conference) 참석 9월: 영국으로 건너감, 학위과정 계속
1921	6월: 석사 학위 논문 「영령 인도에서의 제국 재정의 지방 분산화」(The thesis Provincial Decentralization of Imperial Finance in British India) 제출
1923	「루피화 문제―발생 원인과 해결책」(The Problem of the Rupee―Its origin and its solution)으로 박사 학위 취득 변호사 자격증 취득, 인도로 귀국 6월: 봄베이 고등법원 변호사 개업

1924	7월 20일: 피억압계급 지위 향상을 위해 '교육, 궐기, 조직'(Educate, Agitate, Organize)을 목표로 한 기구(Bahishkrit Hitkarini Sabha) 설립
1925	12월: 봄베이 입법참사회(Bombay Legislative Council) 위원에 임명됨
1927	3월: 차우다르 저수지 사용권 투쟁을 위한 마하드 사뜨야그라하(Mahad Satyagraha) 시작 9월: 사마즈 사마따 상(Samaj Samata Sangh) 설립 12월:『마누 법전』 화형식 거행
1928	5월: 봄베이 피억압계급 실태조사 9인 위원회의 위원이 됨 6월: 봄베이 국립 법과대학 교수 취임. 피억압계급 교육협회와 주간지 「사마따」(Samata) 창간
1930	3월: 사원 출입허용 투쟁인 나시끄 사뜨야그라하(Satyagraha at Kalram Temple) 시작 4월: 격주간지 「자나따」(Janata) 창간 8월: 피억압계급위원회(Depressed Classes Congress) 의장을 맡음. 의장 연설에서 불가촉천민에게 입법과 공직의 일정 부분이 할당되어야 한다고 주장 11월 12일~1931년 1월 9일: 제1차 원탁회의에 피억압계급 대표로 참석
1931	8월 14일: 간디와 최초로 대담 9월 7일~12월: 제2차 원탁회의 피억압계급 대표로 참석, 간디와 대립
1932	9월 24일: 뿌나 협정 조인, 26일 영국 수상이 인준함 11월 17일~12월: 제3차 원탁회의 참석
1935	6월: 봄베이 국립법과대학 학장 취임 10월 13일: 나시끄의 예올라 집회(Yeola Conference)에서 개종 선언
1936	5월:『카스트 철폐』(The Annihilation of Caste) 집필 8월: 독립노동당(Independent Labour Party) 창당
1938	12월: 하이데라바드에서 개최된 제1회 피억압계층 총회에서 연설
1939	1월 19일: 최하층 출신 공직자의 주 개혁위원회 영입 문제로 간디와 회담 10월: 전쟁위원회 위원장인 네루와 회담 『연방제 대 자유』(Federation versus Freedom) 출간
1940	『파키스탄에 대한 생각』(Thoughts on Pakistan) 집필 이 책은 1945년에 Pakistan or Partition of India, 1946에 India's Political What's What: Pakistan or Partition of India로 재출판됨
1941	5월: 마하르 빤차야뜨 사미띠(Mahar Dynast Panchayat Samiti) 창립
1942	4월: 나그뿌르에서 전인도지정카스트연맹(All India Scheduled Castes Federation) 창당

1942	7월: 총독자문회의(Viceroy's Executive Council) 노동분과 위원이 됨
1943	『라나데, 간디 그리고 진나』(Ranade, Gandhi, and Jinnah) 출간 『간디와 불가촉민의 해방』(Mr. Gandhi and the Emancipation of the Untouchables) 출간
1945	『종파주의 교착 상태와 그 해결 방안』(The Communal Deadlock and a Way to Solve It) 출간 『간디와 국민회의가 불가촉천민에게 한 일』(What Congress and Gandhi Have Done to the Untouchables) 출간 7월: 봄베이에 민중교육협회(People's Education Society) 설립
1946	4월: 봄베이에 싯다르타 예술과학대학(Siddharth College of Arts and Science) 설립 개교 10월: 『수드라는 어떤 사람들이었는가? 그들은 어떻게 인도–아리안 사회의 제4 바르나가 되었는가』(Who Were the Shudras? How They Came to Be the Fourth Varna in the Indo-Aryan Society) 출간 10월: 벵골 선거구에서 제헌의회 의원으로 선출됨
1947	3월: 『연방주들과 소수집단들』(States and Minorities: What Are their Rights and How to Secure them in the Constitution of Free India) 출간 8월: 독립 인도 초대 법무부 장관에 임명됨, 헌법기초위원회 위원장으로 임명됨
1948	4월: 힌두법 개정위원회 위원장이 됨 10월: 『불가촉천민』(The Untouchables) 출간
1950	1월 26일: 인도 헌법 공포 스리랑카 방문, 불교 조사
1951	2월: 힌두법전 개정안(Hindu Code Bill) 의회에 상정 7월: 바르띠야 붓다 자상가(The Bhartiya Buddha Jansangh) 설립 9월: 힌두법 개정안이 부결되자 네루 내각에 사표 제출
1952	1월: 봄베이 북구 하원의원 선거에서 낙선 3월: 봄베이 주의회 상원의원으로 선출됨 6월: 컬럼비아 대학에서 명예 법학박사 학위 수여됨
1953	3월: 네루 정부에 의해 불가촉 금지법(The Untouchability offences Bill)이 도입됨
1954	12월: 버마 랑군(미얀마 양곤)에서 개최된 제3차 세계불교도대회(3rd World Buddhist Conference) 참석
1955	5월: 인도불교도협회(Bhartiya Bauddha Mahasabha) 설립 12월: 뿌나 근처의 데후로(Dehu Road)에 불상 봉안. 『언어 주(州)에 대한 견해』(Thoughts on Linguistic States) 출간

1956	6월: 봄베이에 싯다르타 법과대학 개교 10월 14일: 나그뿌르에서 불교 개종식(Diksha Bhoomi) 거행 11월 26일: 카트만두에서 개최된 4차 세계불교도대회(4th World Buddhist Conference)에 참석, '붓다 혹은 카를 마르크스'(Buddha or Karl Marx) 연설 12월 6일: 델리에 있는 자신의 집에서 사망
1957	『붓다와 그의 다르마』(*The Buddha and His Dhamma*) 유고집 출간

| 보세 연표 |

Subhas Chandra Bose(1897년 1월 23일~1948년 8월 18일)

연도	주요 사항
1897	1월 23일: 쿠탁(Cuttack)에서 출생
1919	9월 15일: 인도 공무원 시험(ICS)을 준비하기 위해 영국으로 감
1920	8월: 런던에서 ICS 패스
1921	4월 22일: 공무원직을 사임하고 정치 활동 시작 7월 16일: 간디를 만나 정치에 대해 토론함 12월 10일: 웨일스 왕자 환영식 반대 행진으로 체포되어 6개월 동안 구금됨
1922	12월: 다스(Chittaranjan Das)가 이끄는 스와라즈야 달(Swarajya Dal)에 합류
1923	국민회의 벵골위원회 서기로 임명됨 다스가 창간한 신문 「포워드」(Forward)의 편집자가 됨
1924	스와라즈야 달이 캘커타 지방 자치단체 선거에서 승리함 7월: 정부 보고서에 의하면 두 명의 러시아 공산당 대표가 캘커타에서 보세와 접촉했다고 함 10월 25일: 캘커타에서 체포되어 감옥(Alipore Central Jail)에 수감됨 11월 15일: 다스와 함께 저널의 필요성을 인식하고 「캘커타 무니시팔 가제트」(Calcutta Municipal Gazette)를 주간으로 발간
1925	1월 25일: 버마의 만달라이(Mandalay) 감옥으로 이송됨 6월 16일: 정치 스승인 다스 사망
1926	2월 18일: 만달라이 감옥에서 영국정부의 수감자들에 대한 처사에 항의하는 단식 투쟁
1927	2월: 만달라이 감옥에서 랑군 중앙교도소로 이송됨 3월: 랑군에서 인세인(Insein) 교도소로 이송됨 5월: 석방됨 11월: 국민회의 벵골지회 의장으로 선출됨 12월 30일: 힌두스탄 세바 달(Hidusthan Seva Dal) 모임에서 연설, 힌두– 무슬림 단합의 필요성 강조
1928	11월: 자와할랄 네루와 함께 인도독립연맹(Indian Independence League) 결성 12월: 국민회의 캘커타 연차대회에서 자치가 아닌 독립 결의안 제안, 기각됨
1929	6월 22일: 제쏘르 쿨네 청년협회(Jessore-Khulna Youth Conference)에서 의장 연설을 함 11월: 어윈 총독의 자치령과 원탁회의 제안에 대한 반대 견해 표명 12월 31일: 국민회의 라호르 연차대회에서 완전 독립 결의안이 채택됨

1930	1월: 시민 불복종운동에 참여, 체포 구속됨
	9월 23일: 석방됨
	9월 24일: 캘커타 시장으로 선출됨

1931	1월 26일: 독립기념일 1주년 행사에서 체포 구금됨
	3월 15일: 간디-어윈 협정으로 석방됨
	3월 17일: 간디에게 간디-어윈 협정의 해악을 인식시키는 데 실패함
	3월 23일: 바가뜨 싱 처형됨. 이 문제로 간디와 간디-어윈 협정 비난
	10월: 간디의 원탁회의 참석을 비난함. 아일랜드 신페인당과는 달리
	국민회의와 간디는 영국의 덫에 걸렸다고 비난
	12월 28일: 간디가 봄베이에 도착할 때 맞이함
	12월 29일: 벵골 법안과 인도 정치 상황에 대해 간디와 토론함

1932	1월: 간디가 2차 원탁회의에서 돌아와 시민 불복종운동을 요청하자, 영국을
	완전히 보이콧할 수 있는 대안 프로그램을 위한 전진적 조직 구성 제안
	1월 5일: 체포되어 감옥(Seoni jail)에 수감됨

1933	2월 22일: 병이 악화되어 치료를 위해 유럽으로 가는 조건으로 석방됨
	3월 6일: 비엔나 도착
	3월 11일: 비엔나의 요양원에 입원. 회복된 후 비탈바이 빠뗄을 만남
	5월: 4월에 석방된 간디가 5월에 다시 시민 불복종운동을 중지시킴
	5월 13일: 보세-빠뗄 선언이 「맨체스터 가디언」지에 공개됨

| 1933 ~1934 | 폴란드, 체코슬로바키아, 독일, 이탈리아, 헝가리, 루마니아, 불가리아, |
| | 유고슬라비아, 스위스 등을 방문하여 정치인들과 대화를 나눔 |

1934	11월: 『인도 독립투쟁 1920~1934』(The Indian Struggle 1920~34) 런던에서
	출판
	12월: 부친이 위독하여 귀국했으나, 임종을 지키지 못함

1935	비엔나에서 개최된 인도 중앙유럽인 협회 회의(Conference of Indian Central
	European Society)에 참석
	무솔리니가 개회선언을 한 로마에서의 아시아 학생협회(Asiatic Students
	Conference)에 참석하여 연설

1936	3월 27일: 영국정부의 경고에도 불구하고 배편으로 인도로 향함
	4월 8일: 봄베이에 도착하자마자 체포됨
	5월 10일: 국민회의 의장인 네루가 보세의 석방을 촉구함
	12월: 건강 악화됨

| 1937 | 석방되어 유럽으로 향함 |
| | 오스트리아에서 자서전 『인도인 순례자』(An Indian Pilgrim) 집필 |

| 1938 | 1월 18일: 해외 체류 중 인도국민회의(하리뿌라 회기) 의장으로 선출됨 |
| | 아일랜드 지도자 에이먼 데벌레라(Eamon de Valera)를 아일랜드에서 만남 |

1938	1월 29일: 인도로 돌아옴 2월 19일: 하리뿌라에서 의장 연설, 자유인도를 위한 청사진 제시 3월 19일: 간디, 아자드와 토론 5월: 7개 주의 국민회의 주 수상회의를 봄베이에서 개최 9월: 전(全) 인도인이 민족주의 투쟁에 나서야 한다는 홍보 시작 10월: 국가기획위원회 구성에 착수(National Planning Committee), 자와할랄 네루가 첫 의장으로 지명됨 12월 17일: 국가기획위원회 출범
1939	1월 21~28일: 보세의 의장 재선 출마에 대한 논쟁이 벌어짐 1월 29일: 국민회의 52차 의장으로 선출됨 1월 31일: 보세의 승리는 자신의 패배라는 간디의 성명 발표됨 2월 14일: 세가온으로 가서 간디를 만나 토론함 3월 10일: 52차 국민회의 뜨리뿌리 연차대회 의장 취임 연설 4월 29일: 전인도국민회의 운영위원회에서 의장직 사임 5월: 국민회의 내에 전진블록(Forward Bloc) 결성 6월 22~23일: 봄베이에서 제1차 전진블록 전인도 콘퍼런스 개최. 전진블록의 규범과 프로그램 채택. 그 결과로 국민회의 의장인 라젠드라 쁘라사드(Rajendra Prasad)로부터 추방당함 7월: 좌익연합위원회(Left Consolidation Committee, LCC) 결성 9월: 제2차 세계대전 발발. 전진블록은 반영·반전쟁 캠페인 시작
1940	7월 3일: 홀웰 기념비 철거운동으로 동료 수백 명과 함께 투옥됨 12월 5일: 석방되어 캘커타에 있는 집에 가택 연금됨
1941	1월 16~17일: 대탈출 시작 3월 18일: 카불 떠남 4월 1일: 베를린 도착 4월 8일: 자유인도센터 건립 요청 각서 제출 11월 2일: 베를린에 자유인도센터 개원 깃발 게양, 아자드 힌드 라디오(Azad Hind Radio) 센터 설립(12월 송출 시작) 12월: 인도군단(Indian Legion) 설립에 동의
1942	2월: 에밀리에(Emilie Schenkl)와 결혼 5월 29일: 히틀러와 만남 6월: 방콕에서 동아시아지역의 인도 대표들이 베하리 보세(Rash Behari Bose) 주재로 회합을 가짐. 이때 베하리 보세는 독일에 있는 보세에게 동아시아로 와서 인도 독립운동을 이끌어 달라고 초청함 9월 11일: 새로운 인도-독일 협회(Indo-German Society)의 개막을 위해 함부르크(Hamburg)로 감 10월: 인도군단 첫 대대의 퍼레이드가 펼쳐짐

	2월 8일: 보좌관 하싼(Abid Hassan)과 함께 잠수함으로 독일을 떠남
	5월 6일: 일본에 도착
	6월 10일: 일본 수상 도조와 첫 만남을 가짐
	7월 2일: 싱가포르에 도착
	7월 4일: 베하리 보세가 인도독립연맹(Indian Independence Leaauge: IIL)의 의장직을 넘김. 싱가포르의 캐세이 시네마(Cathay Cinema)에서 역사적인 인도독립연맹 대표회의 개최
	7월 5일: 인도국민군(INA)을 점검하고 '돌격 델리!'(Chalo Delhi!)를 외침
	7월 9일: 싱가포르에서 6천 명이 참석한 첫 대중집회에서 연설
	8월 14일: 동아시아 여러 나라를 둘러보고 싱가포르에 돌아옴
1943	9월 3일: 페낭(Penang)에서 1만 5천 명의 인도 병사를 모집하여 연설
	9월 8일: 싱가포르로 돌아옴
	10월 21일: 아자드 힌드 임시정부 수립. 임시정부 최고사령관 취임. 국가의 수반으로서 INA 총사령관을 겸한다고 선포
	10월 22일: 여군 라니 잔시 연대(Rani Jhansi Regiment) 창설
	10월 24일: 아자드 힌드 임시정부가 영국과 미국에 전쟁 선포
	11월: 도쿄의 대동아회의에 참석, 자유인도 임시정부 국가의 수반으로서 일본 국왕의 영접을 받음
	11월 6일: 대동아회의에서 도조 수상은 "일본정부는 안다만과 니코바르 섬을 보세의 임시정부에 넘긴다"고 선언함
	12월 31일: 임시정부가 획득한 자유인도 최초의 영토인 안다만 땅을 밟고, 안다만과 니코바르 섬에 샤히드(Shaheed: Martyrs)와 스와라즈(Swaraj)라는 새로운 이름 부여
	2월: INA 군대가 아라칸(Arakan) 전선에서 성공적인 전투를 치름
	3월 18~19일: 보세가 이끄는 INA가 버마 국경을 넘어 처음으로 인도 땅에 삼색기를 휘날림
1944	3월 21일: INA가 인도에 진격했음을 전 세계에 알리는 선언을 함
	4월 5일: 랑군에서 아자드 힌드 국립은행(National Bank of Azad Hind) 발족
	6~7월: INA 인도에서 퇴각
	11월: 도쿄대학에서 학생들에게 연설
	5월 중순: INA 군대와 함께 방콕에 도착
	8월 10일: 일본의 휴전 선언으로 INA 군대 역시 전투 중단. 이후 후퇴하여 임시정부 군부와 시민에게 미래에 대한 상세한 지시를 내림
1945	8월 16일: 싱가포르에서 방콕으로 비행
	8월 17일: 부관 일행과 함께 사이공으로 향함
	8월 17일: 라슈만 대령(Habibur Rashman: Deputy Chief of Staff of INA)과 함께 사이공을 출발함
	8월 22일: 보세가 탄 비행기가 8월 18일 추락했다고 도쿄라디오에서 보도

| 진나 연표 |

Muhammad Ali Jinnah(1876년 12월 25일~1948년 9월 11일)

연도	주요 사항
1876	12월 25일: 까라치에서 출생
1892	1월 30일: 에미바이(Emibai)와 결혼 11월: 유럽으로 떠남
1893	6월 5일: 링컨스 인 법학원(Lincoln's Inn)에 들어감
1896	5월 11일: 변호사 자격증 취득 8월: 런던에서 인도로 돌아옴 8월 24일: 봄베이 고등법원에 변호사 등록
1900	5월: 봄베이 관구의 치안판사로 임명됨
1906	12월 26~29일: 캘커타 연차대회에서 국민회의 의장인 나오로지(Dadabhai Naoroji)의 개인 비서로 일함
1909	제국최고위원회(Supreme Imperial Council)에 무투표 당선됨
1910	1월 4일: 제국입법참사회(Imperial Legislative Council: ILC)의 비관리 위원 봄베이 지역 무슬림 보류의석에 선출됨 12월 26~29일: 국민회의 알라하바드 회기에서 분리선거권을 지방의 시와 구로 확대 적용하는 것에 대해 비판함
1911	1월 1일: 알라하바드에서 개최된 힌두-무슬림 단합 회의에 참석함 1월 5일: 국민회의 대표단 멤버로 하딩 총독 방문 3월 16일: 제국입법참사회(ILC)에서 고칼레의 초등교육법(Elementary Education Bill) 지지 발언 3월 17일: 제국입법참사회에서 무슬림 와끄프 인가법(Muslim Wakf Validating Bill)을 발의함
1912	12월 31일: 무슬림연맹 위원회 모임에 참석
1913	5~6월: 고칼레와 영국으로 감 6월 28일: 런던인도인협회(London Indian Association) 창설 요청 10월: 인도로 돌아옴 10월 10일: 무슬림연맹 가입 12월 27일: 국민회의 까라치 대회에서 인도개혁위원회에 대한 견해 발의
1914	4월: 입법부의 참사회 개혁과 재조직을 위한 인도국민회의 대표단 일원으로 영국에 감 8월 8일: 런던 세실 호텔에서 개최된 간디를 위한 파티에 국민회의 저명인사들과 함께 참석함

1914	11월: 인도로 돌아옴
	12월 28~30일: 국민회의 마드라스 회기에서 AICC 위원으로 선출됨

1915	1월 9일: 고칼레와 함께 간디의 봄베이 도착을 마중함
	1월 14일: 봄베이에서 간디 부부를 환영하는 가든파티 주재함
	2월 9일: 멘토인 고칼레 사망
	3월 5일: 고칼레 기념관 건립안을 제안함
	10월: 국민회의와 무슬림연맹 연차대회를 같은 시기에 같은 장소에서 개최하자고 발의

1916	10월 11일: 무슬림연맹 의장으로 선출됨
	12월 30~31일: 무슬림연맹 의장으로서 러크나우 회기를 주관하고 국민회의와 러크나우 협정을 체결함. 국민회의 러크나우 회기에서 나오로지가 "진나는 힌두와 무슬림 단합을 위한 최고 사절"이라고 극찬함

1917	6월 16일: 베전트가 마드라스 정부에 의해 구속됨으로써 진나가 자치연맹의 의장을 맡음
	9월 24일: 총독위원회에서 인도 공무원의 50%를 인도인에게 할당한다는 결의안을 지지한다고 발언
	11월 3일: 자치연맹에서 "과격파도 온건파도 없다. 진정한 민족주의자들은 모든 합헌적 방법으로 목적을 이루는 데 힘써야 한다"고 연설

1918	4월 19일: 루텐바이(Ruttenbai)와 결혼
	4월 27~29일: 전쟁위원회에 참석
	8월: 몬터규-쳄름스포드의 개혁안에 제안된 다이아르키 제도(dyarchy system)에 불만을 표함
	10~11월: 다음 회기(1919년) 국민회의 의장으로 말라비야(Madan Mohan Malaviya)를 지지함
	12월 26~31일: 국민회의 회기에 참석하여 AICC위원으로 지명됨

1919	2~3월: 제국입법참사회에서 '형법(긴급권) 법안'(Criminal Law [Emergency Powers] Bill) 반대
	3월 28일: 로울라트 법안을 채택한 것에 항의하며 제국입법참사회 사임
	4월 6일: 봄베이에서 로울라트 법안에 반대하는 대중집회 주재
	10월: 「인디언 리뷰」(Indian Review)에 킬라파트 운동과 터키에 대한 견해를 게재함
	12월 27~30일: 국민회의 암리차르 회기에서 개혁이 부적절하고 불만족스러우며 실망스러운 것이라는 간디의 견해 지지

1920	4월 26~27일: 간디를 자치연맹의 회장으로 추천한 진나의 제안이 받아들여짐
	9월 4~7일: 국민회의 주재 위원회에서 간디의 비협조 프로그램은 비현실적인 것이라고 발언하고, 소위원회에서 비협조운동에 반대한다는 견해 표명
	9월 7일: 무슬림연맹 캘커타 특별회기를 주재하고 영국의 터키에 대한 호전적 정책과 펀잡 억압에 대해 비난함

1920	10월 4일: 간디가 의장이 된 봄베이 자치연맹에 참석. 간디가 자치연맹을 '스와라즈야 사바'로 개칭하고 규정을 바꾸는 것에 반대함 10월 25일: 자치연맹을 탈퇴함 10월 31일: 진나의 탈퇴에 대해 비판하는 간디의 편지에 답을 함 12월 31일: 국민회의 나그뿌르 회기에서 국민회의의 목적과 강령을 변경하는 결의안에 반대함. 간디의 비협조운동은 국가의 장래에 위험한 것이며, 분열과 와해를 일으킬 것이라고 비판. 이후 국민회의에서 탈퇴
1921	2월 19일: 고칼레 추모 모임에서 간디의 비협조운동 반대 연설 10월 27일: 무슬림연맹 위원회에 참석하여 킬라파트 운동에 대해 논의함
1922	1~2월: 봄베이에서 개최된 전인도단체회의(All Parties Conference)에 참석함
1923	11월 14일: 입법의회 봄베이지역구 의원으로 선출됨
1924	2월: 국가위원회(National Assembly)에 인도 경제 발전에 관한 동의안 제출 5월 24~25일: 라호르에서 개최된 무슬림연맹 연차대회를 주재함. 독립이 목표임을 재천명함
1925	2월: 군대의 인도화와 군사교육대학 설립을 위한 위원회의 위원으로 지명됨 12월 30~31일: 무슬림 연차대회에서 통치법 개정을 촉구함
1926	11월: 입법의회 의원으로 재선됨
1927	3월 20일: 사이먼위원회를 보이콧하고 델리무슬림 제안 발표 12월 30일~1928년 1월 1일: 진나파(사이먼위원회 보이콧) 무슬림연맹 캘커타 대회 12월 31일~1928년 1월 1일: 사피파(Shafi: 사이먼위원회 수용) 무슬림연맹 라호르대회 개최-무슬림연맹 분열됨
1928	3월 11일: 힌두마하사바가 무슬림 배분을 반대했기 때문 진나를 포함한 무슬림연맹 대표단이 전인도단체회의에서 철수함 4월 3일: 영국으로 떠남 10월 26일: 인도로 돌아옴. 봄베이에 도착하여 무슬림의 단합과 조직을 강조함. "독립으로 가는 길은 힌두-무슬림 단합에 있다"고 말함 11월 12일: 무슬림연맹 위원회 러크나우에서 개최, 「네루 보고서」에 대해 논의 11월 30일: 무슬림연맹 위원회 봄베이에서 개최, 「네루 보고서」가 무슬림 권익을 보장하고 있지 않다는 이유로 반대하기로 결의
1929	3월 28일: '진나 14개조' 공포 8월 11일: 나이두의 주선으로 봄베이에서 알리 형제와 함께 간디를 만남. 「네루 보고서」에 대한 힌두-무슬림의 견해차를 해결하기 위함 10월 31일: 총독의 원탁회의 개최에 대한 성명을 지지함
1930	1월 2일: 국민회의가 자치에서 완전 독립으로 전환한 결의안을 발표한 것에 대해 비판. "정치적 히스테리가 발작한 것"이라며 간디를 비판함

1930	2월 28일: 진나파와 사피파로 분열된 무슬림연맹 통합됨
	10월 13일: 런던으로 떠남
	11월: 1차 원탁회의 참석
	12월 19일: 무슬림연맹 연차대회에서 의장을 맡은 이끄발이 두 국가 이론 발언
1931	영국에 머물며 일시적으로 정치활동을 중단함
1934	1월 4일: 인도로 돌아옴. 정치활동 재개
	3월 4일: 통합된 무슬림연맹의 의장으로 재선됨
1935	'1935 인도 통치법'(Government of India Act, 1935) 공포
	2월 13~14일: 진나-빠라사드 방안(Jinnah-Rajendra Prasad Formula) 타결
	4월 23일: 영국으로 감
1936	'1935년 통치법'에 근거한 선거 위원회 구성
1937	'1935년 통치법'에 근거한 지방의회 총선 실시, 6개 주에 국민회의 주정부 구성
	7월 28일: 국민회의와 무슬림연맹 타협 결렬. 무슬림연맹은 국민회의에
	합병되기를 거부함
	10월 21일: 러크나우 무슬림 연차대회에서 네루와 국민회의를 비판하고
	무슬림 단합을 강조함
1938	3월 24일: 무슬림연맹은 중앙입법부에서 별개의 정당으로 행동할 것을 결의
	4월 17~18일: 캘커타 특별회기 주재, 국민회의와 평등한 지위 요구
	5월 11일: 힌두-무슬림 문제를 해결하기 위해 봄베이에서 국민회의 의장인
	보세와 만남
	6월 5일: 보세에게 무슬림연맹을 무슬림의 권위 있는 대표기관으로 인정해야
	타협이 가능하다는 편지를 보냄
	7월 25일: 간디는 무슬림연맹이 인도 무슬림의 유일한 대표라는 것을
	받아들일 수 없다고 편지로 알림. 보세는 무슬림연맹 결의안에 대한
	운영위원회의 견해를 편지로 진나에게 알림
	8월 16일: 진나와 보세가 힌두-무슬림 문제로 교환한 서신이 언론에 공개됨
1939	9월 23일: 총독이 전쟁 협조를 위해 간디와 진나를 초대함
	10월 5일: 간디와 함께 총독을 만남
	12월 2일: 국민회의 정부가 총사퇴한 것에 대해 12월 22일을 '해방의
	날'(Deliverance Day)로 기념하자고 요청
	12월 15일: 무슬림연맹을 인도 무슬림의 대표로 인정하지 않으면 힌두-
	무슬림 문제에 대해 논의할 수 없다고 선언하고 네루와의 대화를 거절함
	12월 22일: 무슬림이 전 인도에서 해방의 날을 기념함
1940	3월 22~24일: 무슬림연맹 라호르 회기 개최. 라호르(파키스탄)선언 결의
	5~6월: 인도인의 협조에 대해 린리스고 총독, 총독전쟁위원회와 서신을
	주고받음

1940	7월 12일: 인터뷰 기사를 통해 타협안이 나오기 전에는 총독전쟁위원회에 협력하는 것을 자제하라고 무슬림에게 전함
1941	3월 10일: 학생연맹(All India Congress Committee Students' Union meeting) 모임에서 이 나라에서 억압받는 이슬람을 구하고자 한다면 그 유일한 목표는 파키스탄이어야 한다고 역설함 3월 23일: 무슬림에게 파키스탄의 날(Pakistan Day)을 경축하라고 요청함 4월 12~13일: 무슬림연맹 마드라스 연차대회에서 '인도 무슬림 국가 수립에 대한 결의'를 통과시킴
1942	2월 21일: 무슬림연맹에 대한 라자고빨라차리의 비난은 근거 없는 것이라고 반박 2월 22일: 중국 쳉카이섹의 두 국가 이론 반대 발언을 비판함 7월 1일: APA 통신과의 인터뷰에서 두 국가 분할 계획은 정당하고 합당한 것이라고 주장 7월 2일: 언론과의 인터뷰에서 국민회의는 전 인도를 힌두 라즈로 만들려는 것이라고 거듭 주장함 8월 7일: 국민회의의 인도철퇴선언은 인도에 힌두 라즈를 수립하고자 하는 낡은 계획을 반복하는 것이라고 규정함 8월 10일: 인도철퇴선언으로 빚어진 시민전쟁을 당장 중지하라고 국민회의 지도부에 경고함
1943	3월 23일: 파키스탄의 날 성명서 발표 3월 24~26일: 무슬림연맹 델리 연차대회 개최. 무슬림연맹과 국민회의의 타협을 환영할 준비가 되어 있다고 발표 10월 30일: 벵골 기근에 대한 인터뷰
1944	7월 17일: 간디가 진나에게 만나기를 요청하는 편지를 보냄 7월 24일: 간디에게 8월에 만나겠다고 답장 9월 9~27일: 간디-진나 대화
1945	6월 25일~7월 14일: 심라회담(Simla Conference) 참석 7월 14일: 회담 마지막 연설에서 국민회의는 통일 인도를 주장, 무슬림연맹은 파키스탄을 주장 12월 15일: 파키스탄이 받아들여지면 변경조정이 논의될 수 있다고 언론에 밝힘
1946	1월 11일: 무슬림연맹이 선거에서 승리를 거둠 4월 4일: 각료사절단(Cabinet Mission)과 회동 5월 16일: 각료사절단 계획 발표됨 6월: 무슬림연맹은 각료사절단 계획 수용, 임시정부 계획을 받아들임 7월: 국민회의가 임시정부 안을 거부함. 무슬림연맹도 수용 결의 철회 8월 16일: 직접 행동일 선포 10월 15일: 무슬림연맹은 임시정부에 참여하기로 동의

1947	6월 3일: 인도의 분할과 파키스탄 수립이 발표됨. 진나는 계획안을 수락하는 역사적 연설을 함 7월: 영국의회에서 인도독립법이 통과됨 8월 11일: 파키스탄 제헌의회에서 대통령으로 선출됨 8월 14일: 파키스탄 탄생, 초대 총독(Governor-General)이 됨
1948	8월 14일: 첫 독립기념일에 국가를 향한 마지막 성명서 발표 9월 11일: 까라치에서 사망함

| 사바르까르 연표 |

Vinyak Damodar Savarkar(1883년 5월 28일~1966년 2월 26일)

연도	주요 사항
1883	5월 28일: 마하라슈뜨라 나시끄의 바구르(Bhagur) 마을에서 출생
1892	모친 사망
1898	영국 지배에 대항하여 무장투쟁을 하겠다고 맹세함
1898	부친 사망
1900	1월 1일: 혁명단체인 미뜨라 멜라(Mitra Mela) 설립
1901	3월 1일: 야무나바이(Yamunabai)와 결혼 12월 19일: 대학입학자격시험 합격
1902	1월 24일: 뿌나에 있는 퍼거슨 대학(Fergusson College) 입학
1904	5월: 혁명조직인 청년인도(Abhinava Bharat) 창립
1905	11월: 두세라 축제 기간에 뿌나에서 최초로 외국 직물 공개 소각 행사를 조직함. 혁명적 활동으로 대학에서 퇴출되었으나, 자격시험은 허용됨 12월: 문학사 자격시험 통과
1906	6월: 영국으로 유학을 떠남 자유인도협회(Free India Society) 창립 혁명의 본거지인 인디아 하우스(India House)에 거주 폭탄 제조법을 배우고 제조방법을 설명한 책자 인쇄 배포
1907	5월 10일: 1857년 인도 독립전쟁 50주년을 기념하여 '오, 순교자들이여'(Oh Martyrs)라는 글을 씀. 이 글은 1908년 5월 10일에 배포됨 6월: 저서 『주세페 마치니』(Joseph Mazzini)저술. 이 책은 나중에 바바라오 사바르까르(Babarao Savarkar)에 의해 출판됨
1908	『1857년 인도 독립전쟁』(Indian War of Independence 1857)을 저술함
1909	5월: 변호사 시험에 통과했으나 자격증 부여는 거부당함 7월 1일: 딩그라가 커즌 윌리 암살함 10월 24일: 인디아 하우스에서 간디 연설 12월 21일: 나시끄에서 치안판사였던 잭슨 암살됨
1910	3월 13일: 커즌 윌리, 잭슨 암살과 관련된 혐의로 체포됨 7월 8일: 압송하던 배가 마르세유에 도착하자 탈출했으나 다시 체포됨 12월 24일: 종신 유배형을 선고 받음

1911	1월 31일: 한 번 더 종신형을 선고 받음(일생에 종신형을 2회 선고 받은 유일한 인물이 됨) 7월 4일: 안다만 섬의 감옥(Cellular Jail)에 수감됨
1921	5월 21일: 인도 본토로 이송됨. 1923년까지 알리뽀레(Alipore)와 라뜨나기리(Ratnagiri)의 교도소에 수감됨
1923	『힌두뜨와의 본질』(Essentials of Hindutva) 저술
1924	1월 6일: 정치적 활동을 하지 않는다는 조건으로 예라와다(Yerawada) 교도소에서 석방되어 라뜨나기리에 연금됨
1927	3월 1일: 간디가 라뜨나기리에 있는 사바르까르를 방문함
1930	11월 16일: 사회개혁운동을 위해 불가촉천민을 포함한 카스트 사이의 공동 식사 행사 마련
1931	2월 25일: 모든 힌두가 뿌자를 행할 수 있는 빠띠뜨 빠반 만디르(Patitpavan Mandir) 건립 추진, 봄베이에서 불가촉성 박멸 콘퍼런스 주관 2월 26일: 빠띠뜨 빠반 만디르에 근거한 솜반쉬 마하르 빠리샤드(Somvanshi Mahar Parishad)의 의장을 맡음 9월 17일: 사회개혁 프로그램의 일환으로 방기(bhangi) 카스트에 속한 사람들이 75명의 여성들과 함께 식사하는 께르딴(keertan) 프로그램 추진 9월 22일: 네팔 왕자와 삼쉐르 싱(Hem Bahadur Samsher Singh)이 사바르까르를 방문
1937	5월 10일: 라뜨나기리의 연금 상태에서 완전히 석방됨 12월 10일: 아흐메다바드에서 열린 힌두마하사바(Akhil Bharat Hindu Mahasabha)의 19회 정기 연차대회에서 의장으로 선출됨. 이후 7년 동안 의장에 재선됨
1938	4월 3일: 깐뿌르(Kanpur) 방문. 이후 1857년 독립투쟁의 중심지였던 곳들을 방문 4월 15일: 전인도마라티문학협회(Marathi Sahitya Sammelan)의 의장으로 선출됨
1939	2월 1일: 하이데라바드의 니잠(Nizam)에 대항하여 비무장 저항을 시작함 4월 23일: 루스벨트 대통령에게 히틀러가 인류에 끼치는 해악을 제거해야 하는 것과 마찬가지로 인도에 대한 영국의 무력적 지배도 철수되어야 한다는 전문을 보냄
1940	4월: 국민회의를 지지하는 것은 파키스탄을 지지하는 것이라고 경고 10월 13일: 니잠 문제에 대한 간디의 발언에 대하여 무슬림 지배 시기의 박해를 언급하며 경고함
1941	3월 13~14일: 봄베이에서 비-단체회의(Non Party Conference) 개최됨. 여기서 종파를 초월한 단일 국가의 독립을 강조함

1941	4월: 진나가 무슬림 의장 연설에서 힌두마하사바를 "구제불능에 희망도 없는 단체"라고 모욕한 것에 대한 항의 견해 표명
	6월 22일: 보세가 사바르까르를 방문함
	12월 25일: 힌두마하사바 바갈뿌르(Bhagalpur) 회기에서 힌두뜨와 투쟁 결의. 사바르까르는 연설을 하지 못하고 체포됨

1942	3월 7일: 처칠에게 인도와 영국의 협조를 위해 인도 독립을 선포하라고 촉구하는 전문을 보냄
	3월 23일: 크립스가 "인도는 역사적으로 단일 국가였던 적이 없다"고 발언. 이에 대해 사바르까르가 "인도는 문화 종교적 단일 국가였다"고 반론함. '크립스 제안'을 전면 반대함
	7월 31일: 건강상의 이유로 힌두마하사바 의장 사임의사 표명
	8월 10일: 인도철퇴선언으로 국민회의 지도부가 구속된 것에 대한 유감 표명

| 1943 | 8월 14일: 나그뿌르 대학에서 명예 박사학위를 받음 |
| | 11월 5일: 상글리(Sangli) 회기에서 전인도마라티문학협회 의장으로 선출됨 |

1944	6월 말: 봄베이 주정부가 힌두의 빤다르뿌르(Pandharpur) 순례를 금지함. 사바르까르는 상가타니스트(Hindu Sanghatanist: 힌두 조직원)에게 종교적 자유를 지키기 위한 힌두 폭동을 지시함
	간디-진나 대화와 라자지 방안을 반대하며 8월 첫 주를 인도의 통일과 반파키스탄 주간으로 정함
	간디-진나 대화를 반대하는 상가타니스트들이 간디가 지나가는 역에 검은 깃발을 게양함

| 1945 | 3월 16일: 형인 바바라오 사바르까르 사망 |
| | 8월 19일: 바로다에서 개최된 전인도 토후국 힌두 사바 콘퍼런스(All India Princely States Hindu Sabha Conference)를 주재함 |

| 1946 | 4월: 봄베이 주정부가 사바르까르의 책들을 유통 금지시킴 |

| 1947 | 8월 15일: 독립일에 바그와(Bhagwa, 힌두마하사바의 깃발로 불꽃을 연상하게 하는 깃발임)와 삼색기를 함께 게양함 |
| | 12월 19일: 팔레스타인에 유대교 국가 건설을 지지한다고 발언함 |

| 1948 | 2월 5일: 간디 암살 공모죄로 체포됨 |

| 1949 | 2월 10일: 간디 암살 재판에서 무죄 방면됨 |
| | 12월 21일: 힌두마하사바 캘커타 연차대회 참석 |

1950	4월 4일: 네루-리아캇 알리 회담을 위협할 여지가 있다는 명목으로 예방구류법에 의해 체포됨
	4월 8일: 네루-리아캇 알리 협정(Nehru-Liaqat Ali Pact)이 조인됨
	7월 13일: 일체의 정치적 활동을 하지 않고, 봄베이에 있는 그의 집에 머문다는 조건으로 석방됨

1950	9월 16일: 불가촉천민 해방에 대한 헌법의 규정을 아쇼카의 비문처럼 비문에 새겨야 한다고 말함
1951	7월: 정치활동 금지 제한에서 풀려남
1952	5월 10~12일: 1857~1947년까지 순교한 혁명가들을 추모하고, 1899년 나시끄에서 자신이 창설한 청년인도협회(Abhinava Bharat Society)를 해산 8월 26일: 무케르지가 잔상(Jan Sangh)을 창립하고 가입을 권유했으나 건강 악화로 거절함 11월 30일: 인도 역사의 영광스러운 장면들에 대한 강연 시작
1953	1~5월: 나시끄에 기념관을 세우기 위한 기금 모금과 연설에 몰두함 4월: 텔레비전, 고등학교, 철도 등에 마라티어 보급을 위해 노력함 5월 10일: 청년인도기념회(Abhinava Bharat Memorial Society)가 시작된 곳인 나시끄에 기념비를 제막함 11월 10일: 따라 싱(Tara Singh)이 사바르까르 방문. 힌두-시크 단합, 펀잡의 언어에 따른 주(州) 형성 문제를 논의함
1954	5월: 힌두마하사바 회원들이 '외국 교회는 인도를 떠나야 한다'는 슬로건으로 기독교 전파에 대한 반대 시위를 주도함 11월 7일: 극작가인 니란잔 빨(Niranjan Pal)이 사바르까르를 방문함 12월: 니란잔 빨에게 1857년 독립전쟁을 영화로 만들 것을 제안함
1955	2월: 라뜨나기리에서 빠띠뜨 빠반 만디르 25주년 기념행사를 주재함 8월 21일: 봄베이에서 기독교인 어부 40명이 힌두교로 재개종하는 숫디에 참석함 7월 23: 띨락 탄생 100주년 기념식에서 연설함
1956	1월 10일: 정부가 삼유끄따 마하라슈뜨라 사이띠(Samyukta Maharashtra Samiti)의 요구를 수용하지 않는 데 대한 항의로 검은 깃발을 게양함. 힌두마하사바를 잔상(Jan Sang)과 통합하는 것에 반대함 5월: 네팔왕의 대관식에 즈음하여 유일한 힌두왕국의 왕위에 즉위하는 것을 축하한다는 메시지를 보냄 10월 14일: 암베드까르의 불교 개종에 대하여 '불교도 암베드까르는 힌두 암베드까르'라는 견해를 표명함 11월 10~12일: 조드뿌르(Jodhpur) 힌두마하사바 연차대회 참석
1957	5월 10일: 뉴델리에서 개최된 1857년 인도 독립전쟁 100주년 기념식에서 연설함. 이때 네루를 초대했으나 네루는 초대에 응하지 않음 8월 15일: 연방정부가 1857년 항쟁을 독립전쟁이라고 천명하고 축하함
1958	무력 증강의 필요성 역설
1959	10월 8일: 뿌나 대학에서 명예 문학박사학위를 받음

1960	3월: 건강이 악화되어 병상에서 생활함 4월 24일: 보빠뜨까르(Bhopatkar) 사망. 사바르까르는 마지막 수호자가 　사망했다는 견해를 표명 5월 1일: 마하라슈뜨라가 주(州)가 되자, 마하라슈뜨라가 인도의 지킴이가 　되기를 바란다는 견해를 표명함
1961	고아(Goa)가 인도에 합병됨. 이에 즈음하여 외부 침략에 대한 방어를 강조하는 　연설을 함
1962	계속 병석에 있음 4월 15일: 봄베이 지사인 쁘라까슈(Prakash)가 존경을 표하기 위해 방문함
1963	11월 8일: 부인 야무나바이 사망
1965	9월: 병이 악화됨
1966	2월 1일: 죽을 때까지 단식하기로 결정 2월 26일: 오전 10시 30분 83세로 생을 마감함 2월 27일: 전기 화장터에서 화장됨

후주

I부 _ 간디 vs. 암베드까르: 하리잔과 달리뜨

1) 요게시 차다, 정영목 번역(2001), 『마하트마 간디』, p.234.

2) Pandyan K. David(1996), *Dr, B. R. Ambedkar and the Dynamics of Neo-Buddhism*, p.54.

3) *CWMG*, vol. 83, pp.112~114.

4) *CWMG*, vol. 51, p.220.

5) Nicholas B. Dirks(2001), *Castes of mind: colonialism and the making of modern India*, p.28.

6) *BAWS*, vol. 5, p.20.

7) *CWMG*, vol. 89, p.296.

8) *BAWS*, vol. 5, p.21.

9) *CWMG*, vol. 98, p.230.

10) *BAWS*, vol. 5, p.267.

11) *BAWS*, vol. 5, p.267.

12) *BAWS*, vol. 5, p.260.

13) *CWMG*, vol. 48, p.226.

14) *CWMG*, vol. 51, p.354.

15) *CWMG*, vol. 81, p.424.

16) World Bank(2000), *Overview of Rural Decentralisation in India*, vol. III, p.18.

17) India Constituent Assembly(1989), *Constituent Assembly debates*, vol. VII. p.38; *India Constituent Assembly, Constituent Assembly Debates(9th December, 1946 to 24th January 1950)*, p.1459.

18) Ambedkar, B. R.(1970). *States and Minorities*, p.23.

19) *CWMG*, vol. 83, pp.112~114.

20) *BAWS*, vol. 5, p.54.

21) Ravindra Kumar(2002), "Gandhi: Non-violence and Indian Democracy", p.9.

22) Mathew, G.(2002), *Panchayati Raj*, p.4.

23) *BAWS*, vol. 1, p.352.

24) Rudolph, L. I. and S. H. Rudolph(2010), *Postmodern Gandhi and Other Essays*, pp.20~21.

25) *BAWS*, vol. 9, pp.40~41.

26) *BAWS*, vol. 9, p.41.

27) "Report of the Committee appointed by All Parties Conference 1928", In Hasan, Mushirul(2002), *Islam in the subcontinent: Muslims in a plural society*, pp.430~432.

28) "Report of the Committee appointed by All Parties Conference 1928", In Hasan, Mushirul(2002), *Islam in the subcontinent: Muslims in a plural society*, p.459.

29) Sharma, J. N.(2008), *Encyclopaedia Eminent Thinkers 13: The Political Thought Of M. A. Jinnah*, pp.50~51.

30) *BAWS*, vol. 9, pp.47~48.

31) *BAWS*, vol. 9, pp.52~54.

32) *CWMG*, vol. 54, pp.154~159.

33) *CWMG*, vol. 26, p.141.

34) 정채성(2003), 「하리잔(Harijan)과 달리뜨(Dalit): 불가촉천민의 집단의식 형성」, p.66.

35) *CWMG*, vol. 56, p.347.

36) *CWMG*, vol. 21, pp.387~390.

37) *CWMG*, vol. 22, pp.6~7.

38) *BAWS*, vol. 9, pp.14~15.

39) *BAWS*, vol. 9, p.18.

40) *CWMG*, vol. 26, p.141.

41) *BAWS*, vol. 9, pp.22~23.

42) *BAWS*, vol. 5, p.318.

43) *CWMG*, vol. 51, p.288.

44) Keer, Dhananjay(1971) *Dr. Ambedkar: Life and Mission*, pp.164~167.

45) *CWMG*, vol. 59, p.510.

46) *CWMG*, vol. 59, p.227.

47) *CWMG*, vol. 59, p.228.

48) 山崎元一(1979), 『インド社會と新佛敎』, p.73.

49) Vakil A. K.(1991), *Gandhi-Ambedkar dispute*, p.5.

50) *BAWS*, vol. 9, p.55.

51) "Gandhi and His Fast", *BAWS* vol. 5, pp.367~372.

52) David Hardiman(2003), *Gandhi in his time and ours*, p.132.

53) Coward, Harold(2003), *Indian Critiques of Gandhi*, p.54.

54) Coward, Harold(2003), *Indian Critiques of Gandhi*, p.56.

55) *BAWS*, vol. 9, p.248.

56) 간디, 함석헌 번역(1996), 『간디 자서전』, pp.503~510.

57) *CWMG*, vol. 16, pp.344~345.

58) 간디, 함석헌 번역(1996), 『간디 자서전』, pp.509~510.

59) Bond, Douglas G.(1988), "The Nature and Meaning of Nonviolent direct action: An exploratory study", p.86.

60) *BAWS*, vol. 5. pp.336~339.

61) *BAWS*, vol. 5, p.341.

62) *BAWS*, vol. 9, p.311.

63) 요게시 차다, 정영목 번역(2001), 『마하트마 간디』, pp.573~574.

64) 디완 찬드 아히르, 이명권 번역(2005), 『암베드카르』, p.114.

65) 디완 찬드 아히르, 이명권 번역(2005), 『암베드카르』, p.126.

66) 디완 찬드 아히르, 이명권 번역(2005), 『암베드카르』, p.125.

67) *CWMG*, vol. 64, p.96.

68) Omvedt, Gail(2004), *Ambedkar, Toward an Enlightened India*, p.48.

69) Bondurant, Joan V.(1988), *Conquest of Violence: The Gandhian Philosophy of conflict*, p.9.

70) Pandiri, Ananda M.(2007). *A Comprehensive, Annotated Bibliography on Mahatma Gandhi*, vol.2. p.ix~x.

71) Jones, Eli Stanley(1948), *Mahatma Gandhi; an interpretation*, p.115.

72) Jones, Eli Stanley(1948), *Mahatma Gandhi; an interpretation*, p.117.

73) Nojeim, Michael J.(2004), *Gandhi and King: the power of nonviolent resistance*, p.148.

74) *BAWS*, vol. 5, p.356.

75) http://www.blogbharti.com/bhupinder/caste/gandhi-vs-ambedkar-or-gandhi-and-ambedkar

76) 디완 찬드 아히르, 이명권 번역(2005), 『암베드카르』, p.183.

77) Coward, Harold(2003), *Indian Critiques of Gandhi*, p.41.

II부 _ 간디 vs. 보세: 위대한 영혼과 용감한 지도자

1) Gandhi M. K.(1983), *An Autobiography or the story of my experiments with truth*. pp.441~445.

2) Dalton, D.(1996), *Mahatma Gandhi: Selected Political Writings*. p.72.

3) Bose, Sugata(2011), *His Majesty's Opponent*, p.77.

4) Sitaramayya, B. P.(1946), *The history of the Indian National Congress*, vol.1, pp.350~351.

5) Sitaramayya, B. P.(1946), *The history of the Indian National Congress*, vol.1, p.354.

6) Sitaramayya, B. P.(1946), *The history of the Indian National Congress*, vol.1, p.356.

7) *CWMG*, vol.48, p.271.

8) Ackerman, P. and J. DuVall(2001), *A Force More Powerful: A Century of Non-Violent Conflict*. p.84.

9) *CWMG*, vol. 48, pp.362~367.

10) *CWMG*, vol. 48, p.408.

11) Martin, B.(2007). *Justice Ignited: The Dynamics of Backfire*, pp.38~40.

12) *CWMG*, vol. 51, pp.446~450.

13) Nehru, J.(1941), *Toward freedom: the autobiography of Jawaharlal Nehru*. p.193.

14) Bose, Sugata(2011), *His Majesty's Opponent*, p.80.

15) *NCW*, vol. 2, p.225.

16) Kripalani, J. B.(1975), *Gandhi, His Life and Thought*, p.134.

17) Majumdar, R. C.(1996), *History of the freedom movement in India*, vol. III. p.309.

18) Majumdar, R. C.(1996), *History of the freedom movement in India*, vol. III. p.312.

19) Ghose, S.(1991), *Mahatma Gandhi*. p.203.

20) 조길태(2006), 『인도사』, p.520.

21) *NCW*, vol. 2, p.231.

22) *NCW*, vol. 2, p.236.

23) *NCW*, vol. 2, p.230.

24) *NCW*, vol. 2, p.232.

25) *NCW*, vol. 2, p.222.

26) 조길태(2006), 『인도사』, p.521.

27) *NCW*, vol. 2, p.231.

28) *CWMG*, vol. 51, pp.292~293.

29) *NCW*, vol. 2, p.226.

30) Sitaramayya, B. P.(1946), *The history of the Indian National Congress*, vol. 1, p.432.

31) Sitaramayya, B. P.(1946), *The history of the Indian National Congress*, vol. 1, p.459.

32) Bandhu, D. C. (2003), *History Of Indian National Congress (1885~2002)*. p.139.

33) Gordon, L. A.(1990), *Brothers against the Raj*, p.271.

34) *NCW*, vol. 2, p.232.

35) Nehru, J.(1941), *Toward freedom: the autobiography of Jawaharlal Nehru*, p.205.

36) Nehru, J.(1941), *Toward freedom: the autobiography of Jawaharlal Nehru*, p.239.

37) Nehru, J.(1941), *Toward freedom: the autobiography of Jawaharlal Nehru*, p.244.

37) Nehru, J.(1941), *Toward freedom: the autobiography of Jawaharlal Nehru*, p.237.

39) Pannu, Mohinder Singh(2006), *Partners of British Rule*, p.498.

40) Guha, S.(1986), *The Mahatma and the Netaji: two men of destiny of India*. p.56.

41) Pannu, Mohinder Singh(2006), *Partners of British Rule*, p.497.

42) Kibriya, M.(1999), *Gandhi And Indian Freedom Struggle*, p.304.

43) 자와하를랄 네루, 김정수 번역(2005), 『네루 자서전』, p.292.

44) 자와하를랄 네루, 김정수 번역(2005), 『네루 자서전』, pp.331~333.

45) NCW, vol. 9, pp.67~94에 실려 있는 성명서를 자료로 사용함.

46) *CWMG*, vol. 74, pp.437~438.

47) *CWMG*, vol. 75, p.13.

48) Sarkar, Jayavrata(2006), "Power, Hegemony and Politics: Leadership Struggle in Congress in the 1930s", p.354.

49) *CWMG*, vol. 75, p.25.

50) Nehru, J.(1942), *The Unity of India Collected Writings 1937~1940*, p.89.

51) *CWMG*, vol. 74, p.239.

52) Gandhi, R.(2006). *Gandhi: the man, his people, and the empire*, p.400.

53) Ghose, S.(1993), *Jawaharlal Nehru: A Biography*, p.133.

54) Bose, S.(2011), *His Majesty's Opponent: Subhas Chandra Bose and India's Struggle Against Empire*, p.135.

55) Bose, S.(2011), *His Majesty's Opponent: Subhas Chandra Bose and India's Struggle Against Empire*, pp.144~145.

56) Keer, D.(1973), *Mahatma Gandhi: political saint and unarmed prophet*, p.658.

57) Bose, S.(2011), *His Majesty's Opponent: Subhas Chandra Bose and India's Struggle Against Empire*, p.136.

58) Gandhi, R. (2006), *Gandhi: the man, his people, and the empire*, p.401.

59) Sarkar, Jayavrata(2006), "Power, Hegemony and Politics: Leadership Struggle in Congress in the 1930s", p.354.

60) *NCW*, vol. 9, pp.90~94.

61) Ghose, S.(1991), *Mahatma Gandhi*, p.263.

62) *CWMG*, vol. 75, p.223.

63) Sen, S. N.(1997), *History Of Freedom Movement In India(1857~1947)*, pp.276~277.

64) Gandhi, R.(2006), *Gandhi: the man, his people, and the empire*, p.402.

65) Keer, D.(1973), *Mahatma Gandhi: political saint and unarmed prophet*, p.653.

66) Bose, S.(2011), *His Majesty's Opponent: Subhas Chandra Bose and India's Struggle Against Empire*, p.136.

67) *CWMG*, vol. 76, pp.156~157.

68) Overy, R. J. (2004), *The Dictators: Hitler's Germany and Stalin's Russia*, p.489.

69) *CWMG*, vol. 79, pp.453~456.

70) Shivramu(1998), "Savarkar's Role in the British Quitting India" p.459.

71) Hayes, R.(2011), *Subhas Chandra Bose in Nazi Germany: Politics, Intelligence and*

Propaganda, 1941~43. pp.41~42 참조.

72) Hayes, R.(2011), *Subhas Chandra Bose in Nazi Germany: Politics, Intelligence and Propaganda, 1941~43*. p.47.

73) Basu, K.(2010), *Netaji: Rediscovered*, p.321.

74) *CWMG*, vol. 78, p.387.

75) *NCW*, vol. 10, p.159.

76) *NCW*, vol. 10, pp.160~161.

77) *NCW*, vol. 10, p.84.

78) *NCW*, vol. 10, pp.86~87.

79) *CWMG*, vol. 78, p.257.

80) *CWMG*, vol. 76, p.273.

81) 조길태(2006), 『인도사』, p.526.

82) Sitaramayya, B. P.(1947), *History of the Indian National Congress*, vol.2: 1935~1947, pp.313~314 참조.

83) Ghose, S.(1991), *Mahatma Gandhi*, p.286.

84) *CWMG*, vol. 82, p.338.

85) *CWMG*, vol. 82, pp.216~217.

86) *CWMG*, vol. 83, pp.445~447.

87) *CWMG*, vol. 83, p.197.

88) *NCW*, vol. 11, p.126.

89) *NCW*, vol. 11, p.127.

90) *NCW*, vol. 11, pp.128~129.

91) *NCW*, vol. 11, p.131.

92) *CWMG*, vol. 83, p.196.

93) *CWMG*, vol. 83, p.208.

94) *NCW*, vol. 11, p.132.

95) *NCW*, vol. 11, p.139.

96) *NCW*, vol. 11, p.142.

97) *CWMG*, vol. 83, pp.456~458.

98) *CWMG*, vol. 83, pp.209~210.

99) *CWMG*, vol. 83, pp.217~218.

100) Gandhi, Devadas(1944), *India Unreconciled: a documentary history of Indian political events from the crisis of August 1942 to February 1944*, pp.41~43.

101) *CWMG*, vol. 83, p.219.

102) *CWMG*, vol. 83, pp.274~276.

103) *CWMG*, vol. 83, pp.461~462.

104) 샤시 타루르, 이석태 번역(2009), 『네루 평전』. p.149.

105) *CWMG*, vol. 83, p.266.

106) Gandhi, Devadas(1944), *India Unreconciled: a documentary history of Indian political events from the crisis of August 1942 to February 1944*, p.120.

107) *CWMG*, vol. 83, p.279.

108) Gandhi, Devadas(1944), *India Unreconciled: a documentary history of Indian political events from the crisis of August 1942 to February 1944*, p.128.

109) 로맹 롤랑, 최현 번역(2001), 『마하트마 간디』, p.41.

110) Gandhi, Devadas(1944), *India Unreconciled: a documentary history of Indian political events from the crisis of August 1942 to February 1944*, pp.150~151.

111) Gandhi, Devadas(1944), *India Unreconciled: a documentary history of Indian political events from the crisis of August 1942 to February 1944*, pp.159~161.

112) Gandhi, Devadas(1944), *India Unreconciled: a documentary history of Indian political events from the crisis of August 1942 to February 1944*, pp.167~170.

113) Gandhi, Devadas(1944), *India Unreconciled: a documentary history of Indian political events from the crisis of August 1942 to February 1944*, pp.171~172.

114) *NCW*, vol. 11, pp.198~199.

115) *NCW*, vol. 12, p.17.

116) *NCW*, vol. 12, p.46.

117) *NCW*, vol. 12, p.48.

118) *NCW*, vol. 12, pp.167~168.

119) Shivramu(1998), "Savarkar's Role in the British Quitting India", p.455.

120) *NCW*, vol. 12, p.100.

121) *NCW*, vol. 12, pp.104~105.

122) Lebra, J. C.(2008), *The Indian National Army and Japan*, p.170.

123) *NCW*, vol. 12, pp.192~197.

124) *NCW*, vol. 12, pp.200~201.

125) *NCW*, vol. 12, pp.212~222.

126) *NCW*, vol. 12, p.214.

127) *NCW*, vol. 12, pp.215~216.

128) *NCW*, vol. 12, pp.219~220.

129) *NCW*, vol. 12, p.220.

130) *NCW*, vol. 12, pp.264~265.

131) 요게시 차다, 정영목 번역(2001), 『마하트마 간디』, p.662.

132) *CWMG*, vol. 82, p.217.

133) 요게시 차다, 정영목 번역(2001), 『마하트마 간디』, p.645.

134) *NCW*, vol. 12, pp.214~215.

135) Shivramu(1998), "Savarkar's Role in the British Quitting India", p.461.

136) *NCW*, vol. 12, p.200.

137) *CWMG*, vol. 89, p.403.

138) Agrawal, L. M. G.(2008), *Freedom fighters of India*. pp.259~260.

III부 _ 간디 vs. 진나: 인도와 파키스탄의 아버지

1) Ghose, S.(1991), *Mahatma Gandhi*, p.84.

2) Wells, I. B.(2005). *Ambassador of Hindu-Muslim unity: Jinnah's early politics*, p.17.

3) *CWMG*, vol. 10, p.202.

4) Wells, I. B.(2005). *Ambassador of Hindu-Muslim unity: Jinnah's early politics*, p.27.

5) 조길태(2009), 『인도와 파키스탄』, p.66.

6) 조길태(2009), 『인도와 파키스탄』, p.80.

7) Jinnah, M. A.(1989), *Mohammad Ali Jinnah: an ambassador of unity: his speeches and writings, 1912~1917*, pp.29~52.

8) 간디, 함석헌 번역(1996), 『간디 자서전』, p.450.

9) 요게시 차다, 정영목 번역(2001), 『마하트마 간디』, p.382.

10) *CWMG*, vol. 14, p.373.

11) 요게시 차다, 정영목 번역(2001). 『마하트마 간디』, p.380.

12) *CWMG*, vol. 21, p.235.

13) Besant, A. W.(1921), *Speeches & writings of Annie Besant*, pp.434~435.

14) Dodwell, H.(1932), *The Cambridge History of India*, vol. VI, p.745.

15) Nehru, J.(1941), *Toward freedom*, p.68.

16) Sitaramayya, B.P.(1946), *The history of the Indian National Congress*, vol. 1, p.207.

17) Satyapal and P. Chandra(1946), *Sixty years of congress*, p.275.

18) Majumdar, R. C.(1996), *History of the freedom movement in India*, vol. III, pp.81~83.

19) Majumdar, R. C.(1996), *History of the freedom movement in India*, vol. III, p.83.

20) Jalal, A.(1994), *The Sole Spokesman*, p.8.

21) Wells, I. B.(2005). *Ambassador of Hindu-Muslim unity: Jinnah's early politics*, p.108.

22) *CWMG*, vol. 19, pp.137~138.

23) 조길태(2009), 『인도와 파키스탄』, p.90.

24) Jalal, A.(1994), *The Sole Spokesman*, p.8.

25) Mujahid, S.(1981), *Quaid-i-Azam Jinnah*. p.15.

26) Majumdar, S. K.(1966), *Jinnah and Gandhi*, pp.38~39.

27) Besant, A.(1939), *The Besant spirit*, vol. III, p.78.

28) *CWMG*, vol. 21, pp.377~380; *CWMG*, vol. 21, pp.382~384.

29) Zahoor, A.(2000), *Muslims in the Indian Subcontinent*, p.12.

30) Majumdar, R. C.(1996), *History of the freedom movement in India*, vol. III, p.466.

31) Smith, R. A.(1947), *Divided India*, p.154.

32) 조길태(2009), 『인도와 파키스탄』, p.146.

33) Jinnah, M. A. and W. Ahmad(1992), *The Nation's Voice, Towards Consolidation*, vol. I: *March 1935~March 1940*, p.183.

34) Jinnah, M. A. and W. Ahmad(1992), *The Nation's Voice, Towards Consolidation*, vol. I: *March 1935~March 1940*, p.291.

35) Majumdar, S. K.(1966), *Jinnah and Gandhi*, p.159.

36) Jinnah, M. A. and All-India Muslim League(1983), *Address by Quaid-i-Azam Mohammad Ali Jinnah at Lahore Session of Muslim League, March 1940*, pp.5~23.

37) *CWMG*, vol. 78, pp.92~93.

38) *CWMG*, vol. 78, pp.108~110.

39) *CWMG*, vol. 78, p.110.

40) Ansari, S.(1945), *Pakistan: the problem of India*, pp.3~6 참조.

41) Jinnah, M. A. and W. Ahmad(1992), *The Nation's Voice, Towards Consolidation*, vol. I: *March 1935~March 1940*, pp.469~472.

42) Jinnah, M. A. and W. Ahmad(1996), *The Nation's Voice*, vol. II: *United We Win*, pp.145~146.

43) Jalal, A.(1994), *The Sole Spokesman*, p.245.

44) *BAWS*, vol. 8, p.22.

45) Coward, H. G.(1987), *Modern Indian Responses to Religious Pluralism*, p.254.

46) *CWMG*, vol. 83, pp.189~200.

47) *CWMG*, vol. 83, pp.191~192.

48) *CWMG*, vol. 83, p.192.

49) 자와하를랄 네루, 김정수 번역(2005), 『네루 자서전』, p.635.

50) *CWMG*, vol. 83, p.194.

51) Menon, V. P.(1957), *Transfer Of Power In India*, p.141.

52) 요게시 차다, 정영목 번역(2001), 『마하트마 간디』, p.657.

53) Majumdar, S. K.(1966), *Jinnah and Gandhi*, p.194.

54) Menon, V. P.(1957), *Transfer Of Power In India*, p.141.

55) 샤시 타루르, 이석태 번역(2009), 『네루 평전』, p.163.

56) Gandhi M. K.(1983), *An autobiography or the story of my experiments with truth*, p.425.

57) Wells, I. B.(2005), *Ambassador of Hindu-Muslim unity: Jinnah's early politics*, p.61.

58) Gandhi, Devadas(1944), *India Unreconciled, a Documentary History of Indian Political Events from the Crisis of August 1942 to February 1944*, p.257.

59) *CWMG* vol. 83, pp.299~300.

60) *CWMG* vol. 83, p.301.

61) Gandhi, Devadas(1944), *India Unreconciled, a Documentary History of Indian Political Events from the Crisis of August 1942 to February 1944*, pp.257~258.

62) Gandhi, Devadas(1944), *India Unreconciled, a Documentary History of Indian Political Events from the Crisis of August 1942 to February 1944*, pp.259~260.

63) Gandhi, Devadas(1944), *India Unreconciled, a Documentary History of Indian Political Events from the Crisis of August 1942 to February 1944*, p.260.

64) *CWMG*, vol. 84, p.199 .

65) Bonney, R.(2004), *Three giants of South Asia: Gandhi, Ambedkar and Jinnah on self-determination*, pp.30~31.

66) 요게시 차다, 정영목 번역(2001), 『마하트마 간디』, 689.

67) Majumdar, S. K.(1966), *Jinnah and Gandhi*, p.204.

68) Jinnah, M. A. and C. Rajagopalachari(1944), *Gandhi-Jinnah Talks*, p.36.

69) Jinnah, M. A. and C. Rajagopalachari(1944), *Gandhi-Jinnah Talks*, p.3~4.

70) Jinnah, M. A. and C. Rajagopalachari(1944), *Gandhi-Jinnah Talks*, p.3~4.

71) Jinnah, M. A. and C. Rajagopalachari(1944), *Gandhi-Jinnah Talks*, p.5~6.

72) Jinnah, M. A. and C. Rajagopalachari(1944), *Gandhi-Jinnah Talks*, p.12~13.

73) *CWMG*, vol. 78, p.110, '3장_거짓과 현실' 참조.

74) Jinnah, M. A. and C. Rajagopalachari(1944), *Gandhi-Jinnah Talks*, p.14.

75) Jinnah, M. A. and C. Rajagopalachari(1944), *Gandhi-Jinnah Talks*, p.31.

76) Jinnah, M. A. and C. Rajagopalachari(1944), *Gandhi-Jinnah Talks*, p.32.

77) Jinnah, M. A. and C. Rajagopalachari(1944), *Gandhi-Jinnah Talks*, p.33.

78) Jinnah, M. A. and C. Rajagopalachari(1944), *Gandhi-Jinnah Talks*, p.34~36.

79) 조길태(2009), 『인도와 파키스탄』, p.174.

80) Azad, A. K.(1988). *India Wins Freedom*. pp.96~97.

81) *CWMG*, vol. 77, p.230.

82) 요게시 차다, 정영목 번역(2001), 『마하트마 간디』, p.689.

83) *CWMG*, vol. 84, p.239.

84) Allana, G.(1969), *Pakistan Movement: Historical Documents*, pp.407~411.

85) *CWMG*, vol. 96, p.158.

86) Nehru, J. and D. Norman(1965), *Nehru, the first sixty years*, vol. II, p.338.

87) *CWMG*, vol. 96, p.229.

88) *CWMG*, vol. 96, pp.230~231.

89) *CWMG*, vol. 96, p.233.

90) *CWMG*, vol. 96, p.233.

91) Ahmed, A.(2012), *Jinnah, Pakistan and Islamic Identity*, p.201.

IV부 _ 간디 vs. 사바르까르: 람 라즈야와 힌두뜨와

1) 조길태(1993), 『인도 민족주의 운동사』, p.244.

2) Gokhale, D. N.(1979), *Biography of Babarao Savarkar*, E-book, p.25.

3) 마하트마 간디, 안찬수 번역(2001), 『힌두 스와라지』, p.111.

4) *CWMG*, vol. 98, p.329.

5) 나카지마 다케시, 이목 번역(2012), 『간디의 물음』, pp.187~188.

6) http://www.newstodaynet.com/col.php?section=20&catid=33&id=7318

7) Savarkar, V. D., Joshi G. M.(1986), *The Indian war of independence, 1857*, p.547.

8) Savarkar, V. D. and G. M. Joshi(1947), *The Indian war of independence, 1857*, p.xx.

9) Savarkar, V. D. and G. M. Joshi(1947), *The Indian war of independence, 1857*, pp.2~3.

10) Savarkar, V. D. and G. M. Joshi(1947), *The Indian war of independence, 1857*, pp.3~4.

11) Savarkar, V. D. and G. M. Joshi(1947), *The Indian war of independence, 1857*, p.4.

12) Savarkar, V. D. and G. M. Joshi(1947), *The Indian war of independence, 1857*, p.5.

13) Savarkar, V. D. and G. M. Joshi(1947), *The Indian war of independence, 1857*, p.57.

14) Savarkar, V. D. and G. M. Joshi(1947), *The Indian war of independence, 1857*, p.58.

15) Savarkar, V. D. and G. M. Joshi(1947), *The Indian war of independence, 1857*, p.120~121.

16) Savarkar, V. D. and G. M. Joshi(1947), *The Indian war of independence, 1857*, p.539~540.

17) Savarkar, V. D. and G. M. Joshi(1947), *The Indian war of independence, 1857*, p.266.

18) Savarkar, V. D. and G. M. Joshi(1947), *The Indian war of independence, 1857*, p.xxiv.

19) 마하트마 간디, 안찬수 번역(2001), 『힌두 스와라지』, p.128.

20) 요게시 차다, 정영목 번역(2001), 『마하트마 간디』, pp. 301~308.

21) Gandhi, M. and A. J. Parel(2009), *Gandhi: 'Hind Swaraj' and Other Writings Centenary Edition*, p.73.

22) 마하트마 간디, 안찬수 번역(2001), 『힌두 스와라지』, p.128.

23) 나카지마 다케시, 이목 번역(2012), 『간디의 물음』, p.77.

24) 마하트마 간디, 안찬수 번역(2001), 『힌두 스와라지』, pp.54~55.

25) 마하트마 간디, 안찬수 번역(2001), 『힌두 스와라지』, p.56.

26) 마하트마 간디, 안찬수 번역(2001), 『힌두 스와라지』, pp.103~104.

27) Savarkar, V. D. and G. M. Joshi(1947), *The Indian war of independence, 1857*, p.273.

28) Savarkar, V. D. and G. M. Joshi(1947), *The Indian war of independence, 1857*, p.67.

29) 마하트마 간디, 안찬수 번역(2001), 『힌두 스와라지』, p.109.

30) 마하트마 간디, 안찬수 번역(2001), 『힌두 스와라지』, p.130.

31) 마하트마 간디, 안찬수 번역(2001), 『힌두 스와라지』, p.133.

32) 마하트마 간디, 안찬수 번역(2001), 『힌두 스와라지』, p.173.

33) Savarkar, V. D. and G. M. Joshi(1947), *The Indian war of independence, 1857*, p.10.

34) Golwalkar, M. S.(1939), *We or Our Nationhood Defined*, p.3.

35) 마하트마 간디, 안찬수 번역(2001), 『힌두 스와라지』. p.73.

36) 마하트마 간디, 안찬수 번역(2001), 『힌두 스와라지』. p.83.

37) 마하트마 간디, 안찬수 번역(2001), 『힌두 스와라지』. p.75.

38) Savarkar, V. D. and G. M. Joshi(1947), *The Indian war of independence, 1857*, p.76.

39) Savarkar, V. D. and G. M. Joshi(1947), *The Indian war of independence, 1857*, p.126.

40) Bakshi, S. R.(1993), V. D. Savarkar, p.161.

41) Savarkar, V. D.(2003), *Hindutva: who is a Hindu?*, p.ii.

42) Savarkar, V. D.(2003), *Hindutva: who is a Hindu?*, p.3.

43) Savarkar, V. D.(2003), *Hindutva: who is a Hindu?*, p.15.

44) Savarkar, V. D.(2003), *Hindutva: who is a Hindu?*, p.16.

45) Savarkar, V. D.(2003), *Hindutva: who is a Hindu?*, p.34.

46) Savarkar, V. D.(2003), *Hindutva: who is a Hindu?*, pp.84~85.

47) Savarkar, V. D.(2003), *Hindutva: who is a Hindu?*, p.90.

48) Savarkar, V. D.(2003), *Hindutva: who is a Hindu?*, p.113.

49) 近藤光博(1998),「ヒンドゥーナショナリズムと暴ヒンドゥ」, p.14.

50) Kuruvachira, Jose(2006), *Hindu Nationalists of Modern India*, pp.117~118.

51) 종교와 정치가 연계된 힌두 상징성의 부각에 관해서는 류경희(1994),「힌두 근본주의의 대두와 세속국가로서의 인도」, 『종교연구』 vol.10 참조.

52) *CWMG*, vol. 23, p.176.

53) *CWMG*, vol. 87, p.104.

54) Jaydev Jana(2002), "Gandhi and Ram Rajya", p.1768.

55) Riaz, A.(2010), *Religion and Politics in South Asia*, p.10.

56) *CWMG* vol. 23, p.224.

57) Rudolf C. Heredia(2009), "Gandhi's Hinduism and Savarkar's Hindutva", pp.63~67.

58) Ren, Chao(2011), "Religion and Nationhood in Late Colonial India", p.4.

59) Puri, Bindu(2003), "Hinduism – A Legacy in Dispute – Savarkar and Gandhi", pp.277.

60) Majumdar, R. C.(1996), *History of the freedom movement in India*, vol. III, p.162.

61) *CWMG*, vol. 93, p.77.

62) Smith, V. A.(1998), *Asoka: The Buddhist Emperor of India*, p.182.

63) *CWMG*, vol. 5, p.335.

64) *CWMG*, vol. 8, p.10.

65) *CWMG*, vol. 8, p.20.

66) *CWMG*, vol. 8, p.119.

67) *CWMG*, vol. 8, p.167.

68) *CWMG*, vol. 8, p.413.

69) *CWMG*, vol. 8, p.53.

70) 요게시 차다, 정영목 번역(2001), 『마하트마 간디』, pp.351~354.

71) *CWMG*, vol. 16, p.392.

72) Majumdar, R. C.(1996), *History of the freedom movement in India*, vol. III, p.282.

73) Majumdar, R. C.(1996), *History of the freedom movement in India*, vol. III, p.543.

74) 요게시 차다, 정영목 번역(2001), 『마하트마 간디』, p.740.

75) Prakash, Indra(1938), *A review of the history & work of the Hindu Mahasabha and the Hindu Sanghatan movement*, p.365.

76) Bapu, P.(2012), *Hindu Mahasabha in Colonial North India, 1915~1930*, p.80.

77) Bakshi, S. R.(1993), *V. D. Savarkar*, p.194.

78) Bakshi, S. R.(1993), *V. D. Savarkar*, p.265.

79) Bakshi, S. R.(1993), *V. D. Savarkar*, p.313.

80) Bakshi, S. R.(1993), *V. D. Savarkar*, pp.320~321.

81) Savarkar, V. D.(1967), *Historic Statements*, p.44.

82) Savarkar, V. D.(1967), *Historic Statements*, p.229.

83) Chadha, Yogesh(1997), *Rediscovering Gandhi*, p.194

84) 간디, 함석헌 번역(1996), 『간디 자서전』, p.423.

85) *CWMG*, vol. 96, pp.156~157.

86) *CWMG*, vol. 96, pp.9~10.

87) 조길태(2009), 『인도와 파키스탄』, p.277.

88) Nehru, J. and D. Norman(1965), *Nehru, the first sixty years*, vol. II, p.336.

89) Godse, N. V.(E-book), *Why I Assassinated Mahatma Gandhi?*, paragraph 27.

90) Godse, N. V.(E-book), *Why I Assassinated Mahatma Gandhi?*, paragraph 29.

91) Godse, N. V.(E-book), *Why I Assassinated Mahatma Gandhi?*, paragraph 56.

92) Godse, N. V.(E-book), *Why I Assassinated Mahatma Gandhi?*, paragraph 58.

93) Godse, N. V.(E-book), *Why I Assassinated Mahatma Gandhi?*, paragraph 69.

94) *CWMG*, vol. 98, p.219.

95) Godse, N. V.(E-book), *Why I Assassinated Mahatma Gandhi?*, paragraph 16.

96) Kumar, R.(1991), *Life and Work of Sardar Vallabhbhai Patel*, p.36.

97) 요게시 차다, 정영목 번역(2001), 『마하트마 간디』, p.763.

98) *CWMG*, vol. 98, p.466.

99) Godse, N. V.(E-book), *Why I Assassinated Mahatma Gandhi?*, paragraph 69.

100) 자와하를랄 네루, 김정수 번역(2005), 『네루 자서전』, p. 635.

101) *CWMG*, vol. 93, p.17.

102) *CWMG*, vol. 56, pp.142~193.

103) *CWMG*, vol. 56, pp.154~155.

104) *CWMG*, vol. 93, p.77.

105) *CWMG*, vol. 94, p.212.

106) *CWMG*, vol. 94, p.218.

107) *CWMG*, vol. 95, p.226.

108) 요게시 차다, 정영목 번역(2001), 『마하트마 간디』, p. 741.

109) Nandy, Ashis(1980), *At the Edge of Psychology: Essays in Politics and Culture*, p.87.

110) Rudolf C Heredia(2009), "Gandhi's Hinduism and Savarkar's Hindutva", p.63.

111) Noorani, A. G. A. M.(2002), *Savarkar and Hindutva: The Godse Connection*, p.129.

112) 요게시 차다, 정영목 번역(2001), 『마하트마 간디』, p.847.

113) Nehru, J. and D. Norman(1965), *Nehru, the first sixty years*, vol.II, p.364.

114) Keer, D.(1966), *Veer Savarkar*, p.424.

115) Keer, D.(1966), *Veer Savarkar*, p.429.

116) Savarkar, V. D.(1964), "Suicide and self-sacrifice", p.2.

117) Savarkar, V. D.(1964), "Suicide and self-sacrifice", p.3.

118) *CWMG*, vol. 87, p.104.

119) Joti Trehan(1998), "savarkarism", p.508.

120) Puri, B.(2003), "Hinduism – A Legacy in Dispute – Savarkar and Gandhi", p.285.

121) 김우조(2003), 「TV드라마 '라마야나'와 인도정치 그리고 여성」, p.33; p.38.

참고문헌

1차 자료

간디, 함석헌 번역(1996), 『간디 자서전』. 한길사.
마하트마 간디, 안찬수 번역(2001), 『힌두 스와라지』. 도서출판 강.

Ambedkar, B. R. and V. Moon(1979~1998), *Dr. Babasaheb Ambedkar, Writings and Speeches(BAWS)*, vol.1~17. Bombay: Education Department Government of Maharashtra.
vol.1. *Castes in India: Their Mechanism, Genesis and Development and 11 other essays*.
vol.2. *Dr. Ambedkar in the Bombay Legislature, with the Simon Commission and at the Round Table Conferences, 1927~1939*.
vol.3. *Philosophy of Hinduism; India and the pre-requisites of communism; Revolution and counter-revolution; Buddha or Karl Marx*.
vol.4. *Riddles in Hinduism*.
vol.5. *Essays on Untouchables and Untouchability*.
vol.6. *The evolution of provincial finance in British India*.
vol.7. *Who were the Shudras?; The Untouchables*.
vol.8. *Pakistan or the Partition of India*.
vol.9. *What Congress and Gandhi have done to the Untouchables; Mr. Gandhi and the Emancipation of the Untouchables*.
vol.10. *Dr. Ambedkar as member of the Governor General's Executive Council, 1942~46*.
vol.11. *The Buddha and his Dhamma*.
vol.12. *Unpublished writings; Ancient Indian commerce; Notes on laws; Waiting for a Visa; Miscellaneous notes, etc*.
vol.13. *Dr. Ambedkar as the principal architect of the Constitution of India*.

vol.14. *(2 Parts) Dr. Ambedkar and The Hindu Code Bill*.

vol.15. *Dr. Ambedkar as free India's first Law Minister and Member of Opposition in Indian Parliament(1947~1956)*.

vol.16. *Dr. Ambedkar's The Pali grammar*.

vol.17 *(3 Parts) Dr. B. R. Ambedkar and his Egalitarian Revolution*.

Bose, Subhas Chandra and Sisir Kumar Bose, et al.(1980~2007), *Netaji: Collected Works*(NCW), vol.1~12. Calcutta: Netaji Research Bureau.

vol.1. *An Indian Pilgrim and Letters 1897~1921*.

vol.2. *The Indian Struggle 1920~1942*.

vol.3. *In Burmese Prisons: Correspondes 1923~1926*.

vol.4. *Correspondence 1926~1932*.

vol.5. *Statements, Speeches, Prison notes and Boycott of British Goods, 1923~1929*.

vol.6. *Correspondence, Statements, Speeches 1929~1932*.

vol.7. *Letters to Emilie Schenkl 1934~1942*.

vol.8. *Letters, Articles, Speeches and Statements 1933~1937*.

vol.9. *Congress President: Speeches, Articles and Letters, January 1938~May 1939*.

vol.10. *The Alternative Leadership 1939~1941*.

vol.11. *Azad Hind 1941~1943*.

vol.12. *Chalo Delhi 1943~1945*.

Gandhi M. K.(1983), *An Autobiography or the story of my experiments with truth*. New York: Dover.

Gandhi M. K.(1999), *The Collected Works of Mahatma Gandhi Electronic Book 98 volumes*(CWMG, vol.1~98). New Delhi: Publications Division Government of India,

Jinnah, M. A.(1989), *Mohammad Ali Jinnah: an ambassador of unity: his speeches and writings, 1912~1917*. Lahore: Atish Fishan Publications.

Jinnah, M. A. and W. Ahmad(1992), *The Nation's Voice, Towards Consolidation*, vol.I: *March 1935~March 1940*, Karachi: Quaid-i-Azam Academy.

Jinnah, M. A. and W. Ahmad(1996), *The Nation's Voice*, vol.II: *United We Win*,

Karachi: Quaid-i-Azam Academy.

Jinnah, M. A. and All-India Muslim League(1983), *Address by Quaid-i-Azam Mohammad Ali Jinnah at Lahore Session of Muslim League, March 1940*, Islamabad: Directorate of Films & Publications, Ministry of Information & Broadcasting, Government of Pakistan.

Jinnah, M. A. and C. Rajagopalachari(1944), *Gandhi-Jinnah Talks: Text of Correspondence and Other Relevant Matter, July-October, 1944*. New Delhi: Hindustan Times.

Savarkar, V. D.(1942), *Hindutva*. Bombay: Veer Savarkar Prakashan.

Savarkar, V. D.(1950), *The story of my transportation for life*. Bombay: Sadbhakti Publications.

Savarkar, V. D.(1964), *Hindu Rashtra Darshan: a collection of the presidental speeches delivered from the Hindu Mahasabha platform*. Poona, Maharashtra Prantik Hindusabha. E-book. 이 연설문은 Bakshi, S. R.(1993), *V. D. Savarkar*, pp.143~403에 전문이 게재되어 있다.

Savarkar, V. D.(1964), "Suicide and self-sacrifice", E-book

Savarkar, V. D.(1967), *Historic statements*. Bombay: Karnatak Printing Press.

Savarkar, V. D.(2003), *Hindutva : who is a Hindu?*. New Delhi: Hindi Sahitya Sadan.

Savarkar, V. D.(2003), *The Maratha movement (Hindu-pad-padshahi): or A review of the Hindu empire of Maharashtra*. New Delhi: Hindi Sahitya Sadan.

Savarkar, V. D. and S. T. Godbole(1985), *Six glorious epochs of Indian history*. Bombay: Veer Savarkar Prakashan. E-book

Savarkar, V. D., Joshi G. M.(1947), *The Indian war of independence, 1857*, Bombay: Phœnix Publications.

Savarkar, V. D., Joshi G. M.(1986), *The Indian war of independence, 1857*, New Delhi: Rajdhani Granthagar.

Savarkar, V. D. and N. D. Savarkar(1924), *An echo from Andamans: letters written by Br. Savarkar to his brother Dr. Savarkar*. Nagpur: V. V. Kelkar. E-book

연구 자료

게일 옴베트, 이상수 번역(2005), 『암베드까르 평전』. 필맥.

김우조(2003), 「TV드라마 '라마야나'와 인도정치 그리고 여성」, 『인도연구』 8(1).

나카지마 다케시, 이목 번역(2012), 『간디의 물음』. 김영사.

디완 챤드 아히르, 이명권 번역(2005), 『암베드카르』. 코나투스.

로맹 롤랑, 최현 번역(2001), 『마하트마 간디』. 범우사.

류경희(1994), 「힌두 근본주의의 대두와 세속국가로서의 인도」, 『종교연구』 Vol.10.

마하트마 간디, 김태언 번역(2006), 『마을이 세계를 구한다』. 녹색평론사.

박금표(2007), 『인도사 108장면』. 민족사.

박금표(2009), 「영국지배시기의 시크교 정체성 확립에 관한 연구」, 『남아시아연구』 15(1).

박금표(2012), 「보세(S. C. Bose)의 간디-어윈 협정 비판에 대한 고찰」, 『남아시아연구』
　　18(1).

박금표 외 공저(2006), 『인도의 종파주의』. 한국외국어대학교 출판부.

비나약 차투르베디(Vinayak Chaturvedi)(2009), 「제국주의 시대의 항쟁을 기리며－V. D.
　　사바르카르(Savarkar)와 민족주의적 역사 쓰기」, 『로컬리티 인문학』 2권.

샤시 타루르, 이석태 번역(2009), 『네루 평전』. 탐구사.

요게시 차다, 정영목 번역(2001), 『마하트마 간디』. 한길사.

이광수(2011), 「사띠와 자살특공대의 힌두교적 논리와 그 사회적 의미」, 『인도연구』 16(1).

이명권(2001), 「암베드까르와 현대 인도 불교」, 서강대학교 박사학위 논문.

자와하를랄 네루, 김정수 번역(2005), 『네루 자서전』. 간디서원.

정채성(2000), 「인도의 기타 후진 계급(Other Backward Classes)의 사회적 성격」,
　　『인도연구』 5.

정채성(2003), 「하리잔(Harijan)과 달리뜨(Dalit): 불가촉천민의 집단의식 형성」,
　　『인도연구』 8(1).

조길태(1979), 「인도·파키스탄 분립에 관한 일고찰 — Gandhi, Jinnah 및 Nehru의 활동을
　　중심으로」, 『아세아연구』 22(1).

조길태(1993), 『인도 민족주의 운동사』. 신서원.

조길태(2006), 『인도사』. 민음사.

조길태(2009), 『인도와 파키스탄』. 민음사.

조세종(2008), 「화이트헤드와 간디의 종교적 관용」. 『철학논총』 54.

차기벽(1989), 『간디의 생애와 사상』. 한길사.

E. M. S. 남부디리파드, 정호영 번역(2011), 『마하트마 간디 불편한 진실』. 한스컨텐츠.

近藤光博(Kondo Mitsuhiro)(1998), 「ヒンドウーナショナリズムと暴ヒンドウ」, 『南山宗教文化研究所研究所報』第8号.
山崎元一(1979), 『インド社會と新佛教』. 東京: 刀水書房.

Abul, K.(1997), *Subhas Bose: Strategic Concepts and Diplomatic Thought*. New Delhi: Manohar.

Ackerman, P. and J. DuVall(2001), *A Force More Powerful: A Century of Non-Violent Conflict*. New York: Palgrave Macmillan.

Adams, J.(2010), *Gandhi: Naked Ambition*. London: Quercus.

Agrawal, L. M. G.(2008), *Freedom fighters of India*. Delhi: Isha Books.

Ahluwalia, S. and B. K. Ahluwalia(1982), *Netaji and Gandhi*. New Delhi: Indian Academic Publishers.

Ahluwalia, S. and B. K. Ahluwalia(1983), *Netaji and Indian independence*. New Delhi: Harnam Publications.

Ahmed, A.(2012), *Jinnah, Pakistan and Islamic Identity: The Search for Saladin*. New York: Taylor & Francis.

Allana, G.(1969), *Pakistan Movement: Historical Documents*. Karachi: Department of International Relations, University of Karachi.

Almeida, P.(2001), *Jinnah: Man of Destiny*. Delhi: Kalpaz Publications.

Anand, Y. P.(1997), *The Essential Relationship between Netaji Subhas Bose & Mahatma Gandhi: the supreme martyrs in India's freedom struggle*. New Delhi: National Gandhi Museum.

Ansari, S.(1945), *Pakistan: The Problem of India*. Lahore: Minerva book shop.

Ayer, S. A.(1951), *Unto Him a Witness: The Story of Netaji Subhas Chandra Bose in East Asia*. Bombay: Thacker.

Azad, A. K.[1988(1959)], *India Wins Freedom*. New Delhi: Orient Longman.

Bahadur, K. and M. C. Paul, et al.(2000), *Contemporary India*. New Delhi: Authorspress.

Bakshi, S. R.(1993), *V. D. Savarkar*. New Delhi: Anmol Publications.

Bandhu, D. C.(2003), *History of Indian National Congress, 1885~2002*. Delhi: Kalpaz Publications.

Banerjee, T.(2002), *Mystery of death of Subhash Chandra Bose*. New Delhi: Rajat.

Barrier, N. Gerald(1986), "The Punjab Government and Communal Politics, 1870~1908", *The Journal of Asian Studies*, vol.27, no.3, (May), pp.523~539.

Basu, K.(2010), *Netaji: Rediscovered*. Indiana: Author House.

Besant, A. W.(1921), *Speeches & writings of Annie Besant*. Madras: G. A. Natesan.

Besant, A. W(1939), *The Besant spirit,* vol.III. Madras: Theosophical Pub. House.

Bharathi, K. S.(1998), *Encyclopaedia of Eminent Thinkers 9: The political thought of Ambedkar*. New Delhi: Concept Pub. Co.

Bharathi, K. S.(1998), *Encyclopaedia of Eminent Thinkers 1: The political thought of Mahatma Gandhi*. New Delhi: Concept Pub. Co.

Bhardwaj, R. C. and India Parliament Lok Sabha Secretariat(1994), *Netaji and the INA: a commemorative volume brought out to mark the golden jubilee of the Indian National Army(Azad Hind Fauj)*. New Delhi: Lok Sabha Secretariat.

Bhargava, M. L.(1982), *Netaji Subhas Chandra Bose in South-East Asia and India's liberation war 1943~45*. New Delhi: Vishwavidya Publishers.

Bhattacharyya, S. N.(1975), *Subhas Chandra Bose in self-exile: his finest hour*. Delhi: Metropolitan Book Co.

Bond, Douglas G.(1988), "The Nature and Meaning of Nonviolent direct action: An exploratory study", *Journal of Peace Research*, 25, no.1.

Bondurant, Joan V.(1988) *Conquest of Violence: The Gandhian Philosophy of Conflict*, Princeton: Princeton University Press.

Bonney, R.(2004), *Three giants of South Asia: Gandhi, Ambedkar and Jinnah on self-determination*. Delhi: Media House.

Bose, M.(1982), *The Lost Hero: A Biography of Subhas Bose*. London: Quartet Books.

Bose, P.(1972), *An Outline of Democratic Socialism*. Calcutta: Netaji Subhas Institute for Social Studies.

Bose, P.(1999), *Subhas Bose and India today: a new tryst with destiny?*. New Delhi: Deep & Deep.

Bose, S. C.(1970), *Fundamental Questions of Indian Revolution*. Calcutta: Netaji Research Bureau.

Bose, S. C., S. K. Bose, et al.(1997), *The essential writings of Netaji Subhas Chandra Bose*. Delhi: Oxford: Oxford University Press.

Bose, S. K.(1984), *Netaji A Pictorial biography*. Calcutta: Ananda.

Bose, S. K.(2000), *The Great Escape*. Calcutta: Netaji Research Bureau.

Bose, Sugata(2011), *His Majesty's Opponent: Subhas Chandra Bose and India's Struggle Against Empire*. Cambridge: Belknap Press of Harvard Univ. Press.

Bright, J. S. and S. C. Bose(1946), *Subhas Bose and His Ideas*. Lahore: Indian Printing Works.

Chadha, Yogesh(1997), *Rediscovering Gandhi*. London: Century.

Chakrabarty, Bidyut(1989), "The Communal Award of 1932 and Its Implications in Bengal", *Modern Asian Studies*, vol.23, no.3.

Chakrabarty, Bidyut(1990), *Subhas Chandra Bose and Middle Class Radicalism: A Study in Indian Nationalism, 1928~1940*. London: London School of Economics & Political Science in association with I. B. Tauris.

Chakrabarty, Bidyut(2006), *Social and Political Thought Of Mahatma Gandhi*. Oxford: Routledge.

Chakrabarty, D. and C. Bhattacharyya, et al.(1936), *Congress in evolution: a collection of Congress resolutions*. Calcutta: The Book Company.

Chakravarti, S. R. and M. C. Paul(2000), *Netaji Subhas Chandra Bose: Relevance To Contemporary World*. New Delhi: Har-Anand Publications.

Chandra, S. and M. Chandra(1993), *Religious Minority Educational Institutions*. New Delhi: Aditya Books.

Chatterjee, R.(2000), *Netaji Subhas Bose: Bengal, Revolution and Independence*. New Delhi: Ocean Books.

Chattopadhyay, B., A. R. Guha, et al.(2002), *Communalism Condemned, Gujarat genocide 2002*. Kolkatta: Progressive Publishers.

Chattopadhyay, G.(1973), *Subhas Chandra Bose and Indian Communist Movement: A study of Cooperation and Conflict*. New Delhi: People's Publishing House.

Chattopadhyay, G.(1997), *Subhas Chandra Bose, The Indian Leftists And Communists*. New Delhi: People's Pub. House.

Chopra, P. N. and P. Chopra, et al.(2003), *Jawaharlal Nehru, Gandhi and Subhas Chandra Bose*. Delhi: Konark Publishers.

Choudhury, K. P.(1977), *Netaji and India*. Shillong, Choudhury.

Chowdhury, N. N.(1965), *Subhaschandra and Socialism*. Calcutta: Bookland.

Coward, Harold(2003), *Indian Critiques of Gandhi*. Albani: State University of New York Press.

Dalton, D.(1996), *Mahatma Gandhi: Selected Political Writings*. Indianapolis: Hackett.

Das, H. H. and B. C. Rath(1997), *Netaji Subhas Chandra Bose: Reassessment Of His Ideas And Ideologies*. Jaipur: Pointer.

Das, S.(2001), *Subhas: A Political Biography*. New Delhi: Rupa.

Das Gupta, H. N.(1946), *Subhas Chandra*. Calcutta: Jyoti Prokasalaya.

Das Khosla, G.(1974), *Last days of Netaji*. Delhi: Thomson Press(India).

Dāsa, Harihara(1983), *Subhas Chandra Bose and The Indian National Movement*. New Delhi: Sterling Publishers.

Dāsa, Harihara(2000), *Netaji Subhas Chandra Bose: The Great War For Political Emancipation*. Jaipur: National Pub. House.

David Hardiman(2003), *Gandhi In His Time And Ours: The Global Legacy Of His Ideas*. New York: Columbia University Press.

Dodwell, H.(1932), *The Cambridge History of India*, vol. vi. Cambridge: Cambridge University Press.

Dubey, M.(1998), *Subhas Chandra Bose: The Man and His Vision*. New Delhi: Har-Anand Publications.

Fay, Peter Ward(1995), *The Forgotten Army: India's Armed Struggle for Independence 1942~1945*. Ann Arbor: University of Michigan Press.

Gandhi, Devadas(1944), *India Unreconciled: A Documentary History of Indian Political Events From The Crisis of August 1942 to February 1944*. New Delhi: Hindustan Times.

Gandhi, M. and A. J. Parel(2009), *Gandhi: 'Hind Swaraj' and Other Writings Centenary Edition*. Cambridge: Cambridge University Press.

Gandhi, M. K.(1945), *Gandhiji's correspondence with the government, 1942~1944*. Ahmedabad: Navajivan Publishing House.

Gandhi, M. K, Vyas, H. M. ed(1962), *Village Swaraj*. Ahmedabad: Navajivan Publishing House.

Gandhi, Rajmohan(2006), *Gandhi: The Man, His People, and The Empire*. Berkeley: University of California Press.

Ganpuley, N. G.(1959), *Netaji in Germany: a Little-Known Chapter*. Bombay: Bharatiya Vidya Bhavan.

Gautama Q. L.(2002), *Dr. Baba Saheb Ambedkar and Brahmanism*. New Delhi: B. R. Pub. Corp.

Getz, M. J.(2002), *Subhas Chandra Bose: A Biography*. Jefferson: McFarland & Company.

Ghatak B. K. ed.(1997), *Dr. Ambedkar's Thought*. New Delhi: A. P. H. Publishing Corporation.

Ghose, S.(1991), *Mahatma Gandhi*. New Delhi: Allied Publishers Limited.

Ghose, S.(1993), *Jawaharlal Nehru: A Biography*. New Delhi: Allied Publishers.

Ghosh, A.(1986), *Netaji : A Realist and a Visionary*. Varanasi: Vijayashree Enterprises.

Ghosh, J. N.(1946), *Netaji Subhas Chandra: Political Philosophy of Netaji, History of Azad Hind Government, I.N.A. and International Law*. Calcutta: Orient Book Co.

Godbole, S. T.(1998), "Savarkar's Approach To History", In Verinder Grover ed.(1998) *Vinayak Damodar Savarkar*. New Delhi: Deep & Deep Publications.

Godse, N. V.(E-book), *Why I Assassinated Mahatma Gandhi?*. Soldiers of Hindutva.

Gokhale, D. N.(1979), *Biography of Babarao Savarkar*. E-book(www.savarkar.org)

Golwalkar, M. S.(1939), *We Or Our Nationhood Defined*. Nagpur: Bharat Prakashan.

Goray, N. G.(1978), *Subhas Chandra Bose: The Co-Architect of India's Freedom*. Bombay: Janata.

Gordon, L. A.(1990), *Brothers against the Raj: A Biography of Indian Nationalists Sarat and Subhas Chandra Bose*. New York: Columbia University Press.

Gosain, S.(2005), *Netaji Subhash Bose: Eternal Flame of Liberty*. Delhi: Vijay Goel.

Guha, A. C.(1982), *India's Struggle, Quarter of A Century, 1921~46 Part I*. New Delhi: Publications Division, Ministry of Information and Broadcasting, Govt. of India.

Guha, S.(1978), *Netaji, Dead or Alive?*. New Delhi: S. Chand.

Guha, S.(1986), *The Mahatma and the Netaji: Two Men of Destiny of India*. New

Delhi: Sterling Publishers.

Gupta, C.(1939), *Life of Barrister Savarkar*. Madras: Hindu Mission Pustak
Bhandar.

Gupta, M. C. and J. Guha Roy, et al.(1999), *Subhas Bose, The Man and His
Mission*. New Delhi: Indian Institute of Public Administration.

Gupta, V. P. and M. Gupta(1998), *The Quest For Freedom: A Study of Netaji
Subhas Chandra Bose*. New Delhi: Radha.

Hartog, R.(2001), *The Sign of The Tiger : Subhas Chandra Bose and His Indian
Legion in Germany, 1941~45*. New Delhi: Rupa & Co.

Hasan, Mushirul(2002), *Islam in The Subcontinent: Muslims in A Plural Society*.
New Delhi: Manohar.

Hayashida, T. and B. Chattopadhyay(1970), *Netaji Subhas Chandra Bose: His
Great Struggle and Martyrdom*. Bombay: Allied Publishers.

Hayes, R.(2011), *Subhas Chandra Bose in Nazi Germany: Politics, Intelligence and
Propaganda, 1941~43*. New York: Columbia University Press.

India Constituent Assembly(1989), *Constituent Assembly debates* vol.vii (4. Nov.
1948~8. Jan. 1949). New Delhi: Lok Sabha Secretariat.

Jalal, A.(1994), *The Sole Spokesman: Jinnah, the Muslim League and the Demand
for Pakistan*. Cambridge: Cambridge University Press.

James Massey(2003), *Dr. B. R. Ambedkar, A Study in Just Society*. New Delhi:
Manohar.

Jaydev Jana(2002), "Gandhi and Ram Rajya", *Economic and Political Weekly*, vol.
37, no.18(May 4~10, 2002).

Jog, N. G.(1969), *In Freedom's Quest.: A Biography of Netaji Subhas Chandra
Bose*. Bombay: Orient Longmans.

Jones, Eli Stanley(1948), *Mahatma Gandhi; an interpretation*. New York:
Abingdon-Cokesbury Press.

Kane, Albert E.(1994), "The Development of Indian Politics", *Political Science
Quarterly*, vol.59, no.1.

Kar, J. (1978), *The New Horizon: Netaji's Concept Of Leftism*. Calcutta: K. P.
Bagchi.

Kar, J. (1988), *Subhas Chandra Bose: The Man and His Mind*. Calcutta: India,
Minerva.

Kasliwal, R. M.(1983), *Netaji, Azad Hind Fauj, and After*. New Delhi: Today & Tomorrow's Printers and Publishers.

Keer, D.(1966), *Veer Savarkar*. Bombay: Popular Prakashan.

Keer, D(1971), *Dr. Ambedkar: Life and Mission*. Bombay: Popular Prakashan.

Keer, D.(1973), *Mahatma Gandhi: Political Saint and Unarmed Prophet*. Bombay: Popular Prakashan.

Kelkar,B. K.(1998), "Savarkar: A Three-Demensional View", In Verinder Grover ed.(1998), *Vinayak Damodar Savarkar*. New Delhi: Deep & Deep Publications.

Khosla, G. D.(1974), *Last Days of Netaji*. Delhi: Thomson Press

Kibriya, M.(1999), *Gandhi And Indian Freedom Struggle*. New Delhi: APH Pub.

Kripalani, J. B.(1975), *Gandhi, His Life and Thought*. New Delhi: Publications Division, Ministry of Information and Broadcasting, Government of India.

Kumar, R.(1991), *Life and Work of Sardar Vallabhbhai Patel*. New Delhi: Atlantic Publishers and Distributors.

Kuruvachira, Jose.(2006), *Hindu Nationalists of Modern India: A Critical Study of The Intellectual Genealogy of Hindutva*. Jaipur: Rawat Publications.

Lebra, J. C.(2008). *The Indian National Army and Japan*. Singapore: Institute of Southeast Asian Studies.

Madan, V.(2002), *The Village in India*. New Delhi: Oxford University Press.

Madhu Limaye(2003), *Manu, Gandhi and Ambedkar and Other Essays*. New Delhi: Gyan Publishing House.

Majumdar, A. K.(1986), *Indian Foreign Policy and "Marxist" Opposition Parties in Parliament*. Calcutta: Naya Prokash.

Majumdar, R. C.[1996(1963)], *History of The Freedom Movement in India* vol.III. Calcutta: Firma K. L. Mukhopadhyay.

Majumdar, S. K.(1966), *Jinnah and Gandhi: Their Role in India's Quest for Freedom*. Calcutta: K. L. Mukhopadhyay.

Manabendu Banerjee ed.(2007), *Sukracarya's Sukraniti-Sara: A Sanskrit Text Book on Ancient Indian Political Science*. Kolkata: Sadesh.

Mangat, G. S.(1986), *The Tiger Strikes: An Unwritten Chapter of Netaji's Life History*. Ludhiana: Gagan Publishers.

Martin, B.(2007), *Justice Ignited: The Dynamics of Backfire*. Lanham: Rowman & Littlefield.

Mathew, G.(2002). *Panchayati Raj: From Legislation to Movement*. New Delhi: Concept Pub. Co.

Menon, V. P.(1957), *Transfer Of Power In India*. Princeton: Princeton University Press.

Miller, R. E.(1991), "Modern Indian Muslim Response", Coward, H. G.(1987), *Modern Indian Responses to Religious Pluralism*. New York: State University of New York Press.

Misra, R. P.(2007), *Rediscovering Gandhi*, vol.1: *Hind Swaraj, Gandhi's Challenge to Modern Civilization*. New Delhi: Concept Publishing Company.

Mookerjee, G. K.(1975), *Subhas Chandra Bose*. New Delhi: Ministry of Information and Broadcasting.

Mookerjee, N.(1981), *Subhas Chandra Bose: the British Press, intelligence and Parliament*. Calcutta: Jayasree Prakashan.

Mookerjee, N.(1970), *Netaji Through German Lens; a New Discovery*. Calcutta: Jayasree Prakashan.

Mookerjee, N.(1977), *Vivekananda's influence on Subhas*. Calcutta: Jayasree Prakashan.

Mujahid, S.(1981), *Quaid-i-Azam Jinnah: Studies in Interpretation*. Karachi: Quaid-i-Azam Academy.

Mukerjee, H.(1977), *Bow of Burning Gold: A Study of Subhas Chandra Bose*. New Delhi: People's Pub. House.

Mukerjee, H.(1996), *Subhas Chandra Bose: Facets of A Great Patriot*. Calcutta: Netaji Institute for Asian Studies.

Mukherjee, A.(1999), *Netaji Subhas Chandra Bose in Historical Perspective*. Calcutta: Institute of Historical Studies.

Mukherjee, D.(1997), *Subhas Chandra Bose: Accelerator of India's Independence*. New Delhi: Gyan.

Muller, E. and A. Bhattacharjee(1985), *Subhas Chandra Bose and Indian freedom Struggle*. New Delhi: Ashish.

Nandy, Ashis(1980), *At the Edge of Psychology: Essays in Politics and Culture*. New Delhi: Oxford University Press.

Needham, A. D. and R. S. Rajan(2007), *The Crisis of Secularism in India*. Durham: Duke University Press.

Nehru, J.(1941), *Toward Freedom: The Autobiography of Jawaharlal Nehru*. New
   York: The John Day Co.

Nehru, J.(1942), *The Unity of India Collected Writings 1937~1940*. New York: The
   John Day Company.

Nehru, J. and D. Norman(1965), *Nehru, The First Sixty Years*, vol.II. New York:
   John Day Co.

Nicholas B. Dirks(2001), *Castes Of Mind: Colonialism And The Making Of Modern
   India*. New Jersey: Princeton University Press.

Nojeim, Michael J.(2004), *Gandhi and King: The Power of Nonviolent Resistance*.
   Westport: Praeger Publishers.

Noorani, A. G. A. M.(2002), *Savarkar and Hindutva: The Godse Connection*. New
   Delhi: LeftWord Books.

Ohsawa, G.(1954), *The Two Great Indians in Japan, Sri Rash Behari Bose and
   Netaji Subhas Chandra Bose*. Calcutta: Kusa Publications.

Omvedt, Gail(1994), *Dalits and The Democratic Revolution: Dr. Ambedkar and The
   Dalit Movement in Colonial India*. New Delhi: Sage Publications.

Omvedt, Gail(2000), "Gandhi and Ambedkar: Why the Confront", Ranga M. L.
   ed.(2000), *B. R. Ambedkar Life, Work and Relevance*. New Delhi: Manohar.

Omvedt, Gail(2004), *Ambedkar, Toward an Enlightened India*. New Dehli: Penguin
   Books Viking.

Overy, R. J.(2004), *The Dictators: Hitler's Germany and Stalin's Russia*. New York:
   W. W. Norton & Company.

Pandiri, Ananda M.(2007), *A Comprehensive, Annotated Bibliography on Mahatma
   Gandhi* vol. 2. Westport: Praeger.

Pandit, H. N.(1988), *Netaji Subhas Chandra Bose, from Kabul to Battle of Imphal*.
   New Delhi: Sterling Publishers.

Pandyan K. David(1996), *Dr, B. R. Ambedkar and the Dynamics of Neo-Buddhism*.
   New Delhi: South Asia Books.

Pannu, Mohinder Singh(2006), *Partners of British Rule*. New Delhi: Allied
   Publishers.

Parel, A.(2000), *Gandhi, Freedom, and Self-Rule*. Maryland: Lexington Books.

Pasricha, A.(2008), *Encyclopaedia Eminent Thinkers 16: The Political Thought Of
   Subhas Chandra Bose*. New Delhi: Concept Publishing Co.

Patel, V. and P. N. Chopra(1998), *The collected works of Sardar Vallabhbhai Patel*. Delhi : Konark Publishers.

Pelinka, A. and R. Schell(2003), *Democracy Indian Style : Subhas Chandra Bose and The Creation of India's Political Culture*. New Brunswick, NJ: Transaction Publishers.

Prakash, Indra(1938), *A Review of The History & Work of The Hindu Mahasabha and The Hindu Sanghatan Movement*. New Delhi: Akhil Bharatiya Hindu Mahasabha.

Prasad, R.(1947), *India divided*. Bombay: Hind Kitabs.

Puri, Bindu(2003), "Hinduism – A Legacy in Dispute – Savarkar and Gandhi", *Indian philosophical quarterly*, vol.30, no.2. Poona University.

Ralhan, O. P.(1996), *Subhas Chandra Bose : His Struggle For Independence*. Delhi: Raj Publications.

Ramu, P. S.(1995), *Gandhi-Subhas and 'Quit India'*. Delhi: S.S. Publishers.

Ravindra Kumar(2002), "Gandhi: Non-violence and Indian Democracy", *DIR & Institute for History, International and Social Studies, Working Paper,* no.104.

Ren, Chao(2011) "Religion and Nationhood in Late Colonial India", *Constructing the Past*, vol.12–1.

Rhargava, M. L.(1982), *Netaji Subhas Chandra Bose in South-East Asia and India's Liberation War, 1943~45*. Kerala: Vishwavidya Publishers.

Riaz, A.(2010), *Religion and Politics in South Asia*. New York: Routledge.

Rudolf C. Heredia(2009), "Gandhi's Hinduism and Savarkar's Hindutva", *Economic and Political Weekly*, vol.44, no.29.

Rudolph, L. I. and S. H. Rudolph(2010), *Postmodern Gandhi and Other Essays: Gandhi in the World and at Home*. Chicago: University of Chicago Press.

Sareen, T. R.(1996), *Subhas Chandra Bose and Nazi Germany*. New Delhi: Mounto.

Sarkar, Jayavrata(2006), "Power, Hegemony and Politics: Leadership Struggle in Congress in the 1930s", *Modern Asian Studies*, vol. 40(2). Cambridge University Press.

Satyapal and P. Chandra(1946), *Sixty Years of Congress: India Lost; India Regained, A Detailed Record of Its Struggle for Freedom*. Lahore: Lion Press.

Sen, S. N.(1997), *History Of Freedom Movement In India(1857~1947)*. New Delhi:

New Age International.

Sharma, B. K.(2007), *Introduction to the Constitution of India*. New Delhi: Prentice-Hall Of India.

Sharma, C. L.(2005), *Netaji Subhash Chandra Bose*. Delhi: Kunal Pustak Sansar.

Sharma, J. N.(2008), *Encyclopaedia Eminent Thinkers 12: The Political Thought Of Veer Savarkar*. New Delhi: Concept Publishing Co.

Sharma, J. N.(2008), *Encyclopaedia Eminent Thinkers 13: The Political Thought Of M.A. Jinnah*. New Delhi: Concept Publishing Co.

Sharma, S. R.(1948), *Netaji, His Life and Work*. Agra: Shiva Lal Agarwala.

Shivramu(1998), "Savarkar's Role in the British Quitting India", In Verinder Grover ed.(1998), *Vinayak Damodar Savarkar*. New Delhi: Deep & Deep Publications.

Singh, D.(1946), *Formation and Growth of The Indian National Army(Azad Hind Fauj)*. Lahore: Hero Publications.

Singh, R. P.(2002), *Rediscovering Bose and Indian National Army*. New Delhi: Manas Publications.

Sitaramayya, B. P.(1946), *The History of the Indian National Congress*, vol.1: *1885~1935*. Bombay: Padma Publications Ltd.

Sitaramayya, B. P.(1947), *The History of the Indian National Congress*, vol.2: *1935~1947*. Bombay: Padma Publications Ltd.

Smith, R. A.(1947), *Divided India*. New York: Whittlesey House.

Smith, V. A.(1998), *Asoka: The Buddhist Emperor of India*. New Delhi: Asian Educational Services.

Srivastava, H. and V. D. Savarkar(1983), *Five stormy years: Savarkar in London, June 1906~June 1911*. New Delhi: Allied Publishers.

Taneja, A.(2005). *Gandhi, Women, and the National Movement, 1920~47*. New Delhi: Har-Anand Publication.

Toye, Hugh(1959), *Subhas Chandra Bose(The Springing Tiger): A Study of A Revolutionary*. Bombay: Jaico Publishing House.

Tyagi, V. P.(2009), *Martial Races of Undivided India*, Delhi: Kalpaz.

Vakil A. K.(1985), *Reservation Policy and Scheduled Castes in India*. New Delhi: Patel Enterprices.

Vakil A. K.(1991), *Gandhi-Ambedkar Dispute*. New Delhi: Ashish Pub. House.

Vas, E. A.(2008), *Subhas Chandra Bose: The Man and His Times*. New Delhi:

Lancer Publishers.

Venkatesan, V.(2002), *Institutionalising Panchayati Raj in India*. Delhi: Concept
Publishing Company.

Verinder Grover ed.(1998), *Vinayak Damodar Savarkar*. New Delhi: Deep & Deep
Publications.

Wells, I. B.(2005), *Ambassador of Hindu-Muslim unity*. Calcutta: Permanent
Black.

Werth, A. D. and S. K. Bose, et al.(1970), *Netaji in Germany. An Eye-Witness
Account of Indian Freedom Struggle in Europe During World War II*. Calcutta:
Netaji Research Bureau.

Werth, A.(1996), *A Beacon Across Asia: A Biography of Subhas Chandra Bose*.
New Delhi: Orient Longman.

Yadav, K. C. and A. Seki(1996), *Adventure into The Unknown: The Last Days of
Netaji Subhas Chandra Bose*. Gurgaon: Hope India Publications.

Zahoor, A.(2000), *Muslims in the Indian Subcontinent*. Gaithersburg, AZP.

Zakaria, R.(2001), *The Man who Divided India: An Insight Into Jinnah's Leadership
and Its Aftermath*. Mumbai: Popular Prakashan.

웹사이트

http://www.ambedkar.org
http://www.mkgandhi.org
http://www.netaji.org
http://www.quaid.gov.pk
http://www.savarkar.org

찾아보기